铁路职工岗位培训教材

交接员

铁路职工岗位培训教材编审委员会

中国铁道出版社

2011年·北京

内容简介

本书按照交接员国家职业标准和职业技能培训规范编写。全书分为两部分：基本知识和职业技能。基本知识部分主要内容包括：职业道德、法律法规和安全规章，铁路货运概况及展望，国际铁路联运基础知识，国际铁路联运运输组织，国际铁路联运货运组织，特定情况下的运输组织，国际联运货物换装作业组织，货物装载加固，特种货物运输，铁路货物运费，铁路货运事故处理等。职业技能部分包括了交接员的技能要求，共分为初级工、中级工、高级工和技师四级。

本书针对铁路职工岗位培训、职业技能鉴定进行编写，是各单位组织职工进行各级各类岗位培训、技能鉴定的必备用书，对各类职业学校师生也有重要的参考价值。

图书在版编目（CIP）数据

交接员 /《铁路职工岗位培训教材》编审委员会编．—北京：中国铁道出版社，2011.7

铁路职工岗位培训教材

ISBN 978-7-113-13749-6

Ⅰ.①交… Ⅱ.①铁… Ⅲ.①铁路运输：货物运输—乘务人员—岗位培训—教材 Ⅳ.①U294.1

中国版本图书馆 CIP 数据核字（2011）第 239168 号

书　　名： 铁路职工岗位培训教材
交接员

作　　者： 铁路职工岗位培训教材编审委员会

责任编辑： 杨　哲　聂宏伟　　**电话：** 010－51873055
助理编辑： 李慧君
封面设计： 薛小卉
责任校对： 张玉华
责任印制： 陆　宁

出版发行： 中国铁道出版社（100054，北京市西城区右安门西街 8 号）
网　　址： http：//www.tdpress.com
印　　刷： 北京东海印刷有限公司
版　　次： 2011 年 7 月第 1 版　2011 年 7 月第 1 次印刷
开　　本： 787 mm×1 092 mm　1/16　印张：19.5　字数：461 千
印　　数： 1～3 000 册
书　　号： ISBN 978-7-113-13749-6
定　　价： 45.00 元

铁路职工岗位培训教材
编 审 委 员 会

前 言

党的十六大以来,铁路事业蓬勃发展,大规模铁路建设全面展开,技术装备现代化实现重大跨越,尤其在高原铁路、机车车辆装备、客运专线、既有线提速和重载运输技术方面达到了世界先进水平。铁路职工队伍素质得到了相应提高,但距离铁路现代化发展的要求还有一定差距,铁路人才队伍建设和职工教育培训工作任重道远。

教材是劳动者终身教育和职业生涯发展的重要学习工具,教材建设是职业教育培训工作的重要组成部分,是提高教育培训质量的关键。加快铁路职工岗位培训教材建设,已成为加强和改进铁路职工教育培训工作的当务之急。为适应铁路现代化发展对技能人才队伍建设的需要,加快铁路职工岗位培训教材建设,铁道部决定按照铁道行业特有职业(工种)国家职业标准,结合铁路现代化发展的实际,组织开发铁路职工岗位培训教材。

本套教材由铁道部劳动和卫生司、运输局共同牵头组织,相关铁路局分工负责,集中各业务部门的专家和优秀工程技术人员编写及审定,多方合作,共同完成,涵盖了铁路运输(车务、客运、货运、装卸)、机务、车辆、工务、电务部门的77个铁路特有职业。教材坚持继承与创新相结合,充分体现了近几年来铁路新技术、新设备的大量运用及其发展趋势,特别是动车组系列教材填补了教材建设的空白,为动车组司机和机械师等铁路新职业员工提供了岗位培训教材;教材坚持科学性与规范性,依据铁道行业国家职业标准中的基本要求和工作要求编写,力争准确体现国家职业标准和有关作业标准、安全操作等规章、规范的要求;教材坚持实用可行的原则，重点突出实作技能、应急处理和新技术、新设备、新规章、新工艺等四新知识，对职业技能部分按照技能等级分层编写，便于现场职工的培训与自学。

本套教材适用于工人新职、转职(岗)、晋升的岗位资格性培训，也适用于各类岗位适应性培训，同时为职业技能鉴定提供参考。

《交接员》一书由哈尔滨铁路局负责主编，主编人员：米峰昊，参加编写人员：王学英、宋喜凤、邱娟、郑琪、李秀霞，主要审定人员：温克学、马树峰、李猛、赵勇、孙丹。本书在编写、审定过程中得到了有关单位的大力支持，在此一并表示感谢。

铁路职工岗位培训教材编审委员会

2009 年 8 月

目录

基本知识

第一章　职业道德、法律法规和安全规章 …… 3

第一节　职业道德 …… 3
第二节　国际联运职工涉外工作守则 …… 6
第三节　法律法规、安全规章和安全作业常识 …… 9

第二章　铁路货运概况及展望 …… 18

第一节　我国铁路线路及限界 …… 18
第二节　我国铁路信号设备 …… 22
第三节　我国铁路货车 …… 23
第四节　我国货运安全检测系统 …… 25
第五节　我国铁路货运发展概况及展望 …… 28

第三章　国际铁路联运基础知识 …… 31

第一节　国际铁路货物联运概述 …… 31
第二节　国际铁路联运铁路合作组织 …… 34
第三节　国际铁路联运职能机构 …… 35

第四章　国际铁路联运运输组织 …… 38

第一节　国际铁路联运运输的基本要求 …… 38
第二节　国际铁路联运的办理种别和运送限制 …… 39
第三节　国际铁路联运票据作业要求 …… 41
第四节　国际联运作业的特殊要求 …… 43
第五节　国际铁路联运适用规章 …… 45
第六节　商务记录 …… 50
第七节　装车、重量、件数、车辆施封的有关规定 …… 56
第八节　货物价格声明、运到期限的有关规定 …… 60

第五章　国际铁路联运货运组织 …… 63

第一节　货物作业组织 …… 63

第二节　货物包装容器、标记和表示牌 …… 64
第三节　铁路运送责任 …… 67
第四节　赔偿请求、诉讼 …… 70
第五节　关于一国铁路向另一国铁路移交货物的一般规定 …… 72
第六节　关于准许按特定条件的运输组织 …… 82
第七节　关于一国铁路向另一国铁路移交车辆的一般规定 …… 85
第八节　车辆交接和车辆返还的运输组织 …… 88

第六章　特定情况下的运输组织 …… 94

第一节　自备货车 …… 94
第二节　集装箱 …… 95
第三节　运送用具 …… 99
第四节　货　　捆 …… 101

第七章　国际联运货物换装作业组织 …… 103

第一节　换装运送货物移交的特别规定 …… 103
第二节　特殊情况下货物换装作业规定 …… 105

第八章　货物装载加固 …… 108

第一节　概　　述 …… 108
第二节　货物装载加固的基本技术条件 …… 109
第三节　加固材料、加固装置 …… 118
第四节　几种常见货物的装载加固 …… 126

第九章　特种货物运输 …… 132

第一节　超限货物运输 …… 132
第二节　超限货物超限等级的确定 …… 133
第三节　超限货物的测量 …… 140
第四节　超长货物运输 …… 145
第五节　集重货物 …… 150
第六节　危险货物运输 …… 153
第七节　危险货物作业 …… 161
第八节　易腐货物运送 …… 164
第九节　我国易腐货物作业的相关规定 …… 166

第十章　铁路货物运费 …… 170

第一节　国际铁路联运运输费用计算 …… 170
第二节　国内货物运输费用计算 …… 174

第十一章　铁路货运事故处理……186

第一节　货运事故种类和等级……186
第二节　记录的编制及调查……187
第三节　事故处理……198
第四节　责任划分……200

职业技能(分级部分)

初 级 工……209

一、国际联运作业实作技能……209
二、国际联运作业质量标准……216
三、国际联运作业问题处理技能……220

中 级 工……224

一、国际联运作业实作技能……224
二、国际联运作业质量标准……232
三、国际联运作业问题处理技能……236

高 级 工……242

一、国际联运作业实作技能……242
二、国际联运作业质量标准……255
三、国际联运作业问题处理技能……257

技　　师……260

一、国际联运作业实作技能……260
二、国际联运作业质量标准……276
三、国际联运作业问题处理技能……279

职业技能(通用部分)

一、国际联运作业安全注意事项……287
二、典型案例分析……289

基本知识

第一章　职业道德、法律法规和安全规章

第一节　职 业 道 德

一、铁路职工职业道德的基本内容

1. 社会道德

社会道德属于人类社会的一种特殊的意识形态。它是在一定社会范围内调整人与人之间以及个人与社会之间的行为准则和规范的总和。所谓道德，它是依靠内心信念、传统习惯和社会舆论的力量，以正义和非正义、公正和偏私、诚实和虚伪、权利和义务等道德观念来评价每个人的行为，从而调整人与人之间，以及个人与社会之间的关系。

道德的真正含义是以善、恶为标准来约束人们行为的规范。它规定着人们应该做什么和不应该做什么。每个人按照一定的准则来支配和约束自己，道德就形成了强大的舆论导向，以此来干预生活，规范人们的行为，调节各种社会关系，具体含义包括以下几个方面：

(1)道德是依靠人们内心信念、社会舆论和传统习惯等力量起作用的。道德在实施时，不是靠强制手段，而是借助内心信念来实现的。社会舆论的压力和指责只是外在"裁判"，良心的谴责才是内在的"法庭"。

(2)道德也是评价人的行为的标准。它总是通过善与恶等道德观念作出评价、褒贬，至于善恶的标准不是由国家、团体制定或规定出来的，而是处于同一社会环境中的人们在长期生产过程中，逐渐积累形成的共同的要求、愿望和理想，它表现在人们视听言行之上，深藏于品格、习性、意向之中。

(3)道德更是人自身的一种情感、意识，而且还包含着个人品质。个人品质与个人的道德行为有着密切的联系，反映了一个人多方面的素质和修养，是一个人在社会实践基础上对社会和人生的理解。个人品质是道德行为的重要内在依据，而个人的道德行为又是个人品质的外在表现。

2. 职业道德

职业道德是同人们的职业活动紧密联系的，具有自身职业特点的道德原则和行为规范的总和。职业道德萌芽于原始社会末期。生产力的发展引起了社会分工，出现了各行各业的职业活动，而每一种职业都分别承担着一定的社会职能，人们在从事各种职业的活动中，为了保证各种职业活动的正常进行，制定了各种规章制度、道德规范和行为准则。以此形成了职业道德的基本概念，其含义包括两个方面：

(1)每个行业都有各自的道德准则，所以说行业的道德就是职业道德，从商者应守"商德"，从医者应守"医德"，从师者应守"师德"等。所谓职业道德，就是指从事一定职业的人们在其特定的职业活动过程中应遵循的处理人和人、人和社会之间利益关系的特殊行为规范，以

及与之相适应的观念、情操和品质。

(2)职业道德的特定内涵是在和各种专业工作紧密联系并通过专业领域表现出来的,是在专业范围内的特殊道德要求,一方面它体现了一般社会道德对于职业活动的基本要求,另一方面,又带有鲜明的行业特色。例如:热爱本职、忠于职守、为人民服务等是各行各业道德的基本规范。但每一种具体职业,又都有它独特的不同于其他职业道德的内涵。

3. 铁路职业道德与铁路职工行业规范

铁路职业道德是通过一系列职业道德基本规范来制约每个铁路从业人员的职业行为,调节铁路与社会、铁路内部集体与个人之间、个人与个人之间的道德关系。所谓铁路职业道德规范,就是明文规定的铁路各职业行业的道德准绳或道德要求,也可以说铁路职业道德就是铁路部门一系列道德规范的体系。

铁路职业道德体系是多层次的,但“人民铁路为人民”是铁路职业道德的基本原则或总的道德要求,也是规范体系中根本性的最高行为规范。铁路内部各部门之间必须遵循这一原则,制定出适应各工种岗位的职业道德规范,从“人民铁路”这个整体概念出发,更好地为人民服务。

铁路职工行业规范是铁路员工在职业活动中应该共同遵循的最基本的职业行为准则,是铁路行业鲜明特色的充分体现。各部门各工种应明确具体的制定出行业规范的内容,在实际工作中约束每一名员工,提高每一名员工的道德素质,推动铁路事业的发展。

铁路职工道德行业规范的主要要求是遵章守纪、保证安全,这是铁路职工首先必须遵守的道德规范,它要求全体职工严守规程,严格纪律,确保铁路运输安全生产,具体要求:一是遵章,即自觉遵守铁路的各项规章制度;二是守纪,即要求职工严格自律,不许有违反各部门、各工种、各岗位的职业纪律的行为发生。

二、货运人员职业道德的基本内容

1. 货运人员职业道德与基本规范

铁路运输在国民经济中占有重要的地位。铁路货运战线上的广大职工养成良好的职业道德习惯,对铁路事业的迅速发展,促进全路两个文明建设起着重要的作用。货运部门的工作性质决定了其职业道德规范,对于他们的工作对象,对于铁路企业的形象,对于全社会精神文明建设都有着重要的意义。

货运职工职业道德的基本原则是与铁路货运工作的特点紧密相连的,它同样以“人民铁路为人民”为根本原则。全体货运职工生产服务过程中应当体现全心全意地为货主服务,为货物负责,对货主、对社会高度负责的道德要求。

货运部门的职业道德规范很多,在其体系中,诚心地对待货主是核心内容,也是货运职工在长期的运输生产经营活动中形成的职业行为准则。“诚心相待”是货运职工对服务对象的态度和情感,也是在工作岗位上确立自己与货主服务与被服务关系的观念。在职业行为上以诚恳之心对待货主,并以端庄的仪表、文明的语言、娴熟的技能,周全的服务达到全心全意、无私奉献的职业道德境界。

货运部门与客运部门职工一样,是服务工作的窗口。个人在这窗口中表露出的喜怒哀乐代表的是货运职工的精神面貌,如何良好地体现出“人民铁路为人民”的宗旨,就要求货运职工必须胸怀全局、克己奉公，时刻勇于承担重大责任，把货主的利益放在首位。

2. 货运人员职业道德的修养与基本要求

职业道德修养，是指每个货运职工为了培养良好的职业道德品质，针对货运职工的服务理念和要求，所进行的自我锻炼，自我约束，自我改造，自我陶冶，自我要求，自我教育的过程。职业道德修养的培养不是一朝一夕能够完成的，需要正确的指导，教育的灌输，加上受教育者的不断自我完善。

职业道德修养的内容很广泛，根据不同岗位，不同工种，有其不同的要求，但主要的有：职业理想、职业态度、职业技能、职业责任、职业纪律、职业良知、职业荣誉等，同时还包含着文明礼貌、着装举止、语言艺术等方面。职业道德修养是一定的道德观念、道德情感、道德意识在自我意识中的统一，也是在履行职业义务过程中形成的道德责任感和自我评价能力。

铁路企业的服务宗旨是全心全意为人民服务，对货运职工而言货主就是服务的对象，要自觉维护货主的利益。货运人员职业道德的基本要求就是尽职尽责地为货主服务。尽职尽责是对本职事业热爱的体现，它内含着踏踏实实、任劳任怨，不计个人名利得失，为货主负责的道德风范，它又是职业责任、职业纪律、职业义务的集中体现，它要求货运工作者要具备强烈的责任心和使命感，因此尽职尽责的道德要求是货运道德起码的准则。

尊客爱货、安全完整的运输货物，这就要求货运职工在工作中对待货主要热情诚恳，它也是“人民铁路为人民”这一宗旨在货运窗口的具体体现。热情诚恳包含着对本职工作的热爱，对货主的理解、关心和周到的服务。在工作中，货运职工必须具备廉洁奉公的道德准则，不拿、摸、索、要，尽最大的努力保护好运输物资，当货物遭受侵害时，尽全力减少货主的损失，通过我们的优质服务，能够“安全、迅速、经济、便利”地把货物送达目的地。

三、货装职工守则

1. 认真执行党和国家的路线、方针、政策，遵守法纪，弘扬正气，提高思想素质，崇尚社会公德。

2. 爱岗敬业，恪尽职守。以主人翁姿态积极参与经营管理，增强市场营销意识，安全、迅速、经济、便利地组织货物运输。

3. 讲究职业道德，廉洁奉公。不徇私情，不以权以车谋私，不刁难货主，不敲诈勒索，不贪污受贿，不盗窃货物。

4. 着装规范，佩戴标志，仪容端庄，举止文明，保持个人良好形象。

5. 尊客爱货，主动热情，耐心周到，虚心听取货主意见，积极为货主排忧解难，提供优质服务。

6. 严格遵守规章制度和劳动纪律，杜绝违章违纪行为，消除隐患，确保货物和运输安全。

7. 顾全大局，服从领导，听从指挥，团结互助，加强联劳协作。

8. 勤奋学习，钻研业务，不断提高理论水平和实际操作技能。

第二节　国际联运职工涉外工作守则

一、国际联运职工的基本素质要求

1. 热爱祖国、维护国家利益，保持中国铁路员工形象

(1)热爱自己的祖国是全世界不同肤色人们的共同的心声和意愿，也是做人的一条起码准则，更是我们华夏子孙必须要求自己做到的。热爱祖国应体现在对祖国的忠诚，表现在对祖国的挚爱和能为自己的祖国不惜献出自己的一切，甚至生命的信念。热爱祖国的含义很广，具体的是要求我们时刻维护祖国的尊严，做任何事情要考虑到国家的形象，与任何损坏国家利益和荣誉的行为作斗争，在任何引诱、威逼之下永远不背叛自己的祖国，作为一名国际铁路联运职工，这一点尤为重要。

(2)维护国家利益，国家的利益高于一切，是一名国际联运战线上的职工必须牢记的，祖国的利益至高无上，这要求我们时刻以国家利益为重，在对外交接工作中维护国家利益，同任何损坏国家利益的行为，据理力争，绝不妥协，为国家把关，为货主负责。我们联运职工是代表着中国铁路涉外工作，一言一行，时刻牢记国家的形象和利益，本着为国家负责，为货主着想的态度，在涉外工作中应以国家利益至上这一宗旨，有礼有节地处理各类联运工作中的问题，从根本上维护国家利益，保持中国铁路员工的良好形象。

(3)言行举止注意文明礼貌。联运职工代表着一国铁路涉外工作，严格地说也可以是代表着一个国家的形象。所以说我们的言行举止反映着一个国家的精神面貌和素质，在对外工作中每个联运职工要以国家形象、尊严为重，一言一行应体现我们千年文明古国的文明风范。文明礼貌是我们中华民族的美德，体现在涉外工作中，包含着装、举止、谈吐等各个方面。具体说着装是一个人思想情趣、气质、品质、学识和性格的综合反映，要大方得体，尊重不同场合的习俗。举止、谈吐是体现文明礼貌不可缺少的内容。良好的举止、文雅的语言，得体的着装和文明礼貌是我国联运职工良好素质的具体表现。

(4)注意礼节，保持形象。涉外工作有着特殊的工作性质，各个口岸站接触着不同国家的同行，而且各国的民俗习惯、交往礼节有着不同的差别，所以在对外接触中，必须掌握他国的礼仪，尊重他国的风俗习惯，特别注意他国的禁忌，万不可因礼节举止随意损伤他国同行的感情，接触中讲究语言分寸，不讲粗话，对女同志尤为重要，形象体现在一个人的修养水平，也能表现一个国家的综合素质。作为一名联运职工，应在涉外工作中不断充实自己，调节自己，要通过不断的学习，丰富自己的内涵，达到自我约束、自我陶冶、自我要求，从而加深自身修养，提高自身素质，把一个中国联运人的良好形象展现在国外同行面前。

2. 遵守涉外纪律，加强保密意识，对外交涉不卑不亢

(1)涉外纪律要求在对外交往中应遵守国家的相关法规，与党的对外方针、政策保持一致、严守外事纪律，任何行为必须符合国家和人民的利益。严格遵守保密法规，自觉防范和抵制境内外敌对势力和邪教组织滋事。不到赌博、淫秽色情场所，不参与任何形式的赌博和色情活动，不得单人活动，严格执行双去双归的制度，任何场合保证双人出面制度。

(2)出国工作人员不得私自携带与工作无关的物品，不得搞买卖交易，杜绝捎、买、带现

象，在对外交涉接触中要讲文明、懂礼貌、仪容整洁、言谈举止不卑不亢，不得在与本职无关的地区活动，不做超越自己职权范围的事情。做到“五不”，即出国工作不接受外国人的馈赠，不接受他人钱物，不邀请外国人到自己的住地探访，不在自己的住地为他人寄存物品和钱款，不接受外国人邀请到私人家中去做客或吃饭。

(3)加强保密意识要求涉外职工必须了解国内外政治形势，特别是国外的不安全因素，提高警惕，做到预先防范，做好安全保密工作，按照《中华人民共和国保守国家秘密法》的规定，严守党和国家的机密，出国工作人员不得私自携带内部、涉密文件和要求以外的书刊、报纸、资料、图纸或记有内部情况的笔记本等，不得在公共场合和在国际通讯中谈论或传递涉密内容和与工作无关的内容。

(4)在境外工作期间，不得单独外出或擅自单独活动，如需约见国外亲友或应邀参加境外人员组织的活动，必须小心谨慎，不得有危害国家安全、荣誉和利益的行动。做到对外交往中要做到“灵活而不失立场、谦虚而不失尊严、礼让而不失原则”。在国外任何场合都不许议论党和国家未对外公布事项，也不许涉及所在国和第三国的问题，商量对策和交换意见，应在有保密条件的地方进行，遇有国家有重大事件发生对外应按上级指示，统一口径。

(5)对外交涉要有理有据不卑不亢，涉外工作也属于外交环节中一项非常重要的工作，双方都是代表着各自的国家，当然也涉及各自国家的某些利益，坚持原则是必须的，但必须有理有据，以理服人，所以要求每一名联运职工应顾全大局，在坚持原则中，要谦虚谨慎，以根据说话，有理、有利、有节的处理各类发生的问题。涉外工作又是一项政策性强、原则性非常重要的工作，要求联运职工要时刻牢记我们是肩负着国家的使命和责任，所以要遵守国家的对外政策，既坚持原则，又能有理有据地保持良好的形象。

(6)涉外工作要不卑不亢，这就要求我们联运职工一切要以大局为重，在涉外工作中，掌握和熟悉我国对外工作的方针、政策，认真贯彻执行国际公约、条约，不搞大国沙文主义也不搞种族歧视，坚持平等相待、友好合作的原则，尊重国外同行，处理好工作中的分歧，以理服人，避免过激言行和激化矛盾。涉外工作具有独特的工作性质，是一项敏感性非常强的对外工作，它需要我们不畏大国，也不欺辱小国，坚持对外交往人格上一律平等，本着相互尊重、互利互让，把握涉外工作每项细小环节，处处以礼相待，在各方面体现我们五千年文明古国的风范。

二、国际联运职工的涉外工作要求

1. 涉外职工守则

(1)涉外职工守则要求联运职工必须忠于祖国，坚决维护国家主权和民族尊严，不说不利于祖国的话，不做有损国格、人格的事。立场坚定、坚持原则，坚决执行党和国家的对外方针、政策，自觉遵守法律、法规。严格执行请示、报告制度，如实、及时反映情况。忠于职守、尽职尽责、提高警惕、反谍反策反，加强组织观念，自觉遵守外事纪律，遵守境外工作国的法律法令，尊重该国的风俗习惯，不搞种族歧视，不同外国人私自交往，不利用职权和工作关系营私牟利。

(2)保守国家秘密，严格执行保密法规和规定，坚持内外有别，不泄露内部情况，在工作岗位不说不做与工作无关的话和事。严禁索贿、受贿，不违反国家规定收受各种名义的回扣，严格执行授受礼品的规定。谦虚谨慎、不卑不亢、讲究文明礼貌，注意服饰仪容，严禁酗酒，并且要勤俭节约,廉洁奉公,不搞铺张浪费,分清公私界限,严格遵守涉外人员各项制度,在境外工作中要顾全大局,发扬风格,同各相关单位协调配合,听从指挥,协同对外。

2. 涉外职工必须具备的基本条件

(1)政治思想条件:坚持四项基本原则,拥护党的方针、政策和路线。政治可靠、忠于祖国,思想健康、作风正派、遵纪守法,能积极为社会主义现代化建设服务,思想上积极要求进步,具有强烈的使命感和责任感,为维护国家利益不惜牺牲一切。应具备良好的政治素质,要有很强的政治敏锐性和政治洞察力,要经得起生与死、荣与辱的考验,并且能严守政治、组织、外事、财务、保密等五大纪律,而且要具备健康的体魄、优雅的气质以及过硬的心理素质。

(2)技术业务条件:熟悉本职业务程序,熟练掌握国际联运规章、议定书和双边国境协定,具备强烈的责任心,遇事稳重,头脑清醒,能熟练地运用国际联运规定和实用条文处理涉外工作中的业务问题,并且组织观念强,遇事顾全大局,具备较强的实际工作经验和良好的业务素质。同时不仅要对国家的方针、政策有清楚认识,而且要具备各方面的知识结构以及很强的文字驾驭能力和判断能力,并具备一定基础的工作常用外语知识,能在日常工作中独立运用,胜任涉外所担负的工作,并能良好地完成各项工作。

3. 联运职工涉外安全的基本要求

(1)涉外安全工作是一项独特的并尤为重要的工作,近年来,由于国际社会各种政治、经济矛盾的加深和部分地区局势冲突的激化,尤其是近期恐怖主义及恐怖分子威胁的蔓延,我涉外职工尤其是境外工作的职工总体安全环境趋于恶化,极不稳定。针对我们职工时有被袭事件的发生,进一步加强安全防范意识,提高安全防范常识和自防自救能力,预防和减少不安全事件的发生,就显得尤为重要。涉外职工应熟悉和执行国际公约,熟悉和遵守所在国家的法律、法规和法令,尊重当地的风俗习惯,注意处理好与当地人和我国同行之间的关系,亲善相待、友好合作,减少不必要的摩擦,尽力创造一个良好的安全氛围。

(2)联运职工应自觉接受外事、国家安全部门的领导,积极参加各级组织的安全教育和培训,强化安全自我保护意识,提高安全防范应对能力,规范个人行为。在境外不去赌博、色情场所和其他不正当的文化娱乐场所及有安全问题苗头和治安恶化的地区,尽量避免出入人群密集的地方,不与陌生人交谈和约会,不接受陌生人的礼物,不在个人房间单独会见当地客人和工作同行。有可疑现象及时向有关方面报告。坚持双人出面制度,严禁单人与外国人接触(包括工作时)境外工作的职工要遵守作息制度,工作之余尽量在驻地安全防护网范围内活动,尽量避免夜间独立工作或活动,不得走小路和人烟稀少的近路,发现外出工作人员未按时间回归时要及时报告,坚持外出请假和返回销假制度,离驻地去商店购物时要确保两人以上同行,不要乘坐来历不明车辆或无标志出租车。

4. 发生危害国家安全和个人安全事件的应对措施

(1)随着我国对外开放的深入发展,国际的交往范围也越来越大,外国间谍机关及境外的分裂分子采取多种方式和不正当手段,对我境外人员加强渗透和策反活动。对此,涉外人员应保持高度的警惕,尤其防范对“心战”与“策反信件”的诱惑,这是敌对分子惯用伎俩。涉外职工要有高度的政治敏锐性和自我免疫力,采取不理睬、不答复、不上钩的做法,并及时向有关组织报告情况,同时应上缴或加以销毁。在境外工作时,要了解工作环境,提高反策反意识,执行和遵守境外工作的规定和纪律,在对外接触中,对赠送的礼品、外币和美色引诱要洁身自好，提高警惕，经得起糖衣炮弹的腐蚀。对境外机构、团体以某种理由或借口向我方人员发调查提纲或表格要求填写，应以不了解情况无法填写等理由拒收，不得擅自为其填写。

(2)在境外工作时，会遇到一些敌对势力反对我国政府的活动，特别是在有些国家和地区会遇到利用集会、游行和烛光晚会等形式反对中国政府的活动，同时境外工作的职工在工作场所、车站等地方还经常会碰到一些不明身份的人请求我们捎带一些反华的宣传杂志和小册子等等。所以境外职工更要时刻提高警惕，对于反华的集会、游行和非正常晚会不要围观和参与，对捎带东西应以我们有纪律规定婉言谢绝，以防被敌对分子利用。

(3)在境外工作的涉外职工，应时刻严防一些恐怖组织和恐怖分子及外国的安全机关采取恐怖、绑架手段以制造国际事端，其中要挟、恐吓就是策反活动手段之一。因此，在境外工作、生活、行动要慎之又慎，提高自身安全防范意识，一般不要单独外出，更不要到秩序不好、情况复杂的地段闲逛。外出时，应随身携带救援电话号码，万一遇有个人安全遭到威胁时，既要坚持原则立场，又要随机应变，讲究策略，巧为周旋，防害避险。如对方仅是索要钱物，根据情况可适当施舍，以求脱身，如对方系政治绑架或企图策反，则须坚持原则立场，并设法与我驻地人员、驻外机构和当地警方取得联系，以便得到营救。

第三节　法律法规、安全规章和安全作业常识

一、《中华人民共和国劳动法》(简称《劳动法》)相关知识

1.《劳动法》产生的作用和意义

《劳动法》自 1995 年 1 月 1 日起开始施行，这是我国第一次以法律形式对劳动合同、劳动标准、劳动争议等与职工切身利益息息相关的重大问题作出规定，这部法律的施行对于保护劳动者的合法权益，依法调整劳动关系，建立和维护适应市场经济的劳动制度，促进经济发展和社会进步，具有十分重要的作用。《劳动法》是建国以来第一部劳动方面比较完整的基本法律，对深化劳动体制改革、培养劳动市场，建设现代企业制度，促进我国和谐社会发展，人民小康水平提高都具有重要意义。

2.《劳动法》的主要内容

《劳动法》主要包括以下 10 个方面。

(1)促进就业：包括了劳动就业的含义，组织形式，就业途径，介绍机构，就业权利，妇女及残疾人、少数民族人员、退役军人、未成年人就业等六个方面。

(2)劳动合同和集体合同：包括了劳动合同的定义、订立原则、形式和内容、期限的分类、无效合同、合同的解除、集体劳动合同订立的形式和内容等七个方面。

(3)工作时间和休息休假：包括了劳动者的工作时间、休息时间以及延长工作时间的规定和报酬等三个方面。

(4)工资：包括了工资分配原则、工资水平增长、工资总量调控、企业分配制度、最低工资保障支付等五个方面。

(5)劳动安全卫生：包括了劳动卫生的内容，“三同时”原则、工作制度、劳动者权利和义务

等四个方面。

(6)女职工和未成年工特殊保护:包括了女职工在月经期、已婚待孕期及孕期、哺乳期间禁忌从事的劳动,未成年工劳动保护内容等五个方面。

(7)职业培训:包括了发展职业培训的途径和措施,机构建设和培训制度,职业分类和技能标准,考核鉴定和资格证书等四个方面。

(8)社会保险和福利:包括了社会保险方式、水平、基金、种类和待遇、社会保险基金的管理和监督、社会福利等六个方面。

(9)劳动争议:包括了劳动争议及其处理形式、处理原则、劳动争议的协调、仲裁、起诉、集体争议的处理等六个方面。

(10)监督检查:包括了监督检查的法律含义、劳动行政部门的监督检查、政府有关部门的监管、工会监督等四个方面。

3.《劳动法》的基本原则

(1)劳动权利义务一致性原则:根据《中华人民共和国宪法》第42条规定"公民有劳动的权利和义务",所以《劳动法》规定了劳动是每一个公民的神圣权利,同时也是一个公民必须履行的义务。

(2)保护劳动者合法权利的原则:《劳动法》调整的是劳动者、国家机关、用人单位之间的劳动关系及与之相关的社会关系,但从利益保护的角度讲,《劳动法》肩负着保护劳动者合法权利的使命。

(3)促进生产力发展原则:劳动领域是与生产力发展联系最为密切的领域。《劳动法》就是要为发展生产力创造一个良好的外部法律环境,在一个好的法律体制中,劳动者能够各尽所能,其劳动能力得到充分发挥,社会物质和精神财富被最大限度创造出来。

4.《劳动法》的效力范围

(1)时间效力:《劳动法》从1995年1月1日起施行,根据"法不溯及以往"的原则,只要没有特殊规定,法律对其生效之前的事件和行为均不生效,依其他劳动法规、规章及规定办理。

(2)空间效力:即法律适用的地域范围,全国人大、国务院及有关部门指定的劳动法律、法规、规章在没有对其效力进行特别限制的情况下,在全国范围内生效。地方国家机关制定的劳动法规、规章在本地区范围内生效。

(3)对人的效力:在中华人民共和国境内的企业,个体经济组织和与之形成劳动关系的劳动者适用《劳动法》的规定。国家机关、事业组织、社会团体和与之形成劳动关系的劳动者,依照《劳动法》执行。

二、《中华人民共和国铁路法》(简称《铁路法》)相关知识

1.《铁路法》立法的重要作用和意义

《铁路法》自1991年5月1日起施行,是国家管理铁路的重要法律。它不仅规范了铁路运输企业及其职工的行为,而且也规范了地方人民政府及其每个公民的行为。《铁路法》起到了调整铁路运输方面的各种关系、保障运输生产正常进行,同时保证铁路建设的顺利进行和持续发展,也将使各方面当事人的行为有法可依,有章可循。《铁路法》的颁布与施行,是我国铁路法制建设史上的重大举措,标志铁路进入了依法治路的新时期,标志着铁路企业、职工对国家、

对人民肩负着新的重任。它要求铁路运输企业保证旅客和货物的安全，为旅客和货主提供优质服务，也同时明确了公民爱护铁路设施的义务，对提高铁路运输质量，加强铁路的经营管理，保障铁路运输秩序，充分发挥铁路运输业的积极作用有着重大意义。

2.《铁路法》的主要内容

《铁路法》的主要内容共分为六章七十四条。

第一章，总则，共九条，规定了立法的目的、调整范围、运输管理机制、基本原则、公民义务、政府职责、铁路发展的基本政策等七个方面。

第二章，铁路运输营业，共二十三条，分为两部分，规定了计划运输管理、无主货物的处理、专用铁路的管理、运价管理、票证管理、禁运和限运管理、国际联运和军事运输，铁路运输合同的定义、运输合同权利义务的关系、处理运输合同争议的途径等十个方面。

第三章，铁路建设，共九条，规定了铁路发展规则、铁路建设用地、铁路标准化、铁路工程验收、道口和桥梁建设等五个方面。

第四章，安全与保护，共十八条，分为两部分，规定了铁路设施适运状态、路基的保护、行车瞭望保障、道口安全保障、列车和车站安全保障、沿线的安全保护、隧道和桥梁的守护、交通事故的调查、人身损害赔偿等九个方面。

第五章，法律责任，共十二条，规定了刑事责任、行政责任等两方面。

第六章，附则，共三条，规定了铁路企业的含义、条例的制度、本法施行日期等三个方面。

3.《铁路法》立法的指导思想

坚持人民铁路为人民的宗旨，全心全意为人民服务，不断提高铁路运输的社会效益，这一宗旨贯穿于《铁路法》的全部内容，明确规定了铁路运输企业应负担的责任，同时也为人民群众规定了应尽的义务。

4.《铁路法》的适用范围

《铁路法》适用于下述四种铁路。

(1)国家铁路：指由国务院主管部门即铁道部管理的铁路。

(2)地方铁路：指由地方人民政府管理的铁路。

(3)专用铁路：指由企业或者其他单位管理，专为本企业或者本单位内部提供运输服务的铁路。

(4)铁路专用线：指由企业或者其他单位管理的与国家铁路或者其他铁路线路接轨的岔线。

5.《铁路法》所规定的刑事责任

(1)危及铁路运输生产和秩序

①携带危险品进站上车或者以非危险品品名托运危险品，导致发生重大事故的，依照刑法有关规定追究刑事责任。

②携带炸药、雷管或者非法携带枪支子弹、管制刀具进站上车的，比照刑法第一百六十三条的规定追究刑事责任。

③盗窃铁路线路上行车设施或器材的，要按破坏交通设施罪追究刑事责任。

④聚众拦截列车不听制止的，要对首要分子和骨干分子依照刑法有关规定追究刑事责任。

⑤冲击铁路行车调度机构不听制止的，要对首要分子和骨干分子依照刑法有关规定追究

刑事责任。

⑥聚众哄抢铁路运输物资的,要对首要分子和骨干分子依照刑法有关规定追究刑事责任。铁路职工与其他人员勾结犯罪的,从重处罚。

⑦在列车内,抢劫旅客财物,伤害旅客的,依照刑法有关规定从重处罚。

⑧倒卖旅客车票数额较大的,追究刑事责任。铁路职工倒卖旅客车票或者与其他人员勾结倒卖旅客车票的,从重处罚。

(2)涉及铁路内部管理安全和秩序

①铁路运输企业违反本法规定,多收运费、票款和货物运输杂费的,将多收的费用据为己有或者侵吞私分的,依照贪污罪论处。

②铁路职工或者与其他人员勾结利用职务之便走私、投机倒把的,依照刑法有关规定追究刑事责任。

③铁路职工玩忽职守、违反规章制度造成铁路运营事故的,滥用职权、谋取私利情节严重,依照刑法有关规定追究刑事责任。

6.《铁路法》所规定的行政责任

违反本法规定,尚不够刑事处罚,应当给予治安管理处罚的,依照治安管理处罚条例的规定处罚。

(1)危及铁路运输管理秩序

①在铁路建设、运营、管理过程中,有的公民、法人及其他组织违反铁路法规的规定,如携带危险品进站上车或以隐匿手段托运危险品,但尚未造成事故的。

②盗窃铁路线路上的器材,哄抢铁路运输物资,倒卖旅客车票均未达到较大数额,在旅客列车内寻衅滋事,侮辱妇女情节尚不到恶劣程度等。

(2)危及铁路运输行车安全

①《铁路法》在铁路建设中,对道口设置的原则作了明确的规定,在铁路安全保护中又规定禁止任何人擅自铺设平交道口和人行过道。所以对违反上述规定的行为铁路公安机关和地方公安机关可责令限期拆除并处以罚款。

②道口设置及管理规定是考虑铁路运输的安全和行人车辆通过铁路线路时的安全,因此国家对道口的设置进行了严格的规定,然而,仍有单位不顾铁路运输和行人、车辆的安全,为了自己的方便采取危及铁路行车安全的过失行为,因此必须限令拆除,并处以罚款。

三、《中华人民共和国安全生产法》(简称《安全生产法》)相关知识

1.《安全生产法》的重要作用和意义

《安全生产法》自2002年11月1日起施行。它是我国第一部全面规范安全生产的专门法律,具有丰富的法律内涵和规范作用。它标志着我国安全生产法制建设进入了一个新的阶段,对于依法强化我国安全生产监督管理,规范各类生产经营单位的安全生产工作,保障职工劳动安全的合法权益,制裁各种安全生产的违法行为,遏制重大、特大事故的发生,维护人民群众生命财产安全,具有十分重要的作用和意义。

2.《安全生产法》的适用范围

《安全生产法》是安全生产的基本法律,其适用范围是在中华人民共和国境内的所有安全

生产活动，都要受其约束和规范，也就是在中华人民共和国领域内从事生产经营的单位安全生产均适用于《安全生产法》。铁路运输安全是安全生产中的一部分，其生产经营活动也必须遵循本法的有关规定。

3.《安全生产法》的主要内容

《安全生产法》共七章九十七条，对各行业普遍适用的有七项基本法律制度。

(1)安全生产监督管理制度：主要包括安全生产监督管理体制，各级人民政府和安全生产监督管理部门的安全监督管理职责。

(2)生产经营单位安全保障制度：主要包括生产经营单位的安全条件，从业人员安全资质，生产经营场所安全管理，社会工伤保险等。

(3)生产经营单位负责人安全责任制度：主要包括生产经营单位负责人和其他负责人，安全管理人员的自制及其在安全工作中的主要职责。

(4)从业人员安全生产权利义务制度：主要包括生产经营单位的从业人员在生产经营活动中的基本权利和义务，以及应当承担的法律责任。

(5)安全中介服务制度：主要包括从事安全评价、评估、检测、检验、咨询服务等工作的安全中介机构人员的法律地位、任务和责任。

(6)安全生产责任追究制度：主要包括安全生产的责任主体、责任的确定和责任形式，追究安全责任的机关、依据、程序和安全生产法律责任。

(7)事故应急救援和处理制度：主要包括事故应急预案的制定、事故应急体系的建立、事故报告、调查处理的原则和程序，事故责任追究，信息发布等。

四、《铁路运输安全保护条例》(简称《条例》)相关知识

1.《条例》发布实施的重大作用和意义

《条例》自2005年4月1日起的发布实施，对维护铁路运输安全，增强铁路运输安全的法制建设，对于依法加强铁路运输安全的监督和管理，维护国家宏观经济发展，确保运输安全畅通，维护人民群众的生命财产安全，都具有非常重大的意义。同时为创造铁路运输安全稳定环境，实现铁路快速发展目标，提供了重要的法律保障。并且对充分发挥地方政府和铁路各方面的积极作用，加强铁路安全综合治理将起到重要的推动作用，也是在铁路运输安全管理领域推进依法行政的重要举措。

2.《条例》的适用范围

所谓适用范围，就是指一部法律、行政法规或者规章所适用的空间(地域)、事项和对象。

(1)关于本《条例》的适用空间(地域)是“中华人民共和国境内”，即中华人民共和国主权领土内的铁路运输安全保护及与之相关的活动，都要遵守本条例。国家对铁路运输安全的保护与管理，不能因投资主体和所有制形式不同有所差异，无论什么企业，都必须遵循我国有关铁路运输安全生产及管理的规定。

(2)关于本《条例》的适用事项是通过铁路运输工具实现旅客和货物位移的活动，与此相关的安全保护，包括铁路线路、桥梁、隧道、涵洞、道口、人行过道、通信信号、电气化设备等基础设施、设备的保护；铁路机车车辆等运输工具、装载加固材料、信息管理系统等重要运输设备，以及铁路车站及装卸场所、客货列车运营过程中的安全保护，以及相关的其他活动。

(3)关于本《条例》的其他适用对象:既适用于机关企事业单位,也适用于自然人,既适用于铁路运输经营单位(承运人)也适用于其他生产经营单位(托运人),既适用于内资企业也适用于外资企业,即:凡在中华人民共和国境内从事与铁路运输安全保护相关活动的单位和个人,均受本《条例》的规范和约束。

3.《条例》的主要内容

《条例》确立了铁路运输安全法律规范,分为七章一百零三条,具体体现在七个方面的重要内容。

(1)铁路行业的运输安全监管制度

《条例》从铁路运输安全管理的实际出发,借鉴国外相关行业在安全监管方面的有益经验,统筹考虑未来铁路体制改革走向,对铁路行业运输监管做出了重要规定。由国务院铁路主管部门负责全国铁路运输安全监督管理工作。

铁路系统在运输安全管理上,一直实行行业主管部门(铁道部)垂直管理体制,并在长期实践中形成了一套完整的制度体系,所以《条例》进一步明确了铁道部负责全国铁路运输安全监督管理工作,这一规定明确了铁路运输安全监管实行两级管理。

《条例》规定确立了铁路局在运输安全监管中的重要地位,《条例》中的"铁路管理机构"在现体制下就指的是铁路局。也就是说国务院行政法规已授权铁路局行使运输安全监管职责,这是考虑到当前铁路运输安全监督管理的实际需要。

(2)关键运输设施、设备、关键岗位人员及重要运输活动的行政许可制度

根据《中华人民共和国行政许可法》的规定,对上述关键及重要活动《条例》设定了六个方面的行政许可事项。

①对设计、生产、维修或进口新型机车、车辆,严格许可准入。相关企业需分别向国务院铁路主管部门申请发给相应的许可证。

②对生产铁路道岔及转辙设备,铁路通信信号控制软件及控制设备,铁路牵引供电设备的生产企业实行企业认定。

③对铁路运输管理信息系统,实行产品认定。铁路运输企业应使用国务院铁路主管部门认定的信息系统。

④铁路机车车辆和自轮运转车辆的驾驶员,实行资格认定。这类人员应当经国务院铁路主管部门考试合格后方可上岗。

⑤对危险货物及超限、超长、集重货物运输,实行行政许可。《条例》规定了承运人、托运人的办理条件和办理行政许可的具体程序。

⑥对设置或扩宽铁路道口、人行过道,实行行政许可。《条例》规定了上述事项应向铁路管理机构申请许可。

(3)铁路与道路立体交叉的设置和费用分担制度

《条例》规定新建、改建的铁路与道路交叉的列车行驶速度和道路交通流量达到国家规定标准的,应当设置立体交叉。

《条例》对立体交叉设置,特别是对既有平交道口的改造提出了明确的要求。

关于立交费用的分担问题,是一直影响立交建设的难题,在本《条例》中区分三种不同情况做出了明确规定。

(4)铁路线路、桥梁、隧道、站场的安全保护制度

《条例》规定了铁路线路、铁路桥梁、铁路隧道和站场的安全保护范围。

《条例》规定了禁止在铁路设施周围建造、设立危险品生产加工储存销售场所、仓库的范围。

《条例》规定了禁止在铁路线路、桥梁、隧道周围采矿及爆破作业的范围。

(5)铁路运输企业的安全生产责任制度

《条例》规定了对运输安全管理制度建设及对企业和从业人员的安全生产责任。

《条例》规定了对企业保护铁路设施、设备义务及企业公告义务。

(6)铁路运输安全综合治理制度

《条例》规定了铁路沿线地方各级人民政府安全生产监督管理部门的基本职责。

《条例》规定了铁路与国家及地方安全监管部门应当建立定期信息通报制度和运输安全生产协调机制。

《条例》规定了铁路运输安全事故报告及应急预案的启动和有关行业及地方主管部门的处罚权。

(7)社会公众保护铁路运输安全的责任及义务

《条例》规定了社会公众不得破坏损坏或者非法占用铁路运输设施、设备、铁路标志及铁路用地。

《条例》规定了社会公众有义务保护铁路运输安全,有义务检举、报告违反《条例》规定的行为。

《条例》对危及铁路行车安全的17种行为,危及铁路通信信号设施安全的5种行为,危及电气化铁路设施的6种行为,做出了明确的禁止性规定。

五、安全规章

1. 行车作业人身安全通用标准

(1)班前禁止饮酒,班中按规定着装,佩带防护用品。

(2)顺线路走时,应走两线路中间,并注意邻线机车车辆和货物装载状态。严禁在道心、轨枕头上行走,不准脚踏钢轨面,道岔拉杆、尖轨等。

(3)横越线路时,应一站、二看、三通过,注意左右机车车辆的动态及脚下有无障碍物。

(4)横越停有机车车辆的线路时,先确认机车车辆暂不移动,然后在该机车车辆较远处通过。严禁在运行中的机车车辆前面抢越。

(5)必须横越列车、车列时,应先确认列车、车列暂不移动,然后由通过台或两车钩上越过,勿碰开钩销,要注意邻线有无机车车辆运行,严禁钻车。

(6)不准在钢轨上、车底下、轨枕头、道心里坐卧或站立。

(7)严禁扒乘机车车辆,以车代步。

2. 电气化铁路货装人员电气安全常识

(1)在电气化铁路上,接触网的各导线及其相连部件,通常均带有高压电,因此禁止直接或间接地(通过任何物件,如棒条、导线、水流等)与上述设备接触。

(2)电气化铁路区段货装职工认真学习,必须经过有关安全规定考试合格后,方准单独

作业。

(3)为保证人身安全,除专业人员按规定作业外,任何人员所携带的物件(包括长杆、导线等)与接触网设备的带电部分需保持 2 m 以上的距离。

(4)在距接触网带电部分不到 2 m 的建筑物上作业时,接触网必须停电。

(5)在带电的接触网下,不准在敞车、平车、罐车等车辆(棚车、保温车、家畜车内除外)上进行装卸作业,不准进行用竹竿等物测量货物的装载高度等靠近接触网的作业。

(6)在电气化铁路区段各车站指定的装卸货物线、给水线和电力机车整备线的接触网上均设有分段绝缘器和隔离开关。隔离开关平时要经常处于合闸状态。

(7)装卸作业时,必须在指定的线路上安全区域内停电进行。作业结束,值班员确认所有人员已离开危险区域,方准合上隔离开关送电。

(8)在上述装卸线的分段绝缘器内侧 2 m 处埋设安全作业标准,在标志外方或非指定带有接触网的线路上严禁登上车顶作业。安全作业标志,在既有电化线路上由使用单位,在新建电化线路上由电化工程施工单位负责制作设置。

(9)电气化铁路上的各种车辆,当接触网停电并接地以前,禁止进行下列作业:

①攀登到车顶上,或在车顶上进行任何作业(如检查车顶设备、上水、上冰等)。

②开闭罐车和保温车的注口(盖),或在这些注口处进行任何工作。

六、安全作业常识

1. 手推调车的规定

在货物装卸时,由于某种原因需要手推调车作业,必须遵守《铁路技术管理规程》的有关规定,下列情况禁止手推调车作业:

(1)超过 2.5‰坡道的线路上(确需手推调车时,须经铁路局批准)。

(2)遇暴风雨雪车辆有溜走可能或夜间无照明时。

(3)接发列车时,能进入接发列车进路的线路上无隔开设备或脱轨器。

(4)装有爆炸品、压缩气体、液化气体的车辆。

(5)电气化区段,接触网未停电的线路上,棚车、敞车类的车辆。

2. 装卸车作业人身安全注意事项

(1)装卸作业前安设防护信号。

(2)开关车门时,应用拉门绳,迎面禁止站人,以防车门脱落和货物倒塌,溜下砸伤。

(3)电气化区段作业时,必须在指定的线路上安全区域内停电进行。

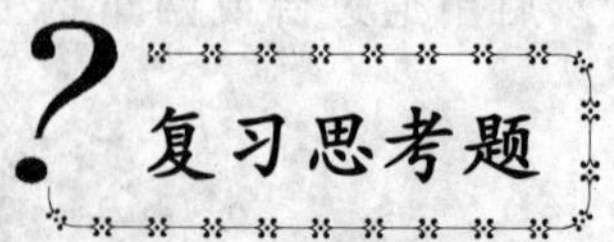

1. 道德的基本概念是什么?
2. 道德的含义是什么?
3. 职业道德基本概念是什么?
4. 职业道德的含义是什么?

5. 铁路职业道德基本概念是什么？
6. 铁路职业道德基本原则是什么？
7. 货运人员职业道德规范的核心是什么？
8. 货运职业道德修养的主要内容有哪些？
9. 货运人员职业道德的基本要求是什么？
10. 国际联运职工的基本素质要求有哪些？
11. 怎样保持中国铁路员工形象？
12. 涉外工作的基本要求有哪些？
13. 涉外职工的基本要求有哪些？
14. 境外工作职工的基本要求有哪些？
15. 涉外安全工作的基本要求有哪些？
16. 涉外安全工作基本规范是什么？
17.《劳动法》施行的时间是何时？
18.《劳动法》产生的重要作用是什么？
19.《劳动法》主要内容包括哪10个方面？
20.《劳动法》的基本原则是什么？
21. 劳动者的权利有哪些？
22. 劳动者的义务有哪些？
23.《铁路法》施行的时间是何时？
24.《铁路法》的重要作用是什么？
25.《铁路法》的主要内容是什么？
26.《铁路法》适用于哪四种铁路？
27.《条例》施行的时间是何时？
28.《条例》的重大意义是什么？
29.《条例》的适用范围是什么？
30.《条例》的主要内容是什么？
31.《安全生产法》的实施时间是何时？
32.《安全生产法》的重要意义是什么？
33.《安全生产法》的适用范围是什么？
34.《安全生产法》对各行各业普遍适用的哪些基本法律制度？

第二章　铁路货运概况及展望

第一节　我国铁路线路及限界

一、铁路线路

铁路线路是机车车辆运行的基础。线路质量的好坏，对于提高运输能力，保证行车安全具有重要意义。

铁路线路根据其用途分为正线、站线、段管线、岔线及特别用途线。

1. 正线是指连接车站并贯穿或直股伸入车站的线路(图 2-1)。正线上不准停留车辆。

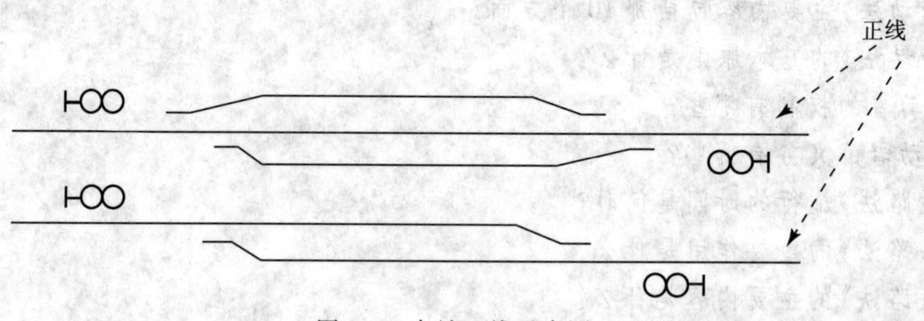

图 2-1　车站正线示意图

2. 站线包括车站到发线、调车线、牵出线、货物线及站内指定用途的其他线路。站内指定用途的其他线路包括：救援列车停留线、机车走行线、机待线、禁止溜放车辆停留线、轨道衡线及车辆站修线等。

3. 段管线是指机务、车辆、工务、电务、供电等段专用并由其管理的线路。

4. 岔线是指在区间或站内接轨，通向路内外单位的专用线路。

5. 特别用途线是指安全线和避难线。

岔线、段管线与正线、到发线接轨时，均应铺设安全线。岔线与站内到发线接轨，当站内有平行进路及隔开道岔并有联锁装置时，可不设安全线。

在进站信号机外制动距离内进站方向为超过 6‰下坡道的车站，应在正线或到发线的接车方向末端设置安全线。

合资铁路、地方铁路及专用铁路与国家铁路车站接轨，其接轨处或接车末端应设隔开设备(设有平行进路并有联锁时除外)。

安全线向车挡方向不应采用下坡道，其有效长度一般不少于 50 m。

为防止长大下坡道上失去控制的列车发生冲突或颠覆，应根据线路情况，计算确定在区间或站内设置避难线。

二、铁路限界

我国现行的铁路限界包括铁路的建筑限界和机车车辆限界。在实际应用中还有《铁路货物装载加固规则》规定的货物装载限界和特定区段装载限制。各种限界都是衡量铁路货物运输中能否保证安全的尺子,均应按照其规定严格遵守。

1. 铁路建筑限界

《铁路技术管理规程》规定:一切建筑物、设备,在任何情况下均不得侵入铁路的建筑限界(以客货共线铁路建筑限界 $v \leqslant 160$ km/h 时的基本建筑限界图为例,见图 2-2)。与机车车辆有直接互相作用的设备,在使用中不得超过规定的侵入范围。

在设计建筑物或设备时,距钢轨顶面的距离应附加钢轨顶面标高可能的变动量(路基沉落、加厚道床、更换重轨等)。

靠近铁路线路修建各种建筑物及电线路时,须经铁路局批准。

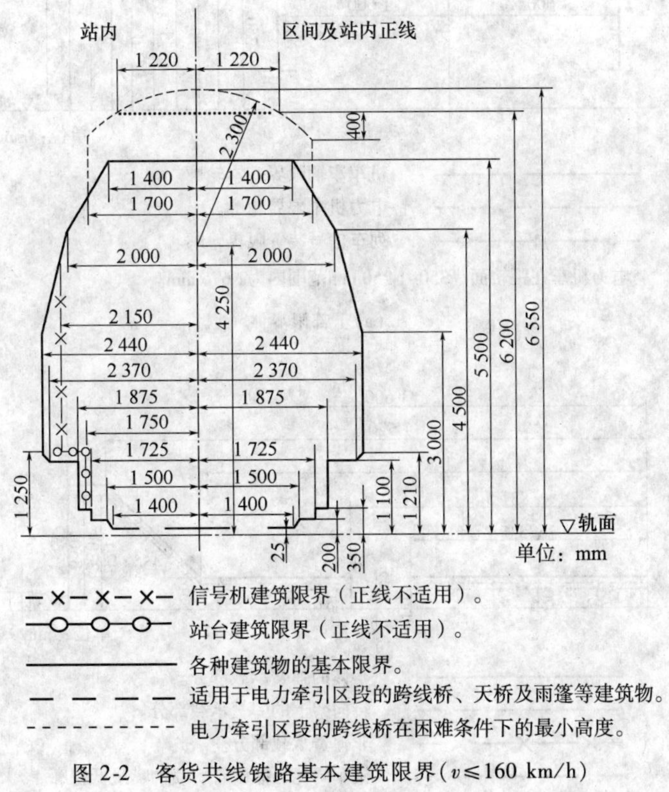

图 2-2 客货共线铁路基本建筑限界($v \leqslant 160$ km/h)

2. 机车车辆限界

机车车辆无论空、重状态,均不得超出机车车辆限界。

第 10 版《铁路技术管理规程》中公布执行的机车车辆限界($v < 200$ km/h)如图 2-3 所示。

3. 货物装载限界

《铁路货物装载加固规则》规定:货物的装载高度、宽度和计算宽度,除超限货物外,不得

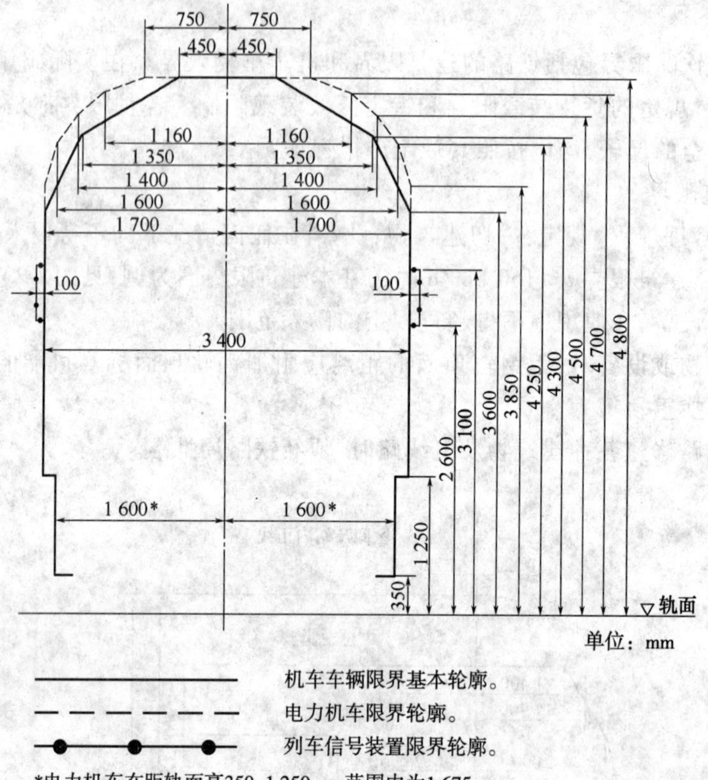

(a)上部限界

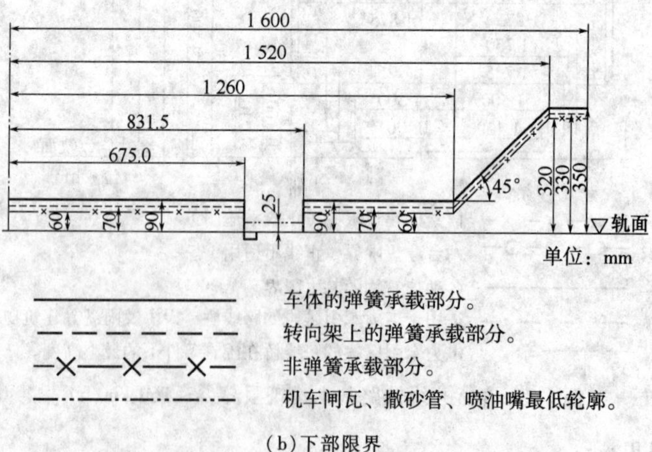

(b)下部限界

图 2-3　机车车辆限界($v<200$ km/h)

超过货物装载限界如图 2-4 所示。

货物装载限界中，斜坡面部位的高、宽尺寸的速算方法如下：

(1)高度在 4 300 ~4 800 mm 部位法则为：

一侧宽度 =（5 050 - 装载高度）×1.8

=（5 050 - 装载高度）×2 -（5 050 - 装载高度）×0.2

即 5 050 与装载高度之差的 2 倍减去其差的 1/5。

【例 2-1】 求高度 4 700 mm 处的一侧限界宽度。

解：（5 050 - 4 700）×1.8

=（5 050 - 4 700）×2 -（5 050 - 4 700）×0.2

= 350 ×2 - 350 ×0.2 = 700 - 70 = 630（mm）

（2）高度在 3 600 ~ 4 300 mm 部位法则为：

高度加全宽等于常数：7 000 mm。

【例 2-2】 求高度 4 000 mm 处的一侧限界宽度。

解：全宽 = 7 000 - 高度

= 7 000 - 4 000 = 3 000（mm）

即一侧宽度 = 3 000 ÷ 2 = 1 500（mm）

【例 2-3】 求一侧宽度为 1450mm 处的限界高度。

解：全宽 = 2 × 一侧宽度 = 2 ×1 450 = 2 900（mm）

高度 = 7 000 - 全宽 = 7 000 - 2 900 = 4 100（mm）

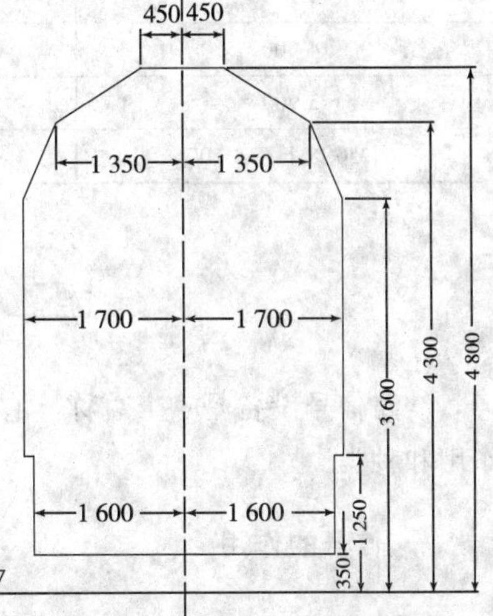

图 2-4 货物装载限界

4. 特定区段装载限制

我国铁路有个别区段的建筑限界小于《铁路技术管理规程》所规定的建筑限界，为保证货物和行车的安全，对通过或到达这些特定区段的货物，应严格遵守《铁路货物装载加固规则》中公布的“特定区段装载限制”见表 2-1。

表 2-1 特定区段装载限制

序号	线 名	区 段	限制事项		附 记
			装载限界	车体自重加实际载重最大吨数（t）	
1	京包线	南口—西拨子间	装载货物高度和宽度按下附表规定		
2		运往朝鲜的货物	按货物装载限界装载，但最高不得超过 4 750 mm		
3	广九线	经深圳北运往九龙的货物	装载货物中心高度由钢轨面起 360 mm 至 3 600 mm 处左右宽度不得超过 1 550 mm，其他部位按货物装载限界		
4	京广线	坪木线		90	坪石站出岔
5	丰沙线	沙城—三家店间上行线	装载货物中心高度由钢轨面起不得超过 4 600 mm		

表 2-1 附表

由钢轨面起算的高度（mm）	由车辆纵中心线起算每侧的宽度（mm）	全部宽度（mm）
4 300	1 050	2 100
4 200	1 150	2 300

续上表

由钢轨面起算的高度(mm)	由车辆纵中心线起算每侧的宽度(mm)	全部宽度(mm)
4 100	1 250	2 500
4 000	1 350	2 700
3 900	1 450	2 900
1 250 以上至 3 600	1 600	3 200

第二节　我国铁路信号设备

铁路信号设备是一个总称。它包括信号、联锁和闭塞设备三部分。在这里主要讲信号的作用和种类。

一、信号的作用

信号是指示列车和调车工作的命令。它通过颜色、形状、灯光或音响等不同方式指示行车、调车的条件。所有行车人员都必须严格按信号显示的有关要求执不得违反,以保证运输安全和提高运输效率。

二、信号的分类

1. 按感觉器官分为视觉信号和听觉信号两大类。

(1)视觉信号的基本颜色和要求

红色——表示停车。

黄色——表示应注意或减低速度。

绿色——表示可按规定速度运行。

(2)听觉信号

用号角、口笛、响墩发出的音响和机车、轨道车的鸣笛发出的音响,都是听觉信号。

2. 按设置的位置及用途又分为:手信号、移动信号、固定信号等。

(1)手信号灯、信号旗或直接用手臂发出的信号叫手信号,是现场有关行车人员之间机动地指挥列车运行和调车作业以及作为联系用的一种旗语。

(2)将信号设备(如信号机、信号标志、信号表示器等)固定地设置在一定的地点,一定的位置来指示列车运行和调车作业,这类信号叫固定信号,是铁路的主要信号。

(3)在线路上临时设置起防护作用的信号叫移动信号。响墩与火炬是一种临时要求紧急停车的信号。

三、信号表示器和信号标志

信号表示器设置于铁路线路旁的某些固定地点,与信号机不同的是,它没有防护的作用,只是用来表示与行车有关设备的位置和状态,表示信号机显示的某种附加含义或表示行车人员的某种意图。

信号表示器主要有道岔表示器（说明线路开通位置）、脱轨表示器、进路表示器、发车表示器、发车线路表示器、调车表示器及车挡表示器等。

信号标志主要有警冲标、站界标、预告标、司机鸣笛标、作业标等。警冲标设于两线路会合线间距为 4 m 的中间位置，其作用是防止停留在一线上的机车车辆与邻线上移动的机车车辆发生侧面冲撞。机车车辆在线路停留时除特殊情况是不准越过警冲标的。

第三节　我国铁路货车

铁路货车是运送货物的工具。在铁路上必须经常保持数量充足和质量良好的车辆，才能满足不断增长的货物运输任务的要求。

一、铁路货车按用途分类

铁路上运送的货物种类很多，性质不同，在运送中的要求也不一样，货车就有不同的类型，如棚车、敞车、平车、罐车、冷藏车等，货车按其用途分为通用货车、专用货车、特种车辆三类。

1. 通用货车

（1）敞　车

车体设有固定的墙板，侧面设有车门可装运不怕湿的货物，如装货后苫盖货车篷布，也可装运怕湿损的货物。

（2）棚　车

车体具有顶棚、车墙及门窗，用于装贵重、怕日晒和怕潮湿的货物。车内有的有安装火炉的烟囱座，床托等装置，必要时可运送人员和牛马等牲畜。

（3）平车（包括集平两用车）

平车车体为一平板或设有活动的矮侧墙板和端侧墙板，装运货物必要时可将端侧板放下，主要装运钢轨、汽车、拖拉机、军用物资及长大、笨重货物等。

2. 专用货车

专供运送某些货物的车辆，包括下列几种：

（1）罐车。车体为一圆罐筒，专门用于装载液体状态的货物。也有少数装载粉状货物。罐车的卸货装置分为上卸式、下卸式两种。轻油罐车、酸碱类罐车采用上卸式；黏油类罐车采用下卸式（液化气罐车、酸碱类罐车，为企业自备车）。

（2）冷藏车。冷藏车又称保温车。车体夹层装有隔热材料，车内有冷却和加温装置，使车内能保持一定温度，车体外部涂以银灰色，对阳光起反射作用，减少太阳辐射热传入车内。专供装运易腐货物，如鲜鱼、肉类、水果、蔬菜及冻结的易腐货物。

（3）长大货物车。长大货物车是铁路运输中使用的一种特殊平车，主要装运各种长、大、重型货物。一般载重 90 t 以上，长度在 17 m 以上。根据车底板的形式可分为，凹型平车、长大平车、落下孔车、双支承平车、两节平车、钳夹车等。

（4）集装箱专用平车。

（5）家畜车。

(6)活鱼车。

(7)水泥车。

(8)散装粮食车。

(9)小汽车专用平车。

3. 特种车辆

供特种用途使用的车辆,包括以下几种:

(1)救援车:专供列车发生颠覆事故时,排除故障及修复线路使用。

(2)检衡车:供检查铁路上轨道衡性能的设备。

(3)发电车:专用发电用,是能在铁路线路上流动的发电厂。

(4)除雪车:用以清除铁道上的积雪。

二、车辆的基本构造

铁路上的车辆种类虽然很多,但它们的构造基本上是相似的,每一辆车都是由车体、车底架、走行部、车钩及缓冲装置和制动装置五个部分所组成。

1. 车 体

铁路货车车体是车辆装载货物的部分,货车车体按其结构的外形分为棚车、敞车、罐车、平车及特种用途车等。

2. 车底架

车底架是车体的基础。它承受车体和所装货物的重量,并通过上、下心盘将重量传给走行部。在列车运行时,它还承受机车牵引力和列车运行中所产生的各种冲击力及其他外力。

3. 走行部

走行部的作用是引导车轮沿轨道运行,并把车辆的全部重量传给钢轨。在四轴车上,四组轮对分成两部分,每两组轮对分别和侧架、摇枕、弹簧减振装置、轴箱油润装置组成一个转向架。每个转向架通过摇枕上的下心盘、中心销和车底架上的上心盘相连。转向架相对于车体底架能自由转动,这样便于车辆顺利地通过曲线。

4. 车钩及缓冲装置

车钩及缓冲装置包括车钩和缓冲器两部分,安装在车底架中梁的两端。它不仅能使车辆和车辆、车辆和机车间相互连挂,而且承受着机车的牵引力和列车运行及调车中的各种冲击力,所以它具有连接、牵引、缓冲三种作用。

5. 制动装置

制动装置是用外力迫使运行中的机车车辆减速或停车的一种设备。是车辆的主要组成部分之一。它不仅是列车运行安全正点的重要保证,而且也是提高列车重量和运行速度的前提条件。因此,制动装置的好坏,直接影响着铁路的运输能力。

车辆上的制动装置由制动机和基础装置两部分组成。我国铁路车辆上一般都同时装有空气制动机和手制动机。

三、车辆标记

为了表示车辆的类型和特征,满足使用、检修和统计的需要,每一辆铁路车辆应具有规定的各种标记。铁路货车的标记包括以下几种。

1. 路徽

凡铁道部所属车辆上,一律涂打人民铁路路徽和产权牌。

2. 车号

包括型号及号码。型号有基本型号和辅助型号两种。基本型号:代表车辆种类,用汉语拼音表示,如 P、N、C、G 等。辅助型号:同一种车辆,因有不同的构造形式,故采用辅助型号来区别,写在基本型号的右下角表示,如 P_{62}、P_{61}、C_{64}、N_{16}、N_{17}等。

3. 制造厂名标牌

标明该车制造的厂名及制造年、月。

4. 定检修理标记

定检修理标记:包括厂修、段修、辅修(制动检查)和滑动轴瓦的轴箱检查标记等。标明检修时间和单位,以便明确检修责任。

段、厂修标记:横线上为段修标记,横线下为厂修标记,左侧为下次检修年、月,右侧为本次检修年、月及检修单位简称。

$$\frac{\text{10. 10—09. 10 哈齐}}{\text{12. 10—07. 10 齐厂}}$$

段修标记中“09. 10 哈齐”表示在 2009 年 10 月由哈尔滨铁路局齐齐哈尔车辆段施行段修,应在 2010 年 10 月进行下一次段修。

厂修标记中“07. 10 齐厂”表示在 2007 年 10 月由齐齐哈尔车辆厂施行厂修,应在 2012 年 10 月进行下一次厂修。

第四节　我国货运安全检测系统

一、超偏载检测装置

超偏载检测装置是铁路货运计量安全检测系统的重要组成部分,是防止货车超载、偏载、偏重的主要安全检测设备。

(一)超偏载检测装置构成及原理

超偏载检测装置由机械承载机构和传感器、现场数据采集处理、远程计算机管理构成。传感器完成车辆重量数据测量,并将重量值转化成相应的电压信号,现场数据采集处理将电压信号进行模数转换并计算出车辆的重量、超偏载情况,通过有线通信传输到远端的管理计算机,由远端的管理计算机对所有通过车辆的数据进行采集、处理、传输,对通过列车进行机车、客车、货车识别,车辆计轴计辆等;完成自动检测通过列车车辆的速度、载重、自重、前后偏重及左右偏载,进行数据存储、超偏载车辆报警打印。

(二)超偏载监控网络系统

1. 超偏载监控网络系统

超偏载监控网络系统包括包括通道系统、电源系统、检测站系统、车站监测系统、路局监控中心系统、部监管中心系统等。

2. 车站监测系统的构成和功能

车站监测系统由数据集中服务器、监控计算机、打印机、通信接口设备、自动录音电话、防雷装置、设备地线和防雷地线,以及相应的配套设施等构成,并通过通信电缆与检测设备操作间相连接。数据集中服务器设于车站计算机房内。货检室设监视终端,实时监控和处理货车超偏载情况。

车站监测系统应能完成以下功能:

(1)对检测设备操作间传输的信息实时进行存储、处理、显示、打印、预警以及数据统计。

(2)对通过检测设备的列车按规定的标准报文格式进行存储或打印,包括序号、日期、时间、检测设备站名、方向、机车和货车类型、辆数、速度。

(3)打印班、日的累计工作报告,调阅某一检测设备的某一时段的通过车报文、自检信息等。

(4)实时反映检测设备及通道的工作状态和故障状态。

(5)自检功能。

(6)完成 TMIS 确报等货运信息的集成与匹配。

(三)超偏载车辆的判定

1. 超偏载状态

超偏载状态包括 3 个方面:超载状态,单位为吨(t);纵向偏载状态,单位为吨(t);横向偏载状态,单位为毫米(mm)。

超偏载预警主要内容有:时间、车速、站名、方向、列车编组、车位、车型、车号、超载、纵偏、横偏。

2. 货车超偏载

货车超偏载分为严重、一般两级,具体分级标准见表 2-2。

表 2-2 货车超偏载分级表

项目 \ 分级	严 重	一 般
超载	大于货车容许载重量 10 t	大于货车容许载重量 5 t
偏载	货物总重心投影响距车辆纵中心线距离大于 150 mm	货物总重心投影响距车辆纵中心线距离大于 100 mm
偏重	货车两转向架承受重量之差大于 15 t	货车两转向架承受重量之差大于 10 t

以上的具体分级标准仅作为是否需要换装整理的依据。

(四)超偏载车辆的处理

1. 根据超偏载检测装置检测结果,对严重的超偏载货车,应通知货检和列检人员联合检查,车辆技术状态正常不危及行车安全的,要作出记录,重点监控运行;危及行车安全的,须立即扣车,换装整理后,方能挂运。对一般的超偏载货车,可不换装整理。

2. 车站对未扣车处理的严重、一般超偏载车辆,应记录车种、车号、发到站、货物品名、发收货人等,并将上述信息及时通知发到站,电报通知下一编组站。同时在 24 h 内,将信息上报铁路局货运主管部门,并反馈到铁路局计量主管部门。

3. 严重超偏载货车换装整理作业流程如下：

(1)车站货检人员应根据检测结果，核对现车无误后，对危及行车安全的，及时打印超偏载甩车通知卡(一式三份，调度、货检、列检各一份)，并向车站行车调度部门报告。

(2)车站行车调度部门接到货检人员报告后，值班人员应在超偏载甩车通知卡上签字，安排甩车，并送入指定地点。

(3)车站对甩下的货车重新过衡或进行偏载、偏重复核，确认超载、偏载、偏重后，按规定换装整理和拍发电报。

(4)车站对卸载货车重新过衡复磅，确认货物重量不超过货车容许载重量后，方可编入列车继续运行。

(5)车站将严重超偏载货车的超偏载检测单和轨道衡复磅单，一并随运输票据寄送到站，到站应按规定处理，并按月将有关超偏载统计资料寄送主管铁路局和责任铁路局。

二、货车超限及装载状态监控系统

(一)超限检测系统检测原理及功能

1. 超限检测系统功能

超限检测系统通过安装在龙门架上的两个二维激光扫描传感器组成扫描断面，实时对通过列车的纵断面轮廓进行测量，可以检测得到通过车辆及货物的断面轮廓尺寸，进而判断货物是否超限，以及超限的尺寸、部位、等级等。该系统可运用于正线、长大隧道、特大框架桥入口前、到达场或出发场，避免由于超限引起的安全事故的发生。

2. 超限检测系统检测原理

超限检测系统利用二维激光扫描技术实现对货车装载超限的检测。二维激光扫描技术采用计算从激光发射、被检测物体漫反射到接收的时间进行测距的原理，发射接收设备在内部高速旋转以等角度测试，从而得到不同角度上反射点的距离值，进而判断车辆的超限状况，如图 2-5所示。

(二)超限检测系统术语

1. 超限车辆

装载货物后，整体尺寸轮廓超出机车车辆限界要求的车辆，称为超限车辆。

2. 门架

横跨铁路线路，用来作为传感器安装基础的建筑物。

3. 测量断面

测点处，与线路前进方向垂直的理论平面，定义为测量断面。

4. 测量坐标 x 轴方向

测量断面内，两钢轨顶点连线的延长线，定义为测量坐标 x 轴方向。

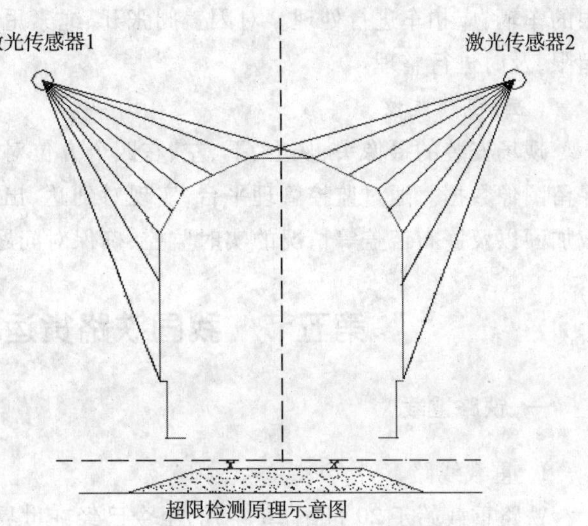

图 2-5　超限检测系统检测原理图

5. 测量坐标 y 轴方向

测量断面内,垂直于 x 轴方向且通过线路中心线的方向,定义为测量坐标 y 轴方向。

(三)超限指标

根据《铁路超限超重货物运输规则》,定义各超限指标如下。

1. 最大轮廓超限级别

最大轮廓超限级别分为三级:一级超限、二级超限、超级超限。

一级超限:超过机车车辆限界而未超过一级装载限界为一级超限。

二级超限:超过一级装载限界而未超过二级装载限界为二级超限。

超级超限:超过二级装载限界而未超过建筑限界为超级超限。

2. 最大轮廓超限幅值

最大轮廓超限幅值:指超限点的 x 坐标或者 y 坐标超过机车车辆限界对应点的幅值,例如,40 就表示超出机车车辆限界 40 mm,现在的超限以 x 轴方向超限居多,y 轴方向超限只有在超限点 y 坐标大于机车车辆限界的最高点 4 800 mm 才发生。

3. 最大轮廓超限位置

最大轮廓超限位置:指的是最大超限点在最大轮廓扫描断面里的位置,一共有 8 个部位,分是前端、左上、左中、左下、右上、右中、右下、后端,如果该位为 1,就表示该部位有超限点,例如,01001000 就表示左上右上部位超限。

上部超限:y 坐标大于 3 600 mm 的超限部位属于上部超限。

中部超限:y 坐标大于 1 250 mm 且小于 3 600 mm 的超限部位属于中部超限。

下部超限:y 坐标大于 150 mm 且小于等于 1 250 mm 的超限部位属于下部超限。

(四)超限车辆处理

超限车辆根据报警区别为一级红色、二级橙色、三级黄色,并且对报警车辆进行上、下、左、右四个方向拍照,在车辆限界轮廓图中显示报警部位及超限幅值。监控人员发现超限车辆报警时,应及时通知货检值班员,由货检值班员组织人员进行现场检查确认,对货物装载确认超限的车辆,应扣车进行处理。对因盖阀张开、绳索甩动、加固材料翘起及押运人等原因造成的超限,及时进行整理。

(五)视频监控

现场安装的摄像头,从上、下、左、右四个方位对通过安全门装置的车辆进行实时拍摄,并保留图像数据。通过监控管理平台,实现对到达、出发、通过列车的门、窗、盖、阀关闭、货物装载加固以及篷布苫盖等情况的实时监控,确保对问题车的及时处理。

第五节　我国铁路货运发展概况及展望

一、铁路重载

1. 重载线路

铁路重载始于 20 世纪 20 年代,至今已经在世界上很多国家广泛采用,特别是对于幅员辽阔的大陆国家,具有更重要的现实意义。所谓重载铁路,是指年运量为 2 000 万 t 的铁路、单元或组合列车达到或超过5 000 t、车辆中车轴轴重为25 t,具备以上条件之二者,可视为重载。我国东部平原地区的国家Ⅰ级干线都可以视为重载铁路(我国规定,Ⅰ级干线年运量不少于2 000万 t)。

2. 我国重载线路

以大秦铁路为标志的中国铁路重载运输创造的奇迹,赢得了世界同行的广泛赞誉。作为我国新建的第一条双线电气化重载运煤专线,大秦铁路1992年年底全线通车,2002年运量达到1亿t设计能力。2008年,大秦铁路实现煤炭运量3.4亿t,2010年运量突破4亿t,是原设计能力的4倍。

如今,大秦铁路是世界上年运量最多的铁路,突破了单条铁路年运量2亿t世界重载铁路的理论极限。科学论证表明:年运量由设计能力1亿t提高到4亿t,与新建一条重载线路相比,可以节约2/3的投资,节约2.4万亩土地。

目前,我国京广、京沪、京哈、陇海等繁忙铁路干线在列车速度大幅提升、密度大幅增加的同时,已普遍开行5 000~6 500 t重载货物列车。这种客货共线运行,速度、密度、重载三者并举的运输组织模式,是世界铁路运输的一项重大创举,也是中国铁路赢得世界铁路同行赞叹的一大亮点。

中国主要的四条晋煤外运通道(山西南北各两条),即山西大同—河北秦皇岛,山西朔州—河北黄骅港,山西(支线比较多)—河北邯郸—山东济南—山东青岛,山西(支线铁路连接)—河南焦作—(山东日照)。晋煤外运四大通道也都是重载铁路。

3. 货车载重标准

"安全、准确、快速、方便、舒适"已成为货主和旅客对铁路运输的共同要求,而机车车辆及相关制造业通过对国外先进技术和装备的引进、消化、吸收和再创新,不断提升设计与制造水平,使这几年铁路的发展速度比较快。自1997年以来,铁路先后经历的六次大提速,均在通过对既有线路上的改造基础之上达到的,其规模和力度之大在世界上也少有。从2006年起,新造通用货车载重标准已从60 t提高到70 t,运煤专用货车载重80 t,并研制开发了载重100 t的钢铁矿石专用货车,基本完成了我国铁路货车的升级换代。

4. 重载列车类型

重载列车运输方式可以分为三种。

(1)单元式重载列车。它起源于美国,是由装车地到卸车地固定机车车辆,固定发站和到站,固定运行线,运输单一品种货物的列车,在装、卸站间往返循环运行,中途不拆散,不进行改编作业。这种列车只占用铁路正线和到发线,不占用调车设备。中途不进行其他作业,单元列车车辆固定编挂,固定回空,而且两端车站运卸设备必须配套,形成矿区—港口(电厂)的一条龙运输组织。

(2)整列式重载列车。整列式重载列车是由单机或多机牵引,机车挂于列车头部,在站线有效长为1 050 m的铁路线上开行的货物列车。这种列车采用普通列车的作业组织方法,与普通货物列车完全一样,只是牵引重量达到5 000 t以上。

(3)组合式重载列车。这种列车是把两列符合运行图规定的重量和长度、开往同一方向的单个列车首尾相接连城一列,占用一条运行线,运行到前方某一车站再分解作业的重载列车。组合式列车在车底的组合与分解以及调度指挥等作业上也有一些与普通货物列车不同之处，因此需要制定相关的规章与办法。

二、多式联运

1. 国际多式联运

国际多式联运是一种以实现货物整体运输的最优化效益为目标的联运组织形式。它通常以集装箱为运输单元，将不同的运输方式有机组合在一起，构成连续的、综合性的一体化货物运输。通过一次托运、一次计费、一份单证、一次保险，由各运输区段的承运人共同完成货物的全程运输，即将货物的全程运输作为一个完整的单一运输过程来安排。它率先采用于北美、欧洲和远东地区的货物运输，随后逐步在全球实行。国际多式联运很大程度上不同于传统的单一运输方式。根据1980年《联合国国际货物多式联运公约》以及1997年我国交通部和铁道部共同颁布的《国际集装箱多式联运管理规则》的定义，国际多式联运是指"按照多式联运合同，以至少两种不同的运输方式，由多式联运经营人将货物从一国境内接管货物的地点运至另一国境内指定地点交付的货物运输"。

2. 我国铁路联运以铁路和地方水路以及铁路和公路等干、支线联运为主，是在许多沿线、沿海、沿河城镇，以铁路车站或港口码头为中心，组织许多地区性的联运线，既为车站、港口集散货物，又通过代办中转业务，以及办理送货到家、取货上门、电话受托等联运服务业务，方便货主。

我国铁路联运主要以集装箱为主，铁路集装箱运输是现代化铁路货物运输发展的方向。由于集装箱运输易于机械装卸，安全可靠，方便火车、汽车、轮船交接转运的特点，深受用户欢迎，在我国已初具规模。随着我国国民经济飞速发展，国际贸易不断扩大，国内外对集装箱运输需求越来越大。铁路集装箱运输这几年虽然发展较快，但仍不能满足国民经济发展需要。因此要求建立完整的物流体系和大力推进铁路参与集装箱多式联运，以使铁路集装箱的发展能够适应市场经济的发展速度。

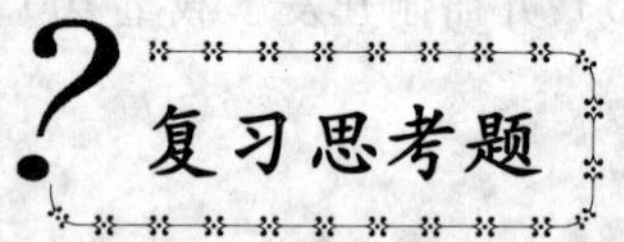

1. 铁路线路的等级有哪些？
2. 线路种类有哪些？
3. 信号的分类是什么？
4. 货车按其用途分为几类？
5. 超偏载检测装置是防止什么的主要安全检测设备？
6. 重载列车运输方式可以分为几种？

第三章 国际铁路联运基础知识

国际铁路货物联运是在两国或两国以上铁路全程运输货物中共同使用一份运单票据，而且一国铁路向另一国铁路移交货物和车辆不需要发货人、收货人参加，各参加国均负有连带责任办理的货物运送。

国际铁路货物联运是一项政策性很强的涉外活动。具有中间环节多、涉及面广、情况复杂多变、时间性要求高和风险性较大的等特点。

国际铁路货物联运的开办，为参加联运协定的各国开辟了对外经济联系的一个渠道。由于货物在国境站换装、换轮或直通过轨时，不需要发货人、收货人参加和重新办理托运、免除了各种手续（如办理运输计划、重新制票等），从而加快了货物运送，方便了货主，为发展各国间的贸易创造了有利条件。

第一节 国际铁路货物联运概述

一、国际铁路联运的发展概况

1. 国际铁路联运的形成和发展

(1)国际铁路货物联运开始于19世纪中叶，到1890年欧洲有关国家签署了《国际铁路货物运送公约》(简称《国际货约》)，后来部分亚非国家也参加了公约，形成了最初阶段的国际铁路运送公约。

(2)1951年4月1日起，首先开办了中、俄（前苏联）间的铁路联运，制定了《中苏铁路联运协定》，1951年11月，在大西洋公约组织召开的欧洲各国部长运输会议上，有8个国家：前苏联、阿尔巴尼亚、保加利亚、匈牙利、民主德国、波兰、罗马尼亚、捷克斯洛伐克起草通过了《国际铁路货物联运协定》。

(3)1953年7月，中国、朝鲜、蒙古铁路代表团参加了在莫斯科召开的《国际铁路货物联运协定》和《国际旅客联运协定》代表大会，并从1954年1月1日起执行上述协定，同时宣告了《中苏铁路联运协定》废止。

(4)1955年7月在柏林召开的国际客、货协代表大会上，越南、古巴铁路也派代表参加，并从1956年6月1日起执行新的客、货协，至此，参加《国际铁路货物联运协定》的有前苏联、阿尔巴尼亚、保加利亚、匈牙利、民主德国、波兰、罗马尼亚、捷克、中国、朝鲜、蒙古、越南、古巴等13个国家的铁路，营业里程共达25万多公里。

(5)自1992年6月5日起，相继加入《国际铁路货物联运协定》的有白俄罗斯、拉脱维亚、立陶宛、摩尔多瓦、爱沙尼亚等铁路。自1993年6月18日起，加入《国际铁路货物联运协定》的有阿塞拜疆、格鲁吉亚、哈萨克斯坦、乌兹别克斯坦等铁路。自1994年6月17日起，加入

《国际铁路货物联运协定》的有土库曼斯坦国家铁路。自 1995 年 5 月 30 日起,加入《国际铁路货物联运协定》的有吉尔吉斯、塔吉克斯坦铁路。自 1997 年 6 月 6 日起,加入《国际铁路货物联运协定》的有伊朗铁路。

(6)铁路合作组织成员路历史上最多达到 26 个国家,后来古巴和民主德国、罗马尼亚、斯洛伐克、捷克等铁路相继退出了“铁路合作组织”,所以当前“铁路合作组织”成员为 23 个。

2. 国际铁路联运分类

国际铁路联运分为两邻路和过境路运送。

(1)两邻货物运送路为发站自到站为两个相邻国家铁路之间的货物运送。

(2)过境路货物运运送为发站自到站经过一个或几个国家铁路之间的货物运送。

二、我国目前国际铁路货物联运概况

我们国家地域辽阔,边境、海防线之长,与我国陆路、邻海相邻的国家很多,但国际铁路联运参加协约 23 个国家与我国陆路相邻且办理国际铁路联运的只有 5 个国家,他们分别是俄罗斯联邦、朝鲜民主主义共和国、越南民主主义共和国、蒙古国、哈萨克斯坦共和国。其简介如下。

1. 中俄间

(1)中国、俄罗斯铁路间开办国际铁路联运的国境站有两个,一是内蒙古自治区境内,隶属哈尔滨铁路局的满洲里国境站,它目前是我国陆路铁路最大的国境口岸站。满洲里站建于 1903 年,1907 年伴随着中东铁路的营运而正式开通。新中国成立后满洲里站于 1951 年正式开办国际铁路联运业务,并在我国对外贸易运输中发挥了巨大的作用,进出口运量一直居陆路铁路口岸站的第一位(年进出口运量历史上高达 2 000 万 t),与它相邻办理国际铁路联运国境站为俄罗斯联邦铁路的后贝加尔站,隶属“俄铁”股份分公司后贝加尔铁路局。二是黑龙江省境内,隶属哈尔滨铁路局的绥芬河国境站,与它相邻办理国际铁路联运国境站为俄罗斯联邦铁路的格罗迭科沃站,隶属“俄铁”股份分公司远东铁路局。

(2)中俄两国铁路轨距不同,中铁为准轨 1 435 mm,俄铁是宽轨 1 520 mm,所以双方进出口货物的移交需经过不同轨距的换装和更换轮对,双方均执行《国际铁路货物联运协定》及《国际铁路货物联运协定办事细则》的规定,货物移交以及将货物换装到另一轨距车辆或更换另一轨距轮对,均在双方接收路国境站办理,旅客运输采取更换轮对过轨的方式,双方除遵守铁路合作组织规定的联运规章外,还必须遵守《中俄蒙国境铁路协定》和“中俄国境铁路联合委员会”签订的《中俄议定书》。

2. 中朝间

(1)中国、朝鲜铁路间开办国际铁路联运的国境站有三个,一是辽宁省境内,隶属沈阳铁路局的丹东站,丹东站历史上年办理进出口货物运量最多达 600 万 t,与它相邻的是朝鲜铁路的新义州国境站。二是吉林省境内,隶属沈阳铁路局的图们站,图们站于 1954 年开始办理国际铁路联运,由于图们地区与俄罗斯和朝鲜接壤,图们站还承担俄罗斯东部地区过境朝鲜到我国的货物,以及我国与日本间经由朝鲜清津港转运的贸易货物运输。近年来,随着我国改革开放和国际政治经济形势的变化,经图们站和朝鲜铁路清津港转海运的线路,吸引了许多投资者,目前正逐步形成国际贸易运输的重要通道。与它相邻的是朝鲜铁路的南阳站。三是吉林省境内，隶属沈阳铁路局的集安站，与它相邻的是朝鲜铁路的满浦站。

(2)中朝两国铁路轨距相同，均为准轨 1 435 mm，长期以来货物的移交均以原车过轨方式直通运送，但 2008 年 6 月 20 日，双方铁路商定，中朝铁路货物联运移交方式由直通过轨改为换装运输，铁路进出口货物的换装，均在我国铁路丹东、图们、集安国境站办理。双方除遵守国际铁路联运规章外，还必须遵守《中朝国境铁路议定书》的规定。

3. 中蒙间

(1)中国、蒙古铁路间开办国际铁路联运的国境站，为内蒙古自治区境内，隶属呼和浩特铁路局的二连浩特站，二连浩特站目前是我国通往蒙古的重要口岸站，1952 年 9 月 15 日，中蒙苏三国政府签订了修建集宁至乌兰巴托的铁路协定。1955 年 12 月 1 日，集宁到二连浩特国境的铁路(宽轨 1 524 mm)交付使用。1956 年 1 月 3 日，蒙古铁路与二连浩特站接轨。1956 年 1 月 4 日，中蒙苏三国政府发表联合公报，宣布集宁至乌兰巴托铁路建成，并开始办理货物联运业务，货物的换装作业在集宁站进行。1965 年 9 月 21 日以后，集二线轨距由 1 524 mm 改为 1 435 mm，进出口货物改在二连浩特站换装。与它相邻的是蒙古铁路的扎门乌德国境站。

(2)中蒙两国铁路轨距不同，中铁为准轨 1 435 mm，蒙铁是宽轨 1 524 mm，所以双方铁路进出口货物的移交与换装需经过不同轨距的换装并更换轮对，双方由原来的进出口货物均在二连浩特站换装改为均在双方接收路国境站办理，双方除遵守铁路合作组织规定的国际铁路联运规章外，还必须遵守《中蒙国境铁路联合委员会议定书》和《中蒙俄铁路代表会议议定书》。

4. 中哈间

(1)中国、哈萨克斯坦两国铁路间开办国际铁路的国境站，我国是新疆维吾尔自治区隶属乌鲁木齐铁路局的阿拉山口国境站，1990 年 6 月 27 日，铁路由乌鲁木齐西站铺轨到阿拉山口站。1990 年 9 月 12 日与前苏联(现哈萨克斯坦)的多斯特克站接轨。1991 年 7 月 20 日，开始试办国际联运。1992 年 12 月正式开办国际联运和过境货物的运输。阿拉山口站为办理客货运输的一等站，货物换装与满洲里站相同，旅客运输采取更换轮对，原车过轨的方式，客车的换轮在多斯特克站作业。由于该站处于我国著名的大风口，春秋季节风大而频繁，每年平均有 160 多天刮 8 级以上大风，因此货物换装多数在换装库中进行，也配备有露天换装场的站台，阿拉山口站有亚洲最大的铁路集装箱换装库，一次可同时进行集装箱换装作业 44 辆车，阿拉山口站是我国通往欧洲及中亚的重要通道和新亚欧大陆桥的重要车站，特别在中亚国家的贸易运输中发挥着重要的作用。随着我国与中亚国家贸易发展的需要，和国家对兰新线乌阿线电气化铁路改造成功，近两年来阿拉山口站的运输量逐年提高，2010 年进出口运量达到 1 500 万 t，仅次于满洲里口岸站，与它相邻的是哈萨克斯坦铁路的多斯特克国境站。

(2)中哈两国铁路轨距不同，中铁为准轨 1 435 mm，哈铁是宽轨 1 520 mm，所以双方铁路进出口货物的移交与换装需经过不同轨距的换装和更换轮对，双方均执行《国际铁路货物联运协定办事细则》的规定，双方除遵守国际铁路联运规章外，还必须遵守“中哈国境铁路联合委员会”签订的《中哈议定书》。

5. 中越间

(1)中越两国铁路间，开办国际铁路联运的国境站有两个，一是广西壮族自治区境内，隶属南宁铁路局的凭祥站，于 1955 年 8 月 1 日开始办理货物联运，与它相邻的是越南铁路的同登国境站。凭祥站轨距为准轨 1 435 mm，同登站轨距为米准轨混合轨（在米轨外侧加了一根钢轨），使这段铁路既可以通过米轨车，又可以通过准轨车。二是云南省境内，隶属昆明铁路局的山腰站，与它相邻的是越南铁路的老街国境站，山腰站与越南铁路均为米轨。

（2）中越两国铁路轨距不同，中铁凭祥口岸为准轨 1 435 mm、山腰口岸为米轨 1 000 mm，越铁既有米轨又有准轨，所以双方铁路进出口货物的移交有两种方式，一种方式是原车过轨直通运输，另一种方式是在口岸站换装运输。双方除遵守国际铁路联运规章外，还必须遵守《中越铁路联运协定》和《中越国境铁路会议议定书》。我国凭祥站和山腰站的国际铁路联运业务曾于 1978 年 12 月 22 日一度停办，后经过中越两国铁路主管部门商定，于 1996 年 2 月 12 日起两国铁路又正式恢复国际铁路联运。

我国和邻国的铁路国境站轨距及距国境线里程如表 3-1 所示。

表 3-1　我国和邻国的铁路国境站轨距及距国境线里程

我国国境站名称	我国轨距（mm）	邻国国境站名称	所属国	邻国轨距（mm）	距国境线距离（km）（中铁）	距国境线距离（km）（邻铁）
满洲里	1 435	后贝加尔	俄铁	1 520	9.8	1.3
绥芬河	1 435	格罗迭科沃	俄铁	1 520	5.9	20.6
二连浩特	1 435	扎门乌德	蒙铁	1 524	4.8	4.5
阿拉山口	1 435	多斯特克	哈铁	1 520	4.02	8.13
丹东	1 435	新义州	朝铁	1 435	1.4	1.7
图们	1 435	南阳	朝铁	1 435	2.1	1.3
集安	1 435	满浦	朝铁	1 435	7.3	3.8
凭祥	1 435	同登	越铁	1 000、1 435（米准轨混合轨）	13.2	4.6
山腰	1 000	老街	越铁	1 000	6.5	4.2

第二节　国际铁路联运铁路合作组织

一、国际铁路联运“铁路合作组织”的形成和发展

1. 1956 年 6 月，在保加利亚召开的第一次部长会议上，决定在原签订的《国际铁路货物联运协定》和《国际旅客联运协定》的基础上，成立铁路合作组织（简称铁组）。

2. 1957 年 5 月在北京召开的第二届部长会议上，通过了铁路合作组织章程，决定设立部长会议的执行机关——铁路合作组织委员会。

3. 自 1957 年 9 月 1 日起，铁路合作组织委员会开始工作，代表部长会议执行和处理日常事务，并规定中文、俄文、德文为国际联运的工作语言。1993 年改成中文、俄文为工作语言，并组建了下列 11 个专门委员会：国际旅客联运、国际货物联运、运价经济问题、运营问题、科学技术合作、限界和车辆问题、通信号设备问题、牵引和电气化问题、线路和工程建筑问题、汽车运输和公路问题、同其他国际组织合作问题。

二、铁路合作组织的职能

1. 1993年铁路合作组织进行了必要的改革，由原来的11个专门委员会减少到5个。

第一委员会：运输政策、生态和混合运输委员会。

第二委员会：运输法委员会。

第三委员会：运营委员会。

第四委员会：财务、经济、运价问题和市场委员会。

第五委员会：技术问题委员会。

2. 铁路合作组织作为国际铁路组织，负责从企业的角度综合解决国际铁路运输问题，制定国际联运运输政策，修订国际联运规章，协调各铁路之间的纠纷，调整运价等日常工作。

3. 铁路合作组织的基本任务如下：

(1)负责国际客货联运协定及其有关的各种规章和办事细则的修改及补充，制定国际铁路联运运价，编制合理的国际运价径路，商定运输计划等工作。

(2)解决在国际联运中如何最经济地使用车辆，提高列车运行速度，编制或改进列车时刻表。

(3)组织铁路运输、公路运输方面的科学技术合作和经验交流。

(4)研究和商定有关统一限界、车辆、线路上部建筑、信号和运营规章等问题。

(5)研究与其他运输方式间的发展和管理有关问题。

(6)同其他从事运输组织间的国际合作。

第三节 国际铁路联运职能机构

一、铁路内部相关职能机构

1. 我国铁路国际联运由铁道部主管

(1)铁道部在国际联运的总部所在地波兰的华沙派有常驻人员，代表中国参与国际铁路联运的管理。

(2)铁道部国际合作司具体负责国内联运规章文电的制定、运输计划的对外商定。

(3)铁道部运输局根据国际合作司与有关国家铁路商定的运输计划，具体负责联运计划的审批和日常的运输指挥。

(4)有关铁路局的国际联运处、运输处根据铁道部、国际合作司、运输局的指示，具体负责国际联运日常管理工作。

(5)各国境口岸站，执行铁道部国际合作司每月下达的月度运输计划，在铁路局国际联运处、运输处领导下，负责国际联运日常组织工作。

我国铁路国际联运的管理机构如图3-1所示。

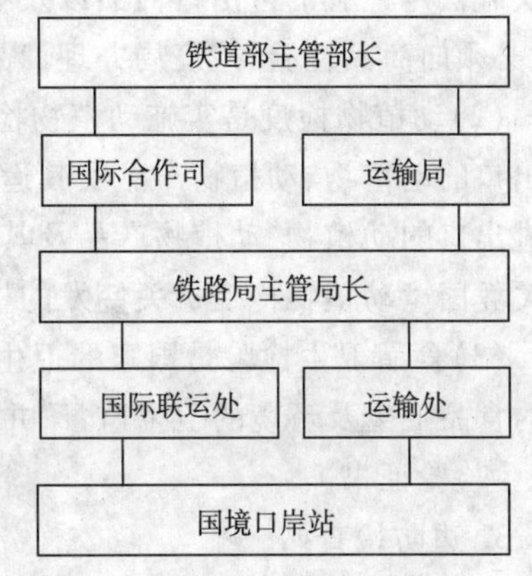

图3-1 我国铁路国际联运的管理机构

2. 国际联运货物交接所(简称交接所),是国境站的下属机构,受站长、主管站长的直接领导,并代表本国铁路与邻国铁路办理国际铁路联运货物交接,同时和国内办理货物联运的车站发生业务关系。

具体工作如下:

(1)办理进出口货物、车辆、集装箱及运送用具的交接工作。

(2)各种单据、运送票据等资料的交接,编制商务记录、翻译各种运送票据等资料。

(3)计算、核收国际联运货物及过境铁路运送费用和在国境站发生的杂费。

(4)与国境站各联检单位协调、组织对货物、票据的查验,处理货物交接中发生的问题。

(5)协调邻国国境站间铁路货车的衔接,缩短货物和车辆的停留时间和交接时间。

(6)与进出口货物发站、到站联系,协调解决车、货、票、证方面存在的问题。

二、国境站各联检职能机构

1. 海　关

(1)海关是代表国家贯彻执行有关进出口政策、法律、法令,在口岸站行使监督、管理、税收职权的机关。

(2)《中华人民共和国海关法》规定了维护国家的主权和利益,海关对进出口国境的货物、货币、金银、邮递物品、旅客行李、运输工具及其服务工作人员所带物品进行实际的监督、管理、征收关税和查禁走私。

(3)国境站海关对进出口货物,除具有经批准免检证明以外,都必须逐批查验,货物所有人,或其代表人应向海关如实申报,并按规定交验有关单证和文件,海关凭此验放,在海关查验其间,客、货列车未经海关许可,列车不准移动解体或调离,以保证海关监督查验任务的执行。

2. 商品检验检疫局

由原进出口商品检验、动植物检疫、食品卫生检验三个单位合并为商品检验检疫局。

(1)商品检验部门是负责进出口商品货物检验工作的国家行政管理机关,其主要任务是贯彻执行国家的有关方针、政策和法令。

对进出口商品实行品质管理,管理进出口商品检验工作,办理有关公证鉴定业务。凡属国家实施法定检验的进出口商品以及根据外贸合同规定应由商品检验、检疫局鉴定的进出口货物,必须向商品检验、检疫局办理商品委托、办理各项公证鉴定业务。

(2)动植物检疫是实施动植物检疫的国家行政管理机关,是根据国家规定、统一办理我国进出口的动植物、动植物产品及其运输等检疫工作和监督检疫处理工作,凡列入应施检疫范围的进出口的动植物、动植物产品及其运输工具等必须经过检疫,方准进出国境,其监督任务由海关凭国境动植物检疫机关签发的检疫证件执行。

(3)食品卫生检验是国家的卫生行政管理机关,负责食品卫生检验和主管车船、货场、仓库的食品卫生及环境的卫生监督,并向收、发货人或其代理人签发《卫生检验报告》,对外出具《卫生检验证书》。

3. 边防检查站

边防检查站是公安部下属的国家公安机关,其职责是执行安全保卫工作,负责查验出入境列车、机车及列车服务工作人员以及随乘人员的进出证件(护照)。

4. 口岸管理委员会(简称口岸委)

(1)我国在各个国境站地区设有对口岸行使综合管理和协调职能的口岸管理委员会,受所在省、自治区口岸管理委员会和国务院口岸办公室领导。

(2)口岸管理委员会,一般由口岸地方政府、铁路、海关、商品检验检疫、边防等部门联合组成,是行使口岸管理的政府办事机构,可以为保证口岸的畅通采取相应的措施和颁布一定规定。

5. 口岸各代理公司

其主要业务范围是:承办各种进出口货物的铁路发运、转运、联运、口岸交接、报关、报验和铁路集装箱的中转、拆箱和装箱,以及代表发货人、收货人向铁路提供货物流向、处理交接和换装中发生的问题等业务,所以说代理公司也是货物所有人和发货人、收货人与铁路之间的桥梁及纽带。

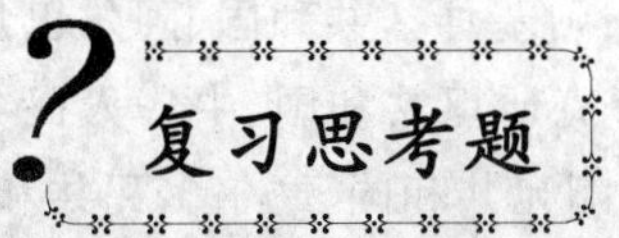

1. 何谓国际铁路货物联运?
2. 我国何时正式参加了《国际铁路货物联运协定》?同时参加的还有哪几个国家?
3. 何谓国际铁路货物联运的连带责任?
4. 参加《国际铁路货物联运协定》目前为多少个国家?
5. 何谓国际联运货物交接所?
6. 我国最早开始办理国际联运从何时开始?
7. 铁路合作组织从何时形成?
8. 在国际铁路联运中何谓两邻路货物运送?
9. 在国际铁路联运中何谓过境路货物运送?
10. 国境站各联检职能机构主要有哪些单位?

第四章　国际铁路联运运输组织

第一节　国际铁路联运运输的基本要求

一、办理国际铁路货物联运的范围

1.《国际铁路货物联运协定》参加铁路和适用《国际铁路货物联运协定》规定的国家

(1)目前参加《国际铁路货物联运协定》办理范围的铁路有:阿塞拜疆共和国、阿尔巴尼亚共和国、白俄罗斯共和国、保加利亚共和国、匈牙利共和国、哈萨克斯坦共和国、中华人民共和国、吉尔吉斯共和国、朝鲜民主主义共和国、拉脱维亚共和国、立陶宛共和国、摩尔多瓦共和国、蒙古国、波兰共和国、俄罗斯联邦、塔吉克斯坦共和国、土库曼斯坦共和国、乌兹别克斯坦共和国、乌克兰、爱沙尼亚共和国、越南社会主义共和国、格鲁吉亚、伊朗伊斯兰共和国等23个国家铁路。各国铁路使用的简称如表4-1所示。

表4-1　各国铁路使用的简称

阿塞拜疆共和国铁路	阿(塞)铁	摩尔多瓦共和国铁路	摩铁
白俄罗斯共和国铁路	白铁	蒙古国铁路	蒙铁
保加利亚共和国铁路	保铁	波兰共和国铁路	波铁
越南社会主义共和国铁路	越铁	俄罗斯联邦铁路	俄铁
匈牙利共和国铁路	匈铁	塔吉克斯坦共和国铁路	塔铁
格鲁吉亚共和国铁路	格铁	土库曼斯坦共和国铁路	土铁
哈萨克斯坦共和国铁路	哈铁	乌兹别克斯坦共和国铁路	乌(兹)铁
中华人民共和国铁路	中铁	乌克兰铁路	乌(克)铁
朝鲜民主主义共和国铁路	朝铁	爱沙尼亚共和国铁路	爱铁
吉尔吉斯共和国铁路	吉铁	伊朗伊斯兰共和国铁路	《国际铁路货物联运协定》未附简称伊铁
拉脱维亚共和国铁路	拉铁	阿尔巴尼亚共和国铁路	《国际铁路货物联运协定》未附简称阿尔铁
立陶宛共和国铁路	立铁		

(2)上述参加《国际铁路货物联运协定》各国铁路(阿、朝、越铁路除外),开办国内货运营业所有各站间,都办理国际铁路货物联运。我国各站营业办理限制,按国内《货物运价里程表》规定办理,阿尔巴尼亚铁路同其他国家铁路不连接,朝鲜铁路仅部分车站开办国际铁路货物联运,其到站名称只能是该路通知给各《国际铁路货物联运协定》参加铁路的并根据这些铁路的现行国内规章公布的车站。越南铁路目前办理国际联运货物的车站为同登、老街、海防、

安员、甲八、岘港、双神等 7 个车站。

(3)未参加《国际铁路货物联运协定》仍按《国际铁路货物联运协定》规定办理的国家目前有:斯洛伐克铁路和罗马尼亚国家铁路。

2. 同《国际铁路货物联运协定》未参加国家的货物运送

(1)从参加《国际铁路货物联运协定》的国家或通过参加《国际铁路货物联运协定》铁路的国家,往未参加《国际铁路货物联运协定》铁路的国家和相反方向的货物运送如不采用其他国际铁路直通货物联运协定,均按各有关路采用的国际联运过境运价规程所规定的办法和条件办理。

(2)参加《国际铁路货物联运协定》铁路及采用货协规定的铁路均使用国际联运运送票据,未参加《国际铁路货物联运协定》铁路(采用《国际铁路货物联运协定》规定铁路除外)使用运送双方商定的另一种运送票据。

(3)可以直接办理到非货协国国内车站的铁路有:斯洛伐克铁路及罗马尼亚铁路全程使用《国际铁路货物联运协定》运单办理。

二、办理国际铁路货物联运的运输方式

1. 因各参加运送国家铁路采用的轨距不同,所以国际铁路联运采用的运送方式分为相同轨距原车过轨不进行换装,不相同轨距进行换装运送和不相同轨距更换轮对运送。

(1)各国铁路现采用轨距:中铁、朝铁、斯铁、匈铁、罗铁均为标准轨距(1 435 mm)、中越间凭祥—同登间为准轨和米轨(1 000 mm)的混合轨,昆明铁路局米轨同越铁经山腰的国际联运货物也可相互过轨(越铁主要是米轨),俄铁、哈铁为 1 520 mm 的宽轨,蒙铁为 1 524 mm 的宽轨。

(2)原车过轨是指在轨距相同的相邻国家铁路间,一国铁路车辆驶入另一国国境内的货物联运方式,无需换装或更换轮对,我国与朝铁原来的交接方式和经由山腰站局部运送为原车过轨。

(3)在不同轨距铁路的相邻国境站进行将货物换装到另一轨距的车辆或更换另一轨距轮对,我国铁路目前除越铁局部运送货物外,客、货国际联运均采用这样的运输方式。

2. 国际铁路联运运送、移交货物的一般规定如下:

(1)一国铁路向另一国铁路移交货物,以及将货物换装到另一轨距车辆中或将车辆更换为另一轨距轮对,均在接收路国境站办理。

(2)根据交付路和接收路间双方商定,货物的移交以及货物的换装或更换轮对也可在交付路国境站或具备换装和更换轮对专用设施的其他车站办理,我国到朝鲜铁路的进出口货物就均在中铁的丹东、图们、集安站移交及换装。

第二节　国际铁路联运的办理种别和运送限制

一、办理种别

国际铁路联运货物的办理种别分为整车货物、零担货物、集装箱货物和轮式集装箱货物。

1. 整车货物

凡按一份运单托运的按其体积或种类需要单独车辆运送的货物,即为整车货物。

2. 零担货物

凡按一份运单托运的总重不应超过5 000 kg按其体积或种类不需单独车辆运送的货物即为零担货物。根据参加运送各铁路的商定,总重超过5 000 kg的货物,如按其体积不需要单独车辆运送,则准许按零担货物条件运送。

3. 集装箱货物

凡按一份运单托运的,用通用中吨位集装箱,通用或专用大吨位集装箱运送的货物或空的通用中吨位集装箱、通用或专用的大吨位集装箱,即为集装箱货物。

4. 轮式集装箱货物

凡按一份运单托运的重载汽车列车(装载在1辆或2辆车上)、汽车、挂车、半挂车或可甩挂汽车车身,或者在铁路上使用其运送货物之前或之后的空的汽车列车、汽车、挂车、半挂车或可甩挂汽车车身,即为轮式集装箱货物。

5. 一批货物的办理条件

在一个发站按一份运单从一个发货人处承运,发往一个到站一个收货人的货物,即为一批货物。

二、运送限制

1. 在国际铁路直通货物联运中不准运送的货物

(1)应当参加运送的铁路的任一国家禁止运送的物品。

(2)属于应当参加运送的铁路的任一国家邮政专运物品(《国际铁路货物联运协定》附件第1号所载物品)。

(3)《国际铁路货物联运协定》附件第2号对其运送未作规定的危险货物。

(4)一件重量不足10 kg的零担货物。此项限制不适用于一件体积超过0.1 m^3的货物。

(5)在换装联运中使用不能揭盖的棚车运送的一件重量超过1.5 t的货物。

(6)在换装联运中使用敞车类货车运送的一件重量不足100 kg的零担货物,但此项规定不适用于《国际铁路货物联运协定》附件2"危险货物运送规则"中规定的一件最大重量不足100 kg的货物。

在履行运输合同期间,如发现承运了不准运送的物品,尽管名称正确,也应将这项货物截留并按截留国家的国内法令和规章处理。

2. 不准在一辆车内托运和承运的货物

(1)数批整车货物。

(2)整车货物与其他办理种别货物。

(3)集装箱货物与其他办理种别货物。

(4)轮式集装箱货物与其他办理种别货物。

3. 不准按一份或数份运单在一辆车内混装运送的货物

(1)一种易腐货物同照管方法不同的另一种易腐货物。

(2)按《国际铁路货物联运协定》附件4第6条的规定需要遵守保温制度或特殊照管的易

腐货物同非易腐货物。

(3)《国际铁路货物联运协定》第5条第7项所指的货物同按照《国际铁路货物联运协定》第2号的规定禁止在一辆车内混装的其他货物。

(4)由发货人装车的货物同由铁路装车的货物。

(5)根据发送路现行的国内规章不准许在一辆车内混装运送的货物。

(6)堆装运送的货物同其他货物。

第三节 国际铁路联运票据作业要求

一、国际联运票据

国际联运票据主要有运单、补充运行报单、补充清单。

1. 国际联运运单由5页组成：

(1)运单正本(与第5页相连)与货物至到站交收货人。

(2)运行报单(与第4页相连)与货物至到站交付后留存。

(3)运单副本(报销运费或结算贸易货款)。

(4)货物交付单(与第2页相连)与货物至到站交付后留存。

(5)货物到达通知单(与第1页相连)与货物至到站交收货人。

2. 补充运行报单第一份(存根)留存发站，一份留存发送路的出口国境站，参加运送的每一过境的出口国境站各留存一份。

3. 补充清单：如运单篇幅不足，不能将有关货物的记载事项记入运单，可记入补充清单，填附补充清单时，运单1~5页和每份补充运行报单上均应有补充清单。

二、运单填写的要求

1. 运单中的记载事项应用钢笔、圆珠笔填写清楚，或用打字机、计算机打字、印刷或加盖戳记，在《国际铁路货物联运协定》有特殊规定时才能用红颜色填写事项，运单中的一切事项应由发货人或铁路分别填入相应栏内。

2. 填写运单时不准简写，但《国际铁路货物联运协定》附件所载的简称除外，运单上加盖的戳记印文应清晰、易辨，发货人记载的事项中不应有修改(划销、粘贴等)以及擦改或涂抹，在特殊情况下，发货人可以在运单上作修改，但不得超过一栏或相互关联的两栏，此时，发货人应在“发货人的特别声明”栏内注明所作的修改，并签字或加盖戳记证明，修改和补充由铁路在运单中记载的事项时，应由铁路相应的工作人员签字，并加盖车站戳记证明。

3. 运单用纸应用发送国文字以及铁路合作组织工作语文(中文、俄文)中的一种或两种文字印刷。运送慢运货物在白纸上用黑色铅字印刷，运送快运货物在白纸上用黑色铅字印刷，并在正面和背面的上边和下边加印1 cm宽的红条。

4. 填写运单的文字应用发送国文字填写，除中文外也可附俄文的译文，车站和发货人无添附译文条件时可不添附，由国境站补译。中朝、中越间运送的货物可仅用本国文字填写，不附俄文译文，我国发送的与俄铁或哈铁间货物仅用中文填写，不附俄文译文。

5. 在运单中，发货人必须注明货物应通过的发送国和过境国的出口国境站，如果有可能从出口国境站通过邻国几个进口国境站办理货物运送，则在运单上还应注明运送所要通过的进口国境站。

6. 往朝铁运送时，发货人应在运单"到达路和到站"栏内除站名外还应填写该铁路和车站的代号，而从朝铁发送时，则在"发站"栏内填写。

7. 铁路不得修改或补充发货人在指定由其填写的运单各栏中所填的记载事项，但下列情况除外，为执行发货人或收货人关于变更运输合同或发生货物运送交付阻碍时的申请或指示在运单中填写修改事项，需要划消原记载事项时应保证在划消后仍能辨认。

三、添附文件

添附文件是发货人为全程运送货物，履行海关、检验检疫及铁路等部门的运送需要或其他规章规定所需要的证明和文件。必要时还需附有货物明细书，但这些文件只限与运单所记载的货物有关，并遵守下列规定。

1. 发货人应遵守如下规定：

(1)发货人必须将货物运送所需要的添附文件附在运单上。发货人在运单上所附的一切添附文件应由发货人记入运单"发货人添附的文件"栏内，并牢固地贴附在运单上，以免在运送途中脱落。

(2)发货人如在运单上未添附准许货物出口的文件，则应在运单"发货人的特别声明"栏内，注明文件的名称、号码和填发日期以及将该文件寄往海关。

(3)发货人如在运单上未添附证明书或明细书，则应在运单"发货人添附的文件"栏内，注明无须添附各该文件。

(4)如发货人希望收货人将不属于铁路所有的运送用具(篷布、粮谷、挡板等)或容器(布袋、金属桶等)从到站返还发站，发货人应在运单"对铁路无约束效力的记载"栏内注明运送用具或空容器应予以返还。在这种情况下，海关部门应填发返还运送证明书，证明书附在运单上交给收货人，该证明书授予收货人从货物到达到站之日起的 3 个月内返还运送用具或空容器的权利。

2. 铁路应遵守以下规定：

(1)铁路没有义务检查发货人在运单上所附的文件是否正确和是否齐全，由于没有添附文件或文件不齐全、不正确而产生的后果，发货人应对铁路负责。

(2)如因铁路责任过失致使发货人在运单中所记载添附文件丢失时，铁路应对其后果负责。

(3)如发货人未遵守或履行《国际铁路货物联运协定》各款的规定，发站应拒绝承运货物。

(4)如因发货人未提出必要的添附文件或提出并记载在运单"发货人添附文件"栏内的文件不齐全或不正确，以致使货物运送或交付发生滞留则对滞留时间应该核收罚款，如货物保管费、车辆滞留费。

如上述滞留发生在发送路或到达路则此项罚款按各该铁路现行的国内规章计算，如滞留发生在过境路，则该项费用按有关路适用于该种国际运送的过境运价规程计算，如在运价规程中对此情况未有规定时，则罚款按各该过境路现行的国内规章计算。

第四节　国际联运作业的特殊要求

一、运输合同的变更

运输合同的变更权属于发货人以及收货人。

1. 发货人对运输合同可做下列变更：

(1)在发站将货物领回。

(2)变更到站，此时在必要的情况下应注明变更运输合同后货物应通过的国境站。

(3)变更收货人。

(4)将货物返回发站。

2. 收货人对运输合同可做下列变更：

(1)在到达国范围内变更货物的到站。

(2)变更收货人。

此时收货人只可在到达国进口国境站、且在货物尚未从该站发出时，根据《国际铁路货物联运协定》办理运输合同的变更。如货物已通过到达国的进口国境站，则收货人只能按到达路现行的国内规章办理运输合同的变更。

3. 发货人和收货人可以各自变更一次运输合同，变更运输合同时，不准将一批货物分开办理。

4. 运输合同的变更手续办理如下：

(1)运输合同的变更，应根据发货人或收货人按《国际铁路货物联运协定》的规定提出申请书办理。发货人应根据《国际铁路货物联运协定》关于译成铁组工作语文的规定，填写运输合同变更申请书。

(2)发货人应对每批货物单独填写一份运输合同变更申请书，提交发站，而收货人则提交到达国进口国境站。

(3)对于用成组车辆运送数批货物，如这些货物的运输合同变更为同一到站和同一收货人，则收货人也可提出一份运输合同变更申请书。

(4)发货人应将申请事项记入运单副本(运单第3页)的“货物名称”栏内，并将运单副本与申请书同时提交铁路。

(5)发站应在运单副本发货人申请书事项下加盖日期戳记，并由受理申请书的车站工作人员签字，证明申请书已经收到，然后将运单副本退还发货人。

(6)发站或货物已通过的国境站，应将发货人关于变更运输合同的申请事项，用电报通知中途站以及到站，电报费用发货人负担。运输合同变更申请书原件，应寄往根据电报已将货物截留的车站，以确认这一电报，但该站应根据发站的电报通知，不等接到发货人的书面通知，即行变更运输合同。

(7)在上述情况下，对于电报中发货人事项的一切谬误之处，铁路概不负责。

5. 铁路在下列情况下有权拒绝变更运输合同或延缓执行变更。

(1)应变更运输合同的到达路车站，接到申请书、发站或到站的电报通知后无法执行时。

(2)可能违反铁路运营管理时。

(3)与参加运送铁路所属国家的国内法令和规章有抵触时。

(4)变更到站后,货物的价值不能抵偿运到新到站的一切预期费用时,但能立即缴付或能保证这种费用款额时除外。

在上述所载的情况下,铁路应将不能变更运输合同的阻碍事项,尽可能立即通知发货人或收货人。

6. 变更运输合同时,运送费用的计算和核收应按《国际铁路货物联运协定》规定办理,并须考虑下列特殊情况:

(1)如货物应在中途站交付,则运送费用只计算和核收到该站为止。如货物已通过了新到站,而铁路又将它返回该站,则除运到货物截留站的运送费用外,还应单独加算并核收从货物截留站到货物新到站的运费。

(2)如货物应发往原到站以远的新到站或发往货物原运送经路以外的车站,则到原到站或货物截留站,以及从该站到新到站的运送费用应分别计算和核收。

(3)如货物应返还发站则从发站到返还站的往返运送费用,应分别计算并向发货人核收。

(4)如果不是由于铁路的过失而是因变更运输合同造成的货物运送或交付延迟,则迟延时间的杂费、罚款和其他费用,如货物保管费、车辆滞留费等,除过境路的车辆滞留费罚款外,均按发生延迟的铁路现行国内规章和适用于该种运送的运价规程计算。

二、货物运送和交付阻碍

1. 货物运送和交付阻碍的处理

(1)如货物运送在发站或途中发生阻碍,则铁路应决定是否需要征求发货人的指示,或者宜将货物变更运送经路运至到站。

(2)铁路有权核收变更经路的运费,并调整适当的补加运到期限。(但由于铁路的过失时除外。)

(3)在别无其他运送经路或由于其他原因不可能运送,以及发生货物交付阻碍时,则发生阻碍的车站,应立即用电报通过发站将这一情况通知发货人,并征求其指示。同时,车站将其掌握的全部必要事项通知发货人。

(4)发站根据收到的关于货物运送或交付阻碍的电报,应立即按规定格式或按国内规章规定的办法,将此事通知发货人。发货人必须在通知书背面作出关于如何处理货物的指示,并将通知书退还发站或按国内规章规定的办法通知其指示。

(5)发货人在退还通知书或按国内规定的办法通知其指示时,必须向发站提出运单副本(运单第3张)以便填写发货人的相应指示。

2. 货物运送和交付阻碍的处理时机

(1)从发生阻碍的车站向发货人发出关于货物运送或交付阻碍的通知时起,如在8昼夜期间内(易腐货物为4昼夜期间内),未收到发货人的任何指示或收到不可行的指示,则货物应按发生阻碍铁路的现行国内规章处理。

(2)如易腐货物有腐坏的危险,则发生货物运送或交付阻碍的铁路,应不等待4昼夜的期满,即按该路现行国内规章处理。

(3)如在未接到发货人的指示之前,运送阻碍已消除,则发生阻碍的车站应不等待指示,即将货物发往到站,并立即将这一情况通知发货人。

3. 货物运送和交付阻碍运送费用的核收

(1)发站应将发货人的指示通知发生阻碍的车站,向发货人传递通知的费用,由发送路按其现行国内规章向发货人核收。

(2)向收货人传递通知的费用,由到达路按其现行国内规章向收货人核收。

(3)如货物已经变卖,则应将卖得的款额,扣除铁路按(《国际铁路货物联运协定》)所规定应收的运送费用及罚款和与变卖货物有关的费用后,交付发货人。如货物卖得的款额不能抵补所算出的费用,则发货人必须支付差额。

(4)如在货物运送或交付时由于发货人或收货人的过失发生运送或交付阻碍,则应向铁路支付因运送或交付滞留给铁路带来的一切费用。

(5)如果运送和交付阻碍发生在发送路或到达路,则这些费用按各该路现行国内规章和运价规程计算。

(6)如果运送或交付阻碍发生在过境路,则这些费用按各有关路采用的用于该种国际运送的过境运价规程计算;如在过境运价规程中对这些费用未作规定,则按各该过境路现行的国内规章和运价规程计算。

(7)上述一切费用应记入运单中,并按《国际铁路货物联运协定》的规定,向发货人或收货人或支付人(代理公司等)核收(视何人支付运送费用)。

第五节 国际铁路联运适用规章

一、国际铁路联运基本规章

1.《国际铁路货物联运协定》

《国际铁路货物联运协定》是凡参加国际铁路联运各铁路间必须遵守执行的,对《国际铁路货物联运协定》参加的铁路和发货人、收货人都有约束力。

(1)为了组织国际铁路直通货物联运,23 个国家各主管铁路的各部,各由其全权代表相互缔结本协定。

(2)《国际铁路货物联运协定》适用于仅在本协定参加路各国铁路,在其国内开办货运业务的所有车站间(阿、朝、越铁路除外)运送的国际铁路直通货物联运的货物运送,但在匈铁,本协议仅适用于经由匈牙利与乌克兰国境办理的货物运送。

(3)《国际铁路货物联运协定》不适用于下列情况的货物运送:

①发到站在同一国内,用发送国铁路的列车只通过另一国家过境运送时。

②两国车站间用发送路或到达国铁路列车通过第三国过境运送时。

③两邻国车站间,全程都用一国铁路的列车,并按照该路现行的国内规章办理货物运送时。

上述的货物运送,可根据各有关铁路间签订的特别协定办理。

(4)如符合下列条件,则参加国际协定的每一铁路均应按《国际铁路货物联运协定》的条件运送一切货物(但不准运送的货物除外):

①已列入发送铁路货物运输计划内的运送(如发送路现行国内规章未规定其他办法)。

②可用铁路现有的运输工具办理运送。

③发货人履行《国际铁路货物联运协定》的条件。

④铁路虽有无法预防和无法消除的情况,但并不妨碍运送。

(5)《国际铁路货物联运协定》自 1951 年 11 月 1 日起生效施行,多年来几经修订,至本书出版最新版本为 2009 年 12 月,我们目前使用执行。如在国际铁路联运中,发生《国际铁路货物联运协定》等联运规章中没有必要的规定时,则适用办理运送铁路所属的国内法令和规章中所述规定。

(6)《国际铁路货物联运协定》规定用中文、俄文写成,这些文本具有同等效力,在条文解释上发生分歧是以俄文为准。

(7)《国际铁路货物联运协定》规定了货物组织范围、运送条件、运送费用的计算、核收办法以及铁路与收、发货人间的权利与义务。

2.《国际铁路货物联运协定办事细则》

(1)《国际铁路货物联运协定办事细则》只适用于参加《国际铁路货物联运协定》的铁路及其工作人员,并用以调整铁路间的相互关系,其中包括法权的相互关系。

(2)《国际铁路货物联运协定办事细则》对发货人、收货人无约束力,所以不能作为调整发货人和收货人同铁路之间法权上的相互关系之用。

(3)《国际铁路货物联运协定办事细则》由两部分组成:

第一部分,以《国际铁路货物联运协定》某些条文、条款及其附件的必要内部业务指导性规定,条文载于奇数页上,并在其上端标有“细”字样。

第二部分包括不属于或仅部分属于《国际铁路货物联运协定》一定条款和《国际铁路货物联运协定》附件的其他内部业务指导性规定,以及《国际铁路货物联运协定办事细则》附件第 31 ~ 38 号,内部业务指导性规定和《国际铁路货物联运协定办事细则》附件的条文按顺序列载,不分奇偶页。

(4)《国际铁路货物联运协定办事细则》细化了参加运送铁路间移交货物及货物换装的一般及特别规定。

(5)《国际铁路货物联运协定办事细则》也规定了运送铁路间发生补送、误送货物及货物票据灭失时的处理办法。

3.《国际联运货车使用规则》

《国际联运货车使用规则》适用各参加铁路车辆部门和国境站。

(1)《国际联运货车使用规则》是铁路合作组织范围内制定的国际铁路客货联运基本规章之一,用铁路合作组织正式语文中文和俄文写成,两种文本具有同等效力,在条文解释上发生分歧时,以俄文为准。原《车规》1991 年 7 月 1 日起脱离《国际铁路货物联运协定》作为具有独立法律地位的规章。

(2)2008 年 5 月 1 日在德黑兰签订的《关于国际联运货车使用规则的协约》,将原《车规》有关客车部分分割出去,分别制定了《国际联运客车使用规则》和《国际联运货车使用规则》两本规章。根据 2009 年 1 月 1 日起生效的《国际联运货车使用规则》,协约国有:白俄罗斯共和国、保加利亚共和国、伊朗伊斯兰共和国、波兰共和国、哈萨克斯坦共和国、中华人民共和国、朝鲜民主主义人民共和国、拉脱维亚共和国、立陶宛共和国、摩尔多瓦共和国、蒙古国、俄罗斯联邦、罗马尼亚共和国、斯洛伐克共和国、塔吉克斯坦共和国、乌兹别克斯坦共和国、爱沙尼亚共和国计 17 个国家铁路，这些国家铁路间国际铁路货物联运适用《国际联运货车使用规则》。

(3)《国际联运货车使用规则》适用于国际联运中交接的《国际联运货车使用规则》协约参加铁路的一切货车、集装箱、托盘和运送用具，以及配属于《国际联运货车使用规则》某一参加铁路或出租给第三者的自备货车，必须符合《国际联运货车使用规则》的要求，并遵守《国际联运货车使用规则》的全部条件。

(4)《国际联运货车使用规则》各参加铁路轨距不同时，车辆依照下列情况过轨：

①不换轮过轨即车辆沿交付路轨距运行至位于接收路境内的车辆到站。

②换轮过轨即车辆移到另一轨距的转向架或轮对。

③转向架由车辆的交付路、接收路或所属路提供，其提供和返还办法由交付路、接收路或所属路商定。

④使用变距轮对和混合牵引车钩过轨，这类车辆的运行条件由有关铁路间进行商定。

《国际联运货车使用规则》协约参加路一方向另一方移交车辆，而这些车辆属于同接收路没有协定的铁路时，对这类车辆的使用费、破损和失窃的赔偿费，应由车辆接收铁路向这类车辆移交路按照车辆所属路和车辆移交路间现行协定规定的计费标准偿付。

上述办法同样适用于集装箱、托盘和运送用具，但参加路间签订有关其使用的其他协定时除外。

(5)在下列情况下《国际联运货车使用规则》不适用于《国际联运货车使用规则》协约参加路的车辆、集装箱和运送用具：

①车辆货集装箱装载货物发到非《国际联运货车使用规则》协约参加路时。

②车辆或集装箱由《国际联运货车使用规则》协约参加路运行到另一货车规则协约参加路而通过非《国际联运货车使用规则》协约参加路时。

③车辆或集装箱(不论空重)由非《国际联运货车使用规则》协约参加路向所属路返还的整个运行途中。

④参加《国际联运货车使用规则》协约的各铁路间存在关于使用车辆的其他协约时。

⑤《国际联运货车使用规则》协约个别参加路间，可缔结有关相互使用车辆、集装箱、托盘和运送用具以及建立车辆备用零件库的专门协定，但这种协定不得触及《国际联运货车使用规则》协约其他参加路的利益。

4.《国际铁路货物联运统一过境运价规程》

(1)1991 年 6 月 27 日在华沙，由保加利亚、中国、朝鲜、蒙古、罗马尼亚和前苏联(目前俄罗斯)的铁路部门，作为“缔约铁路”公布了《关于统一过境运价规程的协约》决定在国际铁路货物过境联运中采用《国际铁路货物联运统一过境运价规程》，使它从《国际铁路货物联运协定》中分割出来，具有独立的法律地位。新《国际铁路货物联运统一过境运价规程》是在原《国际铁路货物联运协定》统一货价的基础上修改、补充而成的，其中的费率由原来的卢布计价，改为瑞士法郎计价。匈牙利、捷克、波兰和原东德铁路不参加新的《国际铁路货物联运统一过境运价规程》，但仍采用《国际铁路货物联运协定》的规定。我国铁路从 2007 年 1 月 1 日起，出版了新的《国际铁路货物联运统一过境运价规程》，新版的《国际铁路货物联运统一过境运价规程》进行了全部的修改和补充、参加铁路撤出了立陶宛铁路,增加了乌兹别克斯坦铁路并重新规定了办理货物的运输手续,过境运送费用、杂费、计算里程、品名和运费计算表等,《国际铁路货物联运统一过境运价规程》对铁路以及发货和收货人都有约束力。

(2)至今参加《国际铁路货物联运统一过境运价规程》的铁路有:白俄罗斯铁路、保加利亚国家铁路、越南铁路、哈萨克斯坦共和国铁路、中国铁路、朝鲜铁路、吉尔吉斯斯坦铁路、拉托维亚铁路国家股份公司、摩尔多瓦铁路、蒙古铁路、俄罗斯铁路、塔吉克斯坦铁路、乌兹别克斯坦铁路、乌克兰铁路、爱沙尼亚铁路共 15 个国家铁路。

《国际铁路货物联运统一过境运价规程》是铁路合作组织范围内制定的国际铁路联运基本规章之一,用铁路合作组织正式语文中文和俄文写成,两种文本具有同等效力,在条文解释上发生分歧时,以俄文为准。

(3)凡按照《国际铁路货物联运协定》的条件,《国际铁路货物运送公约》统一法律规定的条件,过境本运价规程参加铁路或经由《国际铁路货物联运统一过境运价规程》第 8 条载明的国境站、港口站和汽车转运站过境方向运送货物,符合下列情况者均适用于《国际铁路货物联运统一过境运价规程》:在本运送规程参加铁路的国家间运送时;在本运送规程参加铁路的国家(为一方)与铁路未参加本运价规程的国家(为另一方)间的运送时。

(4)《国际铁路货物联运统一过境运价规程》内容包括:

①关于办理货物运送手续的规定。

②关于运价和运送费用计算与核收的规定。

③杂费。

④过境里程表。

⑤货物品名分等表(通用货物品名表),该表单独另册。

⑥运费计算表。

5.《国际旅客联运和铁路货物联运清算规则协约和清算规则》

(1)适用于各参加铁路财务清算部门间清算运送费用和国境站。

《国际旅客联运和铁路货物联运清算规则协约和清算规则》从 1991 年 7 月 1 日起脱离《国际铁路货物联运协定》,成为具有独立法律地位的规章。《国际旅客联运和铁路货物联运清算规则协约和清算规则》规定了参加《国际铁路货物联运协定》铁路间一切费用的清算办法。2008 年 5 月《国际旅客联运和铁路货物联运清算规则协约和清算规则》再次印刷出版,其中包括了截至 2007 年 1 月 31 日前的全部修改补充事项。再版的《国际旅客联运和铁路货物联运清算规则协议和清算规则》参加缔约的铁路现有:阿塞拜疆国家铁路、白俄罗斯铁路、保加利亚铁路、匈牙利国家铁路、越南铁路、格鲁吉亚铁路、哈萨克斯坦铁路、国有吉尔吉斯斯坦铁路、中国铁路、朝鲜铁路、拉脱维亚铁路、立陶宛铁路、摩尔多瓦铁路、蒙古铁路、波兰国家铁路、俄罗斯铁路、罗马尼亚铁路、斯洛伐克铁路、塔吉克斯坦铁路、乌兹别克斯坦铁路、乌克兰国家铁路、捷克铁路、爱沙尼亚铁路共计 23 个国家铁路参加。

(2)铁路合作组织参加路间进行清算的根据为:

①《国际旅客联运协定》。

②《国际铁路货物联运协定》。

③《国际联运客车使用规则》、《国际联运货车使用规则》。

④铁路合作组织各参加路间签订的国境铁路协定。

⑤铁路合作组织各参加路所通过的决议。

⑥各铁路间签订的协议。

(3)清算项目为：

①货物运送费用的清算。

②货车使用费的清算。

③国境站货物换装和货车换轮费的清算。

④货物加固费、过境列车走行费的清算。

⑤费用的结算和支付。

(4)清算单据的保存期限。

清算单据自其编制之日起至少保存两年，在两年期间内，每一铁路都有权向另一铁路调取这些单据。有争议问题的清算单据，应一直保存到争议问题得到解决。调取的单据应在收到之日起的两个月内退还。

6.《国境铁路协定》、《议定书》

由相邻国家铁路签订，与我国铁路相邻的目前有俄罗斯、朝鲜、蒙古、越南、哈萨克斯坦五个国家，我国与这五个国家成立了"国境铁路联合委员会"各自签订了中哈、中朝、中越、中俄、中蒙和中俄蒙铁路间制定的国境铁路联运协定及议定书。

(1)适用于各国境铁路局，调整各国境口岸站的相互关系。

主要规定了办理国际联运货物交接的国境站、车辆和货物交接的条件和方法、交接列车和机车折返运行办法及根据不同国境站接运条件制定的运送限制等。

(2)上述议定书由各国境铁路局双方每年商定、修改、补充一次。

二、国际铁路联运适用规章

1. 国际联运运送的特殊规定，根据运送某种货物的特殊要求《国际铁路货物联运协定》将以下货物以附件形式另行规定。

(1)危险货物的运送，按《国际铁路货物联运协定》附件第 2 号"危险货物运送规则"规定办理。

(2)押运人押运货物的运送按《国际铁路货物联运协定》附件第 3 号"发货人或收货人的押运货物运送规则"规定办理。

(3)易腐货物的运送按《国际铁路货物联运协定》附件第 4 号"易腐货物运送规则"规定办理。

(4)集装箱货物的运送按《国际铁路货物联运协定》附件第 8 号"集装箱运送规则"规定办理。

(5)托盘货物的运送按《国际铁路货物联运协定》附件第 9 号"托盘货物运送规则"规定办理。

(6)不属于铁路或铁路出租的空、重车的运送按《国际铁路货物联运协定》附件第 10 号"不属于铁路的车辆运送规则"规定办理。

(7)货捆货物的运送按《国际铁路货物联运协定》附件第 11 号"货捆货物运送规则"规定

办理。

2. 我国国际联运货物运输适用的有关国内规章。

《铁路货物运输规程》及本规程引申的以下规则、办法等：

(1)铁路货物运价规则。

(2)铁路危险货物运输管理规则。

(3)铁路鲜活货物运输规则。

(4)铁路超限货物运输规则。

(5)铁路货物装载加固规则。

(6)铁路月度货物运输计划编制办法。

(7)货运日常工作组织办法。

(8)快运货物运输办法。

(9)铁路集装箱运输办法。

(10)铁路货物保价运输办法。

(11)铁路货物运输杂费管理办法。

(12)货车延期使用费核收办法。

(13)根据本规程精神制定的其他办法。

第六节 商务记录

一、商务记录的编制时机

1. 在国际铁路联运货物运送或交付时，如铁路对货物状态、重量、件数以及是否有运单进行了检查，遇有下列情况，则应按《国际铁路货物联运协定》附件 16 格式，由发现站于发现事故当日按批编制商务记录。

(1)货物全部或部分灭失、重量不足、毁损、腐坏或因其他原因降低质量。

(2)运单中所记载的货物名称、重量、件数、货件的记号(标记)和号码，收货人和到站名称与实际货物不符。

(3)有货无票、运单缺页或有票无货。

(4)运单记载的发货人运送用具没有或短少。

2. 商务记录用编制国家的语文填写或打字机、计算机打印。要字迹清晰，内容准确，并应按照《国际铁路货物联运协定》附件 16 号的要求，参照《国际铁路货物联运协定》附件 16 号第 1 ~ 66项编制说明进行编制，商务记录仅应列举事实，而不应包括关于责任问题和发生原因的任何判断。

3. 商务记录应从货物承运时起到货物交付收货人以前发生不良现象时才编制商务记录，此时，车站应在运单“商务记录”栏内作出关于编制商务记录的记载。

4. 如到达路现行国内规章允许货物交付收货人后编制商务记录，则在货物交付收货人后，收货人有权向到站提出对于在货物交付时通过外部检查不能发现的某种不良现象编制商务记录。收货人在其查明不良现象后，不迟于货物交付后的 3 昼夜向到站提出，并须防止不良现象扩大,不应改变货物状态和将有关封印交给到站。

5. 到站在下列情况下可以拒绝编制商务记录。

(1)到达路现行的国内规章不允许在货物交付后编制商务记录时。

(2)收货人在其查明不良现象后未立即和未在货物交付后3昼夜内向到站提出时。

(3)收货人不是为了必须防止货物不良现象扩大而改变了货物状态时。

(4)所述不良现象不是在从货物承运时起到交付收货人以前时间内发生时。

(5)货物重量短少未超过《国际铁路货物联运协定》所载的标准时。

(6)收货人未将从车辆、集装箱、汽车列车、可甩挂汽车车身、挂车、半挂车、汽车拖拉机和其他自轮运行机器上取下的封印或锁封装置交给到站时。

6. 为了查明货物灭失、重量不足、毁损、腐坏或因其他情况降低质量的原因及程度,以及确定损失程度,可根据货物到达国的国内法令和规章进行鉴定。

7. 商务记录编制的份数如下:

(1)7份。当货物按实物交接即按件数或重量交接时,由国境站编制,其中:

①两份附在运单上,其中一份留存到站,另一份交给收货人,收货人在到站留存的那份商务记录上签字。

②一份交接收方海关。

③每方国境站各得两份。每方所得两份中,国境站留存一份,另一份由国境站寄送自路局。

(2)4份。如货物凭齐全而且完好的封印交接,由国境站编制。其中:

①两份附在运单上,其中一份留存到站,另一份交收货人,收货人在到站留存的那份商务记录上签字。

②两份留存商务记录编制站,其中一份由该站寄送自路管理局。

二、商务记录的编制方法

(一)商务记录(格式4-1)

格式4-1

国际客协/国际货协　　**商　务　记　录** 第　　号

СМПС/СМГС　　КОММЕРЧЕСКИЙ АКТ(КА) №______

1　铁路简称

Сокращенное наименование дороги

2　20____年____月____日编制　　3　车站________

Составленный ________ 20 ___ г.　　Станцией(车站戳记 - штемпель станции)

4　补充_____铁路________站　20____年____月____日编制的第____号商务记录

В дополнение к КА №_____ станции ________ жел езной дороги _____ от ______ 20 ____ г.

5　按慢运运单、快运运单 行李票、包裹票[①]　第________号　在20____年____月____日发送

На отправку малой, большой скорости по накладнвой, багажной, товаробагажной квитанции[①] №________ от ________ 20 ____ г.

6　发　站 /ст. отправления ________　发送路 /железной дороги ________

7　到　站 /ст. назначения ________　到达路 /железной дороги ________

8 发 货 人 /Отправитель ____________________

9 收 货 人 /Получатель ____________________

10 车辆种类和号码____________________ 11 集装箱类型和号码____________________

Вагон, Род и № Контейнер, Вид и №

12 所属路简称____________________ 13 标记载重____________________

Инициалы дороги-собственницы Подьемной силы

14 20____年____月____到达 15 第____次列车 16 随乘人员____________

Прибыл________ 20______ г. Поездом №____________ В сопровождении ____________

17 封印情况—За пломбами:

封印事项 Сведения о пломбах / 施封处所 Где наложены пломбы	铁路封印—железной дороги				发货人封印—Отправителя				海关封印—Таможни	
	铁路和车站名称 Наименование станции и дороги	施封日期 Дата наложения пломб	封印记号 Контрольные знаки пломб	封印数量 Количество пломб	发货人名称 Наименование отправителя	施封日期 Дата наложения пломб	封印记号 Контрольные знаки пломб	封印数量 Количество пломб	国家名称 Наименование страны	封印数量 Количество пломб
车辆一侧 на с дной стороны вагона	18	19	20	21	22	23	24	25	26	27
车辆一侧 на с дной стороны вагона	18	19	20	21	22	23	24	25	26	27
罐车排灌口 на люке цистерны	18	19	20	21	22	23	24	25	26	27
集装箱 на контейнере	28	29	30	31	32	33	34	35	36	37

38 关于封印开启或毁损痕迹的事项:

Сведения о следах вскрытий или повреждений пломб:____________________

____

39 商务记录附有下列封印和文件:

К КА приложены следующие пломбы и документы:____________________

____

____

40 封印和文件附于商务记录 第 号 批 号 第 号

Пломбы и документы приложены к КА №____________ по отправке №____________

41 车辆/集装箱① 技术状态良好/不良①

技术记录 第____________号 20____年____月____日编制

Вагон/Контейнер① оказался в техническом отношении исправным/неисправным[1)], о чем составлен

технический акт №____________ то ____________ 20____________ г.

42 货物由铁路/发货人①装车 43 声明价格____________________

Груз погружен железной дорогой/отправителем① Обьявленная ценность

44 检查结果 - Результаты проверки:

记号、标记和号码 Знаки, марки и номера	件 数 Число мест	包装种类 Род упаковки	货物名称 Наименование груза	总重量(公斤) Общая масса кг	标准包装的一件重量(公斤) Масса одного места при стандартной упаковке, кг

45 运单(行李票、包裹票①)记载—Значится по накладной(багажной товаробагажной квитанции①):

46	47	48	49	50	51

52　实际情况—В действительности оказалось:

53	54	55	56	57	58

59　其中毁损货件情况—В том числе поврежденных мест:

60	61	62	63	64	65

66　编制商务记录情况。关于货物(包括毁损货物)状态的说明,并注明短少或多出的数量
Обстоятельства составления КА. Описание состояния груза (в том числе поврежденного) с указанием количества недостачи или излишка

签　字　Подписи:　　站　长　Начальник станции　　收货人　Грузополучатель

货场主任　Заведующий грузовым двором　　车站交接员　Приемосдатчик станции

车站日期戳
Календарный штемпель станции

67　鉴定书　已编制/未编制[①]
Акт экспертизы составлен/не составлен[①]

68　到站对附有中途站商务记录到达货物状态的记载:
Отметка станции назначения о состоянии груза, прибывщего с КА попутной станции

签　字　Подписи:　　站　长　Начальник станции　　收货人　Грузополучатель

货场主任　Заведующий грузовым двором　　车站交接员　Приемосдатчик станции

车站日期戳
Календарный штемпель станции

69　本商务记录寄往＿＿＿＿ 20＿＿年＿＿月＿＿日
этот КА препровождается＿＿＿＿ от＿＿＿＿20＿＿ г.

[①] 不需要的划掉—Ненужное зачеркнуть

(二)商务记录的填写方法

标题中“商务记录第＿＿＿号”

编制商务记录的车站根据自路的现行规章填上号码。

1. 铁路简称

商务记录编制站所在铁路简称,即《国际铁路货物联运协定》附件和《国际旅客联运协定

办事细则》规定的铁路简称。

2. 20 ____ 年 ____ 月 ____ 日编制

记载实际查明编制商务记录依据情况的日期，而不是填写商务记录格式或纸的日期。

3. 车站______

加盖商务记录编制站的戳记。

4. 补充____铁路____站 20 ____ 年 ____ 月 ____ 日编制的第____号商务记录

运单上附有中途站商务记录时填写；注明该商务记录号码、中途站和铁路的名称以及商务记录编制日期。

5～9. 按慢运运单、快运运单、行李票、包裹票 第______号 在20______年______月______日发送

发站____________ 发送路____________。

到站____________ 到达路____________。

发货人________________。

收货人________________。

按运单中的记载填写要求的事项。

10～13. 车辆种类和号码__________

集装箱类型和号码______。

所属路简称____________。

标记载重__________。

注明车辆种类和号码或集装箱类型和号码、所属路简称和标记载重（吨）（根据车辆或集装箱上的标记）。

14. 200 ____ 年 ____ 月 ____ 日到达

记载编有商务记录的货物所装车辆的到达日期。

15. 第____次列车

记载编有商务记录的货物所装车辆到达时的车次。

16. 随乘人员

记载随乘人员、押运人的姓名，如无随乘人员则不需填写。

17～37. 封印情况

在每一相应项内记载。如铁路施封，铁路和车站名称、施封日期、封印记号和铁路所施封印数量；如发货人施封，发货人名称、施封日期、封印记号和发货人所施封印数量；如海关施封，国家名称和海关所施封印数量。

38. 关于封印开启或毁损痕迹的事项

记载有开启或毁损痕迹的封印记号、封印在车辆/集装箱上所处的位置以及封印毁损状态。

39. 随商务记录附有下列封印和文件

注明所附封印的数量、记号以及添附文件。

40. 封印和文件附于商务记录 第____号，批号第____号

注明附有封印和文件的商务记录的号码，以及编有商务记录的货批的号码。

41. 车辆/集装箱技术状态良好/不良

技术记录第________号 20________年________月________日编制

如已编制车辆/集装箱技术状态记录，则记载其号码和编制日期。

42. 货物由铁路/发货人装车

根据运单记载将不需要的划掉。

43. 声明价格________

根据运单记载填写，如运单中没有关于声明价格的事项，则记载“未声明价格”。

44. 检查结果

分别根据下列内容填写检查结果，即运单记载(45～51 项)，实际情况(52～58 项)，实际毁损货件情况(59～65 项)。

45～51. 运单(行李票、包裹票)记载

在相应项内，填写运单中原有的记载事项。运单中缺少的记载事项，不需填写。

52～58. 实际情况

根据实有货物，填写有关事项。

第 58 项不填写。

59～65. 其中毁损货件情况

根据 53～57 项的内容，记载毁损货件的有关情况。

第 65 项不填写。

66. 编制商务记录

关于货物(包括毁损货物)状态的说明，并注明短少或多出的数量。

记载在什么情况下确定货物不良，例如，“卸车时”、“交付时”、“将货物换装到另一轨距车辆时因车辆/集装箱技术状态不良而换装时”、“中转时”，同时记载车辆/集装箱开启原因和启封原因，例如，货物从车辆/集装箱中漏出或流出等。

记载商务记录的编制原因，详细说明检查时车辆/集装箱中实有货物的状态，并注明造成货物毁损或腐坏的原因。不准在商务记录中填写有关发货人或铁路对货物不良的责任的推测或结论。

在相应情况下需注明：

- 毁损的程度或性质，以及毁损痕迹为新毁损或旧毁损。
- 毁损(例如，浸湿)货件位于车辆/集装箱哪一部位。
- 毁损货物的容器或包装是否良好，如有毁损，则毁损的性质如何，如箱板是否破碎、纸套、塑料套是否撕破，包装袋是否完整，包装袋有无接头和断头，容器曾否修整，内包装是否完整；编制站为消除容器或包装的毁损曾采取何种措施。
- 货件有无流泻或散落，在车辆何处，数量多少。
- 毁损货件内有无空隙。尺寸多大，空隙内可容纳多少数量的货物(按件数或重量计)。
- 从毁损的货件中能否将短缺货物取出。
- 曾采取哪些措施以防止进一步毁损。
- 发现货物污染时，注明货物是全部污染，还是仅与车辆/集装箱底面或侧面接触的一层污染，以及车内是否有以前运送残留的货物。

在说明毁损情况时,不得使用笼统的说法,如“货物毁损”,“容器破碎”。发现装载不当时,详细记载不当之处。发现车辆/集装箱不良造成货物不完整时,记载车辆/集装箱的这一不良情况,同时援引商务记录所附的车辆/集装箱技术状态记录。

发现棚车运送的货物件数不足时,注明车辆是否装满或尚有未装货的空间,该空间在车辆何处,可否在其中容纳短缺的货件。

发现敞车类货车货物不足或毁损时,注明货件放置情况、层数、装载密度、有无空挡及空挡的大小,货物加固、苫盖和捆绑方式及其状态;运送堆装货物时,注明货物表面有无下塌、凹陷和漏窝。

发现罐车运送的货物不足时,注明罐车类型、灌装高度、货物比重和货温,以及货物是否泄漏。

发现货物重量不足时,注明确定货物重量时使用的是何种衡器(轨道衡、1/100 衡器、1/10 衡器)。

发现易腐货物腐坏时,准确记述货物状态及促使腐坏的情况。在这种情况下,注明车辆技术状态,装载方式和高度,容器种类和状态,车地板上有无腐坏货物流出痕迹,腐坏货物在车内何处,通风运送时车窗开启还是关闭,车辆装备及加温或制冷是否得当,车内温度,车外气温以及卸车时的货温。

如商务记录是由中途站编制的,则商务记录由格式纸中所载的全部负责人员签字,并加盖该站日期戳证明。如商务记录在到站由商务记录格式纸中所载的全部负责人员和收货人签字,并加盖该站日期戳证明。

第七节　装车、重量、件数、车辆施封的有关规定

一、货物的装车(在发站)

1. 车辆的技术条件和使用要求。

使用的车辆技术状态良好,车体完整,定检不过期,符合发送国卫生条件的要求,装运出口或过境的怕湿货物,必须使用棚车,严禁其他车种代用,车内不能粘贴、涂写、残存与运输货物无关的字、画和报纸。

2. 出口和过境运往朝铁、越铁的货物,使用车辆应有Ⓜ︎Ⓒ︎标记。

3. 各国铁路货车装载限界如下:

轨距 1 520 mm 的货车装载限界如图 4-1 所示;

轨距 1 435 mm 的货车装载限界如图 4-2 所示;

轨距 1 000 mm 的货车装载限界如图 4-3 所示;

4. 用棚车、冷藏车和罐车运送时,按发送路现行的国内规章办理。

5. 用敞车类货车、在不同轨距的铁路参加的不换装运送时,按《国际铁路货物联运协定》附件第 14 号“敞车类货车货物装载和加固规则”办理。

6. 用敞车类货车、在相同轨距的铁路参加的运送,以及在不同轨距的铁路参加的换装运送时,按《国际铁路货物联运协定》附件第 14 号“敞车类货车货物装载和加固规则”或参加运

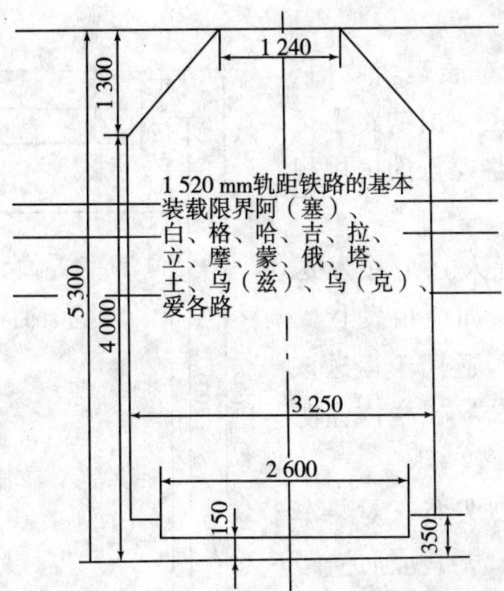

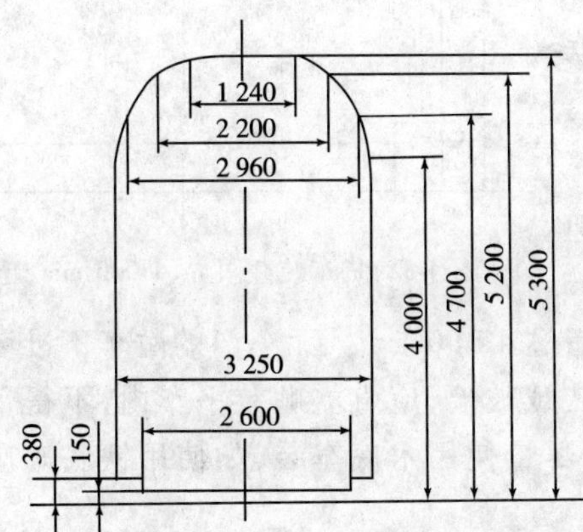

下列1 520 mm轨距铁路超级装载限界：白铁、哈铁、吉铁、拉铁、立铁、塔铁、土铁、乌（兹）铁、摩铁、爱铁、俄铁（北高加索铁路局的别洛列琴斯卡亚—图阿普谢—维谢洛耶、克里木斯卡亚—新罗西斯克区段，北方铁路局的丘姆—拉贝特南吉、普克沙—纳沃洛克区段及克拉斯诺亚尔斯克铁路局的李格—阿钦斯克区段除外）、乌（克）铁（利沃夫铁路局霍罗斯特科夫—科佩钦采、图卢斯捷—托尔斯克这段及第涅伯河沿岸铁路局的第涅伯彼得罗夫斯克南站—弗斯特列奇内区段除外）。

超级装载限界适用于按国际货协附件第14号或这些铁路之间商定的其他规则装载的木材，以及按国际货协附件第14.1号装载的汽车列车、汽车、挂车和半挂车。

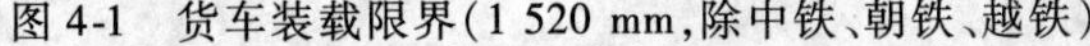
图 4-1　货车装载限界（1 520 mm，除中铁、朝铁、越铁）

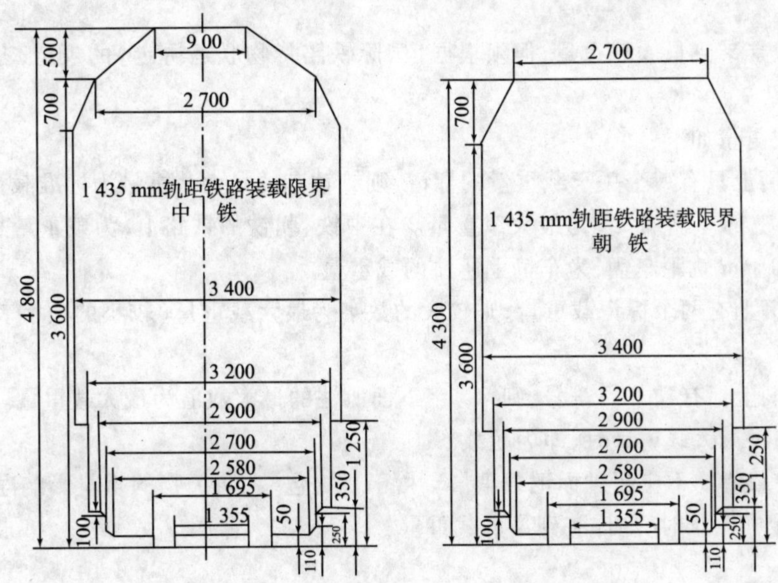

图 4-2　货车装载限界（1 435 mm，中铁、朝铁）

送的各路间商定的其他规章办理。

在换装运送中,用敞车类货车装运货物时,如在国境站换装前或换装后,只在一国铁路上运送,则货物的装车可按这一国铁路现行的国内规章办理。

7. 由何方装车(铁路或发货人),应按发送路现行的国内规章的规定办理。如应由发货人装车,则发货人必须确认车辆是否适用于运送该种货物,发货人应在运单"由何方装车"栏内注明由谁装车。

8. 如果货物由发货人装车,则发货人对装车不合要求所产生的一切后果负责,尤其应向铁路相关部门赔偿由此而造成的损失。

9. 对于需要很长时间才能承运、装车和换装的成件货物,铁路可要求发货人捆扎或包装成较大的货件。

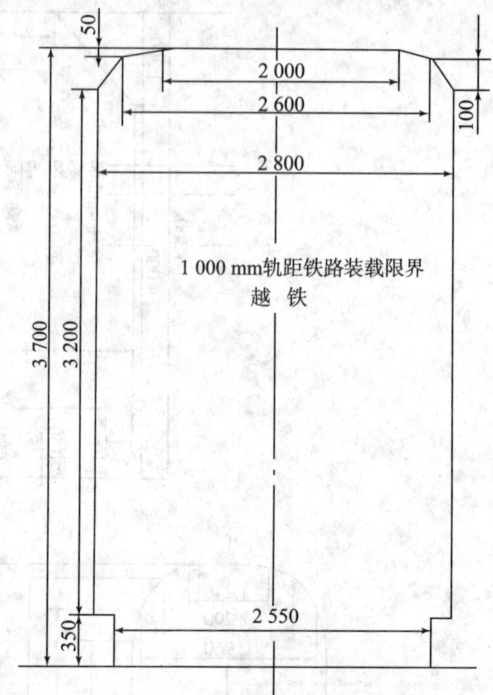

图 4-3 货车装载限界(1 000 mm,越铁)

10. 我国铁路发站装车按国内规章办理,但发往朝铁货物装载高度,不得超过 4 750 mm(该处一侧宽度不得超过 540 mm),原木不得超过 4 300 mm。无车门的敞车不准装运废纸屑、废钢铁、和铸铁等不易卸车的货物。平车装载玻璃,应直立顺装平车内,不得平放或横向装载,不加包装的机械类和带轮的笨重货物尽量使用木底车装,如使用铁底车应采取防滑措施。

二、货物的载重量

1. 车辆只能装到最大载重量,但须根据《国际铁路货物联运协定》的规定,考虑车辆的容许轴载。

2. 最大载重量如下:

(1)如车辆上只有一个关于载重量的标记,则二轴车的最大载重量为标准载重量加 1 t,四轴车和四轴以上的车辆加 2 t 为最大载重量。在中铁、朝铁的铁路上,为载重量加 5% 为最大载重量。1 520 mm 轨距车辆,为车辆上所注的载重量。

(2)如车辆上有两个标记载重量,则较大的数字为最大载重量(较小的数字表示最小载重量)。

(3)如车辆上标有"ABC"符号,则"C"字下面所注的最大数值为最大载重量。

3. 装车超过最大载重量时,即为超载。

4. 发站装载货物不应超过标记载重量。由于货物包装、防护物的重量影响净重的成件活动物,装车后减吨困难时,允许装到最大载重量。

三、货物的重量和件数

1. 国际铁路联运货物的重量和件数应按发送路现行的国内规章确定。

2. 用敞车货车运送不盖篷布或苫盖篷布而不加封印的货物,在承运时,发货人必须在运单中记载下列事项:

(1)如总件数不超过100件,应记载货物的件数和重量。

(2)如总件数超过100件,只记载货物的重量,此时发货人应在运单"件数"栏内注明"堆装"字样。

3. 小型无包装制品,只按重量承运不点件数,发货人应在运单"件数"栏内注明"堆装"字样。

4. 包装时已经确定重量,并在每一货件上均标有重量的包装货物,以及同一标准重量的货物,承运时不应过磅。在这种情况下,发货人须在运单中注明货物件数和总重量,而在"确定重量方法"栏内,应注明货物的总重量是按何种方法确定的:按标准重量确定的(按标准重量)或按货件上标记的重量确定的(按标记重量)。

5. 如运单中"发货人确定的重量(公斤)"和"铁路确定的重量(公斤)"栏内均记载重量时,则以铁路确定的重量作为责任重量,但《国际铁路货物联运协定》所载的情况除外。

四、车辆的施封

1. 带有施封装置的所有重车的车门和所有的其余孔口(从里面用铁栅或其他方法关闭的通风口除外)均应施加封印或锁封装置。

2. 罐车所有的注油和排油装置均应施封。如果打不开上部灌装孔就无法打开下部排油装置,则这种构造罐车的下部排油装置不施封。

3. 如车辆集装箱上留有以前运输施加的封印或锁封装置,则应由重新施封的发货人或铁路除掉。

4. 车辆施封时,应使用只在毁坏后方能启下的封印或锁封装置,并应以不毁坏封印或锁封装置就不能触及货物的方法施封。

5. 如发货人对车辆集装箱施封时,则封印上应有下列清晰的印记:

(1)车站名称(必要时可用简称)。

(2)施封的年月日或封印记号。

(3)发货人简称。

此外发货人的封印上可载有发送路简称。

6. 由铁路对车辆集装箱施封时,封印上亦应有上述标记,但为了代替发货人简称,封印上应有发送路简称,以及封车钳子号码(如封印上无封印记号)。

7. 车辆应由谁(铁路或发货人)施封,按发送路现行的国内规章的规定办理。

8. 往越铁运送零担货物时,发货人可以在货件上施封,在这种情况下,发货人应在运单"包装种类"栏内注明此事。

9. 无论由发货人还是铁路使用锁封装置施封均应有下列标志和遵守下列规定:

(1)发送路简称。

(2)封印记号。

(3)锁封装置还可补充有发站名称和发货人名称(必要时使用简称)。

(4)使用几种锁封装置对车辆和集装箱施封时,锁封装置应有不同的封印记号。

(5)如果棚车和保温车车门的上部加装施封装置,锁封装置只安装在主要施封装置上。

(6)发送铁路应在至少两个月以前将具体锁封装置的使用规则和启下办法通知所有参加运送的铁路。

第八节　货物价格声明、运到期限的有关规定

一、货物价格声明

1. 发货人在托运下列货物时,应在运单“货物的声明价格”栏内声明其价格。

(1)金、银、白金及其制品。

(2)宝石。

(3)贵重毛皮,如海龙、青狐、白鼬、貂、水貂、水獭、羊羔、海豹、海狗、玄狐、臭鼬、黑貂以及上述毛皮的制品。

(4)摄制的电影片。

(5)画。

(6)雕像。

(7)艺术制品。

(8)古董。

(9)家庭用品。

2. 只有当发货人在运单“发货人的特别声明”栏内注明“不声明价格”的记载,并亲笔签字证明时,才准许承运无声明价格的家庭用品。

3. 托运运单中声明价格的家庭用品时,发货人应编制三份家庭用品清单,并注明装入每一货件(箱等)家庭用品的名称、数量和价格。此外,清单中应注明家庭用品的总件数和价格总额,这一总额与运单中声明的价格相符。第一份清单留存发站,第二份留存发货人处,第三份放入家庭用品内,并随其运至到站。

4. 托运其他货物时,根据发货人的愿望,也可声明价格。

5. 货物声明价格的款额应由发货人记人运单“货物声明价格”栏内,以发送国货币计;该项款额不应超过外国供货人账单中记载的这些货物的价值或国家价格。

6. 发送路在承运货物时,有权检查货物的声明价格款额是否同它的价值相符,如铁路同发货人之间就声明价格款额发生争执,则该争执由发站站长解决,如发货人不同意站长的决定,则可以自费邀请国家贸易或工业机关的鉴定人,鉴定人的决定,对双方均有约束效力。

7. 声明货物价格时,发送路和到达路按国内规章和各该路采用的适于此种运送的运价规程核收在自路管内运送的杂费,而过境路的运送,按适用于该种国际运送的过境运价规程核收。

8. 为使过境路和到达路核收这项杂费,由发站将发货人以发送国货币声明的货物价格款

额按换算当日发送国现行汇率将折成运价货币并将其记入运单有关“计费的记载”栏内，运单中记载的用于过境路和到达路的以运价货币计价的货物声明价格款额按换算当日过境国或到达国现行汇率折成这些国家的货币。

二、货物的运到期限

国际铁路联运运到期限按货物运送全程，根据下列标准确定。

1. 快运货物：

(1)发送期间为1昼夜。

(2)零担货物或中吨位集装箱货物的运送期间，在每一参加运送的铁路管内，每200运价公里为1昼夜。

(3)整车货物、轮式集装箱货物或大吨位集装箱货物的运送期间，在每一参加运送的铁路管内，每320运价公里为1昼夜。

(4)随旅客列车挂运的整车货物(《国际铁路货物联运协定》第7条4项规定的货物)的运送期间，在每一参加运送的铁路管内，每420运价公里为1昼夜。

2. 慢运货物：

(1)发送期间为1昼夜

(2)零担货物或中吨位集装箱货物的运送期间，在每一参加运送的铁路管内，每150运价公里为1昼夜。

(3)整车货物、轮式集装箱货物或大吨位集装箱货物的运送期间，在每一参加运送的铁路管内，每200运价公里为1昼夜。

3. 货物运到期限，从接受运单承运货物的次日零时起开始计算，如承运的货物在发送前需预先保管，则运到期限应从货物指定装车的次日零时起开始计算，货物装车日期应记入运单中。

4. 运送期间，应按发站至到站间的实际运送里程计算。

5. 运到期限在下列情况下延长两昼夜：

(1)将货物换装到其他轨距的车辆时。

(2)车辆更换另一轨距的转向架时。

(3)用轮渡运送车辆时。

6. 运送超限货物时，《国际铁路货物联运协定》规定的运到期限延长期均增加100%。

7. 对下列时间应延长运到期限：

(1)为履行海关和其他规章所需的滞留时间。

(2)非因铁路过失而造成的暂时影响发运或继续运送的运输中断时间。

(3)因变更运输合同而发生的滞留时间。

(4)因检查而发生的滞留时间(即检查货物同运单记载是否相符或检查按特定条件运送的货物是否采取了预防措施，而在检查中确实发现不符事宜)。

(5)因牲畜饮水、遛放或兽医检查所造成的站内滞留时间。

(6)由于发货人的过失而造成多出重量的卸车，货物或其容器或包装的修整以及倒装或整理货物的装载所需的滞留时间。

(7)由于发货人或收货人的过失发生的其他滞留时间。

8. 铁路应将关于铁路有权据以延长运到期限的货物滞留原因及其滞留时间记在运单“运到期限延长”栏内。

9. 货物在国境站换装时,如部分货物须按补送运行报单运送,则运到期限应按随原运单到达的部分货物计算。

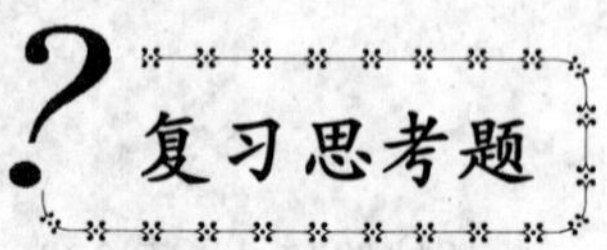

1. 办理国际铁路货物联运的运输方式有哪几种?
2. 何谓原车过轨?
3. 在何种情况下货物需要换装或车辆更换轮对?
4. 国际铁路联运运送、移交货物的一般规定有哪些?
5. 国际铁路联运办理种别有哪几种?
6. 何谓整车、零担和大吨位集装箱货物?
7. 在国际铁路直通货物联运中不准运送的货物有哪些?
8. 不准在一辆车内托运和承运的货物有哪些?
9. 不准按一份或数份运单在一辆车内混装运送的货物有哪些?
10. 与我国相邻的国境站有哪些?
11. 国际联运运单由哪几页组成,如何分配?
12. 运单应如何填写?
13. 何谓货物承运?
14. 铁路是否有义务检查添附文件?
15. 运输合同的变更权限属于何人?
16. 发货人对运输合同可提出哪些变更?
17. 收货人对运输合同可提出哪些变更?
18. 发货人托运哪些货物时需要声明价格?

第五章　国际铁路联运货运组织

第一节　货物作业组织

一、货物的交付作业

1. 货物到达到站，收货人向铁路付清运单所载的一切应付的运送费用后，铁路必须将货物、运单正本和货物到达通知单(运单 1.5 页)交付收货人，收货人必须支付运送费用并领取货物。

2. 到站在货物到达后，应及时通知收货人领取货物，如运单只记有收货人代号时，到站按运单上添附的进口货物明细单中所记载的实际收货人交付，如未附进口货物明细单时，到站可根据运单上所记收货人代号和国境站收货人的代理人在运单上加盖的“进口货物明细单”号码向进口国境站查询后通知。

3. 根据到达路现行的国内规章，货物的交付可在收货人付清运送费用之前进行。

4. 收货人只在货物由于毁损、腐坏或其他原因而使质量发生变化，以致部分货物或全部货物不能按原用途使用时，方可拒绝领取货物。

5. 即使运单中所记载的货物部分短少时，收货人也应支付按运单中记载应付给铁路的全部款额，在这种情况下，收货人对未付给的部分货物，有权按赔偿请求手续(根据《国际铁路货物联运协定》规定)领回其按运单所付款额。

6. 包装时已经确定重量，并在每一货件上均标有重量的，用容器装的货物，以及同一标准重量的货物，在容器或包装完整的情况下交付时不过磅。

7. 在其余情况下，货物的交付根据到达路现行的国内规章办理。

二、货物的查寻

1. 货物运到期限满 30 日内，未将货物交付收货人。发货人或收货人可认为货物已灭失，有权向铁路提出“货物查寻申请书”。

2. 向铁路提出货物查寻申请书，发货人或收货人应按《国际铁路货物联运协定》附件 15 号格式填写一式两份，由发货人向发站或由收货人向到站，在不晚于运到期限满后的 3 个月内连同运单副本(运单第 3 页)或运单正本和货物到达通知单(运单第 1 页和第 5 页)同时提出。

3. 为确认收到“货物查寻申请书”，发站或到站应在两份申请书上加盖日期戳记，并由受理申请的工作人员签字，然后将一份退还申请人。申请查寻货物不等于提出《国际铁路货物联运协定》规定的赔偿请求。

4. 根据《国际铁路货物联运协定》规定计算的运到期限满后 30 天内，如未将货物交付收货人,则收货人可认为货物已灭失。此项记载应以到站日期戳证明。

5. 但货物如在上述期限满后到达到站,则到站应将此事通知收货人。如货物在运到期限满后6个月内到达,则收货人应予领取,并将铁路已付的货物灭失赔款、运送费用退款和有关货物运送的其他费用退还铁路。

6. 如货物灭失赔偿和运送费用偿还款额已付给发货人,则发货人必须将该款退还铁路,在这种情况下,收货人对货物运到逾期,以及对于找到货物的部分灭失、重量不足、毁损、腐坏或其他原因降低质量,保留向铁路提出赔偿请求的权利。

第二节　货物包装容器、标记和表示牌

一、货物包装容器

1. 货物包装应能充分保证防止货物在运送中灭失、毁损、腐坏和其他原因降低质量,以及毁损其他货物和运输工具及可能伤害人员。

2. 对货物运输容器或包装可靠性提出的要求,首先由货物种类、重量、尺寸、形状、结构、对外界因素的敏感性以及货物办理种别、运输时间长短、装载方式(单层或多层装载)来确定。

3. 托运货物时,必须有完全符合上述要求的容器或包装。发货人对没有容器或包装、或者其状态不合要求所产生的一切后果负责,尤其是他应向铁路赔偿由此而产生的损失。

4. 如通过外部检查可以确定容器或包装不符合要求,不能保证货物的安全或容器、包装不良以及不适应货物的性质,或不能保证货物由一个车辆向另一个车辆换装的情况下,铁路应拒绝承运此类货物。

5. 国际联运货物包装及容器的特殊要求:

(1)危险货物包装容器应按《国际铁路货物联运协定》附件2的条件要求。

(2)纸箱包装的出口货物,应在开口处加贴封条。

(3)包装应完整清洁,包件捆紧。

二、标记和表示牌

1. 发货人应在货件上作不易擦掉的清晰标记,或粘挂表示牌或货签,并按运单内容注明下列事项:

(1)每件的记号(标记)和号码。

(2)发送路和发站。

(3)到达路和到站。

(4)发货人和收货人。

(5)零担货件数量。对零担货物应在每一货件上做出标记。

2. 对整车货物(堆装货物除外)应在靠近车门的货件上作出标记,每车不得少于10个货件。在托运家庭用品时,除作标记外,发货人还应将记有上述标记事项的卡片放入每一货件内。

3. 如运送某些货物,由于这些货物的性质,要求采取特殊预防措施,则发货人还应在这些货件上根据《国际铁路货物联运协定》附件第 6 号作出对货物必须审慎对待的标记或粘挂表示牌,例如“小心”、“向上”等。

4. 标记应用发送国文字书写,并附铁路合作组织工作语文(中文、俄文)中的一种译文。

5. 中朝间运送的整车货物,货件上可不作《国际铁路货物联运协定》规定的标记。

6. 发货人对货件上所做或粘挂的标记、表示牌或货签的正确性,以及他在车辆上所做的表示牌的正确性负责,他对不正确、不完整或不确切填写标记、表示牌或货签中所载事项而产生的一切后果负责。

7. 货件上的标记。

(1)货件上的标记图样(图 5-1、图 5-2)

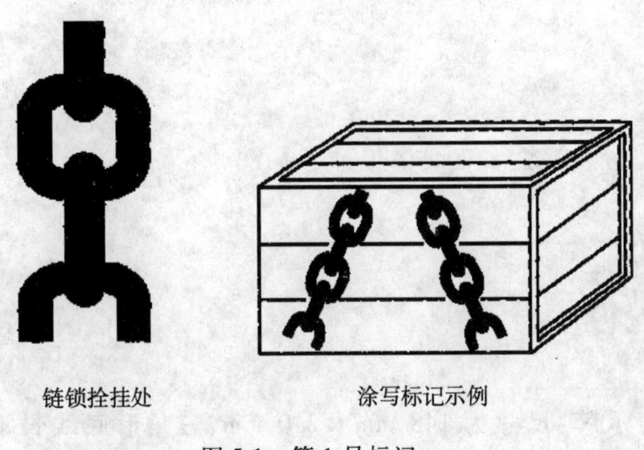

图 5-1 第 1 号标记

图 5-2 第 2 号标记

(2)货件上标记的说明

①第 1 号标记

图样颜色:浅底黑色或其他对比明显的颜色。

图样:吊链。

②第 2 号标记

图样颜色:浅底黑色或其他对比明显的颜色。

图样:两条正交直线,围绕其交点有一虚线构成的圆圈。

8. 货件、车辆、集装箱和运单上的表示牌。

有关危险货物运送的危险标记的图样、尺寸和说明载于《国际铁路货物联运协定》附件第 2 号附件 2.9。

(1)货件上的第 10 ~ 12 号表示牌:尺寸为 148 mm × 210 mm。如果需要,尺寸也可缩小,但表示牌应清晰可见,相关标记如图 5-3 ~ 图 5-5 所示。

表示牌说明如下。

①第 10 号表示牌

颜色:白色或对比明显的底色。

图样:一把张开的黑伞和 6 个雨滴。

图 5-3　第 10 号表示牌

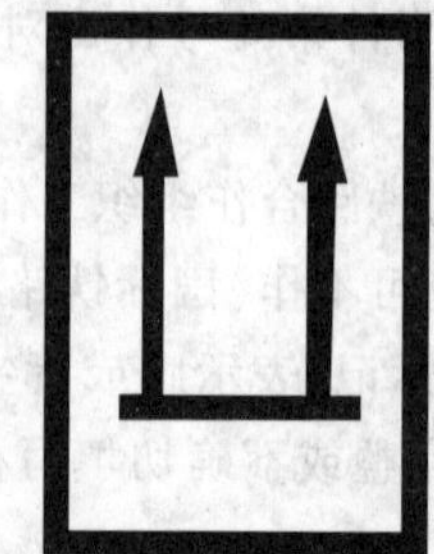

图 5-4　第 11 号表示牌

图 5-5　第 12 号表示牌

题字(表示):防止货物受潮。

②第 11 号表示牌

颜色:白色或对比明显的底色。

图样:两只朝上的黑色箭头。

题字(表示):向上,请勿倒置。

③第 12 号表示牌

颜色:白色或对比明显的底色。

图样:黑色玻璃酒杯。

题字(表示):易碎货物,小心。

(2)车辆上的第 13 号和 15 号表示牌:尺寸为 148 mm×210 mm,三角形底线长不小于 105 mm,三角形高不小于 74 mm,具体如图 5-6、图 5-7 所示。

(3)车辆和集装箱、运单上的第 16 号表示牌如图 5-8 所示。

①车辆和集装箱上的,尺寸为 148 mm×105 mm。

②运单上的,尺寸为 37 mm×27 mm。

图 5-6　第 13 号表示牌

图 5-7　第 15 号表示牌

图 5-8　第 16 号表示牌

表示牌说明如下。

纸色:蓝色。

图样:冰块上的白熊,均印成白色。

题字(表示):补冰。

表示牌下部留一块 148 mm×20 mm(车辆上的表示牌)或 37 mm×5 mm(运单上的表示牌)的空白,供发货人在此填写应进行补冰的车站站名。该站名应用发送国语文书写,并附铁路合作组织工作语文(中文、俄文)中的一种译文。

(4)车辆和集装箱上的第 17 和第 18 号表示牌的尺寸为 148 mm×105 mm,如图 5-9、图 5-10所示。

动物

图 5-9　第 17 号表示牌

易腐货物

图 5-10　第 18 号表示牌

表示牌说明如下。

①第 17 号表示牌

纸色:白色。

图样:牛头、公鸡和蹲着的狗,均印成蓝色。

题字(表示):动物。

②第 18 号表示牌

纸色:白色。

图样:鱼、郁金香和一串带叶的葡萄,均印成蓝色。

题字(表示):易腐货物。

注意:1. 第 10～13 号和 15 号表示牌应带黑柜,第 17.18 号表示牌应带黑框。

2. 第 16～18 号表示牌可任意印成底边小于侧边或底边大于侧边的长方形。

第三节　铁路运送责任

一、铁路责任的判定

1. 铁路责任。

(1)按《国际铁路货物联运协定》的运单承运货物的铁路,负责完成货物运送全程的运输合同,直到在到站交付货物时为止,如将货物转发到未参加《国际铁路货物联运协定》铁路的国家,则负责完成直到按另一种国际铁路直通货物联运协定的运单办理运送手续时为止,如果货物转发自未参加本协定的国家,则自按《国际铁路货物联运协定》运单办完运送手续后开始。

(2)每一继续运送的铁路自接收附有运单的货物时起,即认为参加了这项运输合同,并承担由此而产生的义务。

2. 责任范围：

(1)铁路在《国际铁路货物联运协定》所规定的条件范围内，从承运货物时起，至到站交付货物时为止，以及如将货物转发送到未参加《国际铁路货物联运协定》铁路的国家，则至按另一种国家铁路直通货物联运协定的运单办理货物运送手续时为止，对货物运到逾期以及因货物全部或部分灭失、重量不足、毁损、腐坏或其他原因降低质量所发生的损失负有责任。

(2)如由于铁路过失而使发货人或海关部门根据《国际铁路货物联运协定》的规定在运单上已作记载的添附文件遗失，以及由于铁路过失未能执行根据《国际铁路货物联运协定》规定提出的运输合同变更申请书，则铁路应对其后果负责。

(3)不论铁路负有何种责任，其赔偿损失的款额，均不应超过货物全部灭失时的款额。

3. 如承运的货物由于下列原因，发生全部或部分灭失、重量不足、毁损、腐坏或其他原因降低质量，则铁路不负责任。

(1)由于铁路不能预防和不能消除的情况。

(2)由于货物容器、包装在发站承运时质量不符合要求或由于货物容器、包装的自然和物理特性，以致引起自燃、损坏(其中包括玻璃制、聚乙烯制、金属制、木制、陶瓷制及其他各种容器和包装的破碎及密封性破坏)、生锈、内部腐坏或类似的后果。

(3)由于发货人或收货人的过失或由于其要求，而不能归咎于铁路。

(4)由于发货人或收货人装车或卸车的原因所造成，发货人装车这一事实可根据在运单“由何方装车”栏内注明的事项来确定，如该栏未注明由谁装车事项，则认为是发货人装车。

(5)由于发送路现行国内规章允许使用敞车类货车运送货物。

(6)由于发货人或收货人或他们委派的货物押运人未执行《国际铁路货物联运协定》附件第3号的规定，以及由于押运人不符合这项规定提出的要求。

(7)由于货物没有《国际铁路货物联运协定》规定的运送该货物所需的容器或包装，以致未能在运送全程保证货物完整。

(8)由于铁路在发站承运货物时，无法通过外部检查发现的容器或包装的缺陷，以致未能在运送全程保证货物完整。

(9)由于发货人用不正确、不确切或不完全的名称托运不准运送的物品。

(10)由于发货人在托运应按特定条件承运的货物时，使用不正确、不确切或不完全的名称，或未遵守《国际铁路货物联运协定》的规定。

(11)由于货物的自然特性致使货物减量不超过《国际铁路货物联运协定》规定的标准。

(12)由于发货人将货物装入不适于运送该货物的车辆或集装箱。

(13)由于发货人、收货人或授权人员未执行或未适当执行海关或其他行政规定。

4. 在下列情况下，对未履行货物运到期限，铁路不负责任：

(1)发生雪(沙)害、水灾、崩塌和其他自然灾害，按有关国家铁路中央机关的指示，期限在15天以内。

(2)发生其他致使行车中断或限制的情况，按有关国政府的指示。

二、货物赔偿和运到逾期赔偿

1. 货物灭失的赔偿额

(1)如根据《国际铁路货物联运协定》的规定铁路应向发货人或收货人赔偿货物全部或部分灭失的损失,则此种赔偿额按外国供货者账单或该账单摘录中所列的价格计算,所凭账单摘录需按提出赔偿请求所在国国内规定的办法经过签认。

(2)如不能按上述办法确定全部或部分灭失的货物价格,则货物的价格应由国家鉴定机关确定。

(3)当运送按《国际铁路货物联运协定》声明价格的货物全部或部分灭失时,铁路应按声明价格,或相当于货物灭失部分的声明价格的款额向发货人或收货人赔偿。

(4)由发货人在运单"发货人的特别声明"栏内注明"不声明价格"的家庭用品全部或部分灭失时,铁路对灭失的货物重量,应按每千克 6 瑞士法郎向发货人或收货人予以赔偿。

(5)除《国际铁路货物联运协定》规定的赔偿外,灭失货物或其他灭失部分的运送费用、海关费用以及与运送有关的其他费用,如未纳入货物价格内,则均应予以偿还。

(6)不是由运输合同产生的发货人或收货人的费用和损失不应由铁路赔偿。

2. 货物毁损、腐坏或因其他原因降低质量的赔偿额

(1)如根据《国际铁路货物联运协定》的规定,在货物毁损、腐坏或因其他原因降低质量时铁路应向发货人或收货人赔偿损失,则铁路应在赔偿相当于货物价值降低部分的款额。

(2)当运送《国际铁路货物联运协定》声明价格的货物发生毁损、腐坏或因其他原因降低质量时,铁路应按照相当于货物由于毁损、腐坏或因其他原因降低质量而降低价格的百分比,支付应为声明价格部分的赔款,以及《国际铁路货物联运协定》规定款额的赔款。

(3)如因货物毁损、腐坏或因其他原因降低质量以致全部货物降低价格,不应超过货物全部灭失的赔偿额。

(4)如因货物毁损、腐坏或因其他原因降低质量仅使部分货物降低价格,不应超过降低价格部分货物灭失的赔偿额。

(5)不是由于运输合同产生的发货人或收货人的费用和损失,铁路不予赔偿。

3. 货物运到逾期的赔偿额

(1)货物运到逾期时,铁路应根据造成逾期铁路的运费和逾期(期限)的长短,即逾期(天数)占总运到期限的比例,向收货人支付罚款,即:

逾期不超过总运到期限 1/10 时,为运费的 6%。

逾期超过总运到期限 1/10,但不超过 2/10 时,为运费的 12%。

逾期超过总运到期限 2/10,但不超过 3/10 时,为运费的 18%。

逾期超过总运到期限 3/10,但不超过 4/10 时,为运费的 24%。

逾期超过总运到期限 4/10 时,为运费的 30%。

(2)如货物在某一铁路运到逾期,而在其他铁路却早于规定的期限,则确定逾期时间时,应将上述期间相抵消。

(3)对货物全部灭失予以赔偿时,不得要求上述规定的罚款,如运到逾期的货物部分灭失,则对货物的未灭失部分支付运到逾期的罚款。

(4)如运到逾期的货物毁损、腐坏或因其他原因降低质量,除《国际铁路货物联运协定》规定的赔偿款额外,还应支付运到逾期罚款。

(5)运到逾期的罚款,只限在未遵守根据《国际铁路货物联运协定》第14条计算的从发站至到站的总运到期限的情况下支付。

(6)自铁路通知货物到达和可以将货物移交给收货人处理时,如收货人在一昼夜内未将货物领出,他即失去领取货物运到逾期罚款的权利。

第四节　赔偿请求、诉讼

一、赔偿请求

1. 发货人或收货人有权根据运输合同提出赔偿请求。

2. 赔偿请求,应附有相应根据并注明款额,以书面方式由发货人向发送路,收货人向到达路提出,赔偿请求按每批货物分别提出,但下列情况除外:

(1)提出返还运送费用多收款额的赔偿请求时,这项赔偿请求可按数批货物提出。

(2)当数批货物编造一份商务记录时,应按商务记录中记载的全部批数提出赔偿请求。

3. 除个人所属货物运送不良的赔偿请求外,如货物因全部灭失、部分灭失、重量不足、毁损、腐坏或因其他原因降低质量时提出的一份运单的赔偿请求额在23瑞士法郎以内(包括23瑞士法郎)则不得提出赔偿请求,也不予以满足。

4. 如个人所属的货物全部灭失、部分灭失、重量减少、毁损、腐坏或因其他原因降低质量时提出的一份运单的赔偿请求额在5瑞士法郎以内(包括5瑞士法郎)则不得提出赔偿请求,也不予以满足。

5. 如货物运到期限或多收运送费用时,提出的一份运单的赔偿请求额在5瑞士法郎以内(包括5瑞士法郎)则不得提出赔偿请求,也不予以满足。

6. 由全权代理人代表发货人或收货人提出赔偿请求时,应有发货人或收货人的委托书证明有权提出赔偿请求。委托书应符合受理赔偿请求铁路所属国的国内法令和规章。委托书留存于受理赔偿请求的铁路。

7. 向铁路提出赔偿请求时,按下列规定办理。

(1)货物全部灭失时:

①由发货人提出,同时须提出运单副本(运单第3张)。

②由收货人提出,同时须提出运单副本(运单第3张)或运单正本和货物到达通知单(运单第1和第5张),此时运单副本或运单正本和货物到达通知单中,应有《国际铁路货物联运协定》规定所作的以到站日期戳证明的货物未到的记载。

(2)货物部分灭失、毁损、腐坏或因其他原因降低质量时:

由发货人或收货人提出,同时须提出运单正本和货物到达通知单,以及铁路在到站交给收货人的商务记录。

(3)货物运到逾期时:

由收货人提出,同时须提出运单正本和货物到达通知单,以及按《国际铁路货物联运协定》附件20号格式的"货物运到逾期赔偿请求书"一式两份。

(4)多收运送费用时:

①由发货人按其为运送所支付的款额提出,同时须提出运单副本(运单第3张)或发送路现行的国内规章规定的其他文件。

②由收货人按其为运送所支付的款额提出,同时须提出运单正本和货物到达通知单(运单第1和第5张)。

8. 自赔偿请求提出之日起,铁路必须在180天内审查这项请求,并给赔偿请求人以答复,在全部或部分承认赔偿请求时,支付应付的款额。

9. 铁路向赔偿请求人通知他的赔偿请求部分或全部被拒绝时,必须说明拒绝赔偿的理由,并同时退还赔偿请求书上所附的文件。

10. 如铁路全部承认赔偿请求,则赔偿请求书所附文件应由处理赔偿的铁路按该路现行的国内规章处理。

二、诉 讼

1. 凡有权向铁路提出赔偿请求的人,即有权根据运输合同提起诉讼。只有根据《国际铁路货物联运协定》的规定提出赔偿请求后,才可提起诉讼。

2. 如铁路未遵守《国际铁路货物联运协定》规定的赔偿请求审查期限,或在上述期间内铁路已将全部或部分拒绝赔偿请求一事通知请求人,则只有在此情况下,有起诉权的人才可对受理赔偿请求的铁路提起诉讼。

3. 只能在受理赔偿请求铁路的国家适当法院提起诉讼。

4. 赔偿请求和诉讼时效:

发货人或收货人根据运输合同向铁路提出的赔偿请求和诉讼,以及铁路对发货人或收货人关于支付运送费用,罚款和赔偿损失的要求和诉讼,可在9个月期间内提出;货物运到逾期的赔偿请求和诉讼,应在两个月期间内提出。

5. 以上所述的期限按下列规定计算:

(1)关于货物部分灭失、重量不足、毁损、腐坏或因其他原因降低质量的赔偿请求,以及运到逾期的赔偿请求,自货物交付收货人之日起计算。

(2)关于货物全部灭失的赔偿请求,自《国际铁路货物联运协定》规定的货物运到期限期满后30天起计算。

(3)关于补充支付运费、杂费、罚款的赔偿请求,或关于退还这项款额的赔偿请求或关于因将运价用错以及费用计算错误所发生的订正清算的赔偿请求,自付款之日起计算,如未付款,自货物交付之日起计算。

(4)关于其他一切赔偿请求和要求,自查明提出赔偿请求依据的情况之日起计算。时效期间的开始日,不算入该期间内。

6. 发货人或收货人根据《国际铁路货物联运协定》的规定向铁路提出赔偿请求书之时起,《国际铁路货物联运协定》规定的时效期间既行中止。

7. 从铁路将关于全部或部分拒绝赔偿请求一事通知赔偿请求人之日起,时效期间仍然继续,如对赔偿请求未予答复,则从《国际铁路货物联运协定》规定的期间期满时起,时效期间继续计算。

8. 凡时效期间已过的赔偿请求和要求,也不得以诉讼形式提出。

第五节 关于一国铁路向另一国铁路移交货物的一般规定

一、运送移交方法

1. 参加《国际铁路货物联运协定》各铁路间铁路相连接的货物运送,是从发站以一份运单票据,由铁路负责直接或通过第三国铁路运往最终到站交付收货人。

2. 在铁路不连接的《国际铁路货物联运协定》参加铁路之间,其货物运送可以通过参加国铁路某一车站予以转运。

例如:阿尔巴尼亚与其他协约国铁路不连接,参加《国际铁路货物联运协定》各铁路向该国发运的货物,可以通过东欧某个国家铁路的车站,由发货人或收货人委托的代理人领取后,用其他运输工具继续运往阿铁。

3. 一国铁路向另一国铁路移交货物,以及将货物换装或更换轮对,均在接收路国境站办理,根据交付路和接收路间的商定,货物移交以及将货物换装或更换轮对,也可在交付路国境站或具备货物换装或车辆换轮专用设施的其他车站办理。上述作业应全年昼夜进行。

4. 交付路为全部移交货物应按《国际铁路货物联运协定办事细则》附件第 36 号格式,编制货物交接单一式六份,交付路和接收路各得三份。交付路和接收路将其中一份货物交接单送交自方海关。

货物交接单式样见格式 5-1。

(1)货物交接单按到达接收路车站的货物和过境接收路的货物,分别编制,并从每年开始起连续编号。

(2)如一辆车内既装有到达接收路车站的货物,又装有过境接收路的货物,则交付路应在到达接收路车站的货物交接单“备考”栏内记载:“到达______(国家)批号第______号的货物随第______号交接单移交”。

(3)如一张货物交接单格式纸容纳不下一列车的全部货物的事项,则后几张交接单格式用纸按相同号码编号,在这一情况下,在第一张及以后几张交接单格式纸(最后一张除外)最后一行的下面必须记载“待续”字样。在第二张及后几张交接单格式纸的上部(与号码并行),应注有“接上页”字样,在第二张及后几张交接单格式纸第 1 栏内,填入接续上一张格式纸第 1 栏中号码的顺号。

(4)在交接单中,按照交接单内填写的货物顺序附上与每批货物有关的全部票据。

(5)对移交的全部重集装箱和大吨位空集装箱,交付路应编制单独的交接单,同时对空集装箱在交接单“货物名称”栏内必须注明“空”字样。

5. 出口国境站负责检查有关每批货物的运单(第 1、2、4、5 张,以及补充运行报单必要份

格式 5-1

国际货协

货物交接单第________号　Передаточчная ведомость No

由________铁路________国境站随________年______月______日______第______次列车运送的货物已交付________铁路________国境站

на отправки, переданные пограничной станнией ________ ж. д. ________ поездом No ________ (дата)

на пограничную станцию ________ ж. д. ________

顺号 Noп/п	车号和所属路简称 No вагона и сокращенное наименование дороги собственницы	关于封印的事项 Сведения о пломбах				批号 Отпра-вкаNo	货物承运日期 Дата принятия груза к перевозке	车站 станция		件数和包装种类（重集装箱号码） Число мест и род упак-овки (No груже-нного конт-ейнера)	货物名称 Наимен-ование-груза	货物重量（kg）Масса яруза, кг	备考 Приме-чания
		施封的车站或发货人 Станция или отправитель, наложившие пломбы	施封日期 дата нало-женияпл-омб	封印数量 К-во пломб	封印记号 Контрол-ьныезнаки пломб			发站 отправ-ления	到站 назнач-ения				
1	2	3	4	5	6	7	8	9	10	11	12	13	14

交付路国境站日期戳
Календарный
штемпель пограничной
станции
сдающей дороги

交付路工作人员签字
Подпись работника
сдающей дороги
____

接收路国境站日期戳
Календарный штем-
пель пограничной
станции принимаю-
щей дороги

接收路工作人员签字
Подпись работ-
ника принимаю-
щей дороги
____

数)以及相应情况下,添附的按一份运单直达运送的车辆清单必要份数是否齐全。并按下列规定办理:

(1)如上述单据齐全,则出口国境站应按照运单中的相应记载核对补充运行报单中的记载,如有不符之处,出口国境站应根据运单中的事项修改补充运行报单或在补充运行报单中补填遗漏事项。这些修改补充事项由工作人员签字并加盖车站日期戳证明。此外在运单"铁路记载"栏内,应注明补充运行报单中做过修改或补充的事项,这些事项由工作人员签字并加盖车站日期戳证明。

(2)无运单或无其中某些张页时,出口国境站负责按《国际铁路货物联运协定》规定就此编制商务记录,并按照《国际铁路货物联运协定办事细则》相关规定补编运单或运单中的灭失张页,然后货物随上述单据继续发往到站。

(3)当按一份运单直达(成组)运送的车辆清单短缺时,出口国境站负责就此编制普通记录,并按照《国际铁路货物联运协定办事细则》规定补编新的车辆清单,然后货物随其继续发往到站。

(4)无补充运行报单或有而数量不足时,出口国境站应根据运单中的事项补编短缺份数,并在补充运行报单"货物名称"栏内记载"(12)补充运行报单由______站补制"。这一记载由工作人员签字并加盖车站日期戳证明,出口国境站应在自站编制的补充运行报单"发站日期戳"栏内,记入运单中的发站日期戳事项。

6. 由于运单、运单个别张页或按一份运单直达(成组)运送的车辆清单遗失而发生的一切后果,均由遗失的过失路负责。

7. 接收路国境站应核对交接单的份数及其所附单据,并检查运单所载的添附文件是否齐全。

8. 交接货物时如发现错误和须在交接单和运单应由铁路填写的各栏内做修改时,交付路代表应将原事项划消,划消的事项应能辨认,并在其上方记入新事项,这些修改之处以及其他修订、补充和划消事项,应由交付路工作人员签字,并加盖交付路国境站日期戳加以说明和证实。

9. 接收路工作人员在交接单上签字的时间,既为货物已办理移交的时间,交接双方国境站应在交接单上,然后在运单"通过的国境站戳记"栏内加盖各自日期戳,对货物交接一事加以证实。

二、运送移交货物的拒收

1. 接收路可在下列情况下拒收货物。

(1)货物状态、包装或装载方法不允许继续运送。

(2)按照《国际铁路货物联运协定》规定禁止输入或禁止过境运送的货物。

(3)属于《国际铁路货物联运协定》规定不准运送的货物、《国际铁路货物联运协定》限制运送的货物或未按照《国际铁路货物联运协定办事细则》规定商定运送的货物。

(4)发货人或发站未遵守该货物的特定运送条件(如未注明货物重心,未遵守危险货物运送条件,运单未记载关于商定货物运送一事,以及未遵守《国际铁路货物联运协定》规定的其他条件)。

(5)无运单、运单缺页或无补充运行报单和相应情况下添附的按一份运单直达(成组)运送的车辆清单,而交付路又违反《国际铁路货物联运协定办事细则》的规定未编制代替灭失的运单、运单个别张页、补充运行报单和相应情况下的《国际铁路货物联运协定办事细则》所载的车辆清单,或未按《国际铁路货物联运协定办事细则》的要求修改补充运行报单。

(6)发货人或海关机关在运单上随附的文件完全没有或部分短缺,而交付路又未按《国际铁路货物联运协定办事细则》的规定将《国际铁路货物联运协定办事细则》附件第 34 号规定的普通记录附在运单上。

(7)在按零担承运的货件上根据《国际铁路货物联运协定》规定所做的标记或表示牌或货签上的事项难以辨认或无规定的译文,以及不能从中判明到站或收货人。

(8)交付路在出现《国际铁路货物联运协定》和《国际铁路货物联运协定办事细则》所载情况时拒绝编制商务记录,或拒绝在接收路按照《国际铁路货物联运协定办事细则》规定编制的商务记录上签字。

(9)按照《国际铁路货物联运协定》及其附件第 4 号规定应由押运人押运或根据《国际铁路货物联运协定》附件第 3 号规定的发货人申请书押运的货物,到达时无押运人,但《国际铁路货物联运协定》附件第 3 号规定的情况除外。

(10)按照《国际联运货车使用规则》规定不适于交接的车辆。

(11)作为自轮运转货物在不同轨距铁路区段上运送的机车车辆(包括轨道起重机),交接时没有另一轨距的换轮轮对或转向架,并且未曾按《国际铁路货物联运协定》的规定商定由该铁路提供在另一轨距过境路上运行的轮对或转向架。

(12)货物不是由运单中记载的国境站交接(如运行经路的改变不是因运送阻碍造成的或因运营原因造成,且未在参加运送的铁路间进行商定的)。

(13)交付路:

①违反《国际铁路货物联运协定办事细则》的规定拒绝更换不良封印或在短缺处施加新的封印。

②违反《国际铁路货物联运协定办事细则》规定在运单中未记载关于更换不良封印或在短缺处施加新的封印事项;或未将《国际铁路货物联运协定办事细则》附件第 34 号规定的普通记录附在运单上。

③在封印上有划痕或封印在门吊上碰坏,但印记仍可看清而且封印上又无强力破坏痕迹的情况下,不接受接收路按照《国际铁路货物联运协定办事细则》规定提出的就这些封印的状态编制《国际铁路货物联运协定办事细则》附件第 34 号规定的普通记录的要求。

④在出现《国际铁路货物联运协定办事细则》规定的情况时拒绝按检查货物件数或重量及其状态的方法交接施封车辆或集装箱装运的货物。

⑤违反《国际铁路货物联运协定办事细则》规定拒绝检查用未苫盖篷布或苫盖篷布无封印的敞车类货车运送的货物状态、件数或重量。

(14)车辆上有:

①以前运送时的封印,未按《国际铁路货物联运协定办事细则》规定取下。

②不是由发货人或发站按照《国际铁路货物联运协定》施加的封印，以及未按《国际铁路货物联运协定办事细则》规定在运单上做出相应记载或未相应地附上《国际铁路货物联运协定办事细则》附件第 34 号的普通记录或《国际铁路货物联运协定》附件第 18 号的车辆启封记录。

(15)集装箱的破损达到不损坏已有的封印并可无阻碍地触及货物的程度。

注：《国际铁路货物联运协定办事细则》附件第 34 号的普通记录及《国际铁路货物联运协定》附件第 18 号车辆启封启记录，见格式 5-2 普通记录和格式 5-3 车辆启封记录。

格式 5-2

国际货协/СМГС

普 通 记 录 **第　　号**

АКТ ОБЩЕЙ ФОРМЫ　　№ ________

（编制记录的铁路简称 – сокращенное наименование железной дорогн, составившей акт）

1. 车　　站

Станция

2. 批　　号　第　　号在 20 _______ 年 _______ 月 _______ 日发送

Отправка № _______ от _______ 20 _______ г

3. 发站 _______ 到站 _______

Ст. отправления ____________ Ст. назначения ____________

4. 车辆第 _______ 号　车种 _______

Вагон № ____________ Род ____________

所属路简称

инициалы дороги – собственницы ____________________

挂　　于　　第 _______ 次列车内到达

прибывший с поездом № ____________________

5. 货物名称

Наименование груза ____________________

6. 编制记录的原因和情况：

Причины и обстоятельства составления акта：

车站戳记

Штемпели станций

20 _______ 年 _______ 月 _______ 日

________________ 20 _______ г

站　长

Начaльник станции

（签字 – подпись）

____

参加编制记录人员的职称和签字

Подписи и должности

лиц, участвующих в составлении акта

____

格式 5-3

国际货协/СМГС

车辆、集装箱、汽车、拖拉机或其他自轮运行机器、汽车列车、可用挂汽车车身、半挂车、挂车①在边防、海关、卫生、动植物及其他检查和检验时的启封记录

А К Т ВСКРЫТИЯ

ВАГОНА, КОНТЕЙНЕРА, АВТОМОЬИЛЯ, ТРАКТОРА ИЛИ ДРУГОЙ САМОХОДНОЙ МАШИНЫ, АВТОПОЕЗДА, СЬЕМНОГО АВТОМОБИЛЬНОГО КУЗОВА, ПОЛУПРИЦЕПА, ПРИЦЕПА① ДЛЯ ПРОВЕДЕНИЯ ПОГРАНИЧНОГО, ТАМОЖЕННОГО, САНИТАРНОГО, ФИТОПАТОЛОГИЧЕСКОГО И ДРУГИХ ВИДОВ КОНТРОЛЯ И ПРОВЕРОК

20 ______年______月______日“______”______20______г.

铁　路/车　站 ____

Дорога/Станция　（编制记录的铁路和车站名称—Указывается наименование дороги и станции, на которой составляется акт）

车辆/集装箱号码 ______________　货物批号 ______________　货物名称 ______________

№ Вагона/Контейнера　No Отправки　Наименование груза

汽车列车、汽车、挂车、可用挂汽车车身、半挂车登记/标记号码①②

Регистрационный/маркироврчный номер автопоезда, автомобидя, прицепа, сьемного автомобилвного кузова, полуприцепа①②

发送路和发站 ____________/____________　到达路和到站 ____________/____________

Дорога и станция отправления　Дорога и станция назначения

关于从车辆、集装箱、汽车、拖拉机或其他自轮运行机器、汽车列车、可用挂汽车车身、半挂车、挂车①上启下的封印事项 Сведения о пломбах или запорно－пломбировочных устройствах, снятых с вагона, контейнера, автомобиля, трактора или другой самохолной машины, автопоезда, сьемного автомобильного кузова, полуприцепа①②		关于检查或检验后施封的封印或锁封装置事项 Сведения о пломбах, или запорно－пломбировочных устройствах, наложенных после контроля или проверки		
封印或锁封装置数量 Количество пломб или запорно－пломби－ровочных устройств①	封印记号或锁封装置的名称和记号 Знаки пломб или название и знаки запорно－пломбировочных устройств①	施加封印或锁封装置的车站或海关 Станция или таможня, наложившая пломбу или запорно－пломбировочное устройство	封印或锁封装置数量 Количество пломб или запорно－пломбировочных устройств①	封印记号或锁封装置的名称和记号 Знаки пломб или название и знаки запорно－пломбировочных устройств①

续上格式

车站代表

Представитель станции ______________

边防部门代表[3]

Представитель пограничных органов[3] ______________

海关或其他机关代表

Представитель таможни или друтих органов ______________

检查或检验后施加封印或锁封装置的车站日期戳

Календарный штемпель станции, на которой были наложены пломбы или запорно – пломбировочные устройства после контроля или проверкн

①不需要的划掉。

②注明汽车列车、汽车、挂车、半挂车国家登记号码，可用挂汽车车身标记号码。

③签字与否，按有关国国内法令和规章规定办理。

①Ненужное зачеркнуть.

②Указывается государственный регистрационный номер автопоезда, автомобиля, прицепа или полуприцепа, маркировочный номер сьемного автомобильного кузова.

③Подписывается, есди это предусмотрено внутреннимн законами и правилами соответствуюшей страны.

2. 如发现的缺陷不能由交付路或由接收路应交付路的请求并以交付路的费用就地消除，则交付路应收回拒收货物及所有文件。

3. 接收路国境站应用《国际铁路货物联运协定办事细则》附件第 34 号规定的普通记录记录办理货物拒收手续，并注明拒收原因，而在交接单中将关于拒收货物的事项划消，并在“备考”栏内记载：“普通记录第……号”。普通记录编制三份，交付路和拒收货物的接收路各得一份，另一份附在运单上。

4. 接收路应用最近列车中的一趟列车将其拒收货物返还交付路。这种货物的返还期限和其他条件应由相邻国境站按照国境铁路协定的规定进行商定。

(1) 中俄国境铁路间商定“拒收货物应在接收路提出拒收记录后 36 h 内，使用商务状态良好的车辆返还交付路”。品质鉴定后拒收的易腐货物应换装到交付方车内，并在接收路提出拒收记录 12 h 内返还，编组返还空车列时，将装有拒收货物的车辆编在机车次位，以便进行检查和监护。

(2) 中朝国境铁路间商定“零担货物拒收返回时的装车，由接收路国境站负责”。

(3) 中蒙国境铁路商定，返还不能继续运送的货物时，应立即由接收方人员将上述货物装入交付车辆内，由交付方施封，返还交付方。

5. 拒收货物只能凭接收路编制的并有关于拒收记录记载的新交接单返回交付路，如交付路拒收接收路退回的未接收的货物，则由于拒收退回货物而引起的一切后果（货物腐坏、车辆停留等等）由交付路承担。

三、运送移交装有危险货物的车辆

1. 交付路应在 12h 以前，将移交装有危险货物的车辆事项，用电报预先通知接收路的国境站（如交付路同接收路之间未商定其他办法）。通知中应注明危险货物名称、数量、车种和到站。

2. 在不换装运送中和无海关及其他部门要求时，装有危险货物状态完好的车辆，无论在交付路或接收路国境站，均不应开启。

3. 如发现车辆或封印不良，以及有货物从车辆散落、渗漏痕迹等现象，则应开启车辆，并根据运单中的事项由交付路和接收路共同检查车内货物。

4. 国境站因本项第 2 款所载原因将装有危险货物的车辆开启后，发现货物不完整或包装不良，应按《国际铁路货物联运协定办事细则》规定编制商务记录。

5. 发现包装不良时，应在国境站按照该项货物的包装条件对包装加以修整或将货物换入新容器中。更换包装或修理容器的有关费用，记入运单相应栏内“杂费”处编码 57 项下，并应附上《国际铁路货物联运协定办事细则》附件第 34 号的普通记录或证明铁路已支付费用的其他单据。

四、运送、移交施封类货车的车辆

1. 用施封棚车、集装箱、机械冷藏车和罐车以及苫盖篷布施封的敞车类货车装运的货物（根据《国际铁路货物联运协定》第 3 号押运的施封车辆除外），凭封印办理交接，并应检查所施封印是否完好，以及封印记号与交接单所载事项是否相符。

2. 如果在交接重棚车、机械冷藏车、罐车、集装箱或苫盖篷布施封的敞车类货车时，发现在其上面：没有封印；封印数量少于运单中记载的数量；有不符合《国际铁路货物联运协定》或

《国际铁路货物联运协定办事细则》要求的发货人或铁路的封印。则交付路必须施加自路封印，然后按照《国际铁路货物联运协定办事细则》的规定办理。

3. 在交接货物的接收路国境站发现车辆无封印或封印数量少于运单中记载的数量，而该封印在铁路间交接货物前可能被边防或海关部门从车上取下时，如交付路能证明原封印被接收路国家的边防或海关部门从车辆上取下时，则接收路应在车辆上施加自路封印。证明方法由相邻国境站商定。

4. 在交接施封的车辆或集装箱时，如发现车辆或集装箱上的封印尽管有本项以下(1)～(10)款所载的其中一个缺点，则接收路有权要求交付路更换这些封印或按查点货物件数或重量的方法办理货物交接。

(1)封印绳有接头。

(2)封绳有一股撕断，或铁条或铁丝有裂痕。

(3)封绳套或铁丝套过长，以致棚车门开动时车门保险装置穿钉可能由耳孔板的耳孔中脱出或可以开启集装箱的锁闩，或苫盖施封的篷布运送货物时，铁丝未缠紧或松弛，以致可能拉出加固篷布的绳头。

(4)封印挂在单股的封绳上。

(5)封印上虽只缺少一根封绳头或铁丝头。

(6)封绳结或铁丝结扣未夹入封印中或封印在绳上或铁丝上活动。

(7)封印上印记同交接单所载资料不符。

(8)车辆上有同一车站的封印，但印记不同。

(9)封印的完整状态有被破坏的痕迹。

(10)封印印记不清或不全。

封印更换后，交付路应根据《国际铁路货物联运协定办事细则》的相关规定办理。

5. 如在交接施封的车辆或集装箱时，发现在其上面施有不同车站的封印和违反《国际铁路货物联运协定办事细则》规定，在运单中没有中途站或国境站记载或没有关于更换封印的《国际铁路货物联运协定办事细则》附件第 34 号的普通记录，则接收路有权要求交付路更换车辆或集装箱上的所有封印(发站和发货人的封印除外)或按查点货物件数或重量的方法办理货物交接。

6. 在封印上有划痕，或封印在门吊上碰坏，但印记仍可看清，而且封印上又无强力破坏痕迹的情况下，则接收路必须接收带有这样封印的车辆。在这种情况下，接收路可以要求交付路用《国际铁路货物联运协定办事细则》附件第 34 号的普通记录，证明各该封印的状态。

7. 如在交接货物时查明施封车辆或集装箱不良造成或可能造成货物全部或部分灭失或毁损，则交付路应根据接收路的要求开启车辆，并在接收路参加下检查货物状态、件数或重量，在必要时根据《国际铁路货物联运协定办事细则》规定编制商务记录。除商务记录外，必要时根据交付路国内规章编制车辆或集装箱技术状态记录，并在商务记录的第 41 项中注明编制该记录的号码和日期。在运单的“铁路记载”栏内和交接单的“备考”栏内注明编制车辆或集装箱技术状态记录的号码、日期和原因。

8. 如在交接货物时发现，因货物容器或包装破损造成货物从施封车辆或集装箱渗漏或散落，交付路应根据接收路的要求开启车辆，并在接收路参加下检查货物状态和必要时检查货物件数或重量;在相应情况下根据《国际铁路货物联运协定办事细则》编制商务记录。

关于货物容器或包装的修理和修理费用的清算适用《国际铁路货物联运协定办事细则》的规定。

9. 装在车窗未关,或即使有一个车窗的插闩未关的车辆中的货物交接时,交付路应根据接收路的要求开启车辆,并在接收路参加下检查货物状态、件数或重量,但规章容许车窗敞开运送的货物除外;在必要时,根据《国际铁路货物联运协定办事细则》编制商务记录。

10. 对于《国际铁路货物联运协定办事细则》规定的所有情况,当应按共同检查货物状态、件数或重量的方法移交货物时,均应在交接单"备考"栏内就该批货物记载"检查货物件数或重量"。

检查货物状态、件数或重量时,由办理货物交接的国境站提供人力和器材并负担费用。

11. 交付路根据《国际铁路货物联运协定办事细则》规定更换封印后,在交接单中将旧封印事项划销,记入新封印事项。

根据《国际铁路货物联运协定办事细则》检查完货物的状态、件数或重量后,施加接收路的封印。

12. 当货物从接收路接收的施封车辆换装到另一轨距的车辆时,如交接时未进行共同检查,而又必须编制商务记录时,则由接收路编制商务记录,而不需交付路参加。

13. 用施封的棚车、机械冷藏车和罐车、施封的集装箱或苫盖篷布施封的敞车类货车运送的货物,在国境站交接时,所有封印完整,车辆、集装箱或篷布无毁损痕迹,而货物全部或部分灭失、腐坏或毁损时,则应由车辆、集装箱或篷布施封的铁路负责。

14. 如更换封印的铁路执行了《国际铁路货物联运协定办事细则》规定的要求,则按照《国际铁路货物联运协定》施加的封印与发货人或发站的封印同样有效。

五、运送移交不施封类货车的车辆

1. 对用未苫盖篷布或苫盖篷布却无封印的敞车类货车运送的货物,应在提出移交时立即由交付路和接收路的工作人员进行检查,并认真检查货物容器状态或无容器运送的货物状态。如果在交接敞车类货车装运的货物时,有理由认为货物部分灭失或毁损,则交付路按照接收路的要求,在接收路参加下检查货物的状态、件数或重量,必要时根据《国际铁路货物联运协定办事细则》编制商务记录,对于用敞车类货车换装运送的货物的移交,按《国际铁路货物联运协定办事细则》的规定办理。

2. 国境站检查货物重量时应尽可能采用与发站确定重量相同的方法。有关路相互间亦可商定国境站检查货物重量的其他方法。

3. 如检查货物重量时发现货物短少或多出在自然减量标准内,铁路应根据《国际铁路货物联运协定办事细则》的规定办理。

4. 在《国际铁路货物联运协定办事细则》规定的所有情况下,货物交接中应进行共同检查和必须编制商务记录时,接收路在交付路参加下根据《国际铁路货物联运协定》附件第16号的《国际铁路货物联运协定办事细则》编制商务记录,并由双方铁路工作人员签字。

5. 凡属证明交付路和接收路工作人员共同行为的交接单、记录和其他单据以及这些单据的修订或附注,均应由双方铁路工作人员签字并加盖国境站日期戳证明。

6. 用未苫盖篷布或苫盖篷布无封印的敞车类货车运送的货物，在国境站交接时，如货物的全部或部分灭失、腐坏或毁损，是在根据《国际铁路货物联运协定办事细则》的规定移交给接收路之前，应由交付路负责。

7. 当交付路和接收路工作人员对上述票据内容有分歧意见时，应将这些工作人员的有根据的意见记入这些票据内，由双方铁路工作人员签字并加盖日期戳证明。

8. 由于拒绝在上述单据中作修改或加注以及拒绝对上述单据签字和加盖戳记证明而产生的车辆滞留，应由拒绝上述作法的工作人员所属铁路负责。

9. 如发生的争执须根据交接单解决，则交付路所存执的交接单，即为不可争辩的单据。

10. 对于按《国际铁路货物联运协定》附件 3 的规则有押运人运送的货物，接收时无须检查货物的件数或重量。

第六节　关于准许按特定条件的运输组织

一、自轮运转货物的运送和移交

1. 铁路机车、车辆(包括轨道起重机)如发送路确定其适于运转，则准许按自轮运转运送，对此发送路应在运单“货物名称”栏内作出记载。同时应注明最大容许运行速度，必要时应注明其他运送条件。

2. 如果自轮运转的机车车辆必须在不同轨距铁路上运送时，则只在同不同轨距铁路预先商定后，方可承运。在这种情况下，发货人必须给机车、车辆配备另一轨距的备用转向架，以便更换。如另一轨距的铁路是过境路，则在商定运送事项时，可约定由过境铁路提供在自路上运送用的自路转向架。

3. 运送自轮运转的机车、煤水车、地铁车辆、动车和轨道起重机时，发货人必须根据《国际铁路货物联运协定》附件 3 的规定保证其押运。

二、活动物的运送和移交

1. 运送动物时，必须有押运人押运，但按零担运送且不需换装，而又装入门盖锁闭的诸如笼箱、篮中的小动物和禽鸟除外。

2. 发货人必须根据《国际铁路货物联运协定》附件 3 的规定保证动物的押运。

3. 发货人必须遵守货物发送国、到达国和过境国的兽医卫生规章。

三、易腐货物的运送

易腐货物的运送允许按《国际铁路货物联运协定》附件 4 的规定运送。但运往越南铁路或过境该国铁路运送易腐货物时，应同越南铁路预先商定。

四、需要参加运送铁路间预先商定货物的运送和移交

1. 一件重量超过 60 t 的货物，而在换装运送中，对越南社会主义共和国重量超过 20 t 时。

2. 长度超过 18 m 的货物，而运往越南社会主义共和国长度超过 12 m 时。

下列货物，除运往越南社会主义共和国的以外，不经预先商定，即可运送：

①如在不换装运送时，装在一辆车上的长度超过 18 m，而不超过 25 m 的货物。使用游车时，货物不应支靠在游车上。

②长度不超过 30 m 的铁路钢轨和钢筋混凝土用的圆钢筋，但对欧洲 1 435 mm 轨距的铁路，长度为不超过 36 m。

3. 超出《国际铁路货物联运协定》附件第 5 号所载的参加运送的任一铁路装载限界的货物（超限货物）。

在换装运送中，计算货物是否超限时，车底板距轨面的高度定为 1 300 mm，而对于越南社会主义共和国铁路，则为 1 100 mm。同时，还要以车辆停在直线平道上，车辆纵向中心线与线路中心线相重合为依据。

4. 在换装运送中用特种平车装运的货物。

5. 在换装运送中用专门罐车装运的化学货物。

6. 用罐车运往越南社会主义共和国的一切灌装货物。

7. 为商定这些货物的运送条件，对于不换装运送，发货人必须在办理货物托运的一个月以前，对于换装装运则在两个月以前，向发站提出关于每件货物容器或包装种类和重量的资料，对于本项 1、2、3 款所列的货物，还应提出关于货物尺寸的资料，而在必要时，并应提出这些货物的装车示意图。对超限货物，在一切情况下，发货人均必须提出货物装车示意图

五、对超限货物标记和表示牌的相关规定

1. 对于超限的不对称货物、每件总重量超过 3 t 的货物、设备、机器，以及高度超过 1 m 的箱装的此类货物，发货人必须在每件货物横、纵方向的两侧，用洗不掉的颜料按《国际铁路货物联运协定》附件 6 的"重心"标记，标明货物的重心位置和每件货物的总重。

2. 对于运往保加利亚、匈牙利、伊朗、波兰、越南、中国、朝鲜和蒙古的超限货物，发货人应在纵向两侧作下列字样的标记，或附以写有下列字样的表示牌（标记和表示牌均应带红边）："注意！在……（铁路简称）是超限货物"。

3. 上述标记应用货物发送国文字书写，并附俄文译文，而运往越南、中国和朝鲜时，译成中文或俄文。

六、机动车辆、机械的运送和移交

1. 机动车辆、机械使用通用车辆、专用车辆、集装箱运送。小汽车用棚车类货车和集装箱运送，用敞车类货车运送时应有收货人或发货人的押运人押运。用过的机动车辆、机械用敞车类货车运送时应有收货人或发货人的押运人押运。

如专用汽车（汽车上的工作间和实验室、X 射线车、急救车、消防车等）装备有专用设备，用敞车类货车运送时应有收货人或发货人的押运人押运。按照发货人、收货人和参加运送的铁路商定的条件用敞车类货车运送用过的机动车辆、机械可无需押运人押运。

2. 在托运机动车辆、机械时，发货人必须遵守下列要求：

（1）检查制动系统工作性能，装车后将机械制动并防止松闸，排空水箱的水。

(2)用止固器止固并固定所有活动和转动部件,防止移动和转动。

(3)卸下并包好易卸零、部件(易卸零部件是指需使用工具即可从机动车辆、机械上卸下的零部件,如反光镜、雨刷器等)。

(4)卸下并包好或用包装材料防护好所有易破碎零件(包括玻璃)以及无防护的汽油机、电动机、蓄电池。在发货人对破碎和因无防护而产生的一切后果承担全部责任的条件下,允许对易破碎零件不加防护。但在运单第4栏内“发货人特别声明”中发货人应注明“易破碎零件不加防护运送”。

(5)将驾驶室、旅客间、封闭车体的门,以及车盖、行李箱、隔间等用插销、锁予以锁闭,对驾驶室、旅客间、车体、车盖应施封,施封按发送路国内规章办理。施封时应使用不毁坏就无法启下的封印,应保证不毁坏封印就无法进入旅客间、驾驶室等处。封印不应损坏机动车辆、机械的漆面。

3. 用棚车类货车、集装箱以及在有发货人的押运人押运情况下运送机动车辆、机械时,易卸零、部件无需拆下,易破碎零件无需防护,驾驶室、旅客间、车体、行李箱无需施封。

4. 凭一张运单用敞车类货车运送的所有机械的钥匙放在分格的专用包内,格上的号码与机械号码相符。钥匙包放在其中一辆机械的旅客间、驾驶室内或行李箱中。该辆机械的钥匙由发货人包好,封严并牢固地钉在运送票据上。在运单第4栏“发货人的特别声明”中对此作记载,同时注明钥匙所属的机械号码。

5. 运送期间装入驾驶室、旅客间、行李箱、封闭车体中的机动车辆、机械附属件应包装。尺寸大的零、部件箱,如驾驶室、旅客间、行李箱和封闭车体容纳不下,则可与机动车辆、机械分开放置,装到车辆地板上并尽可能置于难以接近的地方,并加固到地板上。此时,零、部件箱应使用金属带捆系。零、部件箱的数量应记人运单。每一箱内均应放入所装物品一览表。

6. 发货人应按《国际铁路货物联运协定》附件7.1的格式用发送国语文为每一机动车辆、机械编制清单。一式两份,并译成铁组一种工作语文(中文或俄文),清单中应注明油箱中未超过允许限量的燃料名称(载重量5 t以下的机动车辆、机械油箱中不应超过10 L,5 t以上的不应超过15 L),施与机动车辆、机械上的封印数量,施封位置和封印记号,装有备件、易卸零件和工具的箱子数量及存放地点,卸下零件的清单,非成套运送时欠缺零件一览表。一份清单钉在运单上,另一份放在驾驶室、旅客间等处或固定于驾驶室前窗内侧。必要时,清单还应附有使用起重装置换装机动车辆、机械的起重系索示意图。

7. 敞车类货车、装载的机动车辆、机械,仅在对装载和加固是否正确、有无发货人施封及封印记号、车辆地板上装有大尺寸零、部件箱的数量,有无清单进行检查,并对机动车辆、机械本身完好性进行外观检查后,铁路方可承运。在到站交付以及在边境站交接机动车辆、机械时,按此办法办理。

使用棚车类货车、集装箱运送机动车辆、机械时,承运、交付和交接时检查车辆和集装箱上是否有封印及封印是否完好。

8. 在交接机动车辆、机械时,交付路和接收路的工作人员应共同检查封印的有无和施封状态。如在检查中查出无封印或有下列任何一个缺点:

(1)封印绳有接头。

(2)铁丝上有裂痕。

(3)封印上缺少一个或两个铁丝头。

(4)铁丝结扣未夹入封印中或封印在铁丝上活动。

(5)封印印记不清或不全。

(6)封印的完整状态有被破坏的痕迹。

则交付路应施加自路封印并根据办事细则在运单中作记载或就此编制《国际铁路货物联运协定办事细则》附件34的普通记录。

七、尸体的运送和移交

1. 承运的每具尸体,只限放入坚固的密闭金属棺内或有马口铁的木棺内。应将棺放入木箱内,并予以加固。

2. 发货人必须将卫生部门关于不反对运送的医务证明书附在运单上。

3. 尸体只按整车和快运承运。

4. 属于死者的物品,如果总重不超过500 kg,可装入运送灵柩的车辆,这些物品免费运送。铁路不对上述物品负责。

5. 根据《国际铁路货物联运协定》附件3的规定,运送尸体时,必须有发货人的押运人押运,根据发货人的请求并在参加运送的各铁路同意的情况下,尸体可不需押运人押运。

八、发货人未遵守应按特定条件和规定运送货物的处理

1. 在履行运输合同期间,如发现已承运《国际铁路货物联运协定》所载须遵守特定条件方准运送的货物,但未遵守各该条件时,则这项货物应予截留,并按《国际铁路货物联运协定》的规定办理,如危险货物的容器或包装状态不允许继续运送,则该货物应予截留并按货物截留国家的国内法令和规章处理。

2. 在因特定情况无法依据国际货协规定办理个别货物运送的例外情况下,参加运送的铁路之间商定后可会同发货人和收货人规定在特定条件下运送该种货物的办法。

第七节　关于一国铁路向另一国铁路移交车辆的一般规定

一、准许运用的车辆条件

1. 凡适合运用并符合《国际联运货车使用规则》附件1技术要求条件的车辆,可在国际联运各铁路上运用。

2. 凡符合交付路机车车辆限界的车辆,可在换装运送中运用。

3. 车辆在中铁及具有1 000 mm轨距线路的铁路上运行时,应符合有关铁路间商定的特定技术条件。

4. 在国际铁路联运中,也可运用自备车辆和出租车辆,但这些车辆的技术状态应完全符合《国际联运货车使用规则》附件1的技术要求,其在国际联运中运行的条件由货车规则第2章中的相关规定。

5. 在国际联运中,1 435 mm 轨距的车辆轴重不得超过 20 t,但保铁除外,在该铁路的国际联运中轴重不得超过 22. 5 t。

6. 个别铁路在限于技术条件的特殊情况下,而且仅在口岸,可临时限制车辆轴重低于 20 t 或在上述第 5 款内所列的铁路上低于 18 t。

如铁路在某些口岸不能接运规定轴重的车辆,该路应将此事项用电报通知各有关路。

7. 取消限制时,上述铁路也应用电报通知各有关铁路。

仅在各有关铁路间用书面或电报方式预先商定后,才准许将轴重提高到 20 t 以上或在上述第 5 款内所列的铁路上提高到 18 t 以上。

二、车辆的使用条件

1. 自接收方人员在车辆交接单上签字之时起 ,接收路根据货车规则对接收的车辆承担责任和义务。

2. 一国铁路对于他国铁路的车辆,必须爱护并保持技术状态良好。

3. 其他路的重车和空车,应按其直接用途使用,这些车辆卸车后,除货车规则规定的情况外,不得用于本路运输。

4. 特种车辆应只装载指定装运的货物,只有在征得车辆所属路的同意后,方可装载不致损坏车辆或车辆设备的其他货物,并遵守下列规定:

(1)罐车应装满容量或装到所规定的标示线,罐车装运危险货物,应根据有关铁路间协定的要求进行装车。

(2)所属路向使用路罐装地点发送的空罐车,应在罐装地点进行技术检查和检验罐体、空气包和排出装置的状态。发现罐体腹板漏泄时,应用白色颜料圈出漏泄位置并注明检验日期。带有上述缺陷的罐车,经电报商定后由使用路进行修理,所属路或破损责任路承担费用,或空车返还所属路。

(3)罐车在修理期间的使用费,以及这些罐车的空车走行费,均由过失路负担,在《国际联运货车使用规则》附件 2 格式的记录中应注明承担破损责任的铁路。

将不良车辆交给所属路修理的交接记录见格式 5-4。

格式 5-4　　将不良车辆移交给所属路修理的交接记录

记录第＿＿＿＿＿号

20＿＿年＿＿月＿＿日

将不良货车(集装箱)＿＿＿＿＿移交给所属路＿＿＿＿＿进行修理

兹经由＿＿＿铁路＿＿＿站移交不良车辆,车号＿＿＿铁路简称＿＿＿＿＿轴数＿＿＿＿＿车种(集装箱种类)＿＿＿＿＿＿＿＿＿＿＿＿＿＿＿＿＿＿＿＿＿＿＿＿＿＿＿＿＿＿＿＿＿＿＿＿

载重量＿＿＿＿＿＿＿＿＿＿＿＿＿＿＿＿＿＿＿＿＿＿＿＿＿＿＿＿＿＿＿＿＿＿＿＿＿＿

货车(集装箱)技术状态＿＿＿＿＿＿＿＿＿＿＿＿＿＿＿＿＿＿＿＿＿＿＿＿＿＿＿＿＿＿＿

＿＿

＿＿

交付方:　　　　　　　　　　　　　　　　接收方:

交付路人员＿＿＿＿＿(签字)　　　　　　　接收路人员＿＿＿＿＿(签字)

交付路戳记　　　　　　　　　　　　　　接收路戳记

(4)返还所属路的空特种车辆和罐车，应附有《国际联运货车使用规则》附件15格式的“寄送单”。不属于铁路的空特种车辆和罐车应附有有关铁路间适用货协规则中所载格式的运单。车辆寄送单如格式5-5所示。

格式5-5

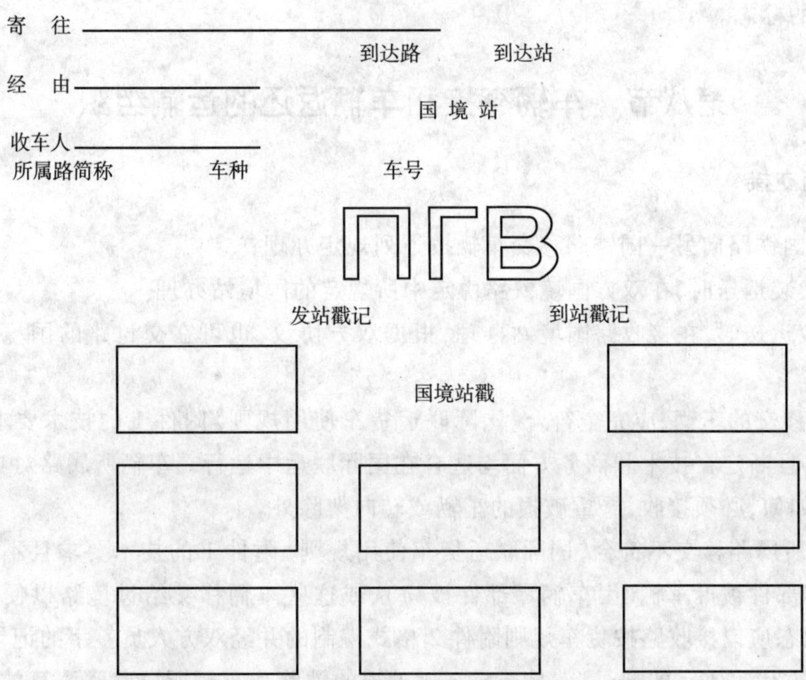

注：如车辆有12位代号，则车号、所属路简称和车种用12位数字代号代替。
字母“ПГВ”为红色

5. 属于“货车规则协约”参加路的车辆，在下列情况下，可不与车辆所属路商定，即移交给未参加“货车规则协约”的铁路。

(1)货物转发送。

(2)车辆装载货物过境车辆所属路运往未参加《国际联运货车使用规则》协约的铁路。

(3)车辆装载货物运往未参加《国际联运货车使用规则》协约的铁路，而该铁路是车辆所属路的邻路。

在其他任何情况下，只有在征得车辆所属路的同意后，方可办理车辆移交。

6. 在国际联运中所需要的车辆，基本上有货物发送路提供。货车规则协约各参加路，可以互相支援车辆，以完成国际直通联运运输，并共同遵守下列规定：

(1)提供的车辆应附有《国际联运货车使用规则》附件15格式的寄送单和贴有货车规则所载格式的标志，将这种车辆移交邻路时，不附寄送单，也不需要这种标志。

(2)提供的车辆，应按照车辆所属路和索取这些车辆的铁路间所商定的条件使用。

(3)如提供的车辆以空车送到指定地点并且空车返还所属路时，则索取车辆的铁路应向所有参加运送这种车辆的铁路，根据《国际联运货车使用规则》附件34的规定，按照空车走行里程,支付车公里补偿费。

(4)这种车辆重车所走行的里程,应在空车走行公里总数内扣除。提供的车辆应经由最短经路运送,清算空车走行费用时,应按这个最短径路里程计算。

7.《国际联运货车使用规则》协约各参加路可根据租用条件互相提供车辆。

租用条件,租用车辆的标记和其他条件,均由缔约路确定。这些车辆在发往租用路和租用期满返还所属路时,都应附有《国际联运货车使用规则》附件 15 格式的寄送单和粘贴货车规则所载样式的标志。

第八节　车辆交接和车辆返还的运输组织

一、车辆交接

1. 由一国铁路向另一国铁路移交车辆按下列规定办理:

(1)不换装运送时,在双方国境铁路协定中所规定的国境站办理。

(2)换装运送时,在接收路国境站办理,根据双方协议,也可在交付路的国境站办理车辆的移交。

2. 提供移交的车辆,应完全符合《国际联运货车使用规则》附件 1 的技术要求,并由交付路事先检查,且断定在技术和商务方面均适合在国际联运中运行。车辆所属路对自方空车,不论技术状态如何,必须接收,严重破损的车辆或转向架除外。

3. 在向所属路移交不符合《国际联运货车使用规则》附件 1 的技术要求且不能运用的不良、破损或零部件被拆车辆(因车辆零部件被窃),或这些车辆移交给过境路以便返还所属路时,车辆的状态应以接收路按货车规则附件 2 格式编制的并经双方人员签字的记录证明。

4. 由双方代表签字的记录,就是造成车辆破损的铁路和车辆所属路间清算的依据。使用路应对记录中所记载的破损和不良情况承担物质责任。记录用接收路国家的文字填写,并译成中文或俄文。

记录的编制要求如下:

(1)向过境路移交车辆时,编制四份,交付路与接收路各执一份,第三份和第四份记录由接收路汇集并在每月(下月 15 日前)邮寄给破损车辆所属路的车辆主管部门和清算机关。

此外,造成车辆破损的铁路,应根据《国际联运货车使用规则》规定在这些车辆上粘贴附件 12－1 或附件 12－2 格式的标志。这些标志应用造成车辆破损铁路国家的文字填写,并将故障一览表译成中文或俄文。

标志贴在车辆两侧的车窗附近,如无此可能,则贴在纵梁两侧,在车辆返还所属路或自备或租用车辆返还配属路以前,不得取下。

(2)造成车辆破损的铁路直接向车辆所属路或自备或租用车辆配属路移交车辆时,编制三份,车辆所属路或自备或租用车辆配属路收执两份,交付路收执一份。

对在与第三国联运中运行的车辆,如在这些铁路上发生故障并贴有《国际联运货车互用规则》规定的“M”、“L”、“K”标志时,不编写货车规则附件 2 格式的记录。

5. 一国铁路向另一国铁路移交车辆,应以《国际联运货车使用规则》附件 3 格式的“车辆交接单”办理手续，车辆交接单由交付方编制四份，每方各执两份，车辆交接单应自日历年度起连续编号。车辆交接单见格式5-6。

格式5-6

车辆交接单

地点	作业	月	规定日期	数量

（自动统计中心填记）

第____号

车辆在____车站随第____次列车由____铁路交付____铁路

20____年____月____日

顺　号	铁路简称		车　号	车辆种别		轴　数	重车或空车	到　站	备　注
	名称	代码[1]		名称	代码[1]				
1									
2									
3									
4									
5									
6									
7									
8									
9									
10									
（以此类推至60）									

共计重车______辆、空车______辆，合计货车______辆。

车辆交接单已于____时____分交付接收人员

交付方：　　　　　　　　　　接收方：于____时____分接收

交付铁路人员______（签字）　　接收铁路人员______（签字）

交付路戳记　　　　　　　　　接收路戳记

1）由自动统计中心填记。

2）不需要的划销。

6. 当车辆换轮时，应在车辆交接单“备注”栏内记载车辆所属路或自备或租用车辆配属路和转向架号码（当有号码时）移交和返还车辆换轮用的转向架应以《国际联运货车使用规则》附件37格式的交接记录办理。

7. 车辆交接单交给接收方人员的时间既为车辆的提交时间，并按下列规定办理：

（1）接收方人员应将所接收的车辆同车辆交接单对照并检查车辆。

技术和商务检查的时间，不论交交接车辆数目多少，规定每轴不超过1min。

（2）车辆的技术和商务检查应同时进行，未接收的车辆应从车辆交接单内划掉，并在“备注”栏内注明“未接收”。

8. 车辆交接单在交给接收方人员以前，应由交付方人员签字，并加盖日期戳，而接收方人员应在提交的车辆检查完毕或在规定检查时间终了（但不超过规定的检查时间）后，立即在单据上签字并加盖日期戳。

9. 接收方人员在车辆交接单上签字并加盖日期戳之时起，即认为车辆已移交完毕。

10. 车辆按原经路运行时,接收路应在车辆上贴货车规则附件 8 格式的标志,对于邻国铁路的车辆可不使用这些标志,但换轮运行的车辆除外。

11. 返还的空车应清除所运货物的残余,并彻底清扫,彻底清扫工作由卸车路进行。

如果接收路同意,也可以移交未彻底清扫的车辆。接收路有权拒收未清扫的车辆。

12. 对装运过危险货物、易腐货物、压缩气体货物车辆应遵守下列规定:

(1)对装过危险货物的卸空的罐车适用某些铁路参加的协定中所载的规定。

(2)装运过肉、鱼、野生禽兽的车辆,卸后应进行洗刷,运过家禽或能引起传染病的货物以及恶臭货物的车辆,卸车后应进行洗刷和消毒。

(3)装运过不属于某些铁路参加的协定中所述运送条件的货物的罐车向所属路移交时,罐车内可剩留高度不超过 5 cm 的所运货物的货底。罐车的排出装置和空气包盖应密闭。

(4)装运压缩气体的罐车检查孔盖和清扫孔盖只能由所属路开启,不属于铁路的车辆只能由所属者或承租人开启。

13. 关于卸后车辆洗刷消毒的相关规定如下:

(1)不换装运送车辆的洗刷和消毒,应由卸车路以自方器材和费用办理,装运过牲畜、飞禽和恶臭货物或能引起传染病的货物之后没有洗刷或消毒的车辆,以及运过肉、鱼、野生禽兽之后没有洗刷的车辆,在不换装运送中不予接收。

(2)在换装运送中(在邻国装载的重车到达时)应将卸货后要求洗刷或消毒的车辆加上铅封返还装车路以便进行洗刷和消毒。

(3)在换装运送中,由第三国到达的重车,如在接收路国境站上换装时,则车辆的洗刷或消毒应由换装路进行。如换装路不能进行这些车辆的洗刷和消毒,则该路应施加铅封返还邻路,由邻路进行洗刷或消毒,费用由货物换装路负担。洗刷费或洗刷和消毒费按《国际联运货车使用规则》附件 34 确定的费率计算。

在这种情况下,接收车辆进行洗刷或消毒的铁路,应按货车规则附件 2 格式编制记录两份,由双方人员签字,每方各执一份。

(4)如根据《国际联运货车使用规则》规定,车辆在交付路国境站进行换装时,则以交付路的人力和器材洗刷和消毒,但由接收路按本项规定的费率和办法负担费用。

14. 在国际联运中,装有某些铁路参加的协定中所列货物的车辆,只有同参加这些货物运送的各铁路预先商定后才能移交。

15. 运送超限货物的车辆,应在车体或货物两侧栓附带红边的牌子,牌子上写有:"注意!在……(铁路简称)是超限货物"也可在货物两侧书写上述字样,以代替牌子。书写方法按下列规定:

(1)应用发送路国家的文字书写,并附有铁组正式语文(中文、俄文)中的一种译文。即:运往白俄罗斯、保加利亚、匈牙利、格鲁吉亚、哈萨克斯坦、吉尔吉斯、乌兹别克斯坦、拉脱维亚、立陶宛、摩尔多瓦、波兰、俄罗斯、罗马尼亚、斯洛伐克、塔吉克斯坦、乌克兰、爱沙尼亚时译成俄文。

(2)运往蒙古、中国和朝鲜时译成中文或俄文。运往或过境蒙古国时译成俄文。由中国、朝鲜和蒙古及相反方向运送时也应用俄文书写。

(3)对超限的不对称货物,每件重量超过 3 t 的货物、设备和机器,以及高度超过 1 m 的箱装的此类货物,发货人必须在每件货物横、纵方向的两侧,用洗不掉的颜料按《国际联运货车使用规则》附件 35 的“重心”标记,标明货物的重心位置和每件货物的总重。

16. 车辆由于下列原因,可不予接收:

(1)如果车辆不合乎《国际联运货车使用规则》的要求。

(2)如果车辆经由的国境站间行车中断,而且无法经由其他经路交车(就此事应及时通知有关各方)。

(3)如果铁路中央机关禁止接收(应至少在拒收开始的 3 天以前,就此事通知承运的有关各路主管机关)。

(4)如果根据有关铁路间的现行国际协定的规定有理由拒收或已经宣布禁运。

(5)如自备车辆所属者(承租人)未与换轮铁路签订车辆换轮、提供转向架和支付费用的合同。

(6)如车辆或转向架所属路不同意接收严重破损的车辆或转向架。

17. 如车辆不予接收,拒收方应按《国际联运货车使用规则》附件 9 的格式编制记录,并注明不接收车辆的原因和约定向交付路返还车辆的日期或消除造成车辆未接收的缺陷的日期,车辆交接单中应注明已编制记录,记录应编制两份,每方各执一份,并按下列手续办理:

(1)未接收的车辆应以新的车辆交接单返还交付路,并注明“未接收车辆”字样,和引证拒收记录内容。

(2)未接收的车辆迟于记录所载的日期返还时,应根据货车规则对

车辆的逾期滞留日数计算使用费。格式 5-7 为车站拒收车辆记录。

格式 5-7

车站拒收车辆记录

顺号	铁路简称	车号	车种	车辆到达时间		商定的车辆返还时间		不接收车辆的原因	备注
				日期	时刻	日期	时刻		
1									
2									
3									
4									
5									
6									
7									
8									
9									
10									
—									

交付路人员 戳 记　　　　接收路人员 戳 记

注:1. 一式两份。

2. 如车辆有 12 位代号,则车号、铁路简称和车种用 12 位数字代号代替。

二、车辆的返还

1. 属于铁路的车辆卸完后应尽可能以重车迅速返还所属路。使用路或过境路如有运到下列地点的货物时,可重新装载属于铁路的车辆:

(1)运往车辆所属路的车站。

(2)经由所属路运往所属路以远的车站。

(3)运往接近于所属路的车站。

(4)特种平车需征得所属路同意后方能重新装车。

(5)应以电报方式征得同意,并注明车号、发车日期、发站和到站。

(6)货物到达路或国境路,可按《国际联运货车使用规则》的相关规定,将空车发往本路管内任何地点装车。

(7)重车向所属路返还时,可经由任何国境站运送。

(8)更换另一种轨距转向架或轮对的车辆,须经由原换轮国境站返还。如铁路接收属于他路的车辆并将其更换另一种轨距的转向架或轮对,则在这些车辆返还所属路时,交付方人员应在车辆交接单内注明:"换轮车辆"。

(9)罐车以空车返还,并贴附有关铁路间适用的协定中所载样式的标志,而自备车辆还应附有单独协议所确定样式的运单。

2. 空车向所属路返还时,应经由原接收车辆的国境站也可按下列规定办理:

(1)根据有关铁路的商定,空车可不经由原运行经路返还。

(2)如车辆按《国际联运货车使用规则》规定条件装车,则货物到达路应在卸车后将这些车辆发往原运行径路的入境国境站或经最短径路发往所属路。

(3)如车辆经由最短径路返还而发生《国际联运货车使用规则》规定的空车走行费时,该项费用由卸车并造成未补偿的空车走行的铁路支付。

该项规定也适用于未参加《国际联运货车使用规则》协约的所属路的车辆。

3. 如向所属路返还空车、运行里程远于原来重车运到卸车地点的里程,或车辆经由未曾参加重车走行的铁路返还时,则空车返还时所经由的铁路,应收取未以重车走行偿付的空车走行补偿费,上述补偿费应由造成这项走行的过失铁路支付,具体规定如下:

(1)根据《国际联运货车使用规则》附件34的规定计算空车走行公里补偿费。清算时,应扣除重车在原来方向或折返方向经由该铁路某条线路所走行的里程。应补偿的空车走行以《国际联运货车使用规则》附件10要求单清算。上述要求单只在未能以重车走行补偿的空车走行超过50 km时编制。要求单和车辆使用费计算表同时寄送所属路。

(2)车辆所属路应在确定车辆走行公里后四个月期限内,将《国际联运货车使用规则》附件10要求单返还要求空车走行补偿费的铁路,填好的要求单作为向造成空车走行的过失铁路提出账单的依据。

(3)如过失铁路在两个月期限内对账单不提出异议,即算作对这项账单承认支付。

(4)返还属于未参加《国际联运货车使用规则》协约的铁路的车辆时,如在相互间不采用货车规则的铁路间产生空车走行费,且要求该项空车走行费用的铁路与造成空车走行的铁路间未鉴定协议,则责任路应根据交付路与要求补偿的铁路之间的协议向移交重车的铁路补偿所支付的款额。

4. 必要时,所属路有权要求迅速返还自方的车辆,在这种情况下,使用路只可利用这种车辆装运到达所属路的货物或装运到达车辆运行经路上的过境路的货物。如没有货物装运时,应将空车立即返还所属路,不许利用这种车辆作国内运输。

如果迅速返还车辆的必要性消失时,要求返还车辆的铁路应将这种情况通知有关铁路。

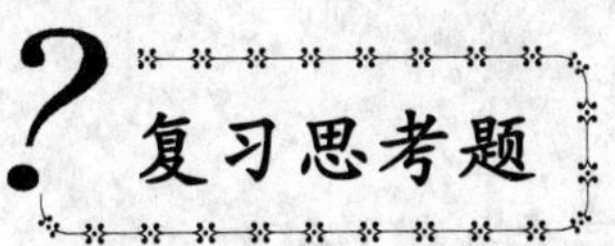

1. 货物交接单应如何编制?
2. 如一辆车内既装到达接收路车站的货物又装有过境路的货物时,交接单应如何编制?
3. 何谓货物办理移交的时间?
4. 运送移交装有危险货物的车辆时有何规定?
5. 运送移交施封类货车的车辆凭什么办理交接?
6. 拒收货物的手续如何办理?
7. 运送移交有押运人的货物、件数或重量如何交接?
8. 在双方交接发生争执时何为不可争辩的依据?
9. 自轮运转货物的运送和移交有何规定?
10. 活动物的运送和移交有何规定?
11. 需要参加运送铁路间预先商定货物有哪些?
12. 对超限的不对称货物的运送有何规定?
13. 准许运用的车辆条件如何规定的?
14. 一国铁路向另一国铁路移交车辆时手续应如何办理?
15. 何谓车辆移交时间?
16. 车辆的技术商务检查是如何规定的?
17. 接收路在交付路的提交车辆检查时间终了后手续怎样处理?
18. 何谓失却的车辆?
19. 国际联运货物的交付是如何规定的?
20. 国际联运货物的查询是如何规定的?
21. 国际联运中铁路的责任范围是怎样规定的?

第六章　特定情况下的运输组织

第一节　自备货车

一、自备货车运送移交的一般规定

1. 在国际联运中,准许运用自备货车(私有车辆),即属于法人或自然人(下称"车辆所属者"),并配属给《国际联运货车使用规则》协约任一参加路的车辆,以及由铁路出租给第三者的车辆,这些车辆应符合《国际联运货车使用规则》附件1的技术要求。

2. 自备车辆在国际联运中使用由配属铁路决定。

(1)如自备车辆的个别技术特性与《国际联运货车使用规则》附件1所规定的条件出现偏差,则自备车辆配属路应同该种车辆将要运行的铁路商定接收和运送条件。

(2)如铁路租给第三者的车辆符合《国际联运货车使用规则》的要求,则这些车辆应作为自备车辆配属到承租人名下并作相应的标志。

3. 如将原属于另一铁路的车辆配属为自备车,则受理配属申请的铁路应同车辆原配属路进行协商。

4. 自备车辆配属路同车辆所属者一起处理与自备车辆及其零件破损、修理、报废和失却有关的各种问题。

5. 自备车辆和出租车辆在使用路停留时,不计算停留费。

二、自备车辆的交接

1. 准许运用的自备车辆应符合《国际联运货车使用规则》的条件。

2. 自备车辆的移交,接收和拒收按照《国际联运货车使用规则》的规定办理。

三、自备车辆的失却

1. 如承运货物的自备车辆在货物运到期限满3个月内未能交归收货人,则认为车辆已失却。自备车辆配属路有义务按所属者的要求参加查找。

2. 如铁路不能将未承运货物但在其路内的车辆交归所属者,则按所属者的要求,该路必须采取措施查找车辆。

3. 如铁路在收到查询后3个月未能将车辆交归所属者,则认为车辆已失却。自备车辆配属路应向车辆最后一次停留的铁路通告车辆失却情况。

4. 自备车辆最后停留的铁路应向车辆配属路支付按该路交接车日计算的车辆价值的赔款,根据《国际联运货车使用规则》,在通知发出后8个月内应转寄账单。

5. 如在支付赔款后,认为失却的自备车辆被找到,则该车辆的所属者可在收到车辆配属路的通知后6个月内,要求将车辆免费发送至配属车站移交给他,条件是所属者应退还收到的赔款;所属者可扣取已支付的属于其款额的滞留利息。如所属者已收到返还车辆,则车辆配属路应向支付赔款的铁路返回赔款。

6. 自备车辆配属路和应交回自备车辆的铁路,在五年内应继续查找,在此期间失却的自备车辆的车号不应配给其他自备车辆。

第二节　集　装　箱

一、在国际铁路货物联运中准许运用下列集装箱

1. 容积1.0 m^3至3.0 m^3(含3.0 m^3),最大容许总重小于2.5 t的集装箱为小型集装箱。

2. 容积超过3.0 m^3,最大容许总重(集装箱载重加自重)为2.5 t至5.0 t的集装箱为中型集装箱。

其他的铁路集装箱,包括特种集装箱(保温集装箱,装运灌装货物、水泥、沥青等用的集装箱),只有经参加运送的铁路商定后才能运用。

3.《国际铁路货物联运协定》附件8,集装箱运送规则对适用于运送铁路所属的空重通用中吨位集装箱,以及不限所属者的通用和专用大吨位集装箱作以更明确的规定。

通用中吨集装箱系指容积为5 m^3和11 m^3最大容许载重分别为3 t和5 t的集装箱,其外部尺寸分别为:3吨箱——长2 100 mm、宽1 325 mm、高2 400 mm和2 591 mm,5吨箱——长2 100 mm、宽2 650 mm、高2 400 mm和2 591 mm。根据各类标准和集装箱运送铁路商定的要求,铁路所属通用中吨位集装箱上应标有标记。不符合上述条件的通用中吨位集装箱,只在参加运送的各铁路商定后,才准许运送。

通用和专用大吨位集装箱系指长度为10英尺(2 991 mm)、20英尺(6 058 mm)、30英尺(9 125 mm)和40英尺(12 192 mm),且符合ISO(国际标准化组织)标准的ISO系列Ⅰ的集装箱。大吨位集装箱应符合联合国/国际海事组织1972年《国际集装箱安全公约(csc)》要求,并应具有规定内容和标准的该公约标牌。

4. 集装箱运送货物使用限制的相关规定如下:

(1)中吨位和大吨位集装箱,按集装箱货物运送。

(2)用集装箱运送危险货物应根据《国际铁路货物联运协定》附件2办理。

(3)用集装箱运送易腐货物应根据《国际铁路货物联运协定》附件4办理。

(4)不允许使用铁路所属集装箱运送能损坏或沾污集装箱,以及有臭味的货物和能引起传染的货物。

(5)发货人向集装箱内装载货物时,应使集装箱门能够自由开启和关闭。货物和集装箱门之间应留有3~5 cm的自由间隙。此外,发货人在集装箱内放置和加固货物时,应使货物不论在装载或以后的运送中均不致损坏集装箱。在其他方面,集装箱货物的装载加固按发送路的现行国内规章办理。

(6)铁路向收货人交付货物时,如集装箱状态完好,而且发货人的铅封或锁封装置完整,则对集装箱内货物全部或部分灭失、重量减少、腐坏、毁损或降低质量,铁路概不负责。

(7)如《国际铁路货物联运协定》相应规定中未作另外规定,则集装箱的承运按发送路现行国内规章办理,而集装箱的交付按到达路国内规章办理。

5. 集装箱应具有下列标志和标记:

(1)所属路标记;

(2)号码;

(3)载重;

(4)自重;

(5)容积(m^3)。

此外在集装箱上还可以有所属路规定的其他标志和标记。

二、集装箱移交、运送的手续

1. 寄送单

(1)发站对于每一集装箱应按《国际联运货车使用规则》附件 11 格式编制寄送单,该寄送单随附集装箱直到返还所属路。(对于 1 520 mm 轨距铁路(蒙铁除外),国境交接站算作发站。)

(2)在寄送单中"集装箱"栏内填写集装箱的号码和所属路名称;在"备注"栏内填写集装箱种类及集装箱的总重或容积;在"货物名称"栏内注明"重"或"空"。寄送单应按顺序编号。寄送单号码记入运行报单"货物名称"栏内。

(3)如果发站因某种原因未能编制寄送单或寄送单在运送途中丢失,则交付路国境站须编制新的寄送单,并在寄送单上注明补制字样。

格式 6-1 为运送用具和集装箱寄送单。

2. 交接清单

(1)一方铁路向另一方铁路移交集装箱时,以《国际联运货车使用规则》附件 5 格式交接清单办理手续。

(2)交接清单由交付路编制四份,每方各执两份。

(3)从接收方代表在交接清单上签字并加盖日期戳之时起,既认为集装箱已移交完毕。

格式 6-2 为运送用具、集装箱和托盘交接清单。

三、危及货物完整或行车安全状况的不良集装箱不准由一方向另一方铁路移交

1. 集装箱侧板和箱门、箱盖和箱顶板,以及箱底损坏致能触及货物时。

2. 门锁或折页不良,以致不损坏铅封即能探入箱内时。

3. 箱盖不良,铁皮张开,有洞眼,接缘分离时。

4. 拉环、吊环或吊杆不良时。

5. 拉条折损时。

上述不良状态由造成破损铁路以自方器材修理并负担费用,但不应改变集装箱的构造。

四、集装箱的周转期限规定

1. 在到达路为 12 天。

2. 在过境路为 6 天(单程)。

格式 6-1

运送用具和集装箱寄送单①②

运送用具和集装箱	篷布号码	粮谷挡板	集装箱号码				备　注
所属路简称							

往　　程

发　站	到　站	运行报单		车　辆		货物名称
		号　码	日　期	所属路简称	号　码	

运送方向 ____________________

过境、换装站戳记

往程发站日期戳

往程到站日期戳

ПГВ

1	2	3
4	5	6

发　站	到　站	运行报单		车　辆		货物名称
		号　码	日　期	所属路简称	号　码	

运送方向 ____________________

过境、换装站戳记

返程发站日期戳

返程到站日期戳

1	2	3
4	5	6

注：① 如车辆有12位代号，则车号和所属路简称用12位数字代号代替。

②字母“ПГВ”为红色。

格式 6-2

______铁路______站

运送用具、集装箱和托盘交接清单

第______号

20______年______月______日随第______次列车由______铁路向______铁路移交/返还

顺号	运送用具和集装箱名称[篷布还记载号码和尺寸(m^2),钢丝绳记载长度(m),集装箱记载号码和总重]	所属路	运送用具数量			装运运送用具、集装箱或托盘的车辆号码和所属路别	修理运送用具的总价格	寄送单		
			共计	其中需要修理的	破损百分比			发站	到站	寄送单号码或运送托盘的运行报单号码

交付路人员签字______

接受路人员签字______

交付路戳记　接收路戳记

注:如车辆有12位代号,则车号和铁路简称用12位数字代号代替。

3. 如集装箱的总运程超过1 500 km(往返)时,周转期限按每天130 km计算。交付日和接收日算1日。

4. 如超过集装箱周转期限时,到达路和过境路应根据《国际联运货车使用规则》附件34的相关规定按日向所属路支付集装箱滞留费。

五、集装箱的失却

1. 如果集装箱由于严重破损而报废或未在6个月内返还所属路时,即视为失却。

2. 每个集装箱失却,使用路都必须通知所属路,并注明集装箱号码。

3. 集装箱所属路从接到集装箱失却通知日起30天内,向失却集装箱的铁路提出赔偿失却集装箱价格的账单。

4. 如自集装箱移交之日起6个月内,未收到使用路失却集装箱的通知,则所属路即向失却路提出赔偿集装箱价格的账单。

5. 失却集装箱的赔偿按《国际联运货车使用规则》附件4所列的价格计算。取得所属路同意后,失却的集装箱可用通用另一等价集装箱替换进行赔偿。

6. 集装箱失却时,从发出失却通知之日起,如未发出通知,则从货车规则规定期满之日起的10个月后,集装箱滞留费停止计算。

7. 如果集装箱在失却一年内找到并返还所属路,则所属路应退还已收的失却集装箱赔偿款额。从中扣除年利6%,年利的计算从赔偿所属路集装箱价格之时起至集装箱返还所属路之时止。

8. 通知集装箱失却的日期,或如未通知,集装箱交接日之后6个月期满的次日,视为集装箱失却之日。

第三节　运送用具

一、运送用具的移交

1.《国际联运货车使用规则》附件 4 所载的运送用具可随同货物运到到站或换装站，并在迅速返还的条件下移交给他国铁路。

2. 作为车辆不可分割部分和带有该车号码的特殊用具（例如固定的门挡板、支柱）不算作运送用具。使用路对这些用具的毁损或失却的责任，按《国际联运货车使用规则》规定确定。

3. 运送用具应有所属国的标记，而篷布还应有号码和用平方米计算的尺寸。运送用具上还可以有所属国铁路规定的其他标记和符号。

4. 在国境交接站移交运送用具时，按照《国际联运货车使用规则》附件 5 格式交接清单办理手续。交接清单由交付路编制四份，每国各执两份，并按下列规定办理。

(1)发站对每一块篷布均应按《国际联运货车使用规则》附件 11 的格式编制寄送单，对于车辆上和车辆中的所有其他运送用具，仅应编制一份寄送单，其中应注明运送用具的数量，寄送单应随同运送用具运送，直到运送用具返还所属路。

(2)寄送单的号码应在货物随附的运行报单“货物名称”栏内注明，遗失的寄送单由交付路补制，在补制的寄送单上注明“补制票据代替遗失的寄送单”运送用具随车到达进行货物换装的邻路国境站时，不编制寄送单。

(3)如果寄送单记载错误或寄送单中没有记载运送用具，应在寄送单“备注”栏内注明实际情况，并以签字、日期、车站戳记证明。

二、运送用具的统计

1. 每月移交运送用具（篷布除外）的统计，应该由每方国境站按《国际联运货车使用规则》附件 6 格式平衡表办理，平衡表应对每一铁路的运送用具分别编制。

2. 月度平衡表由交付方在报告月次月的 5 日编制，一式四份，每方各执两份。平衡表由双方国境站站长签字，并加盖车站日期戳。

3. 双方按运送用具所属路分别编制检查平衡表一份，每日移交的总数和结存数应该由双方人员核对。接收路根据国境站编制的平衡表，判定在铁路上的每一所属路的运送用具的每日结存数。根据每日结存数编制月份总报告表，总报告表应添附国境站送来的平衡表一份，于报告月次月 30 日以前寄送给所属路。

4. 篷布移交的统计，应根据交接清单，按号码办理。

三、运送用具的返还

1. 属于铁路的运送用具，应该由到达路在卸车后或在国境站换装后迅速返还所属路。到达路和过境路只能在装运到达所属路的货物时，方可利用这些运送用具。

2. 属于发货人的运送用具在到达到站后应交给收货人处理。

3. 在返回方向上用作运送货物的运送用具，可经由任何国境站移交。未利用的运送用具,应由最短径路返还所属路。

4. 属于铁路的运送用具,应免费运送并尽可能按快运办理。运送返还的运送用具时,按《国际联运货车使用规则》的寄送单办理,并根据其数量的多少,按零担或整车运送。

5. 返还不利用的篷布时,应将其晒干,折叠和用绳捆扎,并需使铁路简称和篷布号码能够看清。钢绳和绳索不得放在篷布里边。

6. 经由过境路向所属路回送的篷布,除上述要求外,还应由使用路施加封印运送。这些篷布由一个铁路移交另一铁路时应检查封印,不需检查篷布状态,但最后一个过境路(向所属路移交篷布的铁路)除外,该路交付人员应会同所属路的人员检查篷布状态。

7. 整车返还篷布时,只封车辆,交接时只检查封印是否完整,不检查篷布状态,但最后一个过境路(向所属路移交篷布的铁路)除外,该路人员应会同所属路的人员检查篷布状态。

四、篷布的周转期限和使用费

1. 在国际直通联运中移交的运送用具,不支付使用费,当篷布滞留超过规定的期限时,每滞留一日按《国际联运货车使用规则》附件 34 所载费率计算,由使用路向所属路支付费用。

2. 篷布停留期限规定如下:

(1)在到达路为 14 天;

(2)每一过境路为 6 天。

3. 对 1 520 mm 轨距铁路和中铁,规定篷布在到达路和过境路的停留期限按每日走行 200 km计算,在卸车站或在换装国境站的停留期限不超过 6 日。篷布在到达路运行的里程由到站填入寄送单内并加盖到站戳记。

4. 当计算篷布停留期限时,篷布的接收日和交付日合算 1 日。

五、篷布及运送用具的破损程度和价格的规定

1. 篷　　布

(1)破损 10% 到 25% 时为篷布价格的 10% 。

(2)破损 25% 到 60% 时为篷布价格的 35% 。

2. 其他运送用具

(1)破损在 25% 到 60% 时为运送用具的 35% 。

(2)运送用具破损超过 60% 时,即视为失却。

(3)破损程度小于 10% 的篷布和破损程度小于 25% 的其他运送用具,均由所属路自费修理。

六、运送用具失却的规定

(1)运用用具在 4 个月内未返还所属路时,即视为失却。

关于失却运送用具,使用路应通知所属路并按《国际联运货车使用规则》附件 4 单价表所列的价格向所属路赔偿。

(2)如果 4 个月期限期满后,使用路没有声明运送用具失却,则所属路向使用路提出失却运送用具的账单。单价表里未列载的运送用具的赔偿额,按所属路现行单价确定。

失却的运送用具,应从平衡表中减去。

(3)自篷布失却通知书向所属路发出之日起,或从关于未返还的篷布作为失却的4个月限期期满时起,失却篷布的滞留费即停止计算。

(4)如失却的运送用具,在失却后的一年内找到并返还所属路,则所属路应返还已收的失却运送用具赔偿款额,但扣除年利6%,年利从向所属路发出失却运送用具通知之日起,算到运送用具返还所属路之日为止。

第四节　货　　捆

一、货捆运送货物的要求

1. 包装和无包装的成件货物,如按其尺寸和特性可以组成货捆,发货人应根据铁路的要求成捆托运。

2. 货捆是指用通用的或专用的、一次使用或多次使用的打捆器材或运送用具(托盘、绳索、盒和其他等)捆装的、由有容器或包装及无容器或包装的若干单个货件组成的合并货件。

3. 货捆在由铁路运送和保管过程中,应保证:

(1)能用叉式装载机、起重机和其他起重运输机械进行机械化装卸和换装。

(2)货捆完整。

(3)货物完好。

(4)进行运送、仓库、装卸和换装作业的员工的安全。

(5)充分利用车辆和集装箱的载重量或容积(装载限界)。

(6)行车安全。

4. 在一个货捆中只许装运一个到站和一个收货人的货物。

5. 使用货捆时可将货物按整车、零担或集装箱货物托运。

6. 发货人应在托运货物前用自己的器材将货物打捆,货物打捆或组捆方法选择不当所造成的后果,以及不遵守货捆运送规则各项要求的责任,均由发货人承担。

7. 货捆上用于将货物打捆的用具和发货人所做的标记,应保证不破坏这些用具和标记时,无法从货捆中抽出单个货件。

8. 合并货件仅在所用打捆器材或运送用具能够保证货捆本身完整和其中所装货物在运送全程中保持完好时,才能算作充分可靠的货捆。

二、发货人应在货捆上标有的标记和表示牌

1.《国际铁路货物联运协定》规定的标记和表示牌(组成货捆的各单个货件不需要有标记和表示牌)。

2. 按发送路的现行国内规章确定的货捆的总重和净重的有关事项。此外,必要时,发货人在每一货捆上还应注明。

3. 在车内和仓库内各该货捆可以码放的最多层数的有关事项(例如"码放高度不应超过4层")。

4. 用分数表示的事项：货捆总数（分子）和每一货捆中的货件总数（分母），以及补充在括号里的货捆顺号，例如“$\frac{5}{3D}(2)$”。

三、货捆运送的重量要求

1. 用棚车和冷藏车或集装箱托运的货捆的重量（货物加上打捆器材或运送用具的重量），不应超过 1 000 kg。

2. 用敞车类货车托运的货捆的重量（货物加上打捆器材或运送用具的重量），不应超过 5 000 kg。

在征得参加运送铁路的同意后，货捆重量可以超过上述要求。

四、货捆运送的运单中记载要求

1. 在运单的“件数”栏内，发货人应用分数注明：货捆总数（分子）和这些货捆中的货件总数（分母）。

2. 发货人在运单“货物名称”栏内，货物名称之下，注明“货捆”字样，而在运送使用铁路打捆器材或运送用具的货捆时，还应注明各该打捆器材或运送用具的类型和数量。

3. 在运单“发货人确定的重量（公斤）”栏内注明整批货捆货物总重。在运送使用铁路打捆器材或运送用具的货捆时，发货人应注明货物重量、打捆器材货运送用具自重和整批货物总重。

4. 完好的货捆由铁路交付收货人时，不检查货捆中货物的数量和状态。

5. 铁路所属的可多次使用的打捆器材和运送用具的使用办法和返还期限，由有关铁路之间的相应协议规定。

6. 在其余情况下，货捆的运送都适用《国际铁路货物联运协定》的规定。

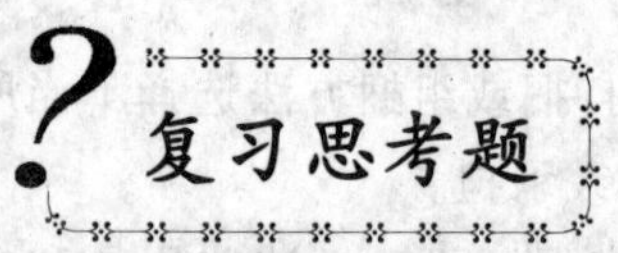

1. 自备车辆的交接有何规定？
2. 集装箱移交、运送的手续是如何规定的？
3. 集装箱的周转期限是如何规定的？
4. 在国境站移交运送用具时，交接手续是如何规定的？
5. 何为失却的运送用具？
6. 何为货捆运输？

第七章　国际联运货物换装作业组织

第一节　换装运送货物移交的特别规定

一、货物换装作业方式及货物检查

1. 换装运送货物的移交和货物换装作业方式按照《国际铁路货物联运协定》的规定办理。

(1)参加《国际铁路货物联运协定》的各国铁路，在其国内开办货运业务的所有车站间，均办理货物运送。

(2)在相同轨距铁路的国境站，不进行换装。

(3)在不同轨距铁路的相邻国境站，进行货物换装或更换另一轨距轮对或使用变距轮对。

关于换装或更换另一轨距车辆轮对或使用变距轮对运送货物的办法，由铁路根据不同轨距的邻国铁路间的协定商定。

2. 货物的检查作业除按《国际铁路货物联运协定办事细则》各项规定双方参加检查货物状态、件数和重量外，接收路应将在到发线上以按件数或状态检查接收的货物在货物换装到另一轨距车辆时单方检查货物状态、件数或重量，并在必要时根据《国际铁路货物联运协定办事细则》的相关规定编制商务记录。

3. 在换装线上从交付方车辆向接收方车辆交接货物时，应在双方商务人员参加下办理，其货物检查交接方式由双方铁路协商确定。

4. 承运时施封的棚车、冷藏车以及施封的集装箱或用苫盖篷布施封的敞车类货车运送的包装货物，不检查重量。

二、敞车类货车装运货物的移交和检查

1. 按货物件数不检查重量移交的货物如下：

(1)成件货物，例如，农业机器、机床、工业设备、汽车、变压器、电动机、钢梁、大型压延金属。

(2)包装的货物，每个货件上均注有货物重量。

(3)标有相同标准重量的货物。

(4)包装的或成件货物，如一份运单的总件数不超过100件。

2. 按货物重量不检查件数移交的货物如下：

(1)小型无包装的制品。

(2)成件货物，如按运单总件数超过100件，因为发货人违反国际货协的要求在运单“件数”栏内代替“堆装”注明了件数超过100件。

在必要时,接收路应在交付路参加下,根据《国际铁路货物联运协定办事细则》的规定编制商务记录。

3. 在办理货物移交和换装之前,交付路和接收路的工作人员在交付路提交的车辆中,共同检查货物的状态、件数和重量。车辆自重也由双方铁路工作人员共同检查。

如果不经换装难以检查货物件数或包装状态,应在换装时进行检查。在这种情况下,在交接单"备考"栏内注明"件数或包装状态在货物换装时检查"。此项记载应由交付路和接收路的工作人员签字,并加盖国境站日期戳证明。

4. 发货人或铁路在运单中记载的货物重量,如经邻路间达成协议,亦可在换装后检查,该种检查应在交接单中注明。

在交接单中应分类记载的有:

(1)只按件数接收的包装的和成件的货物,记载:"货物重量未检查"。

(2)只按重量接收的货物,记载:"货物件数未检查"。

(3)只按重量接收的成件货物,其总件数超过 100 件,记载:"堆装"。

三、货物的换装组织工作

1. 整车货物换装后手续办理

(1)整车货物,在国境站向另一轨距车辆换装或由于技术或其他原因在运送途中换装到其他车辆时,换装站应将运单"车辆"、"标记载重(吨)"、"轴数"和"自重"各栏中关于原车辆的记载事项划销,但原字迹须能辨认,并应在其下面记载换装后的每辆车的相应事项。

(2)如果货物仅按重量,或仅按件数移交,则在"换装后的货物重量"栏内,相应的注明每辆车换装后确定的重量或件数。除在国境站向另一轨距车辆的换装外,应在运单"铁路记载"栏内记载换装原因,该记载由工作人员签字并加盖车站日期戳证明。

2. 集装箱货物的换装后的手续办理

(1)在国境站将按整车货物发送的小吨位或中吨位集装箱换装到另一轨距的车辆或由于车辆破损途中换装时,换装站应将运单"车辆"、"标记载重(吨)"、"轴数"和"自重"各栏中和集装箱寄送单中关于原车辆的记载事项划消,但原字迹须能辨认,并在其下面记载换装集装箱后的每辆车的相应事项。

(2)除在国境站向另一轨距车辆的换装外,应在运单"铁路记载"栏内和寄送单中记载换装原因,该记载由工作人员签字并加盖车站日期戳证明。

3. 一车货物换入另一轨距的两车或超过两车的规定

(1)如在国境站将一种轨距的一车货物换装成另一轨距的两车或超过两车内,则这些车辆应同时移交和发送。

(2)如这些车辆中的某一车辆由于技术或其他原因在运送途中须从列车中摘下,则摘车的车站应根据办事细则为该摘下车辆编制补送运行报单。

(3)两批或三批整车货物如在国境站由 1 435 mm 轨距的两辆或三辆车换装成 1 520 mm 轨距的一辆车,或发至中国到站的两批或三批整车货物,如在国境站由 1 000 mm 轨距的两辆或三辆车换装成 1 435 mm 轨距的一辆车,则换装成一辆车的货物必须不是按国际货协相关规定不准许混装运送的货物,并应是运往同一到站的。

在这种情况下，国境站应在有关该批货物的运单"车辆"、"标记载重(吨)"、"轴数"和"自重"各栏中，在关于1 520 mm或1 435 mm轨距车辆的记载事项下面注明："(17)装入两(或三)批整车货物"。

第二节 特殊情况下货物换装作业规定

一、货物的补送

1. 从直达列车中摘下车辆的补送

(1)根据《国际铁路货物联运协定》按一份运单直达成组运送的数个车辆，如由于技术或其他原因须从直达列车成组中摘下某些车辆，则摘车的车站应立即为每一摘下的车辆编制补送运行报单。

(2)应采取《国际铁路货物联运协定》附件格式的补充运行报单作为补送运行报单。在补送运行报单的"货物名称"栏内注明："(18)补送运行报单是属于________年________月________日运单批号________货物的一部分"、"收货人，通信地址________"。

(3)如摘下的车辆仅在到达路的区段上运行，则补送运行报单可按该路现行的国内规章编制。

(4)关于摘车原因和停留时间，应在补送运行报单"货物名称"栏内，作下列记载："(7)自________年________月________日________时至________年________月________日________时，因________而滞留"。此项记载应由工作人员签字，并加盖车站日期戳证。

2. 换装剩余货物和超重货物的补送

(1)如在运送途中被换装的整车货物不可能装入一车内，或按《国际铁路货物联运协定》的有关的规定卸下超过车辆最大载重量或超过容许轴重的多出货物，则这些剩余或多出货物，应按补送运行报单发送，并随原批货物同时发送。

(2)补送运行报单按下列份数编制：

①超过车辆最大载重量或超过容许轴重的多出货物的运送，如其运费按单独一批核收，则补送运行报单的份数，按参加继续运送的铁路数确定，同时一份留存编制的车站。

②对换装时未能装入车辆的剩余货物的运送，运送费用不单独核收，应办理两份补送运行报单，其中一份留存在运单办理站。

③对其他补送货物，其运费不单独核收，补送运行报单编制两份，其中一份留存编制的车站。

3. 补送货物的移交

(1)如原批货物尚未移交给邻国铁路，则交付路出口国境站，应将凭补送运行报单运到的货物予以截留，然后同原批货物一起移交。

(2)对于在中途站无运单或补送运行报单到达的货物，如能确定其所属，则应凭按《国际铁路货物联运协定办事细则》编制的补送运行报单将其补送给到站站长。在补送运行报单的"货物名称"栏内记载："(21)属于________年________月________月________日自________(发站)至________(到站)________(收货人)批号________的货物"。此外，根据《国际铁路货物联运协定》的相关规定编制商务记录。

(3)在补送运行报单“货物名称”栏内,记载:“(22)________年________月________日在________站编制了第________号商务记录”。上述两项记载应由工作人员签字,并加盖车站日期戳证明。

(4)如收货人在领取原批货物时已收到商务记录,则随补送运行报单到达到站的货物,须在收货人将编制的与补送到达货物数量相符的货物短少商务记录退还到站后,才能办理交付。

(5)补送运行报单留存到站,并随货物交付日报一起送交自路管理局(机关)。

二、货物误送

1. 凡货物通过非运单中记载的国境站运送,或到达非运单中记载的车站时,均作为误送。

2. 由于发生运送阻碍或根据办理运送的有关铁路间的相应商定,不按原经路而通过非运单中记载的国境站运送货物时,不作为误送。

3. 发现误送的国境站,应立即将该货物经由运单中记载的国境站,或在接收路同意下通过其他国境站按最短径路发往到站,并在运单“铁路记载”栏内,用红铅笔注明:“(23)货物误到”。该项记载应由工作人员签字,并加盖车站日期戳证明。同时,该站应相应的更改运单中的经路,并加盖本站日期戳证明。

三、有货无运单和有运单无货

1. 有货无运单

(1)运单或运单的个别张页在运行途中灭失时,发现灭失的车站,应根据《国际铁路货物联运协定》的规定编制商务记录,并按现有票据中的事项或货件上的标记或按车辆或集装箱上表示牌的记载,编制运单或运单的个别张页以代替灭失的运单或灭失的张页。

在重新补制的运单或运单的个别张页标题上方相应的记载:“(24)代替灭失的运单/代替灭失的第________张”。

(2)如没有足够的资料以便编制新的运单,则发现灭失的车站,应用电报向发站索取必要的资料,以便编制运单代替灭失的运单。

如在运送途中按一份运单直达运送的车辆清单丢失,则发现灭失的车站应按办事细则的相关规定处理。

(3)在运行途中灭失,而又不能根据《国际铁路货物联运协定办事细则》的相关规定编制运单代替灭失的运单时,发现无运单货物的车站应向本国有关国境站询问,查明货物的归属。如果这些国境站不能提供必要的资料,则车站应向《国际铁路货物联运协定办事细则》附件 38 所载的各铁路机关询问。

2. 有运单无货

(1)货物全部灭失时,发现灭失的车站应根据《国际铁路货物联运协定》的规定编制商务记录。

(2)如在运送途中发现灭失,运单和添附文件应经由运单所记载的国境站寄送到到站。这些文件连同商务记录移交时,交付路应在交接单关于该批货物“备考”栏内记载关于货物全部灭失的事项。

(3)无货运单在到站向收货人的交付,根据到达路现行的国内规章办理。

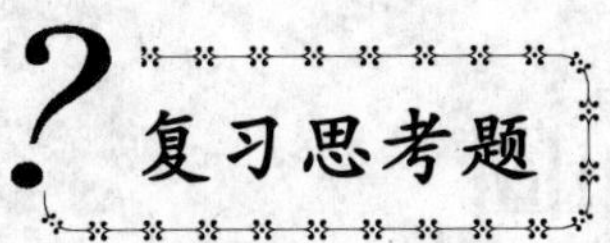

1. 换装运送货物移交有哪些特别规定?
2. 整车货物换装后票据手续如何办理?
3. 换装剩余货物和超重货物的补送是如何规定的?
4. 何谓货物的误送?
5. 发现有票无货时应如何处理?

第八章　货物装载加固

第一节　概　　述

一、货物装载加固的主要任务

1. 铁路货物装载加固和货车满载工作是铁路运输组织工作的重要组成部分。其主要任务是保证货物、货车的完整和行车安全，充分利用货车载重力和容积，安全、迅速、合理、经济地运输货物，以适应国民经济发展的需要。

2. 随着国民经济和社会主义市场经济的发展，现代化新产品不断地更新，经铁路运输的大型设备（桥梁、大型锅炉、化工设备、重型机械、国防尖端设备等）日益增加，这对铁路运输工作提出了更高的要求，运输这些货物时，不仅在车辆上要合理选配，而且在装载和加固时应严格遵守有关技术要求。

3.《铁路货物装载加固规则》是铁路货物装载加固和货车满载工作的基本依据和技术要求。承运人、托运人和收货人均应严格遵守。

4. 装车站应严格按方案装车，防止超重、偏重、集重、超限和坠落，严格执行装车质量签认交接制度，确保装一辆重车，保一路平安。因为列车在起动、变速、上下坡道或经过钢轨接缝、曲线和道岔时，会产生沉浮振动、点头振动、侧滚振动、伸缩振动、侧摆振动、摇头振动等振动，这些因素对行车安全很不利，有可能造成加固线松动、折断、货物位移等，如不能及时发现，就会酿成事故。

二、货物装载加固不良的隐患

实践证明，货物的装载加固不良是影响行车的安全的主要隐患之一。据不完全统计如下：1989 年至 2000 年全路共发生与货运有关的行车重大、大事故 21 件，其中货运责任影响安全成绩的 7 件，见表 8-1。

表 8-1　1989 年至 2000 年与货物装载加固相关的行车重大、大事故分类表

按货物品类分	钢材 10 件、木材 2 件、笨零 3 件、散堆装货物 2 件、成件包装 2 件、机械、篷布苫盖各 1 件
按装载的车种分	敞车 15 件、平车 5 件、专用车 1 件
按发生的原因分	货物偏载 7 件、坠落 3 件、未加固 2 件、防滑不好 2 件、加固材料不良 1 件、超载 1 件、其他 5 件

例如，浙赣线 2116 次货物列车行车重大事故。1994 年 5 月 19 日 20:12，2116 次货物列车行至浙赣线 K668 线路处樟树大桥上，因机后第 16 位、17 位平车装载的 WY100 型挖掘机上回转部分发生转动，侵入限界，打坏桥梁，中断行车 171 h 46 mim，事故原因是由于加固材料不良，又未按规定加固而造成。

由此可见，合理、科学地对货物进行装载加固，对于保证行车安全，防止事故的发生具有重要意义。所以要求技术作业站要加强货检工作，杜绝装载不良引发的事故。

第二节　货物装载加固的基本技术条件

一、货物装载加固的基本要求

1. 使货物均衡、稳定、合理地分布在货车上，不超载，不偏载，不偏重，不集重；能够经受正常调车作业以及列车运行中所产生各种力的作用，在运输全过程中，不发生移动、滚动、倾覆、倒塌或坠落等情况。

2. 装载货物应正确选择车辆，遵守货车使用限制表及有关规定。货车使用限制表见表8-2。

3. 货物的装载高度、宽度和计算宽度，除超限货物外，不得超过货物装载限界和特定区段装载限制。

4. 货车装载的货物重量（包括货物包装、防护物、装载加固材料及装置）不得超过其容许载重量。货车增载应遵守下列规定：

(1)允许增载货车车型，适于增载货物品类及允许增载重量按铁道部有关规定办理。

表 8-2　货车使用限制表

顺号	限制条件／车种／货物名称	棚车	敞车	底开门车	有端侧板平车	无端侧板平车	有端板无侧板平车	铁地板平车	共用车	备注
1	散装的煤、灰、焦、炭、砂、石、土、矿石、砖	×				×	×	×	×	无端侧板平车或有端板（渡板）无侧板平车（共用车除外），在使用围挡并安有支柱时，可装运煤、灰、砂、石、土、砖
2	金属块			×		×	×	×	×	无端侧板平车或有端板（渡板）无侧板平车（共用车除外），在使用围挡并安有支柱时，可装运散装的金属块
3	空铁桶				×	×	×	×	×	应加固并外罩绳网
4	木材				×	×	×	×	×	原木不得使用棚车装运
5	集装箱	×		×				×		1吨集装箱可装棚车
6	超长货物	×	×	×				×		
7	超限货物	×		×				×		
8	钢轨	×		×				×		
9	组成的机动车辆	×	×	×				×		组成的摩托车、手扶拖拉机及小型车辆可使用棚车，在到站有起重能力时，可使用敞车

注：×——不准使用的车种。

(2)国际联运中规定:车辆只能装到最大载重量,但须根据国际货协的相关规定,考虑车辆的容许轴载。最大载重量如下:如一辆车上只有一个关于载重量的标记,则二轴车的最大容许载重量为标记载重量加1 t,四轴和四轴以上车辆加 2 t,在中铁和朝铁铁路上,为载重量加5% ;如车辆上有两个标记,则较大的数字为最大载重量(较小的数字表示最小载重量);如车辆上标有“ABC”符号,则“C”字下面所注的最大数值为最大载重量;装车超过最大载重量时,即为超载。

(3)涂打禁增标记的货车不准增载。

(4)铁道部未批准增载的各型货车不准增载。

5. 使用平车装载的规定。

(1)使用有端、侧板的平车装载长度或宽度超出车地板的货物,可将端、侧板放下,同时用镀锌铁线与车体捆绑牢固或用锁铁卡紧。

(2)货物突出平车车端装载,突出端的半宽不大于车辆半宽时,允许突出端梁 300 mm;大于车辆半宽时,允许突出端梁 200 mm。超过此限时,应使用游车。

(3)涂打“㊋”的平车在运行时,端板应处于立起关闭状态。特殊情况下,在安装车钩缓冲停止器后允许将端板放倒运行,或将两平车相邻端的一辆平车的端板采取可靠吊起措施后,可将另一辆平车的端板放倒运行。

(4)平车、凹底平车、长大平车局部承受货物重量时,应遵守下列规定:

①车辆横中心线两侧等距离范围内承受均布载荷或对称集中,载荷时,容许载重量见《铁路货物装载加固规则》附表的相关规定。

②货物支重面长度小于所需两横垫木之间的最小距离时,可按需要先铺设两根横垫木,然后在横垫木上加纵垫木,将货物均衡地装在纵垫木上。

6. 使用敞车装载的规定:

(1)装载成件包装货物时,应排列紧密、整齐。当装载高度或宽度超出货车端侧墙(板)时,应层层压缝,梯形码放,四周货物倾向中间,两侧超出侧墙(板)的宽度应一致。袋装货物袋(扎)口应朝向车内。

(2)对超出货车端侧墙(板)高度的成件包装货物,应用绳网或绳索串联一起捆绑牢固,也可用挡板(壁)、支柱、镀锌铁线(盘条)等加固。袋装货物起脊部分应使用上封式绳网等进行加固。

(3)C_{70}、C_{70H}型敞车局部地板面承受均布载荷或对称集中载荷时,容许载重量见《铁路货物装载加固规则》附表的规定。

(4)货车装载量应使用计量衡器确定,暂不具备条件的,可按装载高度、货物密度确定。装车时,应按所装车辆的容积和货物密度,量尺画线,确定装载高度。货物密度的测定办法,由铁路局统一制定。

7. 装车后货物总重心的投影应位于货车纵、横中心线的交叉点上。必须偏离时,横向偏离量不得超过 100 mm;纵向偏离时,每个车辆转向架所承受的货物重量不得超过货车容许载重量的 1/2,且两转向架承受重量之差不得大于 10 t。

8. 重车重心高度从钢轨面起,超过 2 000 mm 时,应按《铁路货物装载加固规则》附表的规定限速运行,限速运行时,由装车站以文电向铁路局请示,铁路局以电报批示,跨局运输则应同时抄给有关铁路局,并符合《铁路货物装载加固规则》的相关规定(表 8-3)。

表 8-3　重车重心高限速表

重车重心高度 H (mm)	区间限速 (km/h)	通过侧向道岔限速(km/h)
$2\,000 < H \leqslant 2\,400$	50	15
$2\,400 < H \leqslant 2\,800$	40	15
$2\,800 < H \leqslant 3\,000$	30	15

9. 货物加固方法的一般要求:常用加固方法有拉牵加固、挡木或钢挡加固、围挡加固、掩挡加固、腰箍下压式加固、整体捆绑等。

加固的一般要求如下:

(1)拉牵可采用八字形、倒八字形、交叉、又字形或反又字形等方式。

(2)使用多股镀锌铁线、盘条加固时,需用绞棍绞紧,绞紧程度不能损伤铁线、盘条。

(3)使用钢丝绳加固时,应采用配套的钢丝绳夹。使用紧线器作连接装置时,紧线器与钢丝绳的强度应匹配。

(4)使用挡木或钢挡加固时,其高度不宜过大,与车地板之间要有足够的联结强度。

(5)掩挡的有效高度应符合要求,掩挡与车地板的联结强度必须足以防止掩挡自身不发生移动或倾覆。

(6)使用腰箍下压式加固时,每道腰箍的预紧力必须达到设计要求。

(7)必要时,加固线与货物、车辆棱角接触处应采取防磨措施。

10. 苫盖篷布或加固货物时,所用绳索或加固线捆绑拴结后的余尾部分,长度不得超过 300 mm,一般不短于 100 mm。绳子应使用绳卡。

篷布不能作为装载加固材料。苫盖的篷布要求绳索齐全、质量良好、接缝处应顺向(按运行最远方向)压紧,捆绑牢固,不得遮盖车号和手闸。

11. 铁路货物装载加固方案。

(1)装载加固方案分为装载加固定型方案、装载加固暂行方案和装载加固试运方案三种。

(2)装载加固方案应包括货物规格、准用货车、装载加固材料(装置)、装载方法、加固方法、其他要求等内容。

(3)铁道部负责定型方案的补充、修改和试运方案的审批管理工作,铁路局负责暂行方案的审批管理工作,并应及时将批准的暂行方案和比照方案报部备案。

(4)凡使用铁路敞、平、长大货物车及敞、平车类专用货车装运的成件货物,有定型方案、暂行方案和试运方案的,一律严格按方案装车,无方案的由托运人在托运货物之前向装车站申报计划装载加固方案和相关资料,装车站按规定报批。装车单位按批准的方案组织装车。

二、货物重心投影在车辆位置上的确定

什么是货物的中心和重心?货物的中心,是指货物外形的几何中心;而货物的重心,是指货物质量的中心。

货物重心的位置对于装运集重、超长和超限货物极为重要。它是确定货物装载是否合理,计算货车运行时作用在货物上的各种力值和加固材料强度以及确定重车运行时有无速度限制的重要依据之一。

1. 货物重心投影在车辆纵向位置的确定

为了保证车辆不受损伤，货车的载重量一般情况下不许超过货车的容许载重量，同时为了使货车两转向架承载量相等，以保证车辆的安全完整，运行平稳，装载货物时，货物重心（装载多件货物时为货物的总重心）的投影应位于车辆纵、横中心线的交叉点上。在货物重量小于货车的容许载重量时，及其他特殊情况下，可以允许货物重心投影在车辆纵向有所偏移，但偏移后必须保证每个转向架承载量不超过货车容许载重量的1/2。并且两转向架承载量之差不大于10 t。

（1）车辆转向架承受重量的计算

货物装载如图8-1所示，根据力矩平衡原理，以车辆转向架中心销B为力的支点，力矩方程。

$$R_A \cdot l = Q\left(a + \frac{l}{2}\right)$$

解方程得到：

$$R_A = Q\left(0.5 + \frac{a}{l}\right) \tag{8-1}$$

$$R_B = Q - R_A = Q\left(0.5 - \frac{a}{l}\right) \tag{8-2}$$

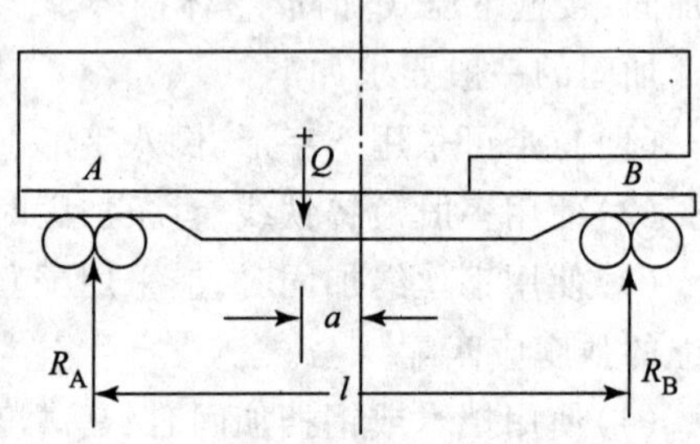

图8-1　货物装载图

式中　R_A、R_B——车辆转向架承受的货物重量，t；

a——货物重心至货车横中心线所在垂直平面的距离，mm；

Q——车辆上所装货物重量，t；

l——车辆转向架中心销间距离，mm。

（2）货物重心在车辆纵向最大容许位移量的确定

如图8-1所示，当货物重心沿车辆纵中心线的纵向位移为a，负重车的最大容许装载重量为$P_{容}$时，两转向架承受重量应满足：$\begin{cases} R_A \leqslant \dfrac{P_{容}}{2} \\ R_A - R_B \leqslant 10 \end{cases}$

根据车辆转向架A承受的货物重量最大限度$R_A = \dfrac{P_{容}}{2}$和$R_A = Q\left(0.5 + \dfrac{a}{l}\right)$可得出货物重心在车辆纵向位移的最大允许值计算式为

$$a_1 = \left(\frac{P_{容}}{2Q} - 0.5\right)l$$

根据$R_A - R_B = 10$的要求，则

$$Q\left(0.5 + \frac{a}{l}\right) - Q\left(0.5 - \frac{a}{l}\right) = 10$$

可得出货物重心在车辆纵向位移最大允许值的另一计算式为

$$a_2 = \frac{5}{Q}l$$

显然，要求$a = \min\{a_1、a_2\}$。

当 $a_1 < a_2$ 时，即 $\left(\frac{P_{容}}{2Q}-0.5\right)l<\frac{5}{Q}l$，可得出 $P_{容}-Q<10$ t；同样，当 $a_1 \geqslant a_2$ 时，可得出 $P_{容}-Q \geqslant 10$ t。所以，货物重心在车辆纵向的最大容许偏移量按下式确定

若 $P_{容}-Q<10$ t，　　$a_{容}=\left(\frac{P_{容}}{2Q}-0.5\right)l$　　(8-3)

若 $P_{容}-Q \geqslant 10$ t，　　$a_{容}=\frac{5}{Q}l$　　(8-4)

式中　$P_{容}$——车辆的容许载重量，t；

l——车辆转向架中心距，mm；

Q——车辆所装货物重量，t。

【例 8-1】　一件货长 11 m、重 48 t，货物重心距货物一端的距离为 7 m。选用 N_{16} 型（车长 $L=13$ m，销距 $l=9.3$ m）平车装运，试确定：

①当货物重心投影偏离货车横中心线 0.5 m 时，是否符合装载条件？

②该货物重心偏离货车横中心线的最大容许偏移量？

解：车辆转向架承受重量

$$R_A = Q\left(0.5+\frac{a}{l}\right) = 48\times\left(0.5+\frac{0.5}{9.3}\right) = 26.58(\text{t})$$

$$R_B = Q - R_A = 48 - 26.58 = 21.42(\text{t})$$

结论：承受重量大的转向架所承受的货物重量未超过货车标记载重量的 1/2，而转向架承受重量之差未超过 10 t，所以符合装载条件。

货物重心在车辆纵向最大容许偏移量

$$P_{容}-Q = 60\text{ t}-48\text{ t} = 12\text{ t} > 10\text{ t}$$

$$a = \frac{5}{Q}l = \frac{5}{48}\times 9.3 = 0.97(\text{m})$$

货物重心在车辆纵向最大容许偏移量为 0.97 m。

在车辆上只装一件货物时，装车前根据货物重心的位置和使用车辆的类型，按计划装载状态，就可判定货物重心是否偏移及偏移多少。装车后，根据事先标画的车地板纵、横中心线及货物重心标记就可测量出偏移数值。

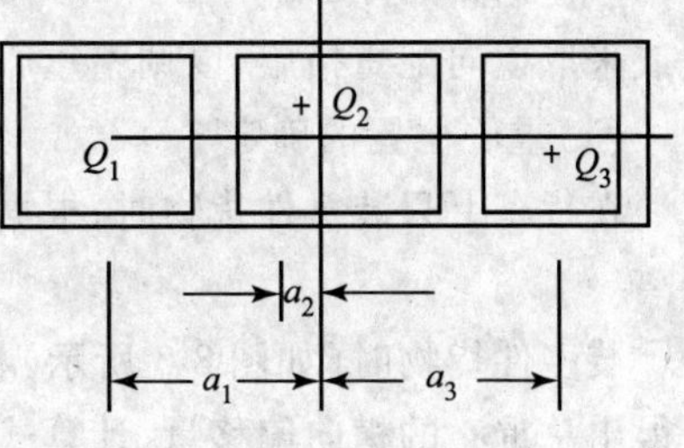

图 8-2　车装运三件货物示意图

(3)一车装多件货物时，货物总重心在车辆纵向位置的确定

一车装多件货物时，货物的重心是指所装多件货物的总重心。这个重心是否偏移，需通过计算才能确定。

如图 8-2 所示，以车辆横中心线为力的作用点（轴），根据力矩平衡原理，得出力矩方程：

$$\pm Q_1a_1 \pm Q_2a_2 \pm \cdots \pm Q_na_n = a(Q_1+Q_2+\cdots+Q_n)$$

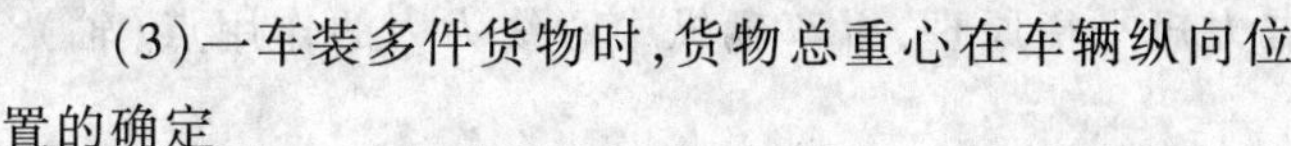

即

$$a = \frac{\pm Q_1a_1 \pm Q_2a_2 \pm \cdots \pm Q_na_n}{Q_1+Q_2+\cdots+Q_n} \qquad (8\text{-}5)$$

式中　$Q_1, Q_2, \cdots, Q_n$——每件货物的重量，t；

$a_1, a_2, \cdots, a_n$——每件货物的重心至车地板横中心线的距离,mm;

a——多件货物的总重心至车地板横中线的距离,mm。

计算时,所有位于车地板横中心线同一侧的货物重心至横中心线的距离,应取同一符号,图 8-2 中,a_1、a_2 在左侧取"+",则在右侧的货物重心 a_3 就取"-","+"和"-"表示货物重心偏移车辆横中心线的方向,计算结果 a 值为"+"表示总重心位于车辆横中心线左侧,a 值为"-"表示总重心位于车辆横中心线右侧。

【例 8-2】 三件货物的重量分别为 23 t、8 t 和 10 t,用 N_{16} 型车装运,装车后各件货物重心在车辆上的位置如图所示,计算货物总重心的位置。

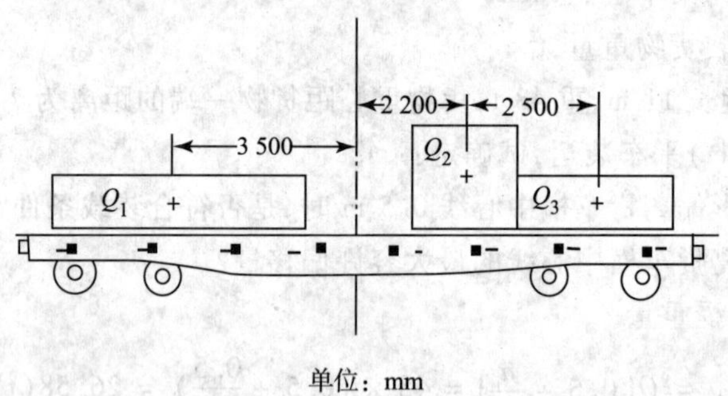

单位:mm

解:依据图中所示,可知

$$Q_1 = 23\text{t}, a_1 = 3\ 500\ \text{mm}; Q_2 = 8\ \text{t}, a_2 = -2\ 200\ \text{mm}; Q_3 = 10\ \text{t}; a_3 = -4\ 700\ \text{mm}$$

$$a = \frac{23 \times 3\ 500 - 8 \times 2\ 200 - 10 \times 4\ 700}{23 + 8 + 10} \approx 388(\text{mm})$$

即货物的总重心位于图中车辆横中心线左侧 388 mm 处。

2. 货物重心投影在车辆横向位置的确定

货物重心在车辆横向有偏移时,将会使车辆一侧弹簧负重较大。偏移过大时,会导致一侧旁承压死,有致使重车倾覆的危险。实践和研究证明,货物重心在车辆横向的位移不超过 100 mm,不致影响运行安全。当货物重心横向位移量超过 100 mm 时,必须改变货物的装载方法或采取横向配重措施,以调整重心位置。

(1)重心位置的确定

在货车上只装一件货物时,根据货物和计划装车方案或装车后直接测量,即可得知偏移的距离。

装多件货物时(如图 8-3 所示)根据力矩平衡原理,以车辆纵中心线为力的作用点(轴),可得出总重心的横向偏移量,计算式为

$$\pm Q_1 b_1 \pm Q_2 b_2 \pm \cdots \pm Q_n b_n = b(Q_1 + Q_2 + \cdots + Q_n)$$

$$b = \frac{\pm Q_1 b_1 \pm Q_2 b_2 \pm \cdots \pm Q_n b_n}{Q_1 + Q_2 + \cdots + Q_n} \tag{8-6}$$

式中 b——货物总重心至车地板纵中心线的水平距离,mm;

b_1、b_2、…、b_n——分别表示每件货物重心至车地板纵中心线的距离,mm。

计算时,所有位于车地板纵中心线同一侧的货物重心至纵中心线的距离应取同一符号。

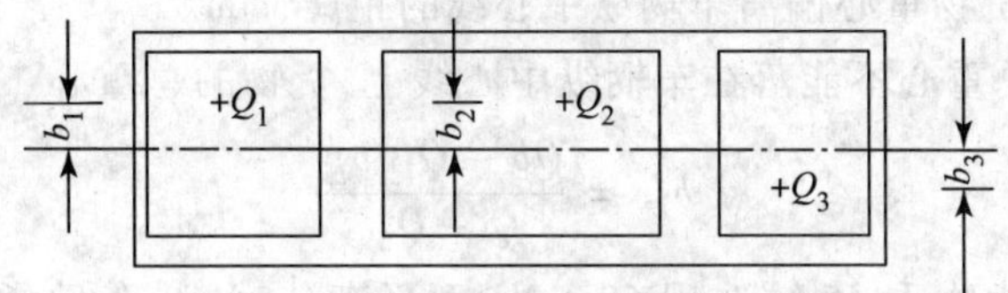

图 8-3 重心位置的确定

【例 8-3】 三件货物使用 N_{16}型车装载,求总重心的横向偏移量。

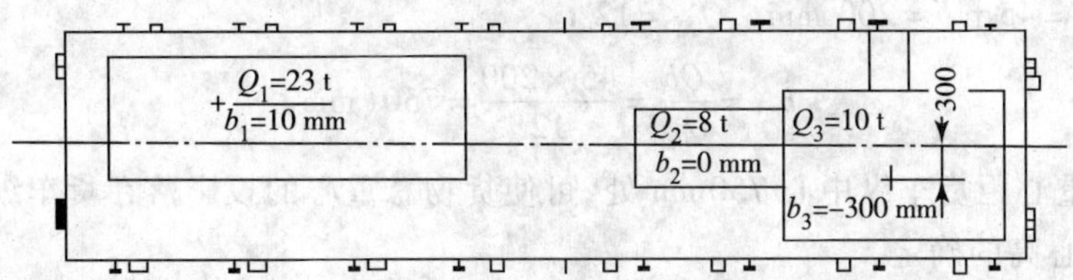

解:由图可知,$b_1 = 10$ mm,$Q_1 = 23$ t,$b_2 = 0$,$Q_2 = 8$ t,$b_3 = -300$ mm,$Q_3 = 10$ t

$$b = \frac{23 \times 10 + 8 \times 0 - 10 \times 300}{23 + 8 + 10} = -68(\text{mm})$$

总重心偏离车辆纵中心线 68 mm。

(2)配重货物的确定

大件货物装车时,为了避免超限或缩小超限程度,或货物形状特殊等原因,货物重心不但不能位于货车纵中心线上,而且需要计算距纵中心线的距离是否超过规定值(100 mm)。超过时,为了确保行车和货物安全,应采取配重措施,如图 8-4 所示。

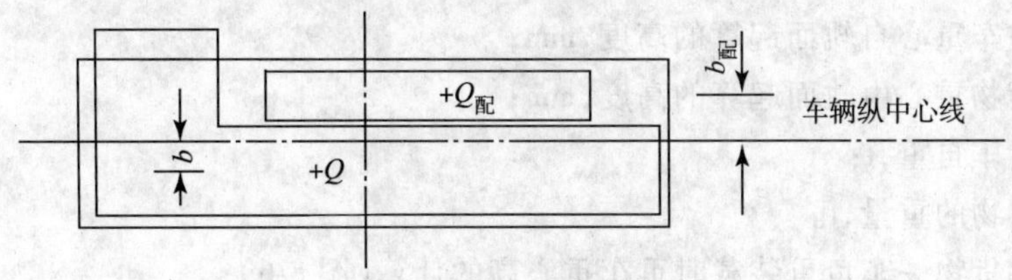

图 8-4 配重货物的确定

根据力矩平衡原理,以车辆纵中心线为轴得平衡方程式:

$$Qb = Q_{配}\ b_{配}$$

如果配重后货物总中心落在车辆纵中心线上,配重货物的重量或重心位置按下列公式计算

$$b_{配} = \frac{Qb}{Q_{配}}$$

$$Q_{配} = \frac{Qb}{b_{配}} \tag{8-7}$$

式中 $Q_{配}$——配重货物的重量,t;

$b_{配}$——配重货物重心距车辆纵中心线的距离,mm;

Q——配重前的货物重量,t;

b——配重前货物重心偏离车辆纵中心线的距离，mm。

如果配重后货物总重心不能落在车辆纵中心线上，货物的总重心

$$b_{横} = \frac{Qb - Q_{配} b_{配}}{Q + Q_{配}} \tag{8-8}$$

【例 8-4】 一件货物重 45 t，选用 60 t N_{16} 型平车装载，装车后货物重心偏离纵中心线 200 mm，另有配重货物 12 t，其重心在货车纵中心线另一侧多少毫米处，才能使货物总重心落在货车纵中心线上？

解： 已知 $Q = 45$ t，$b = 200$ mm　$Q_{配} = 12$ t

$$b_{配} = \frac{Qb}{Q_{配}} = \frac{45 \times 200}{12} = 750(\text{mm})$$

配重货物重心距货车纵中心 750mm 处，可使货物总重心的投影落在货车纵中心线上。

3. 重车重心高的确定

重车重心高指货物装车后，货物和车辆的总重心（即重车重心）至钢轨平面的高度。重车重心越高，倾覆力矩越大，车辆运行越不稳定；反之重车重心越低倾覆力矩越小，车辆走行越稳定，所以《铁路货物装载加固规则》中规定了：重车重心高度从轨面起，一般不得超过 2 000 mm，超过时，可采取配重措施，以降低重车重心高度，否则应限速运行。

（1）重车重心高的计算（图 8-5）

计算公式

$$H = \frac{h_{车} Q_{车} + h_{货} Q_{货}}{Q_{车} + Q_{货}} \tag{8-9}$$

式中　H——重车重心高度，mm；

$h_{车}$——空车重心自轨面起算的高度，mm；

$h_{货}$——货物重心由轨面起算的高度，mm；

$Q_{车}$——货车自重，t；

$Q_{货}$——货物的重量，t。

（2）装多件货物一车负重装载时重车重心高的计算（图 8-6）

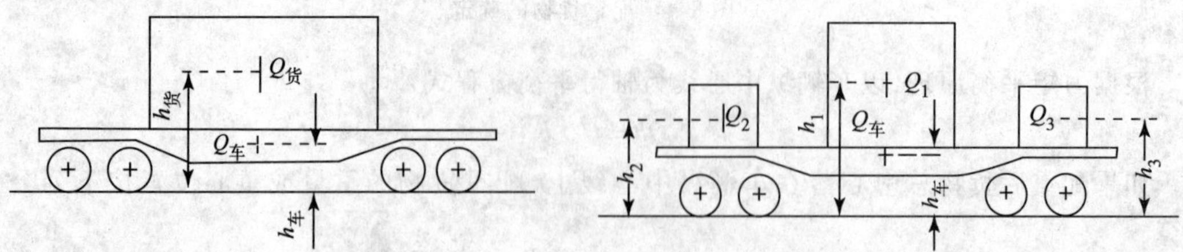

图 8-5　重车重心高的确定　　　图 8-6　装多件货物车负重装载时重车重心高的确定

$$H = \frac{h_{车} Q_{车} + h_1 Q_1 + h_2 Q_2 + \cdots + h_n Q_n}{Q_{车} + Q_1 + Q_2 + \cdots + Q_n}(\text{mm}) \tag{8-10}$$

式中　$h_1, h_2, \cdots, h_n$——装车后每件货物自轨面起算的重心高度，mm；

$Q_{车}$——货车自重，t；

Q_1、Q_2…Q_n——每件货物重量，t；

$h_车$——空车重心自轨面起算的高度，mm。

跨装时：

$$H = \frac{Q_{车1}h_{车1} + Q_{车2}h_{车2} + Qh}{Q_{车1} + Q_{车2} + Q} \tag{8-11}$$

式中 $Q_{车1}$、$Q_{车2}$——分别为两负重车自重，t；

$h_{车1}$、$h_{车2}$——分别为两负重车空车重心自轨面起算的高度，mm；

Q——货物重量，t；

h——装车后货物重心自轨面起算的高度，mm。

货物装车后，由轨面起算，其重心高度不超过《铁路超限超重货物运输规则》附表四的规定时，可不计算重车重心高。

(3)采取配重措施降低重车重心高

当重车重心高超过 2 000 mm 时，在实际工作中可选用重心较低自重较大的车辆或采取配重措施，降低重车重心高。

配重时，应按最大限度考虑：

$Q_配 \leqslant P_标 - Q$，配重后的重车重心高 $H = 2\ 000$ mm。

根据上述要求，得关系式：

$$2\ 000 = \frac{Q_总 H + Q_配 h_配}{Q_总 + Q_配}$$

根据已知配重货物预计装车后的重心高，配重货物最小需要重量为：

$$Q_配 = \frac{Q_总(H - 2\ 000)}{2\ 000 - h_配} \tag{8-12}$$

根据已知配重货物的重量，则配重货物的重心高度计算公式为：

$$h_配 = 2\ 000 - \frac{Q_总(H - 2\ 000)}{Q_配} \tag{8-13}$$

式中 $Q_总$——配重前，货车自重与主货重量之和，t；

$Q_配$——配重货物的重量，t；

$h_配$——配重货物装车后，其重心自轨面起算的高度，mm；

H——未配重前的重车重心高度，mm。

【例 8-5】 用 60 t N_{60}平车装一件 38 t 的货物，货物本身重心高为 1 500 mm，车辆自重 18 t，车地板自轨面起高 1 170 mm，车辆重心高 715 mm，计算重车重心高。若重车重心高超过规定，选用一件预计装车后由轨面起重心高为 1 850 mm 的货物配重，计算配重货物的起码重量为多少？

解： ①重车重心高

$$\begin{aligned} H &= \frac{h_车 Q_车 + h_货 Q_货}{Q_车 + Q_货} \\ &= \frac{715 \times 18 + (1\ 500 + 1\ 170) \times 38}{18 + 38} = 2\ 042(\text{mm}) \end{aligned}$$

②配重货物重量

$$Q_{配} = \frac{Q_{总}(H-2\ 000)}{2\ 000-h_{配}}$$

$$= \frac{(18+38)\times(2\ 042-2\ 000)}{2\ 000-1\ 850} = 15.68(\text{t})$$

配重货物的重量起码为15.68 t,但最大不得超过60－38＝22(t),重车重心高即可降到2 000 mm以下。

第三节　加固材料、加固装置

一、常用加固材料和加固装置的种类

常用加固材料有:拉牵捆绑材料(如镀锌铁线、盘条、钢丝绳和钢丝绳夹、固定捆绑铁索、绳索、螺旋式紧线器、84型紧固器、腰箍等);衬垫材料(如垫木和隔木、条形草支垫、稻草绳把、稻草垫、橡胶垫);掩、挡类材料(如支柱、挡木、钢档、锅炉挡铁、掩挡类包括三角挡、掩木、方木、凹木、铁泥塑料挡、围挡及挡板(壁));其他材料(如绳网、焦炭网、绞棍、圆钢钉、扒锯钉、U形钉、U形夹、钢板夹)。

加固装置有:货物转向架、车钩缓冲停止器及其他装载加固装置(如钢支架、钢座架、专用货车配备的装载加固装置)。

二、几种常用加固材料的规格和使用方法

1. 支　　柱

支柱是拦护货物的属于掩、挡类加固材料,支柱一般分为木支柱、钢管支柱和竹支柱三种。木支柱必须选用坚实圆直的木材制成,不允许有腐朽、死节和虫眼(表皮虫沟除外),活节不超过2个。钢管支柱须圆直,无裂纹,壁厚小于4 mm,禁止使用铸铁管制作支柱。竹支柱需用节密、圆直的竹子制成,不得有腐朽、虫眼和裂缝。

支柱的材质及规格见表8-4。

表8-4　常用支柱的材质及规格

类型	材质或树种	规格(mm)		
		长度	大头直径	小头直径
木支柱	榆、柞、槐、楸、桦、栗、栎、榉、水曲柳等各种硬木	不大于2 800	不小于85 不大于160	不小于65
	落叶松、黄菠萝		不小于105 不大于160	不小于85
	杉木、樟松		不大于180	不小于100
钢管支柱	普通碳素钢或其他钢种的无缝钢管或焊接钢管		不小于65	不小于65
竹支柱	毛竹		不小于80	不小于80

注:各种材质木支柱的直径均不含树皮的厚度

使用方法如下：

(1)敞车使用木、竹支柱时必须倒插。

(2)木支柱外插时应将其大头加工成四方形，紧插在支柱槽内，并适当露出支柱槽下，露出的长度不得超过 200 mm。

(3)钢管支柱外插使用时，其插入端应焊有挡铁。钢管支柱也可使用 8 kg/m 以上的轻轨代用。

(4)竹支柱仅限装运竹子及轻浮货物时使用。

(5)使用敞车装载木材、竹子时，支柱的使用数量按《铁路货物装载加固规则》有关规定办理。

注意事项如下：

(1)安插支柱不得超限。

(2)支柱折断时必须更换。

(3)使用平车时不得使用竹支柱，木支柱不得倒插。

(4)用桦木作支柱时必须剥皮或蹚皮。

2. 衬垫材料垫木和隔木

垫木用于支承货物并将其重量合理分布在车地板上，分横垫木和纵垫木两种。隔木是货物分层装载时，铺垫在层间用于防止货物滑动的加固材料。常用垫木和隔木的规格见表 8-5。

表 8-5 垫木和隔木的常用规格尺寸

名称	规格尺寸(mm)			要 求
	长	宽	高(厚)	
横垫木	2 700 ~ 3 000	150	140	装载超长货物时，横垫木的高度根据突出车端长度计算确定
纵垫木	—	150	140	
隔木	—	100	35	长度不得小于货物的装载宽度

注：本表规定的规格，如不能适应所装货物需要，应在具体装载加固方案中明确。

主要性能指标如下：

(1)横垫木和隔木的长度一般不应小于货物装载宽度，但不大于车辆的宽度。

(2)垫木的宽度不得小于高度。

制作要求和使用方法：

(1)垫木和隔木必须使用无削弱强度的木节和裂纹、坚实、纹理清晰、无腐烂的整块木材料制作。

(2)横垫木应置于车地板与货物间，避免集重装载时，其安放位置应满足《铁路货物装载加固规则》有关要求。

(3)一车负重装载超长货物时，横垫木的最小高度应根据《铁路货物装载加固规则》附件 2 公式计算确定。

(4)货物分层装载时,可在层间铺垫隔木。

3. 掩挡类(三角挡、掩木、凹木、方木、挡木、钢挡)

三角档、掩木、凹木是加固轮式走行机械和圆柱形货物的加固材料,挡木和钢档用于加固平底货物,防止货物在纵向或横向移动,对防止货物倾覆也起到一定作用。

(1)主要性能指标如下:

①单独使用时,三角挡、掩木的有效高度和凹木的凹部深度按《铁路货物装载加固规则》附件2公式计算确定,配合其他加固方法使用时,高度(深度)可适当降低。三角挡的底宽不得小于高度的1.5倍,其高度经计算不足100 mm时,按100 mm取用。

②常用方木的规格(长×宽×高)为500 mm×200 mm×160 mm。

③挡木的宽度与高度应相等,常用规格(长×宽×高)为400 mm×100 mm×100 mm。

④钢挡的结构、尺寸可根据实际使用需要确定。

(2)制作要求如下:

①木制三角挡应选用无节、无裂纹、无虫眼的一级木材制作,掩木、方木、凹木应用坚实的二级及以上木材制作。

②凹木可用坚实的横垫木与掩木配合制作,必要时,掩木的斜面应尽可能按被掩圆柱体半径制作成弧面,并用螺栓与横垫木牢固连接,每块掩木使用的螺栓数不得少于2个。凹木的宽度不小于凹木底面至凹部最低高度的1.2倍。

③挡木应采用材质良好,纹理清晰,无腐朽、无木节、无裂纹的木材制作。钢挡可用型钢或钢板制作。

(3)使用方法和注意事项如下:

①加固圆形货物及轮式货物时,可使用三角挡、掩木、方木、凹木等加固材料,其规格应根据货物的重量、直径(或轮式)等确定。

②掩挡与车地板或隔木的联结强度必须足以防止其自身移动或倾覆。

③使用三角挡或掩木掩挡轮式货物时,其一侧斜面应与货物贴实,底面与车地板接触处应平整。

④装载平支承面货物时,可以在货物两端和两侧加挡木或钢挡。

⑤挡木、钢挡一般采用钉固或螺栓连接的方式固定,钢挡可通过直接焊接的方式固定。

⑥固定挡木或钢挡的圆钢钉应垂直钉进,圆钢钉的长度应接近于将车地板钉穿。

⑦禁止使用由断痕、裂纹及腐朽木材制作的掩挡。

⑧为防止挡木或钢挡受力后翻倒,挡木或钢挡不宜过高。挡木不得拼接。

4. 镀锌铁线、盘条和固定捆绑铁索

拉牵捆绑材料捆绑加固货物常用的镀锌铁线有8、9、10号三种,常用盘条公称直径有5.5 mm、6.0 mm和6.5 mm三种。镀锌铁线和盘条应数股拧成一根使用。

固定捆绑铁索配合支柱拦护货物,固定捆绑铁索长度为2 450 mm、2 600 mm由8号镀锌铁线4股制作。其两端的环状必须先拼齐缠绕。分手工制作和机械制作两种。

(1)主要性能指标如下:

①镀锌铁线的指标应符合国家标准GB/T 343一般用途低碳钢丝的要求。

②镀锌铁线的破断拉力应以产品标签上的数据为准,许用拉力取其破断拉力的1/2。常用镀锌铁线的破断拉力和许用拉力见表8-6。

表8-6　常用镀锌铁线的破断拉力和许用拉力

线号	6	7	8	9	10	11	12
直径(mm)	5.0	4.5	4.0	3.5	3.2	2.9	2.6
破断拉力(kN)	6.7	5.4	4.3	3.29	2.75	2.26	1.82
许用拉力(kN)	3.35	2.7	2.15	1.64	1.37	1.13	0.91

③盘条的质量应符合国家标准低碳钢热扎圆盘条的要求。

④盘条的破断拉力应以产品标签上的数据为准,许用拉力取其破断拉力的1/2。常用盘条的破断拉力和许用拉力见表8-7。

表8-7　常用盘条的破断拉力和许用拉力

直径(mm)	5.5	6	6.5
破断拉力(kN)	7.96	9.47	11.12
许用拉力(kN)	3.98	4.73	5.56

⑤固定捆绑铁索的质量应符合铁道行业标准TB/T 3079.5固定捆绑铁索的要求。

⑥固定捆绑铁索的破断拉力不得小于12 kN。固定捆绑铁索规格尺寸见表8-8。

表8-8　固定捆绑铁索规格尺寸

项　目	尺寸及公差(mm)
索环直径 d	20 ±5
铁索长度 L	2 450 ~ 2 600
绞合部分长度 L_1	90 ±10(手工制作时) 120 ±10(机械制作时)
缠绕部分长度 L_2	30 +5
索环长度 L_3	≤60

(2)使用方法如下:

①使用镀锌铁线拉牵加固的方式主要有八字形、倒八字形、交叉、又字形或反又字形等。各种拉牵方式可单独使用,也可两种或两种以上组合使用。拉牵应尽可能对称。

②拉牵加固时,将单股或双股镀锌铁线在货物和车辆的两栓结点间往返缠绕,并应拽紧镀锌铁线使各股紧度尽量一致,剩余部分穿插缠绕于自身绳杆后,使用绞棍绞紧,余尾朝向车内。

③应合理选择货物上的拉牵位置,用于防止货物水平移动时,拉牵位置应尽量低些,用于防止货物倾覆时,拉牵位置可适当高些。

④使用盘条拉牵加固的主要方式与镀锌铁线相同。各种拉牵作业方法、拉牵选择栓结位置与镀锌铁线使用方式一致。盘条还可用于整体捆绑。

⑤加固木材使用固定捆绑铁索作腰线时,应分别用3股游线穿入固定捆绑铁索环内,各缠绕支柱2周,拧固3周,捆绑松紧适度,固定捆绑铁索应与木材密贴。

⑥同一固定捆绑铁索允许使用一个游线环,固定捆绑铁索可以重复使用。

(3)注意事项如下:

①拉牵用镀锌铁线直径不得小于4 mm,捆绑用镀锌铁线直径不得小于2.6 mm。镀锌铁线不得用作腰箍下压式,加固一般不用作整体捆绑。

②绞紧时不得损伤镀锌铁线。禁止使用两股以上镀锌铁线一次性缠绕的操作方法。禁止使用受损,使用过的镀锌铁线。

③禁止使用受损、使用过的和表面有裂纹、折叠、结把、耳子、分层、夹杂的盘条,绞紧时不得损伤盘条。

④拉牵时,禁止盘条两端头相互搭接缠绕,盘条不得用作腰箍下压式加固。

⑤禁止使用锈蚀的固定捆绑铁索,固定捆绑铁索两端不得同时使用固定游线,绞紧时不得损伤固定捆绑铁索。

5. 钢丝绳、钢丝绳夹

捆绑加固货物使用的钢丝绳,应选用柔性较好的起重、提升和牵引用钢丝绳。钢丝绳夹是紧固捆绑钢丝绳的装置。钢丝绳夹用于夹紧钢丝绳末端,使与之连接的钢丝绳成为一体,并具有相同的抗拉能力。

(1)主要性能指标如下:

①钢丝绳和钢丝绳夹的质量应分别符合国家标准GB/T 20118《一般用途钢丝绳》和GB/T 5976《钢丝绳夹》的要求。

②实际使用时,钢丝绳的破断拉力应以产品标签上的数据为准,许用拉力取其破断拉力的1/2。

③钢丝绳和钢丝绳夹的型号规格较多,为便于现场掌握和操作,《铁路货物装载加固规则》附件5以公称抗拉强度1 670 N/mm^2 的规格6×19钢丝绳为例,列出最小破断拉力和许用拉力,常用钢丝绳夹规格尺寸和适用钢丝绳最大直径由《铁路货物装载加固规则》附件5进行了说明。

(2)使用方法如下:

①钢丝绳的拉牵加固方式及合理选择货物上的拉牵位置与镀锌铁线和盘条的使用要求相同。

②拉牵加固时,将钢丝绳穿过紧线器或绕过拴结点后,绳头折回与主绳并列使用与之匹配的钢丝绳夹固定,钢丝绳还可用于腰箍下压式加固和整体捆绑。

③固定单股钢丝绳端头时,使用钢丝绳夹的数量不得少于3个,两根钢丝绳搭接时,并列绳头应拉紧,用不少于4钢丝绳夹正反扣紧并紧固,钢丝绳夹间的距离等于6~7倍钢丝绳直径,绳头余尾应控制在100~300 mm。

④应先紧固离拴结点最近的钢丝绳夹,加固时钢丝绳应松紧适度,搭接钢丝绳时,钢丝绳夹的底板必须扣装在主绳一侧。

(3)注意事项如下：

①禁止使用受损的钢丝绳，禁止使用吊车吊钩张紧钢丝绳，紧线器与钢丝绳串联使用时，其抗拉强度应与钢丝绳匹配。

②钢丝绳夹的夹座表面应光滑平整，无尖棱和昌口，不得有降低强度和有损外观的缺陷(如气孔、裂痕、疏松、夹砂、铸疤、起鳞、错箱等)。

③夹座的绳槽表面应与钢丝绳的表面和捻向吻合，U 形螺栓杆表面不允许有过烧裂纹、凹痕、斑疤、条痕、氧化皮和浮锈。

④螺纹表面不许有碰伤、毛刺、双牙尖、划痕、裂缝和丝扣不完整。

三、常用装载加固装置

1. 货物转向架

(1)货物转向架的基本技术要求

货物转向架的质量、性能和技术状态应符合铁道行业标准 TB/T 2902 货物转向架的要求。

货物转向架每副两个，每个转向架由上架体和下架体组成，其中一个下架体具有死心盘，中心销孔为一圆孔；另一个上架体具有活心盘，中心销孔为一长孔。

常用货物转向架结构见表 8-9。

表 8-9 普通货物转向架的结构和尺寸规格

构 件	长 度 (mm)	宽 度 (mm)	高 度	上架体 中心销	死心盘 中心销	活心盘 中心销
上架体	2 850 ~ 3 000	不大于 550	货物转向架组成后的高度不低于表 8-12的规定	中 1/中 2	—	—
死心盘下架体	2 850 ~ 3 000	符合负重车地板负重面长度容许载重量的规定		—	中 3/中 4	—
活心盘下架体	2 850 ~ 3 000			—	—	R1/R2 R1/R2
垫木	2 750 ~ 2 900			—	—	—

货物转向架的强度和刚度必须与其所承受的负荷相适应，货物转向架上架体必须备有能对货物实施加固的部件，下架体必须备有能与车体加固的部件。

货物转向架组成后，上架体必须转动灵活，活心盘上架体还应纵向滑动灵活。

货物转向架下架体支重面长度应符合《铁路货物装载加固规则》的有关要求，货物转向架沿车地板横向长度一般不大于 3 000 mm，当超过 3 000 mm 时，应保证不超限。

货物转向架的高度应根据负重车的车型、跨装车组有无中间游车、货物超过转向架中心销外方的长度，以及货物地面是否有突出部分等因素计算确定见表 8-10。

当货物转向架使用旁承时，应保证其具有良好的滑动性能；在负载情况下，两侧旁承游间之和不应大于 10 mm，且任何一侧不得压死。

表 8-10　普通型货物转向架的最小高度

装载方法	负重车型	货物超过转向架中心销外方的长度(m)	货物转向架的最小高度(mm)	附　注
两车负重无中间游车	60 t 平车	≤8.45	249	(1)本表所列货物转向架的高度,未包括货物的挠度和游车车地板与负重车地板的高度差。(2)如果货物底部有向下的突出部分时,货物转向架的高度应再加上该突出部分的尺寸
		8.46～8.50	250	
		8.51～9.00	260	
		9.01～9.50	270	
		9.51～10.00	280	
两车负重有中间游车		≤11.55	380	
		11.56～12.00	392	
		12.01～12.50	405	

货物转向架根据其用途和性能分为普通型和专用型两类。普通型是指一般超长货物转向架,专用型是指为某种超长货物专门制备的货物转向架。普通货物转向架见图 8-7。

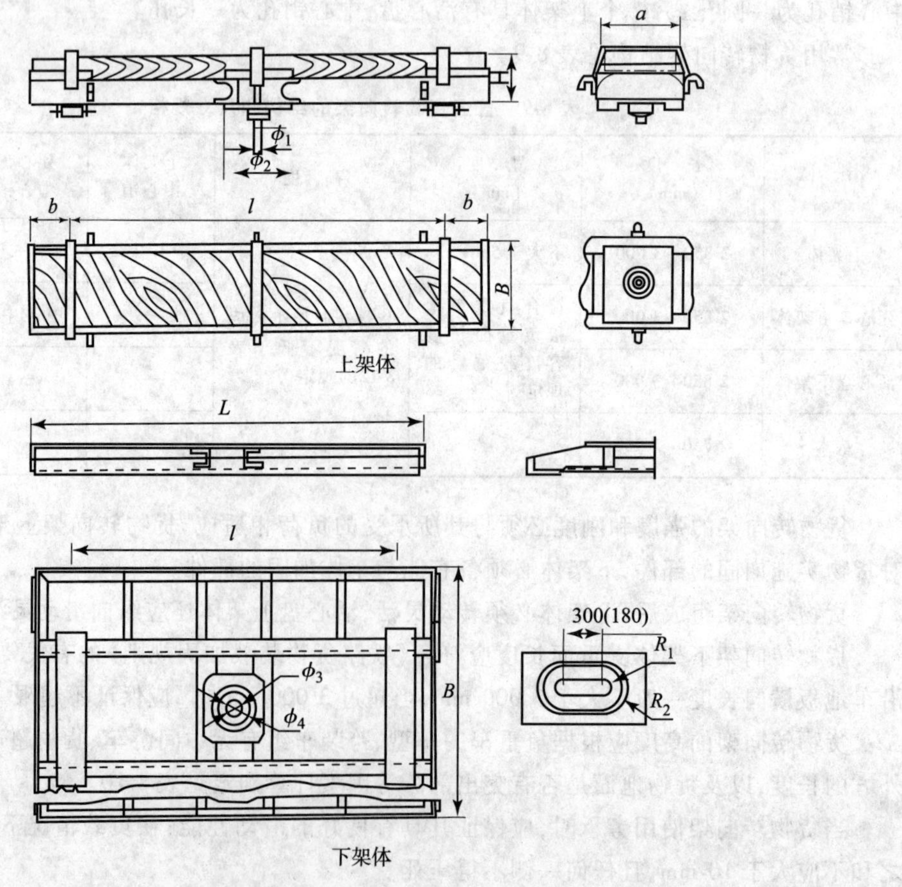

图 8-7　普通货物转向架结构(单位:mm)

专用货物转向架(8149 型混凝土桥梁转向架)主要由上架体、下架体、中心销轴、横梁、旁承、防倾斜撑等零部件组成。上架体直接放置于下架体之上,接触面间通过涂抹黄油润滑,以减少通过曲线、道岔等时上,下架体间转动动摩擦阻力,中心销轴(采用 45 号钢调质热处理)直径为 80 ~ 100 mm,用于限制上架体的位移,死心盘的上架体只能绕中心销轴轴线转动,不能滑动,活心盘的上架体除可绕中心销轴轴线转动外,还可沿中心销轴轴心前后(即车辆纵中心线)移动。

(2)货物转向架的编号

货物转向架用三段代码方式编号,由所属局名简称、类型及单架承载能力代码段,车组中间能否加挂游车代码段和顺序代码段组成,并在其中用短横杠相连。除单架承载能力代码段作为类型代码的下标处,其余代码均用相同字形、字号表示。例如:兰州局管内某托运单位,两车一组中间不加挂游车,单架承载能力 30 t 以下的普通货物转向架,其编号为:兰 P30 - 2 - 0123,三车一组中间加挂游车,单架承载能力 30 t 以上 60 t 以下的专用货物转向架,其编号为:兰 Z60 - 3 - 0223。"兰"为局名简称,"P"、"Z"为普通和专用型货物转向架第一字的汉语拼音首字,下标"30"、"60"为单架承载能力;"2"表示负重车中间不加挂游车,"3"表示负重车中间加挂游车,"0123"、"0223"为顺序编码。

(3)货物转向架的使用和管理

两车一组跨装货物时,活心盘中心销定位于活心盘孔的中央;三车一组跨装货物,中间加挂游车时,活心盘中心销置于活心盘孔内的位置,距中间游车一端(内侧)180 mm,距另一端(外侧)120 mm。活心盘孔在上架体时则相反。

货物转向架编号应标打在转向架的明显位置,托运人应在货物运单托运人记事栏内注明转向架编号,每次转向架维修后,应将转向架的变形、扭曲、锈蚀以及开焊部位等情况真实、完整地填记在转向架管理台账上。

新造货物转向架前,制造单位应向铁路局提出申请,由铁路局上报铁道部批准后方可生产。其采用的图纸必须是经铁道部鉴定、认可的。生产单位在制造过程中不得擅自改变,而且须经铁道部认定的技术检测机构进行技术检测合格,由铁道部批准,铁路局编号后方准上路使用。各铁路局对管内批准使用的各类货物转向架应建立台账,进行编号管理,并配合使用单位建立管理、维修和报废制度。

2. 车钩缓冲停止器

车钩缓冲停止器由钢板和螺杆等部件组成,安装在车辆端梁的冲击座和车钩的钩头背之间,用以限制列车运行及车组连挂过程中车辆间相互距离的急剧变化。

(1)车钩缓冲停止器尺寸

如图 8-8 所示,车钩缓冲停止器使用的钢板其厚度不得小于 20 mm。连接螺杆的直径不得小于 16 mm。

置于冲击座和钩头背之间的钢板,在冲击一侧,应制作成梯形或圆弧形(圆弧半径不大于 100 mm),宽度 B(最宽处)应小于冲击座至钩头背向距离的 3 ~ 5 mm。

(2)使用方法和注意事项

在车钩自然状态下,将车钩缓冲停止器安装在货车冲击座和车钩钩头背之间。

卸车或回送前,应拆卸车钩缓冲停止器。

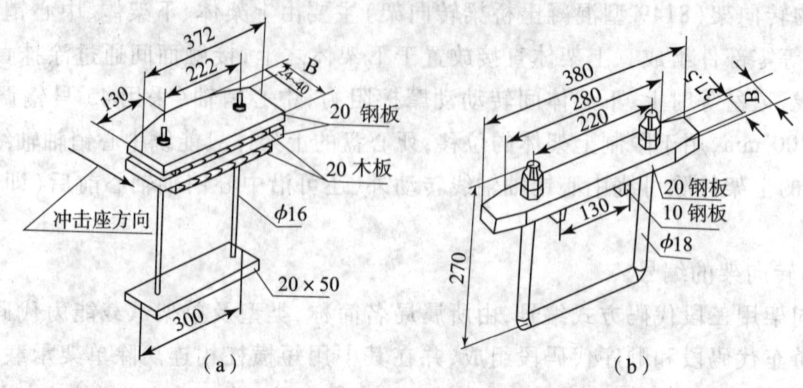

图 8-8　车钩缓冲停止器(单位:mm)

(3)其他装载加固装置钢支架、钢座架

钢支架、钢座架应根据货物形状、重量、使用车辆等条件制作,其强度、规格、防滑和加固措施应能满足货物安全运输的要求,钢支架、钢座架的设计,制作和测试,须经铁路局指定单位进行或批准。各铁路局应制定钢支架、钢座架运用管理办法,并报铁道部运输局备案。

第四节　几种常见货物的装载加固

一、木材的装载加固

1. 木材的装载要求

(1)木材使用敞车装载时,应大小头颠倒,紧密排摆,紧靠支柱,压缝挤紧;两端木材应倾向货车中部,不准形成向外溜坡。装车后中心高度不得大于 4 600 mm,支柱底面必须敞车地板接触。腐朽木材应采取防火措施。

(2)紧靠支柱的木材,两端超出支柱的长度,不得小于 200 mm(由支柱中心线算起)。

(3)紧靠支柱顶部的原木不得超出支柱。但紧靠支柱的原木,其树节、枝丫、弯曲部分或根部,两侧允许超出支柱。

(4)装载原木(包括坑木、小径木)时,应对每垛起脊部分做整体捆绑,整体捆绑线使用直径不小于 7 mm 的钢丝绳或破断拉力不小于 21 kN 的专用捆绑加固器材,腰线使用专用捆绑加固器材时,整体捆绑可使用 ϕ6. 5 mm 盘条 2 股,每道整体绑的铺设位置距车辆端、侧墙顶面向下不小于 100 mm。材长大于 4 m 的,每垛整体捆绑 5 道,4 m 及以下每垛整体捆绑 3 道,整体捆绑线的余尾部分折向车内,并用 U 形钉钉固。车辆两端安装挡板时,应使用 8 号镀锌铁线对挡板进行拦护,不使用挡板时,靠车辆两端的起脊部分的顶层,应使用 8 号镀锌铁线 2 股对原木端部向支柱方向兜头拦护,镀锌铁线与每根原木端部接触处用 U 形钉钉固。

(5)敞车装载板、方材时,货物高度超出车辆端侧墙的,应在车辆两端安装挡板(围装除外),并使用 8 号镀锌铁线对挡板进行拦护。

(6)长度不足 2. 5 m 的木材不能全部成捆时,需用长材或成捆材压顶。其装载方法可根据木材长度,分别采取:①围装:将木材沿车辆端侧墙内侧竖立一周,超出端侧墙部分,不得大于端侧墙高度(应装木材长度)的 1/2。围板厚度不得小于 40 mm,围板四周用 8 号镀锌铁线两股串联,并用 U 形钉钉固。②顺装:每垛内插 2 对支柱,垛间距离须小于木材本身长度的 1/5。

2. 加固材料

装载木材使用的加固材料有:支柱、8 号镀锌铁线、盘条、U 形钉、固定捆绑铁索、木材捆绑紧固器、专用捆绑加固器材等。加固材料仅限一次使用。

3. 每垛木材使用支柱对数

应符合表 8-11 的规定。支柱折断时,必须更换。

表 8-11 装载木材每垛安插支柱对数

每垛木材的长度 L(mm)	每垛木材使用支柱对数
$2\,500 \leqslant L < 5\,000$	3
$5\,000 \leqslant L < 8\,000$	4
$L \geqslant 8\,000$	5

4. 每对支柱捆绑腰线的道数

视敞车侧墙高度而定,高度小于 1 600 mm 的不少于 3 道,1 600 ~ 1 900 mm 的为两道,大于 1 900 mm 的为 1 道。腰线间距适当,不得卡侧墙,捆绑松紧适度,应使上层木材与下层木材密贴。每对支柱使用封顶线 1 道。腰线及封顶线的捆绑周数应符合表 8-12 的规定。

表 8-12 腰线及封顶线的捆绑周数

捆绑材料	规　格	腰数周数	封顶线周数
镀锌铁线	中 4.0 mm	3	2

注:1. 装载杉木时,腰线周数可按封顶线周数办理。

2. 每道封顶线与每根(块)木材的接触处使用 U 形钉钉固。

3. 木材运输化学防火。

防火范围:凡腐朽木材(包括次加工材、薪炭材、烧火材)以及一般木材,断面有内腐洞眼或外腐面的,全面均应进行化学防火处理。

化学防火喷涂要求:喷涂厚度不得小于 0.2 mm,喷入内腐洞眼的深度,应等于或大于洞眼直径的 2 倍,洞眼深度小于洞眼直径 2 倍的,洞内腐面应全部喷涂,贯通性腐洞应锯开喷涂。对装车后位于敞车端板以下,与端板水平距离小于 200 mm,垛与垛之间水平距离小于 200 mm,可不喷涂。

二、竹子的装载加固

竹子应使用敞车装载。在敞车两端使用竹篱作挡壁,并在挡壁外内插木支柱 5 ~ 7 对,两侧内插木支柱不少于 4 对,装运小竹子,应成捆装载,围装时,可不安装挡壁。腰线、封顶线与端支柱拉线,各使用 8 号镀锌铁线捆绑两周。

三、轮式、履带式货物的装载加固

轮式、履带式货物应使用木地板车装载(专用货车装运时除外),其本身有制动装置时,装车后应制动，门窗闭锁并将变速手柄放在初速位置，制动手柄或拉杆应用镀锌铁线固定（运输轿车时，其制动手柄应拉紧，并将挡位放在空挡或 P 挡上）。其装载方法如下：

1. 顺装时，相邻两辆间距不小于 100 mm。

2. 横装时，相邻两辆应头尾颠倒，间距不小于 50 mm。

3. 跨装在两平车上的汽车，其头部与前辆汽车的尾部间距不小于 350 mm，如图 8-9 所示。

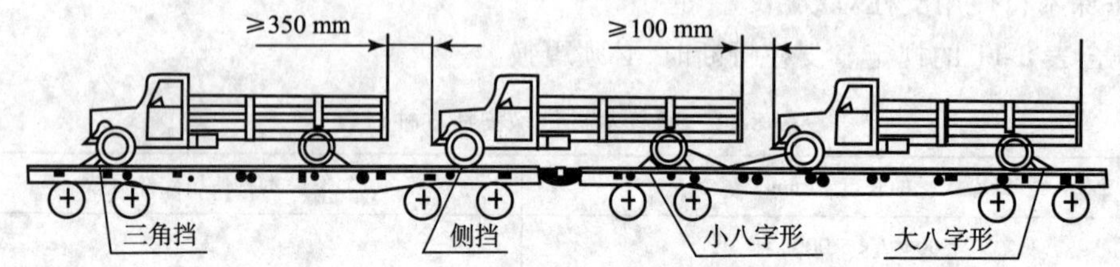

图 8-9　汽车顺装

4. 爬装汽车方法（图 8-10）

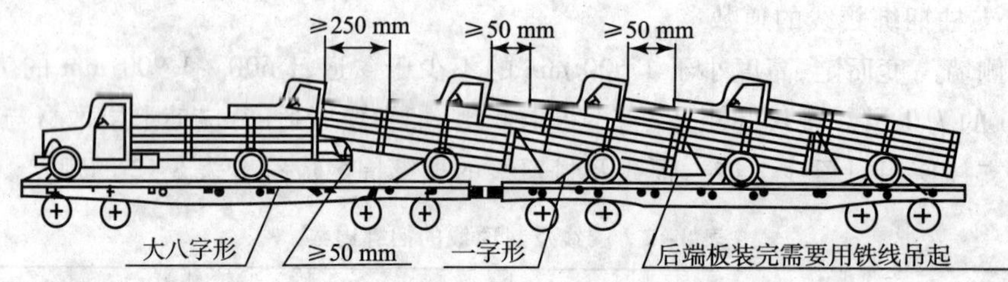

图 8-10　汽车爬装

无车厢的汽车爬装时，应将第二辆及其后各辆的前轮依次放在前辆的后轮上对齐，如图 8-11所示。

图 8-11　无车厢的汽车爬装

轮式、履带式货物加固方法如下：

1. 顺装时，轮径 1 000 mm 以下的前轮（组）前端、后轮（组）后端以及轮径 1 000 mm 及以上的前后轮（组）前后端，均应安放相应规格的掩挡，掩紧钉固，并采用八字形拉牵加固，装载履带式货物时在履带前后放置方木或挡木，但不得于履带齿接触，并在平衡铁处放置支架。

2. 横装时，每辆前后轮前（后）端安放三角挡并掩紧钉固。

3. 跨及两平车的汽车应在其前轮外侧或内侧 50 mm 处钉固侧挡（不用三角挡及捆绑），后轮前后均用三角挡掩紧钉固，并采用小八字形拉牵加固，如图 8-9 所示。

4. 爬装时，爬装在前部车厢内的前轮不需要加固，但后轮前后均应用三角挡掩紧钉固，并用镀锌铁线斜拉(斜拉线与水平夹角不大于60°)。爬装车组最后一辆的后轮,应采用小八字形拉牵加固。如图8-10所示。

无车厢汽车爬装时,重叠装载两轮轴应上下对齐,并捆在一起(不宜过紧),后轮前后均用三角挡掩紧钉固,并采用小八字形拉牵加固,如图8-11所示。

5. 对回转式货物应在平衡铁处放置支架并采取防止转动措施。

四、圆柱形、球形货物的装载加固

1. 圆柱形货物可选用适当规格和材质的凹木、三角挡、座架等材料和装置,并采取腰箍下压、拉牵等方式进行加固。

2. 球形货物应选用适当规格,具有足够强度,能保证货物稳定的座架,货物底部不得与车地板接触。对无拴结点加固较为困难的球形货物,可在球体上部采用套圈,套圈四处拉牵牢固。

五、金属材料及制品的装载加固

1. 金属块、锭、坯

装载单件重量1 t及其以下的金属块、锭、坯时,须均匀分布在车地板上。靠端侧墙(板)处货物的装载高度须低于端侧墙(板)。

成垛(捆)装载时,要求堆码整齐,每垛货物高度不得大于货物底宽的80%,并用镀锌铁线或盘条捆牢。

使用全钢敞车时,应用稻草垫等防滑。将中、下门关闭后用8号或10号镀锌铁线捆固。

单件重量超过1 t不足4 t的金属块、锭、坯,应大小头颠倒,均衡装载,可使用挡木或支撑方木加固。

2. 钢　　板

装载钢板,可使用敞、平车装载。每垛货物高度不得大于货物底宽的80%,货物层间及与车地板间应衬垫防滑,重量分布应符合《铁路货物装载加固规则》的有关规定。

使用平车装载钢板时,可单排或双排顺装,装载高度超出端、侧板时,可使用支柱。每垛钢板使用盘条(钢丝绳)或钢带整体捆绑,捆绑间距不大于2.5 m。每垛钢板采用反又字下压加固2道,端部采用交叉斜拉加固。

使用敞车装载钢板,钢板宽度小于1.3 m时,应双排顺装,每垛使用盘条(钢丝绳)或钢带整体捆绑,捆绑间距不大于2.5 m。钢板宽度不小于1.3 m时,可单排顺装。长度7~9 m的钢板允许中部搭头,两端紧靠车端墙。

成捆或盒装薄板、马口铁、矽钢片等货物可使用敞车、棚车装载。成垛装载时,要求分布均衡,每垛货物高度不得大于货物底宽的80%。货物层间及与车地板间须加防滑衬垫。

3. 卷　　钢

卷钢(板)应使用平车和C_{62A}、C_{62A*}、C_{62A*K}、C_{62AK}、C_{62A*T}、C_{62AT}、C_{62B}、C_{62BK}、C_{62BT}、C_{64}、C_{64K}、C_{64H}、C_{64T}、C_{70}及C_{70H}等敞车装载。

卷钢板可立装、卧装或集束立装。立装时，卷钢板的直径须大于本身高度；卧装时，可使用钢座架（座架须与车体加固），用木地板平车卧装时，可将相邻卷钢（板）用夹具或镀锌铁线（盘条）捆在一起，并用三角挡掩紧钉固；集束立装时，集束端最短距离应大于集束高度，卷钢板中部用镀锌铁线（盘条）捆绑在一起，并采取防止镀锌铁线（盘条）下滑措施。

卷钢板无论立装、卧装或集束立装，均应采取有效的防滑措施，卷钢（板）本身应用镀锌铁线、盘条或钢丝绳等与车体捆绑加固（装载在座架上的除外）。

4. 钢　轨

25 m钢轨采用专用货物转向架两平车跨装方式，两平车地板面高度差超过20 mm，必须垫平。可不安装车钩缓冲停止器。遇有涂打“㊋”的平车，允许放下端侧板进行装运，提钩杆和放下的端侧板要捆紧锁牢。

5. 钢丝绳和电缆

钢丝绳、电缆可使用敞车、平车装载。卧装时，可使用钢、木座架，并采取加固措施。使用敞车立装时，每个轮盘下部垫横垫木（条形草支垫）或稻草垫。

6. 型钢及管材

型钢及管材可使用敞、平车装载。根据需要可使用硬木支柱（钢管支柱）隔木、掩木、稻草垫（条形草支垫或稻草绳把）、镀锌铁线盘条、钢丝绳等材料进行加固。

（1）长短不一的各类型钢及管材混装一车时，应将重的装在下面，轻的装在上面，长的装载两侧，短的放在中间。同一规格型钢及管材应成垛（捆）装载，堆码整齐，必要时允许搭头、压边、压缝或重叠装载。

（2）型钢及管材的装载高度超出侧墙（板）时，每垛货物至少安插两队支柱，超出高度在1 m以内时，捆1道腰线；超过1 m时，捆两道腰线，必须封顶。敞车起脊装载管材不使用支柱时，每垛（捆）管材需用钢带或钢丝绳捆绑，层间衬垫防滑。

（3）使用有端侧板平车装载长大型钢时，应紧密排摆成梯形，层间加垫防滑衬垫，并采用整体捆绑及反又字下压式加固。

（4）使用敞车装载大型管材时，应成垛（捆）装载，底部须掩垫牢固。仅使用衬垫防滑加固时，装载在最上层的管材超过端侧墙高度应小于管材直径的1/2。

不使用支柱起脊装载时，每垛（捆）管材需用钢带或钢丝绳下压式捆绑，层间衬垫防滑。

7. 废　钢（敞车）

敞车装运废钢时，装载高度不得超出端、侧墙，装车后苫盖钢网。为防止货车偏载、偏重，装车后用轮重测定仪检测。

复习思考题

1. 货物装载加固的基本要求是什么？
2. 货物装载的宽度与高度是如何规定的？
3. 常用加固方法有几种？
4. 使用右端、侧板平车、装载长度或宽度超出车底板的货物，如何装载？

5. 货物突出平车车端装载时有何规定？
6. 使用敞车装载成件包装货物时应如何装载？
7. 使用敞车装载成件包装货物时应如何加固？
8. 重车重心高的高度时怎么样规定的？
9. 拉牵加固有哪些方式？
10. 苫盖篷布或加固货物时所用绳索或加固线余尾长度如何规定？
11. 铁路货物装载加固方案有几种？
12. 什么是货物的中心？
13. 什么是货物的重心？
14. 加固装置有哪些？
15. 常用方木的规格是如何规定的？
16. 装载木材每垛安插支柱对数如何规定的？
17. 顺装、轮式货物有何规定？
18. 装载单件超过 1 t 不足 4 t 的金属类货物如何装载？
19. 使用平车装载钢板有何规定？

第九章　特种货物运输

第一节　超限货物运输

一、超限货物定义

货物装车后，车辆停留在水平直线上，货物的任何部位超出机车车辆限界基本轮廓者或车辆行经半径为 300 m 的曲线时，货物的计算宽度超出机车车辆限界基本轮廓者，均为超限货物。

货物装载的高度和宽度，在一般情况下不得超出机车车辆限界和特定区段装载限制。但随着国民经济的发展和需要，长、大、重的货物日益增多，很多大件货物装载后，其外形尺寸都超过了机车车辆限界或特定区段装载限界。所以利用机车车辆限界与基本建筑限界之间留有的空隙，采取一定的安全措施，一部分大件货物是可以通过铁路运输的。

二、超限货物的种类

根据货物超限部位所在的高度，超限货物分为三种类型：上部超限、中部超限和下部超限。

1. 上部超限：自轨面起高度超过 3 600 mm，任何部位超限者。

2. 中部超限：自轨面起高度在 1 250 ~ 3 600 mm 之间，任何部位超限者。

3. 下部超限：自轨面起高度在 150 mm 至未满 1 250 mm 之间，任何部位超限者。

三、超限货物的等级

根据货物的超限程度，超限货物分为三个等级：一级超限、二级超限和超级超限。

1. 一级超限：自轨面起高度在 1 250 mm 及其以上超限但未超出一级超限限界者。

2. 二级超限：超出一级超限限界而未超出二级超限限界者，以及自轨面起高度在 150 mm 至未满 1 250 mm 间超限但未超出二级超限限界者。

3. 超级超限：超出二级超限限界者。

无论是左侧还是右侧或者两侧超限，根据超限货物部位的实测宽度或计算宽度超出机车车辆限界的程度不同，上部和中部超限均分为一级、二级和超级超限，但下部超限只分为二级和超级两个超限等级，对超出特定区段限界，还没有超出一级超限限界的按一级超限办理，对超出一级超限的，应根据超出限界程度，确定超限等级。

划分等级的目的是为了具体说明超限货物的超限程度，按超限等级超限货物运送条件确定请示范围及文电内容，同时超限等级也是发站计算核收超限货物运费的依据。各级超限限界如图 9-1 所示。

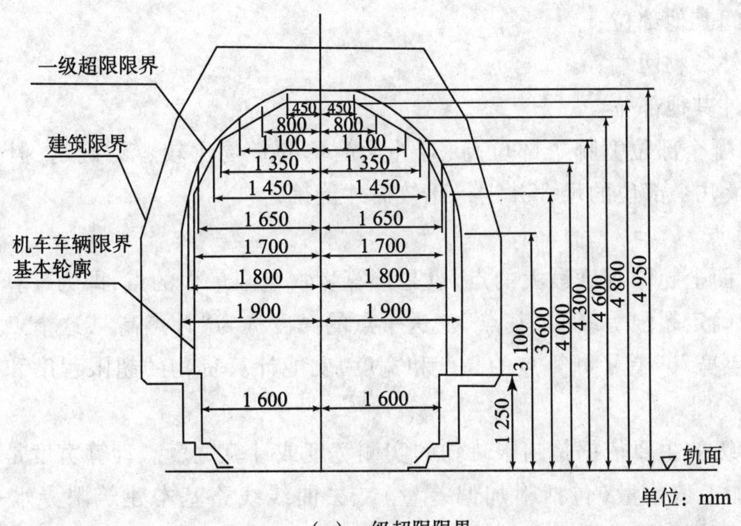

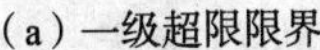
(a) 一级超限限界

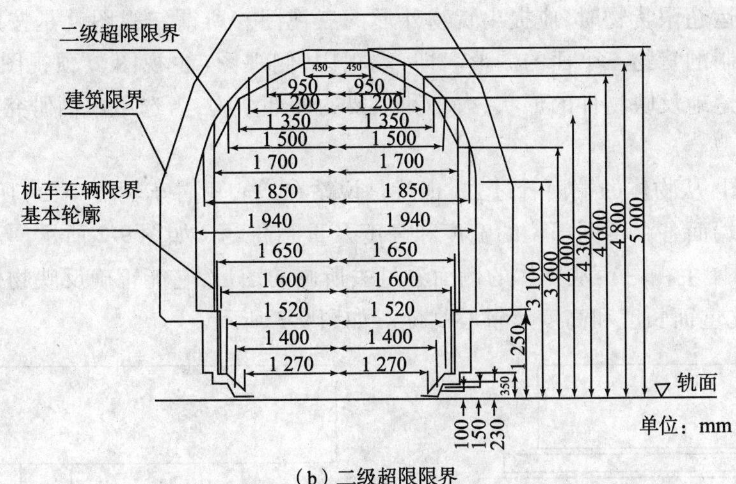

(b) 二级超限限界

图 9-1　各级超限限界图

第二节　超限货物超限等级的确定

一、货物检定断面和计算点的确定

1. 检定断面位置的确定

检定断面是确定超限货物超限程度和超限等级时，所依据的货物横断面。

检定断面的位置，是按货物装车的状态，以货车两转向架中心销为界划分的，大体上可分为“两销间”（即两转向架中心销之间）“两销外”（两转向架中心销外侧）两种情况，共四个部位，即：

（1）在两销间中央部位；

（2）在两销间其他部位；

（3）在两销外货物两端；

（4）在两销外其他部位。

至于货物的哪个部位宽哪个部位高，对外形简单的货物比较容易确定，但外形复杂的货物，往往需要测量几个部位的尺寸并进行比较后才能确定。

2. 确定计算点

货物检定断面上超限程度最大的点，也是计算货物超限最大的点，即为计算点。它是计算货物超限程度和确定超限等级的“基点”。这个点的高度称为“计点高”，这个点与线路中心线水平距离为“计点宽”。有了计算点的高度和宽度，就能计算货物的超限程度和确定出货物的超限等级。

确定超限等级的主要依据是超限货物的实测宽度或计算宽度。计算宽度是指货物检定断面的实测宽度，加上偏差量（包括附加偏差量）减去曲线线路基本建筑限界水平距离的加宽值。此项宽度应根据不同情况通过计算加以确定。

3. 识　　图

托运人托运超限货物时，应提出货物外形的三视图。所谓三视图就是按照货物的外形从不同的角度绘制的货物三个面的图形。即：端视图、侧视图（主视图）、顶视图（俯视图），以便全面、正确、清楚地反映物件的形状、大小和主要的外部结构，为选用车辆研究与制定装载加固方案提供依据。

（1）端视图：从物体的端面看过去（也就是说站在道心里看车辆的一面）所画的图形，它能正确反映物体端面各个不同部位的宽度和高度及重心高度。如图9-2所示。

（2）侧视图（主视图）：从物体的侧面看过去所画的图形，它能正确反映物体侧面的形状及其最大长度，支重面长度和高度及重心高度。如图9-3所示。

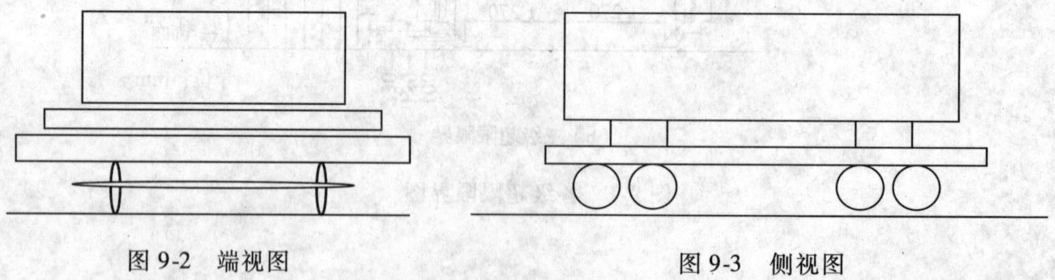

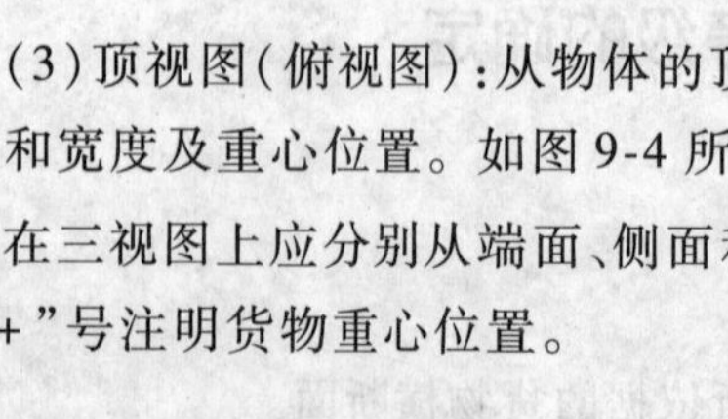

图9-2　端视图

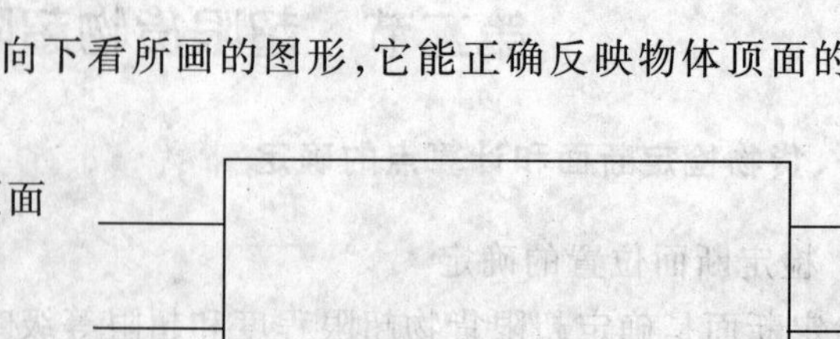

图9-3　侧视图

（3）顶视图（俯视图）：从物体的顶部向下看所画的图形，它能正确反映物体顶面的形状，长度和宽度及重心位置。如图9-4所示。

在三视图上应分别从端面、侧面和顶面以“＋”号注明货物重心位置。

图9-4　顶视图

二、货物偏差量的计算

偏差量产生的原因。货物装车后，虽然

在平直线线路上停留并不超限或超限程度较小，但行径半径为 300 m 的曲线线路时，则可能超限或增大超限程度。其原因就是因为车辆在平直线线路上停留时，车辆纵中心线与线路中心线是在同一垂直平面上，但是当行经曲线线路时，两转向架中心销和线路纵中心线重合，转向架中心销间的车辆纵中心线向曲线内侧偏移，而两转向架中心销外方的车辆纵中心线向曲线外侧偏移。

从而装在车辆上的货物，也必然随之偏移。因此，在确定超限程度时，必须考虑此项偏移数值，这个偏移的数值在曲线线路纵中心线外侧的称为外偏差量，在曲线线路纵中心线内侧的称为内偏差量。

三、附加偏差量 K

超限车行经在曲线线路上时，当货物的外偏差 $C_{外}$ 大于内偏差 $C_{内}$ 时，还必须考虑由于走行部分的游间、曲线线路轨距的加宽量及车辆在线路上蛇行运动的摆动量而产生的偏差量，称为附加偏差量。

1. 影响附加偏差量 K 的主要因素（图 9-5）

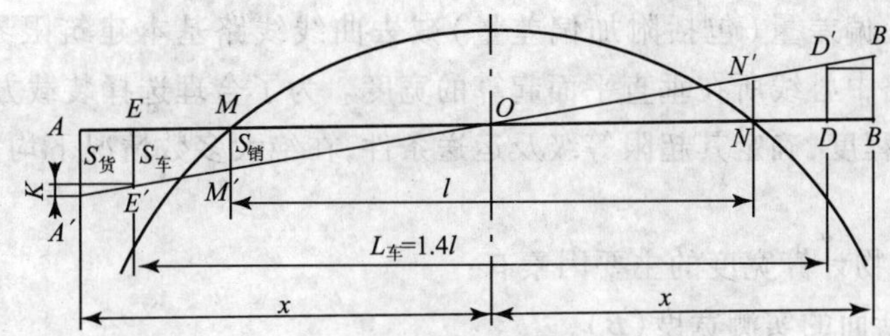

图 9-5　货物附加偏差量的计算

注：$S_{销}$—车辆中心销的摆动量；$S_{车}$—车辆两端的摆动量；$L_{车}$—车地板长；

$S_{货}$—货物两端的摆动量；x—货物检定断面至车辆横中心线的距离。

（1）车辆走行部分的游间

现行车辆走行部分均采用转向架装载。转向架由摇枕、侧梁、弹簧减震装置、轴箱润滑装置、轮对以及下心盘和旁承等各部件组成。各部件之间，都存在着一定的间隔，这些间隔称为游间。当车辆行经曲线线路时，由于游间的影响，将产生外偏差的增大值。

（2）曲线线路轨距的加宽量

为了使机车车辆能顺利通过曲线，防止外轨侧面磨耗和抵压外轨、曲线线路轨距应适当加宽。

（3）车辆在曲线线路上蛇形运动的摆动量。

2. 货物附加偏差量 K 的计算

（1）用一辆六轴及以下货车装载时

$$K = 75\left(\frac{2x}{l} - 1.4\right)(mm) \tag{9-1}$$

（2）用普通平车跨装时

$$K = 75(\frac{2x}{L} - 1.4)\ (mm) \tag{9-2}$$

(3)用六轴以上长大货物车装载时

$$K = 75(\frac{2x}{L_1} - 1.4)\ (mm) \tag{9-3}$$

式中　l——车辆转向架中心距,m;

L——跨装支距,m;

L_1——为长大货物车上层底架心盘中心距,m。

当 $\frac{2x}{l} \leqslant 1.4$、$\frac{2x}{L} \leqslant 1.4$、$\frac{2x}{L_1} \leqslant 1.4$ 时,货物附加偏差量不计算;同一件货物,计算点不同时,K 值亦不同。

四、计算宽度的确定

确定超限等级的主要依据是超限货物的实测宽度或计算宽度。计算宽度是指货物检定断面的实测宽度,加上偏差量(包括附加偏差量)减去曲线线路基本建筑限界水平距离的加宽值,所求得的曲线路中心线所在垂直平面起算的宽度。为了合理选择装载方案,了解货物具体的超限部位和超限程度,确定其超限等级及运送条件,在绝大多数情况下均需计算超限货物的计算宽度。

1. 影响超限货物计算宽度的主要因素有:

(1)货物检定断面的实测宽度(B);

(2)货物偏差量(C);

(3)附加偏差量(K);

(4)建筑限界曲线水平距离的加宽值(即 36 mm)。

2. 货物计算宽度的计算方法如下:

用一辆六轴及以下货车装载时,其计算宽度根据货物的检定断面在货车纵向位置的不同,可按下列几种情况进行计算,如图 9-6 所示。

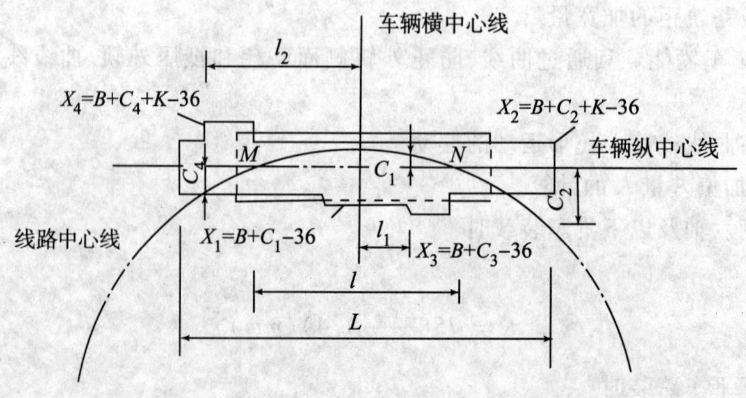

图　9-6

(1)当货物的检定断面位于车辆两心盘中心之间时,其计算公式为:

$$X_{内} = B + C_{内} - 36(mm) \tag{9-4}$$

式中 B——实测宽度,即货物检定断面的计算点至车辆纵中心线所在垂直平面的距离,mm;

$C_{内}$——货物检定断面处的内偏差量,即,车辆纵中心线在货物检定断面处偏离线路中心线的距离,mm;其计算公式为:

$$C_{内} = \frac{l^2 - (2x)^2}{8R} \times 1\,000(mm) \tag{9-5}$$

式中 l——车辆转向架中心距,m;

x——货物检定断面至车辆横中心线的距离,m;

R——曲线半径,m。

(2)当货物的检定断面位于车辆两心盘中心外方时,其计算公式为:

$$X_{外} = B + C_{外} + K - 36(mm) \tag{9-6}$$

式中 $C_{外}$——货物检定断面处的外偏差量,即,车辆纵中心线在货物检定断面处偏离线路中心线的距离,mm;其计算公式为:

$$C_{外} = \frac{(2x)^2 - l^2}{8R} \times 1\,000(mm) \tag{9-7}$$

K——货物检定断面处的附加偏差量,mm;其计算公式为:

$$K = 75\left(\frac{2x}{l} - 1.4\right)(mm)$$

注:当 $\frac{2x}{l} \leqslant 1.4$ 时不计算。

3. 用普通平车跨装时

(1)当货物的检定断面位于两货物转向架中心销之间时,其计算公式为:

$$X_{内} = B + C_{内} - 36(mm)$$

其中,$C_{内}$的计算公式为:

$$C_{内} = \frac{L^2 + l^2 - (2x)^2}{8R} \times 1\,000(mm) \tag{9-8}$$

式中 L——跨装支距,m;

l——负重车的转向架中心距,m;

x——货物检定断面至跨装支距中心线的距离,m。

(2)当货物的检定断面位于两货物转向架中心销外方时,其计算公式为:

$$X_{外} = B + C_{外} + K - 36(mm)$$

其中,$C_{外}$的计算公式为:

$$C_{外} = \frac{(2x)^2 - L^2 - l^2}{8R} \times 1\,000(mm) \tag{9-9}$$

K的计算公式为:

$$K = 75(\frac{2x}{L} - 1.4)(mm)$$

注：当 $\frac{2x}{L} \leqslant 1.4$ 时不计算。

(3)用六轴以上长大货物车装载时

①当货物的检定断面位于大底架两心盘中心之间时，其计算公式为：

$$X_{内} = B + C_{内} - 36(\text{mm})$$

其中，计算公式为：

$$C_{内} = \frac{L_1^2 + \cdots + L_n^2 - (2x)^2}{8R} \times 1\,000(\text{mm}) \quad (9\text{-}10)$$

式中 $L_1, \cdots, L_n$——分别为长大货物车由上向下各层底架心盘中心距，m；其中，n 为长大货物车底架层数。

x——货物检定断面至车辆横中心线的距离，m。

注：用具有导向装置的长大货物车装载时，$C_{内}$ 根据车辆使用说明书计算。

②当货物的检定断面位于大底架两心盘中心外方时，其计算公式为：

$$X_{外} = B + C_{外} + K - 36(\text{mm})$$

其中，$C_{外}$ 的计算公式为：

$$C_{外} = \frac{(2x)^2 - L_1^2 - \cdots - L_n^2}{8R} \times 1\,000(\text{mm}) \quad (9\text{-}11)$$

K 的计算公式为：

$$K = 75\left(\frac{2x}{L_1} - 1.4\right)(\text{mm})$$

注：当 $\frac{2x}{L_1} \leqslant 1.4$ 时不计算。

五、超限等级的确定

确定超限等级是请示装运办法，确定运输条件及核收货物运费的依据。

1. 确定超限等级的步骤

(1)选择计算点。

在端视图上标出不同高度、不同宽度的点。

对于同一宽度不同高度检定断面相同的点，由轨面起高度在 1 250 mm 时，选高不选低，不足 1 250 mm 时，选低不选高。

(2)确定检定断面。

在货物主视图上选出与所标示的点相对应的检定断面，当高度与宽度相同时，应选偏差量大的检定断面。

在两转向架中心销间，应选近不选远(距货车横中心线)。

在两转向架中心销外方，应选远不选近(距转向架中心销)。

(3)确定计算点的高度、宽度。

确定超限货物的超限等级，根据两个条件，一是“高度”，二是“宽度”。所谓“高度”，就是计算点的高度；所谓“宽度”，就是计算点的计算宽度或实测宽度，计算宽度考虑了货车行径半径为 300 m 的曲线线路时，发生了变化的一种宽度，它一般大于实测宽度，但计算宽度小于实测宽度时，则以实测宽度作为确定超限等级的依据。

(4)根据计算点的高度和宽度，按照《铁路超重超限货物运输规则》中附件 4 的超限等级尺寸，就可以确定其超限等级。

2. 确定超限货物的等级实例

【例 9-1】 某站承运长方形塔式起重机底座一件（箱装），重 54 t，长 9 m，宽 3.8 m，高 1.4 m使用 60 t N_9 型平车装运，装车时货物重心投影位于车辆纵、横中心线的交叉点上，货物底部选用高度为 135 mm 的横垫木四根，试确定超限等级。

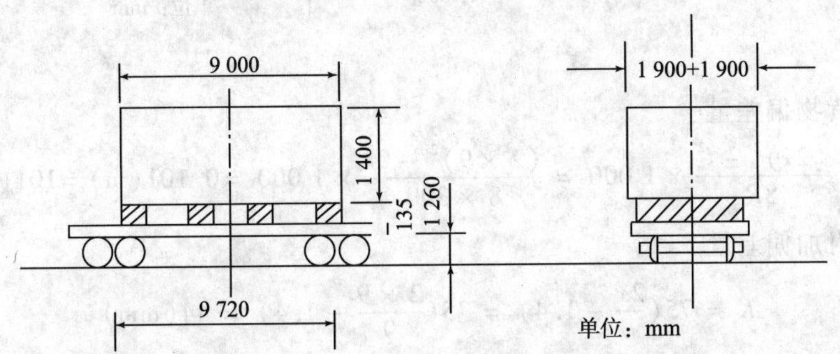

解：(1)选择检定断面和计算点

由题可知：该货物为等宽货物，无突出部分，均衡装载长度只有 9 000 mm，则：

$L/l = 9\,000/9\,720 < 1.41$（$N_9$ 型车销距 9 720 mm），检定断面位于中央部位，货物底部至轨面距离超过 1 250 mm 时，选上不选下，所以计算点应选在货物上部，对于等高等宽的点，并在两中心销之间，检定断面应选在中央部位。

(2)计算货物偏差量

$$C_{内} = \frac{l^2 - (2x)^2}{8R} \times 1\,000 = \frac{(9.72)^2}{8 \times 300} = 0.039(\text{m}) = 39(\text{mm})（注：x = 0）$$

(3)确定计算宽度

$$X_{内} = B + C_{内} - 36 = 1\,900 + 39 - 36 = 1\,903(\text{mm})$$

(4)确定计算点的高度（车底板高度 1 260 mm）

$$H = 1\,260 + 135 + 1\,400 = 2\,795\ (\text{mm})$$

(5)确定超限等级

根据计算点高度 2 795 mm 和计算宽度 1 903 mm。查《铁路超限超重货物运输规则》附件四“机车车辆限界、各级超限限界与建筑限界距离线路中心线所在垂直平面尺寸表”，属于中部二级超限。

【例 9-2】 某站装运桥梁构件一件，重 49 t，长 18 m，宽 2.9 m，高 2.85 m，货物均衡突出装载在 60 t N_{17} 型平车上，两端挂有游车，车地板与货物之间垫以高 180 mm 的横垫木两根，试确定超限等级。

解：(1)选择检定断面计算点

该货物长 18 m 货物外部形状规则 N_{17} 型平车销距为 9 m，$L/l = 18/9 > 1.41$，又因突出装载，两端突出一致，所以检定断面应选在货物端部，计算点在其最高处两侧。

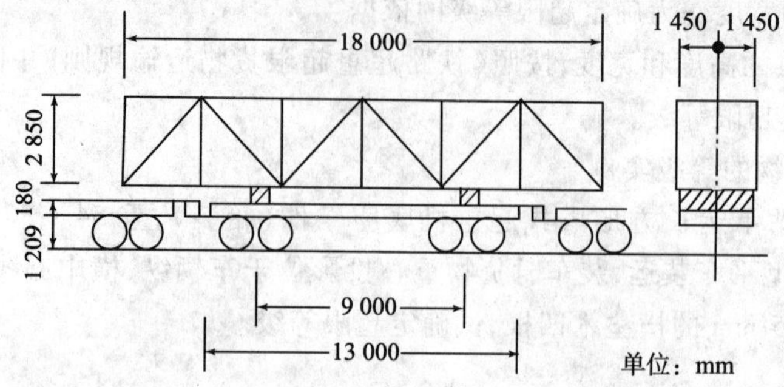

(2)计算货物偏差量

$$C_{外} = \frac{(2x)^2 - l^2}{8R} \times 1\,000 = \frac{(2\times 9)^2 - 9^2}{8 \times 300} \times 1\,000 = 0.101(\mathrm{m}) = 101(\mathrm{mm})$$

(3)计算附加偏差量

$$K = 75(\frac{2x}{L} - 1.4) = 75(\frac{2 \times 9}{9} - 1.4) = 44(\mathrm{mm})$$

(4)确定货物计算宽度

$$X_{外} = B + C_{外} + K - 36 = 1\,450 + 101 + 44 - 36 = 1\,559(\mathrm{mm})$$

(5)确定计算点的高度

$$H = 1\,209 + 180 + 2\,850 = 4\,239(\mathrm{mm})$$

(6)确定超限等级

根据计算点的高度 4 239 mm 和计算宽度 1 559 mm。查《铁路超限超重货物运输规则》附件四"机车车辆限界、各级超限限界与建筑限界距离线路中心线所在垂直平面尺寸表",该货物为超级超限。

第三节　超限货物的测量

正确测量超限货物装车前后各部位尺寸,是确定超限货物等级和运送条件的重要依据。如果测量发生误差,一方面可能会使非超限货物变为超限货物或提高超限等级,造成不必要的限速、绕道运输以及会车上的困难,增加产品的运输费用;另一方面也可能将超限等级降低或将本来是超限货物误按非超限货物办理,这样就会直接影响货物在运输中的完整和超限货物列车的运行安全,减少合理运输收入。因此,必须按规定严格进行测量。

一、测量用的工具

钢卷尺及皮尺、水平尺、吊垂、辅助测量用的木板条、袖珍绘画垫板等。

二、测量的基本要求

1. 测量前要合理选择计划装载方案,根据货物的重量、重心位置、外形和结构特点结合装运车辆的技术条件,综合考虑。

2. 装车前按计划的装载方案进行测量，以超限车的运行方向为前方来确定货物的左侧和右侧。测量货物的各不同高度均从货物底部支重面起算，测量其各不同高度处的宽度均从货物重心所在的纵向垂直平面起算。

3. 测量高度应严格按垂直距离测量，宽度应严格按水平距离测量，装载货物的高度应包括垫木的高度，宽度应包括铁线、钢丝绳、腰箍等加固材料在内，测量要有完整的记录，数据必须齐全。测量结果应与“托运超限货物说明书”中的有关数据进行核对。

4. 装车后按实际装载状态进行测量，高度从轨面起算；宽度从车辆纵中心线所在的垂直平面起算，并测量检定断面距车辆横中心线间的水平距离。

5. 超限货物的测量尺寸，均以毫米为单位。

三、装车前的测量

装车前的测量是指按上述基本要求测量货物本身的有关尺寸。主要目的是为了给确定能否经铁路安全护送，拟定装载方案和为请示电报提供资料。测量时应按计划的装载状态运行；以重心位置为准，顺车长为货长，顺车宽为货宽，并以初次挂运方向为左侧和右侧，测量内容如下。

1. 长度

测量货物的最大长度（全长）和支重面长度、重心至端部的距离、检定断面至重心的距离，如图 9-7 所示。

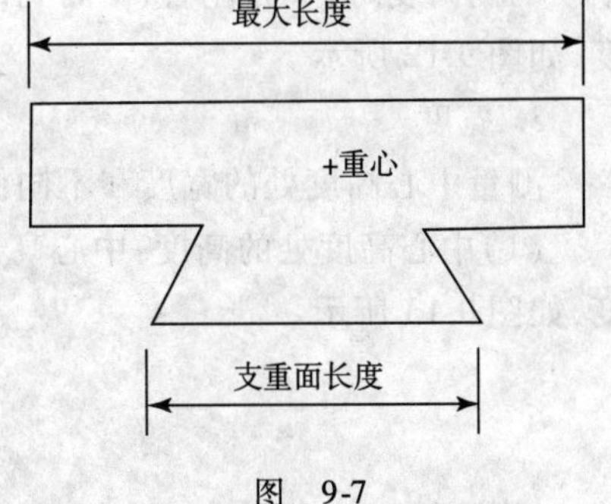

图　9-7

2. 高度

自支重面起，测量其中心高度、侧高度和重心高度。

(1) 中心高度：自支重面起至最大高度处的高度为中心高度。

当货物纵中心线与货物重心所在垂直平面一致时，从货物支重面起至货物重心所在纵向垂直平面上的最大高度为货物的中心高度，如图 9-8 所示；如其高度低于侧高度时应以最大高度为中心高，如图 9-9 所示。

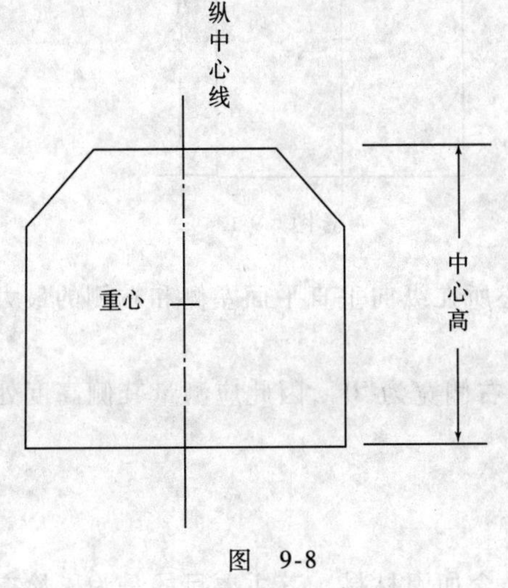

图　9-8

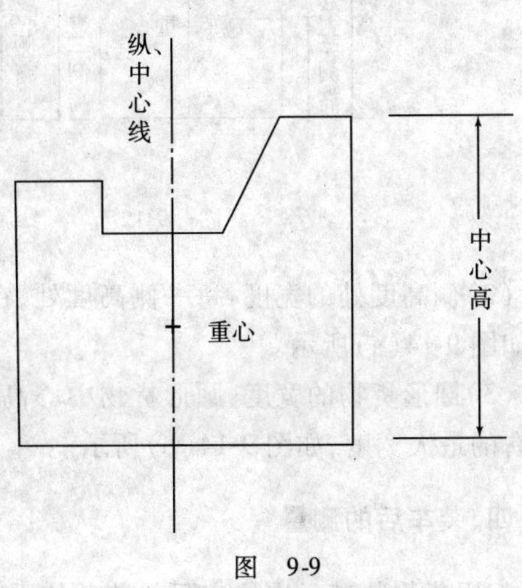

图　9-9

当货物纵中心线与货物重心所在垂直平面不一致时，以最大高度为中心高，如图9-10、图9-11所示。

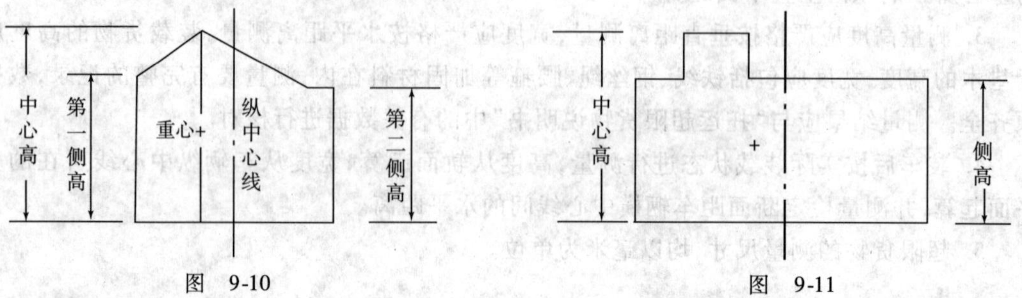

图 9-10　　图 9-11

(2)侧高度：中心高度以下各测点至支重面的高度，如有数个不同的侧高度时，应由上至下测出每一个不同的侧高度。

中心高度处以下货物两侧不同宽度处的高度称为侧高度。以货物重心为标准(货物的中心投影应位于车地板的纵中心线上)，按超限列车运行方向分左、右两侧进行测量。如有数个不同的侧高度时，不分左右，由高到低依次编为第一侧高、第二侧高等，分别测出其不同的测高度，如图9-12所示。

3. 宽度

测量中心高度处的宽度和不同侧高处的宽度。

(1)中心高度处的高度：中心高度处，在货物重心所在纵向垂直平面左侧和右侧的最大宽度，如图9-13所示。

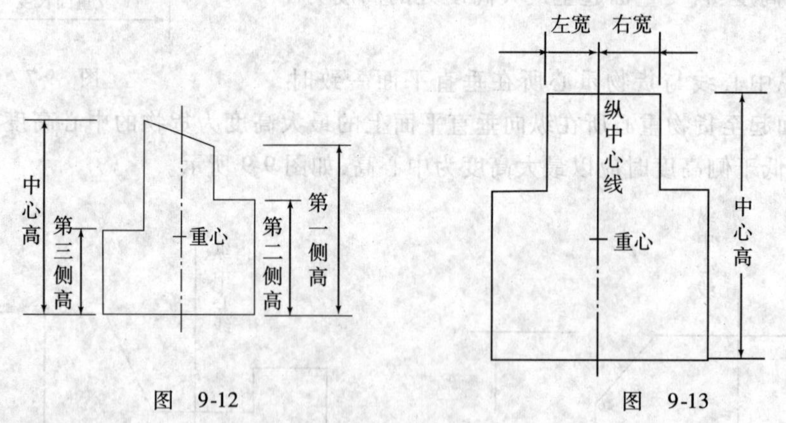

图 9-12　　图 9-13

(2)侧高度处的宽度：每一侧高度处，在货物重心所在纵向垂直平面左侧和右侧的最大宽度，如图9-14(a)所示。

(3)圆形货物的宽度：圆形货物中心高度处的左右侧宽为“0”，因此应测量其侧高度处的左、右的最大宽度，如图9-14(b)所示。

四、装车后的测量

超限货物装车后应按实际的装载加固状态测量(含加固材料)，其主要目的是为了检查装

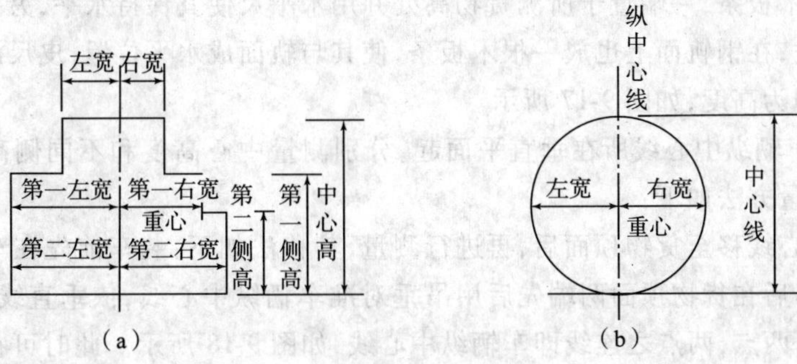

图　9-14

载状态是否符合上级批示电报指示的尺寸要求和正确填写“超限货物运输记录”。

1. 长度

跨装时，测量支距和两支点外方的长度，如图 9-15 所示。

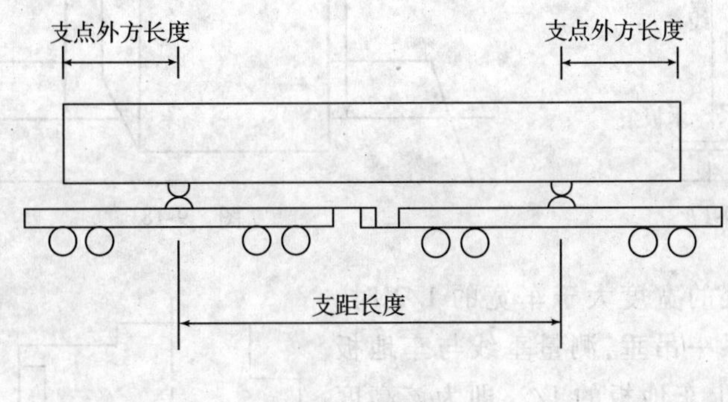

图　9-15

突出装载时，测量突出车辆端梁的长度；如两端突出不相等时应分别测量，如图 9-16 所示。

2. 高度

自轨面起测量其中心高度和侧高度。测量高度时，应由中心高或侧高处垂直量至钢轨平面，其测量方法如下：

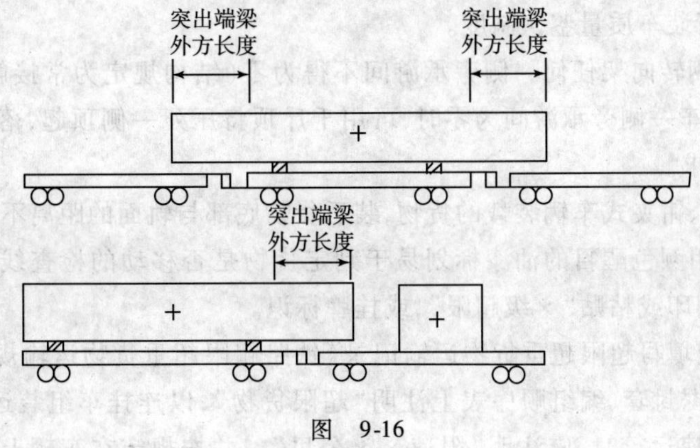

图　9-16

用一根硬质木板条，一端置于所测货物高处并用水平尺使其保持水平，另一端伸出车辆侧梁以外，系一吊垂，在钢轨面上也放一根木板条，使其与轨面成水平位置，皮尺沿铅垂线直接量至轨面，其距离即为高度，如图 9-17 所示。

3. 宽度：自车辆纵中心线所在垂直平面起，分别测量中心高度和不同侧高处在其左侧和右侧的宽度。测量方法如下：

将车辆纵中心线移至货物顶面后，再进行测量，其移法如下：装车前先在车地板上标画车辆纵中心线，装车后在货物顶面两端先后用吊垂对准车辆纵中心线，依垂直线竖直方向，在货物顶面确定甲、乙两点，两点之连线即车辆纵中心线，如图 9-18 所示。此时可在货物顶面测量每一高度处的水平宽度。

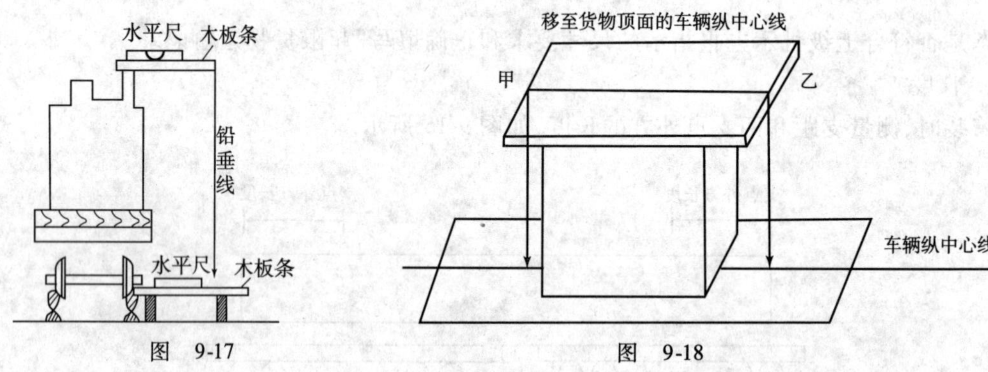

图 9-17　　图 9-18

当货物某高度处的宽度大于车宽的 1/2 时，也可以从该高度处系一吊垂，测量垂线与车地板边的水平距离，再加上车地板的 1/2，即为该高度处的宽度，如图 9-19 所示。

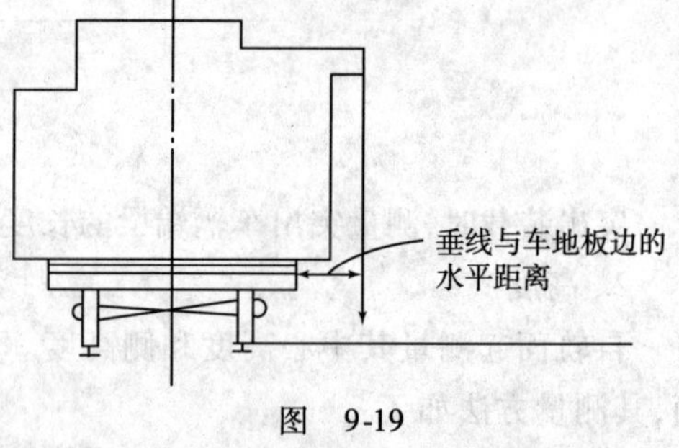

图 9-19

五、超限货物的装车

1. 车站接到铁路局批示电报后，应按装载加固方案及时组织装车（复测超限货物装车后尺寸，应小于或等于批准的尺寸）。装车后测量与批示电报不符时，须重新请示。超限货物禁止无批示电报装车，实行装车质量鉴认制度。

2. 装车后，车辆转向架任何一侧旁承游间不得为零（结构规定为常接触式旁承的货车除外），遇球形心盘货车一侧旁承游间为零时，可用千斤顶将压死一侧顶起，落顶后出现游间，表明货物装载符合要求。

3. 使用落下孔、钳夹式车辆装载的货物，装后货物底部与轨面的距离不得少于 150 mm。

4. 装车后，应用颜色醒目的油漆标划易于判定货物是否移动的检查线，并在货物两侧明显处以油漆书写、刷印或粘贴“×级超限”，或挂牌标识。

装车后，发站应填写超限超重货物运输记录《铁路超限超重货物运输规则》（格式二），在货物运单、货票、票据封套、编组顺序表上注明“超限货物”；以连挂车组装运时，应注明“连挂车组不得分摘”；限速运行时，应注明“限速××公里”。并按规定在车辆上插放货车表示牌。

发站挂运超限车前，应向铁路局调度所拍发超限车辆挂运请示电报（条件不具备时可电话请示）。

5. 超限货物特殊情况处理

(1)超限车在运行途中，发现超限货物移位，倾偏时应立即向铁路局调度所汇报，监视运行到指定站甩车处理。

(2)超限车变更到站时，受理变更站应复测货物装车后尺寸，以电报向铁路局重新请示，并注明原批准单位、电报号码、新到站及车号。受理变更的车站，应对货物的装载加固状况进行检查，并在"超限超重货物运输记录"中签认。

第四节 超长货物运输

一、超长货物定义

一车负重，突出车端，需要使用游车或跨装运输的货物，称为超长货物。超长货物包括：需要使用两辆平车跨装运输的货物（跨及两平车的汽车除外）；货物长度大于所装平车长度，需要使用游车的货物；货物长度大于所装平车长度的非均重货物，需要一端突出车端装载，并需要使用游车的货物。

在确定所装运货物是否属于超长货物时，应考虑以下问题：

1. 货物突出车端装载时，突出端长度在允许范围内时，不属超长货物

(1)货物突出平车车端装载，突出端的半宽不大于车辆半宽时，允许突出端梁 300 mm。

(2)突出端的半宽大于车辆半宽时，允许突出端梁 200 mm。超过此限时，应考虑游车。

【例 9-3】 发货人托运一件均重货物。该货物长度为 13.6 m、宽 2 m，要求使用 N_{16} 型 60 t 平车装运，该货物是否为超长货物？

分析：N_{16} 型 60 t 平车车底板长 13 m、宽 3 m，由此可知发货人托运货物宽度小于所装平车车底板宽度，而且货物为均重货物，因此可采取两端突出装载的方法进行装载，符合允许超出端梁标准，由此可知货物装车后可不使用游车，所以这批货物不属于超长货物。

2. 确定某种货物是否超长，与所装车辆有关

如上例若选用 N_6 型 60 t 平车（车底板长 12.5 m、宽 2.87 m）两端突出装载时，突出端长度超过了允许突出范围。因此必须使用游车，此种装载方案该货物即为超长货物。又如：一件长 18 m 的均重货物使用普通平车属于超长货物，而使用 25 m 长大平车装运，则不属于超长货物。

3. 确定某种货物是否超长，与装载方法有关

又如上例货物 13.6 m，用 13 m 长货车装载，一端突出时，突出端必须使用游车，即为超长货物；如两端均衡突出装载时，不必使用游车，不属于超长货物。

二、超长货物装载方式

1. 一车负重，突出装载，使用游车运输

按突出的状态可分为以下几类：

(1)一端突出装载:即一车负重,突出车端,使用一辆游车,如图 9-20 所示。

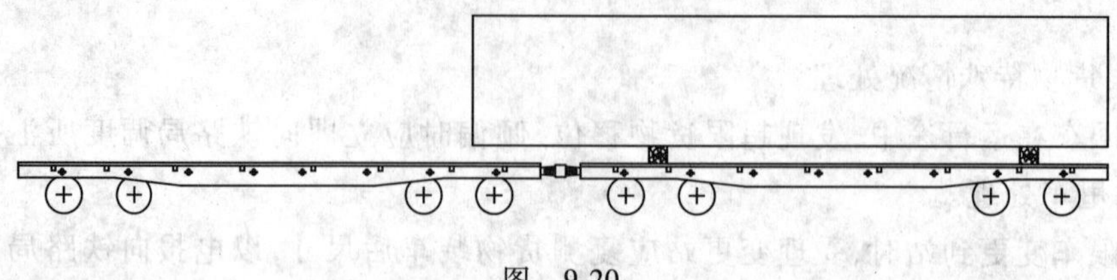

图 9-20

(2)两端突出装载:即一车负重,两端突出装载,两端各使用一辆游车,如图 9-21 所示。

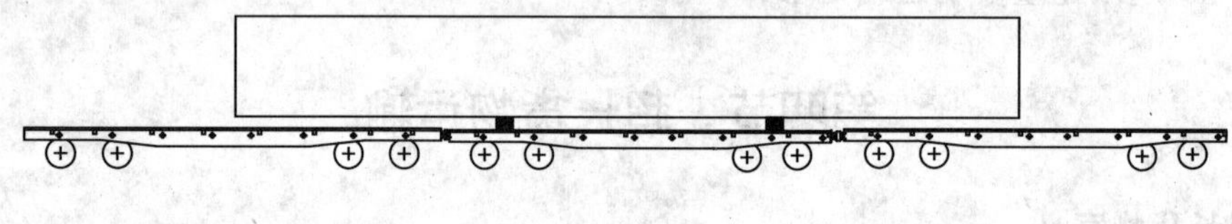

图 9-21

2. 使用两辆及其以上平车跨装运输

跨装运输时,货物重量由两辆负重车共同负担,按其使用游车的情况,有以下装载形式:

(1)两车负重,不使用游车,如图 9-22 所示。

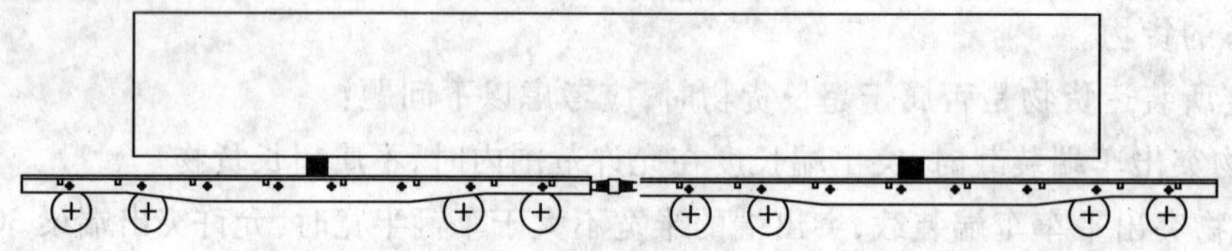

图 9-22

(2)两车负重,中间使用游车,如图 9-23 所示。

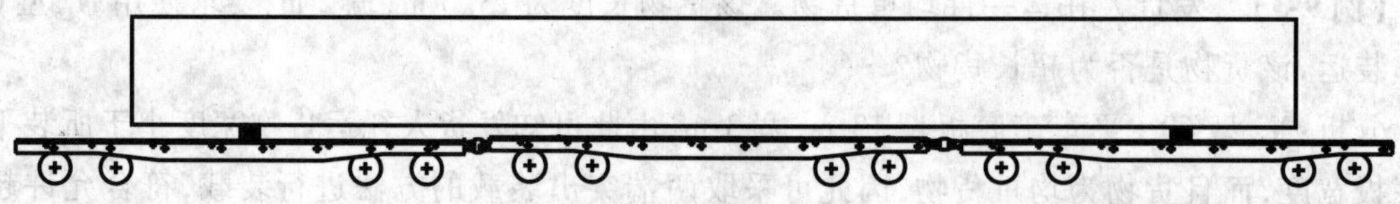

图 9-23

(3)两车负重,两端使用游车,如图 9-24 所示。

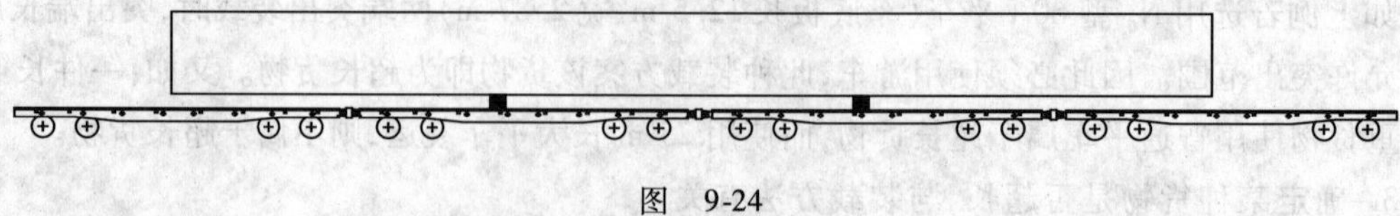

图 9-24

(4)两车负重,中间及两端均都使用游车,如图 9-25 所示。

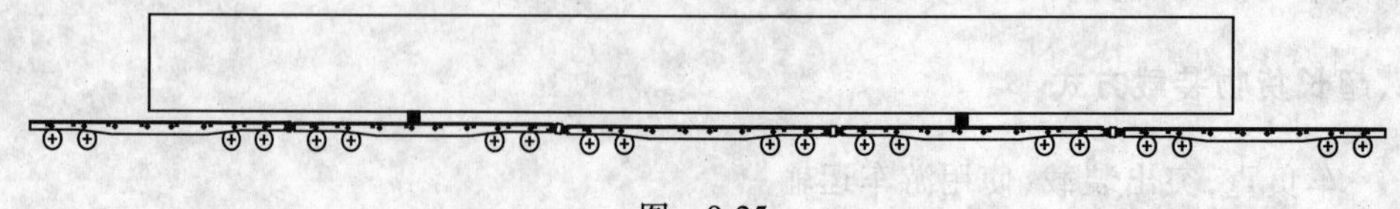

图 9-25

三、国际联运对超长货物的规定

国际联运超长货物需经参加运送铁路商定的是指一件货物长度超过 18 m(运往越南超过 12 m)。

下列货物(除越南外)不经预先商定即可运送:不换装运送中,装在一辆车上,长度超过 18 m而不超过 25 m 的货物,使用游车时,货物不应支靠在游车上;长度不超过 30 m 的铁路钢轨和钢筋混凝土用的圆钢筋;但对欧洲1 435 mm轨距的铁路,长度为不超过 36 m。

四、一车负重装载技术条件

货物的全部重量由一辆车承担,在负重车的一端或两端加挂游车的装载方法,称为一车负重的装载方法。一车负重装载超长货物,应遵守下列规定:

(1)均重货物使用 60 t、61 t 平车装载,两端均衡突出时,其装载重量不得超过表 9-1 的规定。

表 9-1　突出车端长度与容许载重量表

突出车端长度 L(mm)	$L<1\ 500$	$1\ 500\leqslant L<2\ 000$	$2\ 000\leqslant L<2\ 500$	$2\ 500\leqslant L<3\ 000$	$3\ 000\leqslant L<3\ 500$	$3\ 500\leqslant L<4\ 000$	$4\ 000\leqslant L<4\ 500$	$4\ 500\leqslant L\leqslant 5\ 000$
容许载重量(t)	58	57	56	56	55	54	53	52

注:表内所列重量,包括加固材料的重量。

(2)货物一端突出端梁装载时,重心容许纵向偏离量应根据《铁路货物装载加固规则》附件 2 计算确定。

(3)所用横垫木或支(座)架的高度,应根据《铁路货物装载加固规则》附件 2 规定计算确定。

横垫木的合理高度 $H_{垫}$ 可按下式计算:

$$H_{垫} = 0.031a + h_{车差} + f + 80(\mathrm{mm}) \tag{9-12}$$

式中　a——货物突出端至负重车最近轮轴轴心所在垂直平面的距离,mm;

$h_{车差}$——游车地板高度与负重车地板高度差,游车地板比负重车地板高时,取正值,反之取负值,mm;

f——货物突出端的挠度,mm;

80——安全量,mm。

若货物突出车端部分底部低于其支重面时,垫木高度还应加该突出部分低于货物支重面的尺寸;如果货物突出车端部分底部高于货物支重面时,垫木高度应减去货物突出车端部分高于货物支重面的尺寸。

对垫木或支(座)架高度提出要求,主要是为了防止当装载超长货物的车辆通过驼峰或变坡点时,货物突出端的底部触及游车车地板。

(4)共用游车时,两货物突出端间距不小于 500 mm,如图 9-26 所示。

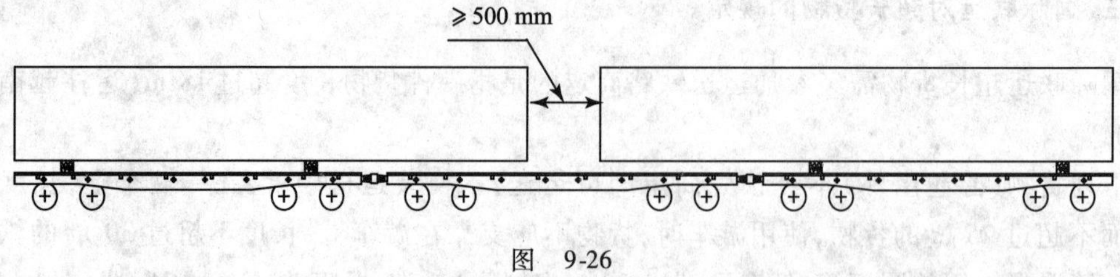

图 9-26

500 mm 的规定主要是考虑在车辆运行条件下,使货物与货物之间仍能保持一定的安全距离。计算公式如下:

75 mm ×4(车钩压缩量)+200 mm(安全间隙)=500 mm

(5)游车上装载的货物,与货物突出端间距不小于 350 mm,如图 9-27 所示。

75 mm ×2(车钩压缩量)+200 mm(安全间隙)=350 mm

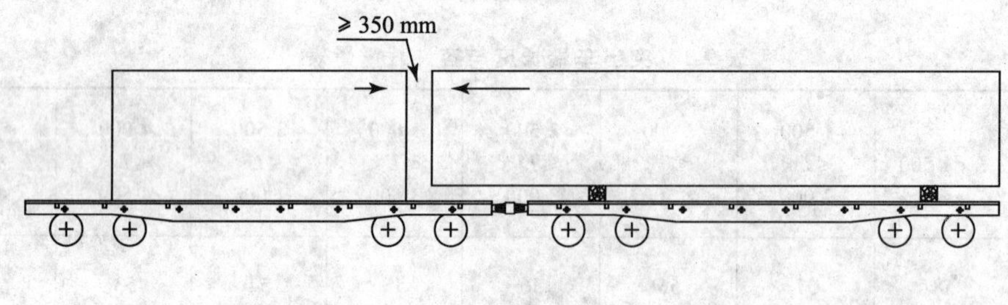

图 9-27

货物突出部分的两侧不得装载货物。这是因为当车辆行经曲线时突出货物必须将与游车发生相对移动或随车辆震动发生在左右摆动,从而与加装货物相碰撞。

五、跨装运输的技术条件

用两辆以上连挂车组跨装货物时,应遵守下列规定:

(1)跨装货物只准两车负重。负重车地板高度应相等,如高度不等时,需要垫平。对未达到容许载重量的货车,可以加装货物,但不得加装在货物的两侧,如图 9-28 所示。

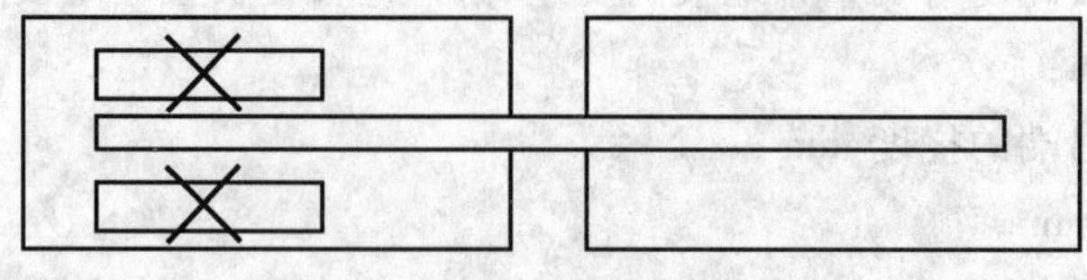

图 9-28

与跨装货物端部间距不小于 400 mm,如图 9-29 所示。

(2)在两辆负重车的中间只准加挂一辆游车,如图 9-30 所示。

(3)跨装货物应使用货物转向架,货物转向架具体规定见《铁路货物装载加固规则》附件

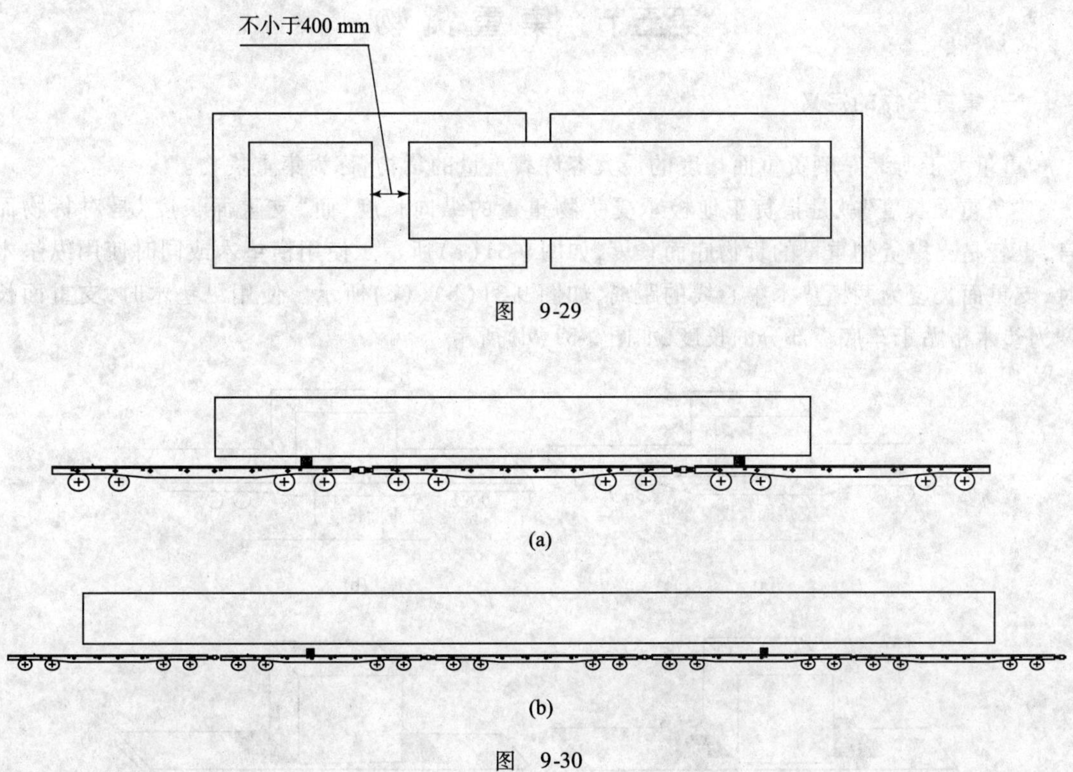

图　9-29

(a)

(b)

图　9-30

5《常用装载加固材料与装置》。

货物转向架的支重面长度应遵守《铁路货物装载加固规则》的规定,货物转向架下架体的重心投影应位于货车纵、横中心线的交叉点上,必须纵向偏离时,应遵守《铁路货物装载加固规则》的有关规定。即:每个车辆转向架所承受的货物重量不得超过货车容许在重量的1/2,且两转向架承受重量之差不得大于10 t。

(4)货物转向架上架体与跨装货物,下架体与车辆分别固定在一起。对货物及货物转向架的加固不得影响车辆通过曲线,并将提钩杆用镀锌铁线捆紧。

(5)中间加挂游车的跨装车组通过9号及其以下道岔时不得推送调车。遇设备条件不容许或尽头线时,可以不超过5 km/h的速度匀速推进。

(6)跨装车组应使用车钩缓冲停止器,安装应在车钩自然状态下进行。跨装车组禁止溜放。

(7)超长货物装车后,车辆转向架任何一侧旁承游间不得为零(弹性旁承及旁承承载结构的货车除外),遇球形心盘货车一侧旁承游间为零时,可用千斤顶将压死一侧顶起,落顶后出现游间,表明货物装载符合要求。

(8)超长货物装车后,应用白色或红色油漆标划易于判定货物是否移动的检查线。

(9)限速运行时,发站应在货物运单,票据封套、编组顺序表及货车表示牌上注明“超长货物”字样以连挂车组装运时,应注明“连挂车组不得分摘”字样。

第五节 集重货物

一、集重货物的定义

重量大于所装车辆负重面长度的最大容许载重量的货物,称为集重货物。

“负重面长度”就是指货车地板承受货物重量的纵向长度,而“支重面长度”是对货物而言,也就是支撑货物重量的货物底面长度,如图9-31(a)所示。使用横垫木或同时使用纵垫木时,支重面长度为两横垫木中心线的距离,如图9-31(b)、(c)所示。使用纵垫木时,支重面长度为垫木密贴于车底板部分的长度,如图9-31(d)所示。

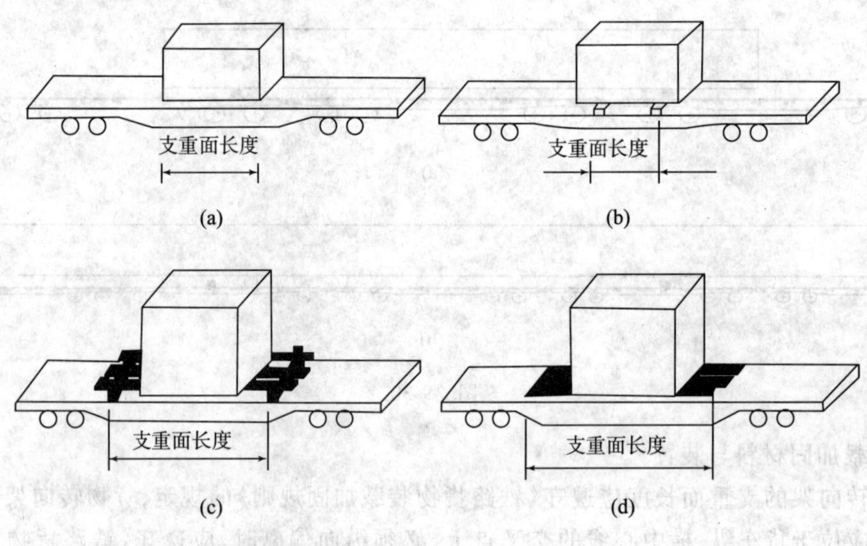

图 9-31 集重货物

二、集重货物的判定

是否属于集重货物,其影响因素有货物的支重面长度、货物重量及所装平车负重面长度的最大容许载重量。

判定集重货物的方法是:将货物重量及支重面长度与承载车负重面长度最大容许载重量相比较,若货物重量大于承载车负重面长度最大容许载重量时,为集重货物,否则为普通货物。

如60 t N_{17}型平车负重面长6 000 mm时的最大容许载重量为53 t,若货物的支重面长度是6 000 mm,其重量超过53 t,使用该平车装运,则为集重货物;或者货物重量为53 t,其支重面长度小于6 000 mm,使用60 t N_{17}型平车装运也属集重货物;否则重量小于53 t或其支重面大于6 000 mm,对于N_{17}型平车而言,就不属集重货物.

三、车辆负重面最小长度的确定

集重货物的特点是重量大,支重面小,因而货物装车后重量比较集中。由于货物重量作用于车地架所产生的工作弯曲力矩，将受到平车底架最大容许弯曲力矩的限制，因此在装载货物时，必须根据各类平车的构造，在货物重量均衡分布给平车底架的条件下，确定出一定重量的货物所需要的负重面最小长度，或者确定具有一定负重面长度的最大容许载重量，以保证运输安全。

1. 货物直接装在车地板上，不使用横垫木、货物重心投影落在车辆横纵中心线的交叉点上时，车地板负重面最小长度如图 9-32 所示的 K。

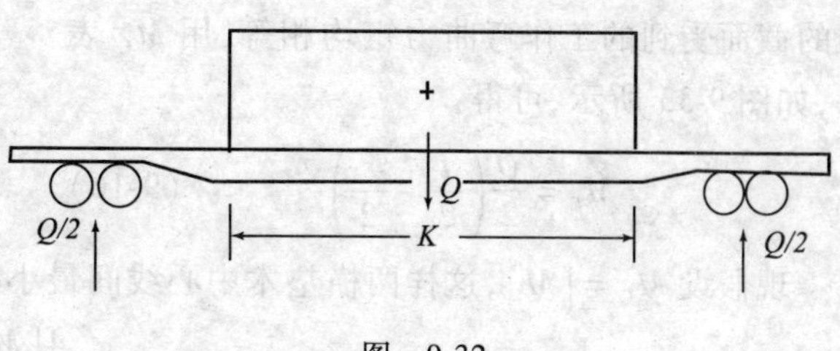

图　9-32

当货物重心位于车辆横中心线上时，则车辆横中心线所在断面的工作弯曲力矩为最大。用 M_C 表示。

$$M_C = \frac{Q}{2} \times \frac{l}{2} - \frac{Q}{2} \times \frac{K}{4} \tag{9-13}$$

为了使车底架不受损伤，必须使 $M_C \leqslant [M]$，现假设 $M_C = [M]$，则负重面最小长度可根据式 9-14 确定。

$$K = 2\left(l - \frac{4[M]}{Q}\right) \tag{9-14}$$

当 K 为一定时，则可得出最大容许载重量：

$$Q_{最大} = \frac{8[M]}{2l - K} \tag{9-15}$$

式中　l——车辆销距，cm；

$[M]$——车底架最大容许弯曲力矩，kg · cm；

Q——货物重量，kg。

例如，N_{16}型平车的销距为 930 cm，平车底架最大容许弯曲力矩 $[M]$ = 6 014 140 kg · cm。当货物的重心位于车辆横中心线上时，不同负重面长度最大容许载重量，可从公式中求得。

当 K = 100 cm 时

$$Q = \frac{8[M]}{2l - K} = \frac{8 \times 6\,014\,140}{2 \times 930 - 100} = 27\,337(\text{kg})$$

当 K = 200 cm 时

$$Q = \frac{8[M]}{2l - K} = \frac{8 \times 6\,014\,140}{2 \times 930 - 200} = 28\,984(\text{kg})$$

当 K = 300 cm 时

$$Q = \frac{8[M]}{2l - K} = \frac{8 \times 6\,014\,140}{2 \times 930 - 300} = 30\,842(\text{kg})$$

“平车地板负重面长度最大容许载重量表”的数值，就是根据上述公式计算来的，并考虑适当的安全余量而确定的。

有些平车，在侧梁上印有不同负重长度的最大容许载重量，其数值可能与表内所列不符，选择车辆时，应以车上标明数字为准。

2. 使用横垫木，货物重心投影落在车辆中央，两横垫木中心线间最小距离的确定。

如果货物的重量不能均衡地分布于平车地板上，或货物支重面长度小于 K 值时，则必须将货物放置在两根横垫木上，使货物重心落在车辆的中心，此时平车在两横垫木中心线任何部位的截面受到的工作弯曲力矩均相等，用 M_C 表示，如图 9-33 所示，可得：

$$M_C=\frac{Q}{2}\left(\frac{l}{2}-\frac{K_1}{2}\right) \tag{9-16}$$

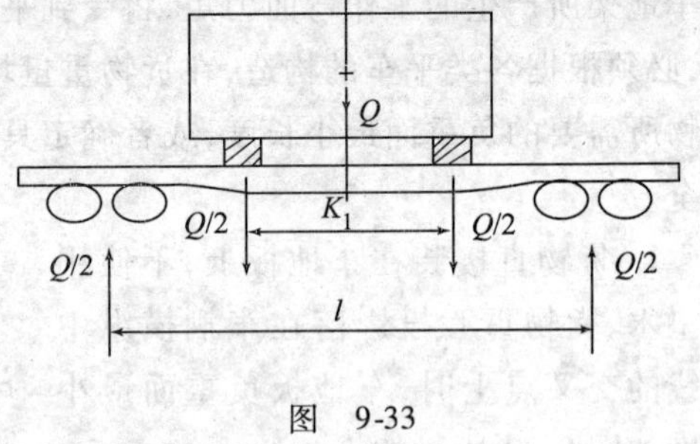

图 9-33

现假设 $M_C=[M]$，这样两横垫木中心线间最小距离 K_1，根据式 9-17 确定。

$$K_1=l-\frac{4[M]}{Q} \tag{9-17}$$

当两横垫木中心线间距离 K_1 为一定时，则可得出最大容许装载量：

$$Q=\frac{4[M]}{l-K_1} \tag{9-18}$$

由上述公式可以看出，同样重量的货物，加横垫木时，需要的货物支重面长度，只相当于不加横垫木时的 1/2。

现行各型平车使用对称横垫木时地板负重面长度的最大容许载重量就是根据上述原理通过计算，并考虑到车辆强度的适当安全系数而确定的。在实际工作中，当货物重心投影落在车辆中央时，可直接查表确定货物是否集重。如果货物支重面长度小于应装平车需要的负重面长度时，应采用铺设横垫木或横、纵垫木的方法进行装载，或选择合适的车辆装载。

例如：货物一件重 57 t，支重面长度 $K=7\ 000$ mm，当使用 N_9（或 N_{12}、N_{13}）装载时，将货物直接装在车地板上，其货物重心投影落在车辆中央部位。查《铁路货物装载加固规则》附表 2 可知，需要支重面的长度为 8 000 mm，不容许直接装载。若采用加根横垫木的装载方法，两根横垫木中心线距离只要大于或等于 4 000 mm 就可避免集重。

四、避免集重装载的方法

对于给定的货物而言，其重量和支重面长度是不变的，要想避免集重，可以根据不同情况选择以下方法：

（1）更换所使用的车辆，避免集重

货车底架的最大容许弯曲力矩[M]，是根据各类货车底架中，测梁的材质及结构强度确定的，对于不同类型的货车，其最大弯曲力矩也各不相同。因此，对于特定的货物而言，更换使用的车种车型，可以避免集重。

例如：货物中 35 t，支重面长 4 000 mm，查《铁路货物装载加固规则》附表 2 可知，使用60 t N_{60}型或 N_{16}型平车直接装载在车地板上时，属于集重货物，但使用 60 t N_6、N_9 或 N_{17}时，则不属于集重货物。

又如：一变压器重 45 t，支重面长 2 000 mm，查《铁路货物装载加固规则》附表 2 可知，使用 60 t 平车装载时属于集重货物，但查《铁路货物装载加固规则》附表 3 可知，使用 90 t D_{10}或 110

t D_6 装载时，均不属于集重货物。

(2)使用垫木避免集重

①使用横垫木

当货物支重面的长度小于所装平车负重面长度，而且大于两横垫木中心线间最小距离时，可在货物底部铺设两根横垫木。

②使用横纵垫木

货物支重面的长度小于两两横垫木之间的最小距离时，应铺设横、纵垫木，铺设方法是先在车地板上按需要先铺设两根横垫木，然后在横垫木上加纵垫木，将货物均衡地装在纵垫木上，如图 9-34 所示。纵垫木的长度，除满足两横垫木中心线间最小距离外，还需每端露出端头 200 mm 以上，并给予加固，以防止纵向窜动倒塌。

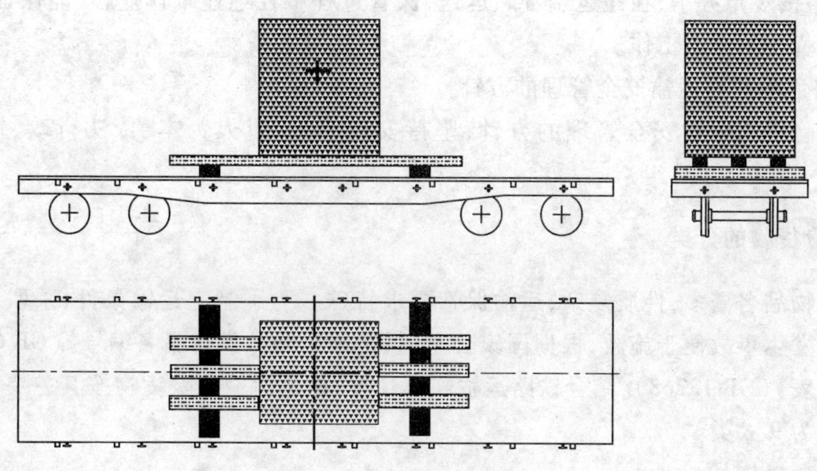

图 9-34　使用横纵垫木

五、平车、凹底平车、长大平车局部承受货物重量时规定

《铁路货物装载加固规则》中规定，平车、凹底平车、长大平车局部承受货物重量时，应遵守下列规定：

1. 车辆横中心线两侧等距离范围内承受均布载荷或对称集中载荷时，容许载重量可查《铁路货物装载加固规则》附表 2、附表 3、附表 4。

2. 货物支重面长度小于所需两横垫木之间的最小距离时，可按需要铺设两根横垫横，然后在横垫木上加纵垫木，将货物均衡地装在纵垫木上。

第六节　危险货物运输

一、危险货物定义及安全管理方针

1. 危险货物定义

在铁路运输中，凡具有爆炸、易燃、毒害、感染、腐蚀、放射性等特性，在运输、装卸和储存保管过程中，容易造成人身伤亡和财产毁损而需要特别防护的货物，均属危险货物。

有些货物虽不属于危险货物，但容易引起燃烧，在铁路运输中需采取防火措施，属易燃普通货物，具体品名见《铁路危险货物运输管理规则》附件9。国际联运运输中危险货物的运送，按《国际铁路货物联运协定》附件第2号《危险货物运送规则》规定办理。

危险货物的危险性主要取决于他们自身的理化性质和外界的环境。有些货物具有爆炸、易燃、毒害、放射性等特性，但必须在一定的条件下才能显露出来。在铁路运输中的装车、卸车、搬运、仓储及调车作业、列车运行等，处置不当就会就会造成货运事故的发生。

如黄磷能自燃这是它本身的属性，但黄磷只能在有氧气的条件下才能自燃，而不能和水发生反应。因此，在铁路运输中将黄磷封存在水中使之隔绝空气，即使将水加热到100 ℃，黄磷也不会自燃起来。所以，在铁路运输中，只要我们以科学的态度掌握各类危险货物的性质和变化条件，严格按规章办事，在搬运、装卸、运送、保管过程中杜绝违章作业，就能保证安全，迅速地完成危险货物的运送工作。

2. 铁路危险货物运输安全管理的方针

铁路危险货物运输安全管理的方针，坚持安全第一、以人为本、依法行政、预防为主的方针。

二、危险货物的分类

危险货物品名繁多，性质复杂，运输保管要求特殊。为了制定运输条件，采取相应的防护措施及一旦发生事故便于施救，根据国家公布的《危险货物分类与品名编号》(GB 6944)和《危险货物品名表》(GB 12268)，结合铁路运输实际情况，铁路运输危险货物按其主要危险性和运输要求划分为9大类。

第1类　爆炸品；

第2类　气体；

第3类　易燃液体；

第4类　易燃固体、易于自燃的物质、遇水放出易燃气体的物质；

第5类　氧化性物质和有机过氧化物；

第6类　毒性物质和感染性物质；

第7类　放射性物质；

第8类　腐蚀性物质；

第9类　杂项危险物质和物品。

三、各类危险货物的主要特性

1. 第1类　爆炸品

(1)爆炸品的定义

凡受到高热、摩擦、撞击、震动或其他外界作用，能迅速发生剧烈化学反应，瞬间产生大量气体和热量形成巨大的压力，发生爆炸，对周围环境造成破坏的物品，称为爆炸品。

(2)爆炸品的分项

①有整体爆炸危险的物质和物品。

②有迸射危险,但无整体爆炸危险的物质和物品。

③有燃烧危险并有局部爆炸危险或局部迸射危险或两种危险都有,但无整体爆炸危险的物质和物品。

④不呈现重大危险的物质和物品。

⑤有整体爆炸危险的非常不敏感物质。

⑥无整体爆炸危险的极端不敏感物品。

(3)爆炸品主要特性

①反应速度快,产生大量的气体和热量。

②对火和冲击的敏感性。

③吸湿性。

2. 第2类 气体

(1)气体的定义

气体的特性之一为无一定形态和体积,具有可压缩性。处于压缩状态下的气体叫压缩气体,对气体进行压缩的同时再降低温度,压缩气体就会转化为液化的过程叫液化。经过加压降温后成为液态,而再常温常压下为气态的物质叫液化气体。

(2)气体的分项

①易燃气体。

②非易燃无毒气体。

③毒性气体。

(3)气体的主要特性

①爆炸性

气体盛装在压力容器中,包装一旦受热、震动、增大分子运动能量,大于钢瓶工作压力就会发生爆炸。

②有毒气体对水和石灰水的溶解性

各种有毒气体在不同程度上都能溶于水。在常温下一个体积的水可溶解700个体积的氨、25个体积的氮,因此,气体一旦泄露可将其置于水中。

③不燃气体窒息性

大量不燃气体扩散到空气中,能使人因呼吸缺氧而中毒窒息。

3. 第3类 易燃液体

(1)易燃液体的定义

易燃液体指经过闭杯试验,其闪点等于或低于61 ℃的液体,液体混合物或含有固体物质的液体,但不包括列入其他类项的液体。

(2)易燃液体的分项

①一级易燃液体。

②二级易燃液体。

③易燃液体按其闪点高低分为三项:

低内点液体指闭杯试验其内点低于-18 ℃的液体。

中闪点液体指闭杯验其闪点在-18 ℃至低于23 ℃的液体。

高闪点液体指闭杯试验其闪点在 23 ℃至 61 ℃的液点。

(3)易燃液体的主要特性

①易挥发性

液体在低于沸点温度下的蒸发现象称挥发。易燃液体大多是沸点低的液体,在常温下能不断地挥发。如乙醚、汽油等。

②易燃易爆性

当易燃液体挥发出蒸汽与空气混合后接触火种(热量)能引起燃烧,在燃烧过程中放出热量、使容器爆破。

③毒　性

易燃液体一般具有毒性或麻醉性,长时间吸入能使人中毒或麻醉,如乙醚。

④相对密度

易燃液体的相对密度一般都小于 1,如汽油 0.64,且不溶于水,一旦发生火灾,不能使用水施救,否则反而会使易燃液体浮在水面上,随水的流动使火灾蔓延更快。

4. 第 4 类　易燃固体、易于自燃的物质、遇水放出易燃气体的物质

(1)易燃固体定义

易燃固体指燃点低,对热、撞击、摩擦均较敏感,易被外部火源点燃,燃烧迅速,并可散发出有毒烟雾或气体的固态物品。

(2)易于自燃的物质定义

易于自燃的物质指燃点低,在空气中易于发生氧化反应,放出热量,而自行燃烧的物品。

(3)遇水放出易燃气体的物质定义

遇水放出易燃气体的物质指遇水或受潮时,发生剧烈化学反应,放出大量的易燃气体和热量的物品。

(4)按其性质强弱每项可划分为一级和二级。

(5)其主要特性如下:

①易燃固体:遇明火易点燃,燃烧产生物有毒性。易燃固体粉末与空气接触形成爆炸性混合物,遇火星发生粉尘爆炸。

②易于自燃的物质:自燃点低,不遇明火就会自行燃烧。大部分易于自燃的物质遇水发生剧烈反应产生热量而自燃,有的受潮增加自燃的危险性。易于自燃的物质有强还原性,与氧化剂接触会立即发生爆炸。

③遇水放出易燃气体的物质:遇水(受潮)发生化学反应,放出易燃气体或有毒气体及热量,有的与水生成强碱和热量,遇酸或氧化剂发生剧烈反应,而发生燃烧爆炸。

④本类物品共有特性为:腐蚀性、毒害性和爆炸性。

5. 第 5 类　氧化性物质和有机过氧化物

(1)氧化性物质和有机过氧化物的定义

①氧化性物质

氧化还原反应中物质失去电子,化合价升高的叫还原剂。物质得到电子,化合价降低的叫氧化剂。

氧化性物质分解时放出氧和热量,其本身不一定可燃,但能导致可燃物燃烧。与粉末状可

燃物组成爆炸性混合物。

②有机过氧化物

含有过氧基(—O—O—)的有机化合物叫有机过氧化物。

(2)氧化性物质、有机过氧化物分项

①氧化剂

按其性质强弱分为一级和二级。

②有机过氧化物

(3)氧化性物质、有机过氧化物的特性

①不稳定性

氧化性物质有高价态的原子或过氧基,化学性质活泼,受热分解,对震动、摩擦敏感。

②爆　炸　性

氧化性物质是制作炸药的原材料,与可燃粉末混合,成为爆炸混合物,遇冲击、明火便可爆炸。

③助燃性、易燃性

氧化性物质、有机过氧化物分解时,能放出氧气,为助燃气体。

6. 第6类　毒性物质和感染性物质

(1)毒性物质和感染性物质的定义

凡少量侵入人体,即能引起人体中毒或致病的物品称为毒性物质和感染性物质。

(2)毒性物质和感染性物质分项

①毒性物质,按其毒性大小毒性物质又分为剧毒品和有毒品。

②感染性物质。

(3)毒性物质和感染性物质的特性

毒物进入人体的途径有呼吸道、皮肤、消化道。为此,在装卸毒性物质时,应注意通风,皮肤损伤人员更应注意,作业中不能进食、喝水,防止造成人体伤害。

7. 第7类　放射性物质

(1)放射性物质的定义

凡放射性比活度大于70 kBq/kg(2μCi/kg)的物质属放射性物质。

(2)放射性物质不分项,按其放射性比活度大小分为以下六种形式

①低比放射性物质,包括Ⅰ类、Ⅱ类和Ⅲ类低比放射性物质。

②表面污染物体,包括Ⅰ类和Ⅱ类表面污染体。

③带有放射性物质的仪器或仪表等制品。

④放射性同位素。

⑤易裂变物质:包括^{235}U、^{233}U、^{238}Pu、^{239}Pu和^{241}Pu。

⑥其他放射性物质:不包括在上述5种形式内的放射性物质。

(3)放射性物质特性

射线是人们肉眼看不见,而物质自发射线现象,具有不同程度的穿透能力,过量的射线照射,对人体细胞有杀伤作用。若放射性物质进入体内,能对人体造成内照射危害。

放射性物质能产生下列几种射线:

①α 射线

α 射线是一种带正电荷的粒子流，带两个正电荷，电离能力强。射程很短，在空气中一般不超过 2 ~ 12 cm，穿透能力很弱，用一张纸、衣服和几十厘米的空气都能挡住，传播速度为2 万 km/s。

②β 射线

β 射线是高速运动的电子流，它的穿透能力和射程比 α 射线要强，可以穿透一张纸，但不太厚的玻璃就可以挡住，传播速度为 20 km/s。

③γ 射线

γ 射线是一种波长很短的电磁波，也叫光子流。传播速度很快，在空气中为 30 万 km/s。γ 射线穿透能力很强，任何物质都很难挡住它，而电离能力很弱。

④中子流

在运输中常见的是由中子源所放出的不带电的中子流。中子流是将某些放射物质与非放射物资放在一起产生的。

8. 第 8 类　腐蚀性物质

(1)腐蚀性物质的定义

腐蚀性物质指能灼伤人体组织，并对金属等物品造成损坏的固体或液体。与皮肤接触在 4 h 内可见坏死现象的物质。

(2)腐蚀性物质分项

①酸性腐蚀性物质。

②碱性腐蚀性物质。

③其他腐蚀性物质。

(3)腐蚀性物质的特性

①腐蚀性

腐蚀性主要表现于酸性物质的脱水性和碱性物质的皂化反应。

②毒害性

腐蚀性物质的蒸汽、烟雾扩散到空气中，能使人吸入而中毒。

③易燃性

有些无机酸性腐蚀性物质有较强氧化性，接触可燃物易引起燃烧，有的有机腐蚀性物质有易燃性，如苯酚、醋酸等。

9. 第 9 类　杂项危险物质和物品

(1)杂类危险物质和物品，指在铁路运输中呈现的危险性质不包括在 1 ~ 8 危险性的物品，具体品名待铁道部另行制定公布。

(2)杂类危险物质和物品分项：

①危害环境的物质。

②高温物质。

③经过基因修改的微生物或组织，不属感染性物质，但可以非正常地天然繁殖结果的方式改变动物、植物或微生物物质。

四、危险货物运输的特殊规定

1. 根据国家公布的《危险货物品名表》，结合铁路危险货物运输实际，制定《铁路危险货物品名表》。

(1)未列入《铁路危险货物品名表》中的危险货物品名，由铁道部确定并公布。

(2)不属于上述9类危险货物，在铁路运输过程中易引起燃烧，需采取防火措施的货物，属易燃普通货物(见《易燃普通货物品名表》，附件9)。

2. 危险货物运输管理工作技术要求高，安全责任重，管理难度大，相关企业必须认真落实领导负责制、专业负责制、岗位负责制、逐级负责制，确保铁路危险货物运输安全。

3. 从事危险货物运输的各有关单位应建立健全铁路危险货物运输事故应急预案和信息网络，完善预警预防应急措施，有效处置铁路危险货物运输突发事故，最大限度地减少人员伤亡、财产损失和社会负面影响。

4. 铁路危险货物运输安全管理，坚持安全第一、以人为本、依法行政、预防为主的方针。

5. 从事铁路危险货物运输各相关单位应当加强危险货物运输从业人员的技术业务培训，切实提高危险货物运输人员的技术管理水平，适应铁路运输现代化发展的需要。并依法监督管理，促进铁路危险货物运输法制化、系列化、规范化、科学化。

6. 铁路危险货物运输的承运人、托运人，必须具有铁路危险货物承运人资质或铁路危险货物托运人资质。有关资质的许可程序及监督管理，按《铁路危险货物承运人资质许可办法》(铁道部第17号令附录1)、《铁路危险货物托运人资质许可办法》(铁道部第18号令附录2)执行。

7. 铁路局应根据铁路危险货物运输资源分布，对设置不合理以及安全不符合国家规定的危险货物办理站(专用线、专用铁路)要采取合并、调整或关闭等措施。

危险货物办理站是指站内、专用线、专用铁路办理危险货物发送、到达业务的车站。按类型分为五种：

(1)专办站：指主要办理危险货物运输的车站。

(2)兼办站：指主要办理普通货物运输，兼办危险货物运输的车站。

(3)集装箱办理站：指在站内办理危险货物集装箱运输的车站。

(4)专用线接轨站：指仅在接轨的专用线、专用铁路办理危险货物作业的车站。

(5)综合办理站：指前四项中两项以上的车站。

危险货物办理站要根据危险货物运输需求和铁路运力资源配置的情况，统一规划，合理布局。

五、危险货物托运和承运

1. 危险货物仅办理整车和10 t以上集装箱罐运输。

2. 托运人托运危险货物时，应在货物运单“货物名称”栏内填写“危险货物品名索引表”内列载的品名和铁危编号，在运单的右上角用红色戳记标明类项名称，并在货物运单“托运人记载事项”栏内填写《铁路危险货物托运人资质证书》、经办人身份证和《铁路危险货物运输业务培训合格证》号码，对派有押运员的还需填写押运员姓名、身份证号码和《铁路危险货物运输业务培训合格证》号码,气体危险货物还需《液化气体铁路罐车押运员证》号码。托运爆炸品时,托运人还须出具到达地县级人民政府公安部门批准的《民用爆炸物品运输许可证》,托运烟花爆竹时须出具《烟花爆竹道路运输许可证》,并注明许可证名称和号码,并在运单右上角用红色戳记标明"爆炸品或烟花爆竹"字样。

3. 禁止运输《铁路危险货物运输管理规则》未确定运输条件的过度敏感或能自发反应而引起危险的物品。如:叠氮铵、无水雷汞等。

4. 对易发生爆炸性分解反应或需控温运输等危险性大的货物,须由铁道部确定运输条件。如:乙酰过氧化磺酰环己烷等。

5. 凡性质不稳定或由于聚合、分解在运输中能引起剧烈反应的危险货物,托运人应采用加入稳定剂或抑制剂等方法,保证运输安全。如:乙烯基甲醚、乙酰乙烯酮、丙烯醛、丙烯酸等。

6. 受理承运危险货物时,必须符合下列规定:

(1)《铁路危险货物托运人资质证书》、经办人身份证和《铁路危险货物运输业务培训合格证》与运单记载相统一。

(2)运单记载的品名、类项、编号等内容与《铁路危险货物品名表》的规定一致,并核查《铁路危险货物品名表》第11栏内有无特殊规定。

(3)发到站、办理品名、运输方式与《铁路危险货物运输办理站(专用线、专用铁路)办理规定》相统一。

(4)货物品名、重量、件数与运单记载一致。

(5)具有危险货物运输包装检测合格证明。

(6)运单右上角用红色戳记标明编组隔离、禁止溜放或限速连挂等警示标记。

(7)国内运输危险货物禁止代理。

(8)其他有关规定。

六、危险货物的包装和标志

危险货物包装是指保障运输储存安全为主要目的,根据危险货物性质,特点,按照国家有关法规、标准,专门设计制造的包装物、容器和采取的防护技术。

1. 危险货物包装根据其内装物的危险程度划分为三种包装类别。

Ⅰ类包装——盛装具有较大危险性的货物,包装强度要求高;

Ⅱ类包装——盛装具有中等危险性的货物,包装强度要求较高;

Ⅲ类包装——盛装具有较小危险性的货物,包装强度要求一般。

2. 有特殊要求的另按国家有关规定办理。

3. 危险货物的运输包装和内包装应按《铁路危险货物品名表》及《铁路危险货物包装表》的规定确定,同时还须符合下列要求:

(1)包装材料材质、规格和包装结构应与所装危险货物性质和重量相适应。包装材料不得与所装物产生危险反应或削弱包装强度。

(2)充装液态货物的包装容器内至少留有5%的余量。

(3)液态危险货物要做到气密封口。对须装有通气孔的容器,其设计和安装应能防止货物流出和杂质、水分进入。其他危险货物的包装应做到严密不漏。

(4)包装应坚固完好,能抗御运输、储存和装卸过程中正常的冲击、振动和挤压,并便于装卸和搬运。

(5)包装的衬垫物不得与所装货物发生反应而降低安全性,应能防止内装物移动和起到减震及吸收作用。

(6)包装表面应保持清洁,不得黏附所装物质和其他有害物质。

(7)包装不得重复使用(特殊包装规定的除外,如钢瓶等)。

4. 危险货物运输包装必须经过铁道部认定的包装检测机构进行包装性能试验。试验要求、方法、合格标准,须符合《铁路危险货物运输包装性能试验规定》和《铁路危险货物运输包装性能试验要求和合格标准》。

5. 货物包装上应牢固、清晰地标明《危险货物包装标志》和《包装储运图示标志》中相应的包装标志和储运标志。

6. 进出口危险货物在国内段运输时必须粘贴或拴挂、喷涂相应的中文危险货物包装标志和储运标志。

第七节　危险货物作业

一、危险货物作业的相关规定

1. 危险货物装卸作业使用的照明设备及装卸机具必须具有防爆性能,并能防止由于装卸作业摩擦、碰撞产生火花。

2. 装卸作业前,应对车辆和仓库进行必要的通风和检查,向装卸工组说明货物品名、性质、作业安全事项并准备好消防器材和安全防护用品。

3. 作业时要轻拿轻放,堆码整齐稳固,防止倒塌,严禁倒放、卧装(钢瓶等特殊容器除外)。

二、装车作业

1. 检查车辆:检查车种车型与规定装运货物相符,查看门窗状态、进行透光检查,确认车辆检修是否过期。

2. 检查货物:检查货物品名、包装、件数与运单填写是否一致,以及货物包装是否符合规定。

3. 装车作业:传达安全注意事项及装载方案。检查消防器材和安全防护用品,装载货物(含国际联运换装)不得超过车辆(含集装箱、罐式箱)标记载重量及罐车允许充装量,严重增载和超装超载。

4. 装车后工作:检查堆码及装载状态,查验门窗是否关闭良好,做好施封加锁及装车台账登记工作等。

三、卸车作业

1. 检查车辆:车辆状态及施封检查,核对票据与现车,确定卸车及堆码方法。

2. 卸车作业:传达安全作业注意事项及卸车方案,检查消防器材和安全防护用品。

3. 卸车后工作：填记卸货登记簿；对受到污染的车辆，及时回送洗刷所洗刷除污；清理车辆残存废弃物交由收货人负责处理；因污染、腐蚀造成车辆损坏的，要按规定索赔。

4. 危险货物储存要求：危险货物存放时要求按类、项区别专库专用，如不同类项的危险货物确需同库混合存放，须符合《铁路危险货物配放表》的规定。

5. 危险货物签认制度：爆炸品、硝酸铵、剧毒品气体类和其他另有规定的货物运输作业实行签认制度。作业应按规定程序和作业标准进行并签认。要对作业过程内容的完整性、真实性负责，严禁漏签、代签和补签。签认单保存期半年。

四、几种常见的危险货物装卸作业要求及应急处理

1. 爆炸品

(1)爆炸品装卸作业时，开关车门、窗不得使用铁撬棍，铁钩等铁质工具，必须使用时，应采取防火花防护措施。装卸搬运时，不准穿铁钉鞋，使用铁轮、铁铲头推车和叉车，应有防火花措施。禁止使用可能发生火花的机具设备。照明具应用防爆灯具。作业中轻拿轻放，不得摔碰、撞击、拖拉、翻滚。1～3 项爆炸品装载和堆码高度不得超过 1.8 m。车、库内不得残留酸、碱、油脂等物质，发现破损的货件不得装车，应另行放置，妥善处理。

(2)对散漏的爆炸品应及时用水润湿，撒以松软物后轻轻收集，并通知公安和消防人员处理。禁止将收集品装入原包装内。

2. 气　　体

(1)气体装卸作业时，应使用抬架或搬运车，防止撞击、拖拉、摔落、滚动。防止气瓶安全帽脱落及损坏瓶嘴。装卸作业机械工具应有防止火花措施，气瓶装车时应平卧横放。装卸搬运时，气瓶阀不要对准人身，装卸搬运工具、工作服及手套不得沾有油脂，装卸有毒气体应配备防护用品，必要时使用供氧和防毒面具。

(2)阀门松动漏气应立即拧紧，若无法关闭时，可将气瓶浸入冷水或石灰水中(氨气只能浸入水中)；液化气体容器破裂时，应将裂口部位朝上。气瓶着火时，应向钢瓶浇洒大量冷水或将钢瓶投入水中使之冷却，同时将周围钢瓶和可燃物搬离现场。

(3)气瓶平卧放置时，堆码不得超过 5 层，瓶头朝向同一方，瓶身填塞妥实，防止滚动，立放时要放置稳固，防止倒塌。

3. 易燃液体

(1)易燃液体装卸作业前，应先通风。开关门窗时不得使用铁制工具猛力敲打，必须使用时，应采取防止火花的措施。作业人员不准穿铁钉鞋。装载搬运中，不能撞击、摩擦、拖拉、翻滚。装卸机具应防止产生火花措施装载钢桶包装的易燃液体，要采取防磨措施，不得倒放或卧放，防止易燃液体流出。

(2)发生火灾时，灭火时，一般不宜用水，对密度大于水或溶于水的易燃液体可用雾状水或开花水灭火，但应注意液体被冲散而扩大着火范围。容器渗漏时，应及时移至安全通风处更换包装。渗出的液体用干沙土等物覆盖后扫除干净。

4. 易燃固体

(1)作业时不得摔碰、撞击、拖拉、翻滚、防止容器破损。特别注意勿使黄磷脱水，引起自燃。装卸搬运机具，应有防止产生火花措施。雨雪天气无防雨设备，不准装卸遇湿易燃物品。

(2)对撒漏的物品,应谨慎收集妥善处理。撒漏的黄磷应立即浸入水中,硝化纤维应用水润湿;金属钠、钾应浸入煤油或液体化石蜡中,电石、保险粉等遇湿易燃物品撒漏,收集后另放安全处,不得装入原货件中。对一些金属粉末,金属有机化合物,氨基化合物和遇湿易燃物品着火时,禁用水、泡沫、二氧化碳和酸碱灭火剂。扑救浸油的棉、毛、麻制品火灾时,要注意防止复燃。灭火时,应有防毒措施。

5. 氧化性物质和有机过氧化物

(1)装车前,车内应扫干净,保持干燥,不得残留酸类和粉状可燃物。卸车前,应先通风后作业。装卸搬运中不能摔碰、拖拉、翻滚、摩擦和剧烈震动。装卸工具上不得残留或沾有杂质。托盘和手推车尽量专用,装卸机具应有防止火花的防护装置。

(2)氧化性物质撒漏时,应扫除干净,在用水冲洗,收集的撒漏物品,不得倒入原货件内。

过氧化钠等着火时,不能用水扑救,其他氧化物质用水灭火时,要防止溶液流至易燃易爆品处。

6. 毒性物质和感染性物质

(1)装卸车前应先通风,严禁肩扛、背负,装卸搬运时要轻拿轻放,不得撞击、摔碰、翻滚、防止包装破损。装卸易燃毒害品时,机具应有防火花措施。作业时必须穿戴防护用品,严防皮肤破损处接触毒物。作业完毕及时清洁身体后方可进食、吸烟。

(2)固态毒性物质撒漏时,应谨慎收集。液态毒性物质撒漏时,可先用砂土、锯末吸收,妥善处理。被毒性物质污染的机具、车辆及仓库地面,应进行洗刷除污。发生火灾时,对遇水能发生危险反应的毒性物质(如磷化铝)不得用水灭火;对无机氰化物,不得用酸碱灭火器灭火,以免产生氰化气体。处理撒漏毒性物质和扑救火灾时,必须穿戴防护服、口罩、手套或防护面具,施救人员站在上风处,发现头晕、恶心呕吐等现象,要立即转移至空气新鲜处。

7. 放射性物质

(1)装卸车前应先通风,装卸时尽量使用机械作业,严禁肩扛、背负、撞击、摔碰翻滚。作业时间应按规定要求控制。堆码不宜过高,应将辐射水平低的放射性包装体放在辐射水平高的放射性包装体周围。皮肤有伤口、孕妇、哺乳妇女和有放射性工作忌症(如白血球低于标准浓度等)者不能参加放射性货物作业。搬运Ⅲ级放射性包装件时,应在搬运机械的适当位置上安放屏蔽物或穿防护围裙,以减少人员受照剂量。装卸、搬运放射性矿石矿砂时,作业场所应喷水防止飞尘,作业人员应穿戴工作服、工作鞋、戴口罩和手套。作业完毕后全身清洗。

(2)运输中发生货包破裂,内容物撒漏时,应立即向有关部门报告,由安全防护人员测量并划出安全区域,悬挂明显标志。当人体受污染时,应在防护人员指导下迅速进行去污,若人员受到过量照射时,应及时去医院救治。放射性矿石、矿砂类包装破损时应换包装后继续运输,撒落的矿砂等收集后交付托运人处理。

8. 腐蚀性物质

(1)作业前穿戴耐腐蚀的防护用品,对易散发有毒蒸气或烟雾的腐蚀性物质装卸作业,还应备有防毒面具。卸车前先通风。货物堆码必须平稳牢固,严禁肩扛、背负、撞击、拖拉、翻滚。车内应保持清洁,不得留有稻草、木屑、煤炭、油脂、纸屑等可燃物。

(2)发现液体酸性腐蚀性物质撒漏应及时撒上干沙土,清除干净后,再用水冲洗污染处。

大量酸液溢漏时，可用石灰水中和。发生火灾时不可用柱状水，可防腐蚀液体飞溅伤人；对遇水能剧烈反应及引起燃烧、爆炸或放出有毒气体的腐蚀性物质禁止用水灭火。火灾现场的强酸，应尽力抢救。以防高温爆炸，酸液飞溅。无法抢救搬离火灾现场时，可用大量水浇洒降温，扑救人员必须穿戴防护用品，对易散发腐蚀蒸气和有毒气体的物品，必须使用防毒面具。

第八节　易腐货物运送

一、易腐货物的定义

凡在运送中对高温或低温需要采取防护措施（加冷、加温、通风）、照料或照管的货物，均属于易腐货物。

二、易腐货物的分类

易腐货物根据装车前的技术处理和保温处理及热状态，可分为深冻结货物（低于 -18 ℃），冻结货物（-6 ℃至 -18 ℃）、冷却和非冷却货物。其中，冷却货物是经过加工后使货物冷却到规定的装车温度的易腐货物；非冷却货物是处于自然状态或未经过任何冷冻工艺处理的易腐货物。如摘取后即提交运输的鲜水果、鲜蔬菜。

三、主要的易腐货物

1. 鲜和罐头的蔬菜和蘑菇（晾干和烤干的除外）。
2. 鲜和罐头的水果和浆果（晾干和烤干的除外）。
3. 肉类和肉制品（包括屠宰的禽类和野兽）。
4. 奶类和奶制品。
5. 蛋类和冰蛋。
6. 鱼类、鱼制品和虾类。
7. 人造黄油含有鹅油的人造黄油，混合脂油以及人造植物性脂油。
8. 含酒精的饮料。
9. 不含酒精的饮料、天然和人造的矿泉水以及各种不含酒精的饮料。
10. 面包酵母（压缩的）。
11. 密封的罐头。
12. 活植物。

按照热状态来划分易腐货物种类的目的，是为了便于正确确定易腐货物的运输条件（如车钟、车型的选用，装载方法的选取，以及运输方式，控温范围、途中服务的确定等）合理收取运输费用及确保货物运输安全。

四、易腐货物运送要求

1. 易腐货物的运送应遵守《国际铁路货物联运协定》附件4《易腐货物运送规则》和我国《铁路鲜活货物运输规则》的相关规定。

2. 易腐货物的运到期限按《国际铁路货物联运协定》第 14 条的规定计算。运送速度(快运或慢运)由发货人选择。

3. 承运易腐货物时,应注意易腐货物的运到期限和容许运到期限。运到期限为从承运的次日起至卸车或货车调到交接地点止的整个期限,计算方法与普通货物相同。容许运到期限是根据货物的品种、成熟度、热状态,在规定的条件下,能保持货物质量的期限。容许运到期限应由发货人提出,车站负责审查。如果容许运到期限小于运到期限,铁路不予承运。

4. 发货人托运的易腐货物,必须符合发送国标准要求规定的应有的质量(包括温度)状态。运送需要容器或包装的易腐货物时,发货人应使用符合国际货协要求的容器和包装。

5. 发货人应在运单上添附易腐货物品质证明书或明细书,作为国际货协第 11 条规定的添附文件。这些证明书或明细书应只与该易腐货物及该运单有关。同时,在运送肉、肉制品、黄油、脂油、动物脂肪及其他应进行兽医卫生检疫的易腐货物时,发货人应在运单上添附发送国主管机关颁发的兽医检疫证明书,而托运鲜水果、蔬菜、马铃薯和活植物时,应添附发送国主管机关颁发的植物检疫证明书,即使参加运送易腐货物铁路的国家中只有一国要求卫生证明书,发货人也应按规定办法将其附在运单上。

6. 采取防护措施(加温、通风、加冷)运送易腐货物的方法,车种(保温车、加冰冷藏车机械冷藏车或棚车)或集装箱种类以及货物是否需要押运均由发货人根据易腐货物的性质和运送全程的气候条件确定。并在运单"发货人的特别声明"栏内,由发货人注明必要的防护措施和运送全程的保温制度。保温制度应以温度变化范围的形式表示,并要考虑到铁路车辆(集装箱)保证这种温度要求的技术可能性。如果单中没有发货人的此项记载,则认为运送该易腐货物时没有必要对货物采取防护措施。

7. 在选择运送方法、车辆或集装箱种类时,发货人应根据《易腐货物运送规则》考虑货物装车前的热状态和生理状态,并考虑货物可能的适运期限,算出的运到期限(运到期限不应超过适运期限)以及易腐货物运行全程的季节和气候条件。运送方法和车种选择不当以及未遵守《易腐货物运送规则》的其他要求时,其后果由发货人负责。

8. 运送易腐货物在到达国国境站换装时,接收方应按照国内规章并考虑上述要求和保证货物完好,确定采取防护措施的运送办法和车种。

9. 如果易腐货物需要照料或照管并因此必须进行押运,则发货人应根据国际货协附件第 3 号的规定提供押运该货物的押运人。使用棚车运送需要加温的易腐货物以及活鱼,从发站至到站必须由发货人或收货人的押运人押运,才可以运送。

10. 如果某个铁路(包括换装铁路)发现,运送条件不能保证易腐货物完好,则该路应根据国际货协的规定采取必要的措施。

11. 凡使用不符合发送国商务、卫生标准的车辆和集装箱及使用不符合发送国商务、卫生和技术条件标准的不属于铁路的车辆装运易腐货物时,其后果均由发货人负责。

12. 装载易腐货物的保温车,机械冷藏车、棚车、集装箱(包括机械冷藏式的)按照发送路的现行规章进行整备。

13. 使用铁路提供的棚车装载非冷却易腐货物并需要通风时,发货人必须在车窗上施加遮拦,以保证货物的完好,并在运单"发货人的特别声明"栏内对这种运送方法做相应记载。

14. 有自备能源的保温车和机械冷藏车的保温费，根据货物运行铁路适用的现行运价规程计算并按国际货协核收。供货物制冷或加温机械设备工作的外部能源（接触网、机车）使用费，根据货物运行铁路现行国内运价规程计算，并按国际货协第 15 条核收。

15. 货物在发送路和到达路运行时，加冰冷藏车的供冰费，根据这些铁路现行国内运价规程计算并核收；货物在过境路运行时，根据该国际运送适用的过境运价规程计算，并按国际货协的规定核收。

第九节　我国易腐货物作业的相关规定

一、易腐货物承运

1. 运输种类

为了确保易腐货物的运输质量，根据铁路现有技术设备情况，目前主要采用整车运输。以零担和集装箱办理时，受到一定条件限制。

（1）需要冷藏、保温、加温、通风运输的鲜活货物不得按零担办理。但装一般货车短距离运输时，在自局管内由各局确定；跨局运输的，仅限能以一站整零车装运直接运抵到站或两站整零车装运至第一到站卸车的，方可按零担办理（未装容器的活动物除外）。

（2）经铁路局确定，在一定季节和一定区域内不易腐烂的鲜活货物可用中铁通用集装箱装运。

2. 按一批托运的规定

（1）易腐货物与非易腐货物不得按一批托运。

（2）不同热状态的易腐货物不得按一批托运。

（3）按一批托运的整车易腐货物一般限运同一品名。但不同品名的易腐货物，如在冷藏车内保持或要求的温度的上限（或下限）差别不得超过 3 ℃时，允许拼装在同一冷藏车内按一批托运。此时，托运人应在货物运单“托运人记载事项”栏内记明：“车内保持温度按 × × 品名规定的条件办理。”

例如：冷却的荔枝和龙眼，在冷藏车内保持的运输温度为：荔枝 1 ℃ ~7 ℃（冷却顺号 7）；龙眼 1 ℃ ~5 ℃（冷却顺号 7）。

这两种货物所要求保持的运输温度，下限相同（1 ℃），上限相差 2 ℃，不超过 3 ℃。运输过程要按 1 ℃ ~5 ℃控制温度，荔枝和龙眼都处在合适的温度范围内。所以，可以拼装在同一冷藏车内按一批托运。在实际工作中，究竟按哪种品名货物的运输温度控温更好，托运人比铁路了解更透彻，所以应由托运人提出并在运单内注明。

（4）货物性质有抵触，不能按一批托运。

例如：夹冰鱼虾和冷却苹果，在机械冷藏车内保持的运输温度为：夹冰鱼虾 -3 ℃ ~0 ℃（冷却，顺号 4）；冷却苹果 0 ℃ ~4 ℃（冷却，顺号 6）。这两种货物都属于冷却货物（既热状态相同）且要求保持的车内温度下限未超过 3 ℃。但货物性质抵触，夹冰鱼虾在运输途中包装内的冰水会不断融化而有水流出，且气味腥臭，使苹果受到污染，影响货物的质量和卫生状态，故不能按一批托运。

3. 运单特殊填写

托运人托运易腐货物除按普通货物规定填写外,还应遵守下列特殊规定。

(1)"货物名称"栏

托运人托运易腐货物,应在货物运单"货物名称"栏内填记货物名称,并注明品类顺号及热状态。

例如:菠萝经过冷处理的应写"菠萝(7,冷却)",未冷却处理的应写"菠萝(9,未冷却)"。

(2)"托运人记载事项"栏

应注明容许运输期限,容许运输期限至少须大于规定的运到期限3日。

使用冷藏车运输易腐货物时,应具体注明输运条件。如"途中加冰"、"途中制冷"、"途中加温"、"途中通风"、"途中不加冰"、"途中不制冷"、"途中不加温"、不加冰运输等字样。

(3)票据记载

发站应在货物运单、货票、票据封套和列车编组顺序表上分别填记△K标记。

4. 未列名的易腐货物运输

由于易腐货物品类繁多,《铁路鲜活货物运输规则》中的"易腐货物运输条件表"不可能列载出所有的易腐货物品名。托运人托运"易腐货物运输条件表"内未列名的易腐货物时,应事先与车站商定运输条件,报铁路局审批后方可办理试运。商定的运输条件应在货物运单"托运人记载事项"栏内注明。

二、易腐货物装车作业

1. 车辆的选择

为了质量良好地运输易腐货物,铁路应根据货物特性拨配适当的车辆装车。

国际铁路联运运输规定,装运易腐货物时,铁路应根据发货人要求拨给良好的符合发送国卫生要求的车辆或大吨位集装箱。

2. 冷藏车适用规定

冷藏车包括机械冷藏车和冷板冷藏车等车型。冷藏车是运输易腐货物的专用车辆,但使用时应遵守以下规定:

(1)冷藏车应用于装运易腐货物。

(2)无包装的水果、蔬菜、卤鱼和能损坏车内设备的易腐货物不得用冷藏车装运(西瓜、哈密瓜、南瓜、冬瓜除外)。

(3)冷藏车严禁用于装运能污染和损坏车辆的非易腐货物(如煤炭、化肥、砖瓦、水泥等)。

(4)冷藏车回空利用及装运需要冷藏车冷藏、保温或加温的非易腐货物时,车站应逐级上报铁道部,经调度命令承认后方可使用。

3. 车辆的检查

车辆状态是保证易腐货物运输质量的基础,故铁路调配装运易腐货物的车辆必须是状态良好的,不能保证易腐货物质量的车辆,严禁使用。装车单位应在易腐货物装车前(加冰运输在加冰前)检查冰箱、排水装置、通风口、车门及车内设备是否良好,车内是否清洁卫生。对不能保证货物质量的车辆,承运人应及时予以调换。

4. 装车要求

(1)易腐货物应按《铁路鲜活货物运输规则》附件1、附件3规定的方法装载。

(2)经过预冷的冷藏车装车时,应采取措施,保持车内温度。

(3)装(卸)车作业中应使用不致损坏车内设备的工具,并不得挤碰循环挡板,上层货物距离循环挡板最少应留出50 mm的空隙。

(4)开关车门时,严禁乱砸硬撬,采取保温防寒、防湿等措施时,严禁以钉钉等方式损坏冷藏车车体。

5. 装卸时间

冷藏车的装卸车作业时间越长,冷藏运输时,对车辆和货物的冷消耗越多,装车后降温就越困难,卸车后货温上升的幅度也越大。因此,车站、托运人、收货人应加强装(卸)车的组织工作,缩短装(卸)时间。

机械冷藏车装货车为8辆及其以上的,每组装(卸)车时间不得超过12 h,装货车为四辆型的、每组送(卸)车时间不得超过6 h。其中每一车的装(卸)车时间不得超过3 h。

三、易腐货物到达作业

易腐货物到达作业包括卸车和交付工作。到达作业虽然是运送过程的最后阶段,但是不能正确及时地组织卸车和交付,也会影响货物运输质量。

1. 卸车与交付

到站对到达的易腐货物应及时组织卸车和交付。对事故货物亦应及时卸车,妥善处理。

在铁路货场内卸车的易腐货物应防止被污染,必要时可联系收货人采取措施随卸随搬。如果是冻结、冷却货物或寒季运送需保温、加温运输的货物,应联系收货人准备防护用品和搬运工具,组织直接卸车。

使用机械冷藏车装运的易腐货物卸车时,车站货运员应会同机械冷藏车乘务员对卸车作业进行技术指导,发现问题及时联系收货人共同解决。

2. 卸车洗涮除污

卸车单位负责将车辆清扫干净。装过鱼、贝、肉类及其他易腐货物污染的车辆,卸车单位必须按规定洗刷除污,必要时进行消毒,使车内没有残留的污水、秽物。洗刷除污、消毒后应适当通风,晾干再关闭车门。卸车单位及车站没有洗刷条件时,车站应根据调度命令填写“特殊货车及运送用具回送清单”,向本局内指定的洗刷站回送。机械冷藏车洗刷后经过车站检查验收。洗刷除污、消毒费用均由收货人负担。

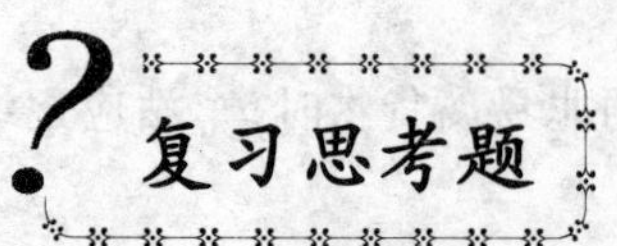

1. 何谓超限货物?
2. 超限货物的等级和种类是如何划分的?
3. 超限货物装车后如何标画检查线和书写超限等级?
4. 何谓超长货物?

5. 超长货物一车负重装载技术条件是如何规定的？
6. 何谓集重货物？
7. 托运人托运集重货物时应向承运人提出哪些资料？
8. 何谓危险货物？
9. 铁路运输危险货物按其主要危险性和运输要求划分为哪几类？
10. 危险货物作业应重点注意哪些事项？
11. 何谓易腐货物？
12. 主要的易腐货物有哪些？

第十章　铁路货物运费

第一节　国际铁路联运运输费用计算

一、国际铁路货物运送费用的计算

运送费用(应理解为货物运费、押运人乘车费、汽车列车乘车费、杂费以及自承运货物至交付收货人期间发生的其他费用)按运输合同缔结当日有效的下列运价规程计算。

1. 邻国铁路车站间运送时——发送国和到达铁路的运送费用,应按各国铁路国内运价规程计算,如这些铁路间签订有直通运价规程,可按该运价规程计算。

2. 过境运送时——发送国和到达国铁路的运送费用,应按各国铁路现行的国内运价规程计算,而过境路的运送费用按各有关路采用的用于该种国际运送的过境运价规程计算。

3. 货物运费,应按适用的运价规程确定的经由发货人在运单中注明的国境站的经路最短里程计算。

如货物经由其他国境站运送,又较发货人在运单记载的经路为短,则应按适用的运价规程确定的经由这些国境站的经路最短里程计算运费。

4. 到达国和发送国铁路的运送费用和罚款,用当地货币计算,而过境路的运送费用和罚款,用参加该国际联运的有关铁路所采用的过境运价货币计算。

5. 凡适用的运价规程中未规定的,在运送中由铁路垫付的费用,如装载修整费、倒装费、包装修理费、苫盖篷布的劳务和篷布的使用费(如篷布苫盖不由铁路负责)均应向铁路补偿。这些费用,对每批货物均分别确定,并用相应的文件证明。

6. 如在运送中必须将货物从一辆车换装到同一轨距的另一辆或数辆车上,则运费应根据在发站装载货物的车辆,即运单中原注明的车辆,按一批货物计算,如在运行途中换装的原因与发货人无关,则不核收货物换装费。

7. 在国境站将货物换装到另一轨距的车辆上或更换车辆转向架轮对时,杂费(包括换装货物时,由铁路提供装载加固用设备和材料:支柱、铁丝、钉子、垫木等费用)应按下列规定计算:

(1)如由到达路换装货物或更换另一轨距的车辆转向架,则按该路现行的国内运价规程计算。

(2)在其他情况下,均按适用于该国际运送的过境运价规程计算。

二、货物运送费用的核收

凡按《国际铁路货物联运协定》规定所计算的运送费用,均应按下列规定核收:

(1)发送路的运送费用:在发站向发货人或根据发送路国内现行规定核收。

(2)到达路的运送费用:在到站向收货人或根据到达路国内现行规定核收。

(3)过境路的运送费用:在发站向发货人核收或在到站向收货人核收,通过几个过境铁路运送时,准许由发货人支付一个或几个过境路的运送费用,而其余铁路的运送费用,由收货人支付。采用该办法支付运送费用的条件是铁路间签有相应协议。

(4)过境路的运送费用:通过与每一过境路签有运送费用支付协议的支付人(代理机构,代理公司等)向发货人或收货人核收。

(5)如发货人负担过境路的运送费用,则他应在运单"发货人负担下列过境铁路的费用"栏内根据《国际铁路货物联运协定》附件第12.5号注明这些铁路的简称。

如发货人不负担任何一个过境路的运送费用,则应在运单"发货人负担下列过境铁路的费用"栏内填写"无"字,发货人未负担的过境铁路运送费用,即认为已转由收货人支付,并应由到站向收货人核收。

如发货人未在运单"发货人负担下下列过境铁路的费用"栏内填写要求记载的"无"字,则应认为过境路的运送费用已转由收货人支付,并应由到站向收货人核收。

(6)如在两邻国间运送货物,国境站将货物换装到另一轨距的车辆中的换装费或车辆更换另一轨距转向架的轮对的费用,不论这项工作交由接收路或交付路完成的,均应向收货人核收。

(7)如收货人拒绝领取货物时,则发货人应支付该批货物的一切运送费用和罚款。

三、过境货物运送费用计算

1. 计算运送费用需要条件。

运送费用应按《国际铁路货物联运统一过境运价规程》参加铁路每过境铁路分别计算。同时应参照以下事项:

(1)根据通用货物品名表确定货物属于《国际铁路货物联运统一过境运价规程》的运价等级。

(2)货物重量。

(3)办理种别。

(4)通过该路的运送里程。

(5)运送速度。

(6)《国际铁路货物联运统一过境运价规程》规定的其他条件。

(7)集装箱种类。

2. 根据以上条件,计算运送费用时应适用以下规定:

(1)通用货物品名表(ГНГ),按照该表确定该项货物应适用的运价等级。

(2)过境里程表,该表内容为《国际铁路货物联运统一过境运价规程》每个参加路运价里程。

(3)运费计算表。

(4)运单中记载的事项。

在确定货物运费额时,应按照该批货物运送里程在计算表中所属计费区段的费率计算运费。

3. 在个别过境运送中，经《国际铁路货物联运统一过境运价规程》有关参加铁路商定，可以规定适用辅助规则，作为统一过境运价规程的附件，其中包括按《国际铁路货物联运统一过境运价规程》算出的过境铁路里程的运费率以及按各自国内运价规程算出的发送路和到达路运费率。发送国和到达国铁路段的运费和杂费，也准许按照《国际铁路货物联运统一过境运价规程》的规定费率计算并核收。

4. 慢运货物的运费，应按《国际铁路货物联运统一过境运价规程》第 6 条规定的办法计算。

运送快运货物时，按慢运货物规定的办法计算出的运费，加 100%，并且对以客运速度运送货物(随旅客列车挂运的整车货物)时，加 200%。

凡是运出与运入《国际铁路货物联运统一过境运价规程》参加铁路国家的搬家货物，其运费按计算出的运费总额减 50% 核收。

5. 重量尾数的进整。

(1)计算整车和带轮货物运费时，实际重量均进整至吨(计费重量)，此时 500 kg 及以上进整至 1 t，不足 500 kg 者舍弃。

(2)计算零担货物运费时，实际重量进整至 100 kg(计费重量)，不足 100 kg 者，均按 100 kg计算。

(3)计算杂费时，货物实际重量均进整至 100 kg，不足 100 kg 者均按 100 kg 计算。

6. 运送费用尾数的进整。

计算运送费用时所得出的最终款额尾数应进整至分。进整规则为 0.5 分及 0.5 分以上进为 1 分，不足 0.5 分者舍去。

7. 整车货物运费。

(1)慢运整车货物运费，按照《国际铁路货物联运统一过境运价规程》中所列的 1 t 的运价费率乘以该货物的计费重量的吨数计算，但货物计费重量不得低于车辆装载最低计费重量标准。四轴车装载最低计费重量标准为:1 等货物——20 t，2 等货物——30 t。

(2)根据《国际铁路货物联运统一过境运价规程》算出的 1 435 mm 轨距铁路的货物运费，不应超过该批货物按规定轴重所可能装载重量计算出的运费。在个别情况下，所承运货物重量超过其按容许轴重可能装载的重量时，其运费应根据货物实际重量计算。

(3)运送《国际铁路货物联运统一过境运价规程》所规定按三等运价计费的货物时，运费按照《国际铁路货物联运统一过境运价规程》所列每轴运费乘以按自轮运转货物运送的机车车辆轴数计算。

使用上述车辆所装运不同轨距的转向架或轮对以及这些车辆在这运送中必需的配件或其他材料，免收运送费用。

8. 零担货物运费。

按慢运办理的零担货物运费，按照《国际铁路货物联运统一过境运价规程》所列的每 100 kg的运价费率乘以该批货物计费重量百公斤数所得的运费款额加 50% 计算。

9. 罐装货物运费。

使用罐车运送货物时，按货物的计费重量计算运费。

10. 危险货物运费。

属于《国际铁路货物联运协定》附件2第1类“爆炸物质和含有爆炸物质的物品”，第6.2类“传染性物质”和第7类“放射性物质”以及《国际铁路货物联运统一过境运价规程》第六条22项表中所列的危险货物的运费按《国际铁路货物联运统一过境运价规程》的一般规定加100%计算。

11. 押运人乘车费。

(1)货物押运人的乘车费，每过境运送里程100 km按照2.64瑞士法郎核收，每国铁路运送里程不满100 km时，亦按100 km计算。

(2)机械或冷藏车的技术人员，在过境铁路上乘车一概免费。

(3)押运人乘坐属于铁路的单独车辆时，应按3等运价和车辆走行里程另行收费。

(4)押运人乘坐货主的车辆以及铁路出租的车辆时，其乘车费可减成15%。

12. 运价货币。

计算运费和杂费采用的运价货币为瑞士法郎。

《国际铁路货物联运统一过境运价规程》所规定的并以瑞士法郎计算的运费和杂费，按照该国规定的办法向发货人或收货人核收。

四、过境运送费用的核收

1. 如果《国际铁路货物联运统一过境运价规程》中未另作规定，则按照《国际铁路货物联运统一过境运价规程》算出的过境货价参加铁路的运送费用核收办法。

(1)从《国际铁路货物联运统一过境运价规程》参加铁路的国家向亦参加《国际铁路货物联运统一过境运价规程》铁路的国家运送货物时，在发站向发货人或在到站向收货人核收；

(2)从《国际铁路货物联运统一过境运价规程》参加铁路的国家向未参加《国际铁路货物联运统一过境运价规程》铁路的国家运送货物时，在发站向发货人核收，相反方向运送时，则在最终到站向收货人核收。

2. 允许通过代理人支付《国际铁路货物联运统一过境运价规程》参加铁路的过境运费，但以代理人与相应过境铁路签有协议为限。

在这种情况下，发货人在发站填制国际货协运单时，须在第20栏内作一项记载，其内容为：应收入运费的各该过境铁路简称，代付各该路段过境运费的代理人名称及作为该过境路段运费支付人的代码。

五、国际联运国内段货物运输费用的计算

为适应铁路货运分账核算、计算机制票的需要，自2002年12月1日起，对国际联运进出口(过境)货物运送费用核收收据统一改为使用货票核收。

1. 对经铁路口岸运送的进出口货物，其国内段运送费用使用货票核收。货票的发站(对进口货物)或到站(对出口货物)填写铁路口岸站，记事栏内填写“国际铁路联运”。

2. 对国际联运过境货物，其过境我国铁路的运送费用使用货票核收。货票的发站填写入境铁路口岸站(或港口站)，到站填写出境铁路口岸站(或港口站)，货票记事栏内填写“国际铁路联运过境货物。”

3. 使用货票核收国际联运货物费用时，车站在将国际铁路联运运单和不带号码的补充运行报单第91栏内，填写中铁费用已收和货票号码，加盖车站戳记，背面运费计算和收费栏内不填写，加盖“不作报销凭证”红色戳记，并将货票丙联交发货人（或其代理人）或收货人（或其代理人）报销。

六、国际联运进出口货物运输杂费

1. 国际联运运单以及供托运人报销运费用的补充运行报单均按《铁路货物运价规则》的规定的费率核收。

2. 进、口货物在国境站的验关手续费，整车和集装箱每批33元，零担每批16元。

3. 进口货物在国境站的换装费，整车普通货物每吨16元。其他危险货物，笨重货物等见《铁路货物运价规则》杂费规定。换装需要加固时，核收加固材料费，按所用材料成本价加30%计算。

4. 进出口货物声明价格费，按运单记载的声明价格的3‰计算。

5. 进出口货物由于托运人或收货人原因，造成在国境站上发生的整车换装整理费，搬运费、杂作业人工费等按《铁路货物装卸作业计费办法》和铁道部规定的费率核收。

6. 进口货物在过境站或中途站办理运输变更时，接《铁路货物运价规则》规定的费率。以发送路原使用的车辆数核收变更手续费。由于收货人代号改变而变更收货人时，也应核收变更手续费。从朝鲜进口整车煤炭，在国境站办理变更到站，按上述费率减半核收。

7. 进、出口货物由于托运人、收货人原因，造成货车在国境站滞留日时，应按货车滞留日数，从货车到达次日起，不足一日按一日，核收货车滞留费，每车每日120元。超过5日，从第6日起，每年每日核收滞留费240元。超过10日，从第11日起，每车每日核收滞留费480元，危险货物货车滞留费在上述标准基础上每车每日另加10%。

进、出口货物落地时，货物装卸费和暂存费按《铁路货物运价规则》杂费的规定计费。

8. 向朝鲜出口整车散装的煤、石膏、焦炭、矿石、矿粉、熟矾土、黄土、碗土、和向越南出口整车散装货物，均在国境站用轨道衡复查重量，核收过磅费。进口货物在国境站如收货人或其代理要求过磅复查重量，应记载并核收过磅费。

9. 派有押运人押运的货物，核收押运人乘车费。

第二节　国内货物运输费用计算

铁路货物运输费用的计算，是一项复杂细致的工作，又是一项政策性强，涉及面广的工作。正确计算运输费用，防止漏收，少收和多收、维护铁路和托运人，收货人双方的正当权益具有重要意义。

一、货物运输费用计算的依据

1.《铁路货物运价规则》及其附件。

2.《国际铁路货物联运统一过境运价规程》。

3.《铁路军事运输计费付费办法》。

4.《铁路货物装卸作业计费办法》。

5. 铁道部其他有关文电。

《铁路货物运价规则》是计算运输费用的基本规章。它规定了计算货物运输费用的基本条件，各种货物运输适用的运价号、运价率，各种杂费的核收方法，费率及运价里程的计算方法等。

二、计算货物运输费用的程序

1. 按《货物运价里程表》计算出发站至到站的运价里程。

2. 根据货物运单上填写的货物名称查找《铁路货物运输品名分类与代码表》(简称"分类表")和《铁路货物运输品名检查表》(简称"检查表")，确定适用的运价号。

3. 整车、零担货物按货物适用的运价号，集装箱货物根据箱型，冷藏车货物根据车种，分别在《铁路货物运价率表》中查出适用的运价率(即基价1和基价2)。

4. 按《铁路货物运价规则》规定确定整车，零担货物的计费重量(集装箱货物为箱数)。

5. 货物适用的基价1，加上基价2与货物的运价里程相乘之积后，再与按《铁路货物运价规则》确定的计费重量(集装箱为箱数)相乘，计算出运费。

6. 按《铁路货物运价规则》及其他有关规定计算有关杂费和有关费用。

货物运费、杂费及有关费用之和即为货物的运输费用。

【例10-1】　伊春站发到哈尔滨站一车原木，货重58 t使用标重60 t敞车装运，其运费计算程序如下：

(1)由《货物运价里程表》查出，伊春到哈尔滨运价里程为458 km。

(2)由货物品名分类与代码表查出原木的整车运价号1010/5。

(3)由铁路货物运价率表查出基价1，为9.20元/t，基价2为0.045 9元/(t·km)。

(4)按《铁路货物运价规则》规定，计费重量为60 t。

运费：$(9.20+0.0459\times458)\times60=1\,813.30$(元)

三、计算货物运输费用的基本条件

1. 货物运费的计费重量的确定

(1)整车货物以吨为单位，吨以下四舍五入。

(2)零担货物以10 kg为单位，不足10 kg进为10 kg。

(3)集装箱货物以箱为单位。

2. 运杂费款额尾数的处理

(1)每项运费、杂费的尾数不足1角时按四舍五入处理。

(2)每项杂费凡不满一个计算单位，均按一个计算单位计算(另定者除外)。

3. 运价里程的确定原则

(1)运价里程应根据《货物运价里程表》按照发站至到站间国铁正式营业线最短径路(与国家铁路办理直通的合资，地方铁路和铁路局监管线到发的货物也按发、到站间最短径路)计算，但《货物运价里程表》内或铁道部规定有计费经路的，按规定的费经路计算，运价里程不包括专用线，货物支线的里程。通过轮渡时，应将规定的轮渡里程加入运价里程内计算。水陆联运的货物,应将换装站至码头线里程加入运价里程内计算。国际联运货物,应将国境站至边境线的里程(表 10－1)加入运价里程内计算。

表 10－1　国际联运国境站到国境线里程表　　(单位:km)

国境站名	国境站到国境线里程	国境站名	国境站到过境线里程	国境站名	国境站到国境线里程
满洲里	10	图们	2	凭祥	14
绥芬河	6	丹东	2	山腰	7
集安	7	二连浩特	5	阿拉山口	4

铁路和水路货物联运换装站至码头线里程在《货物运价里程表》中公布。

(2)下列情况发站在货物运单内注明,运价里程按实际经由计算:因货物性质(如鲜活,超限货物)必须绕路运输时;因自然灾害或其他非铁路责任,托运人要求绕路运输时;属于五定班列运输的货物,按班列经路运输时;承运后的货物发生绕路运输时,仍按货物运单内记载的径路计算运输费用。

(3)实行统一运价的营业线路与特价营业铁路直通运输,运价里程分别计算。

(4)押运人乘车费,发站按国铁的运价里程计算,通过合资,地方铁路的将其通过的运价里程合并计入,在合资、地方铁路发到的计算到合资,地方铁路的分界站。

(5)D 型长大货物车使用费,铁路集装箱使用费,货车篷布使用费按发站至到站运价里程计算核收。

4. 运价里程的确定

(1)计算货物运费时所采用的里程为货物运价里程,该运价里程是根据《货物运价里程表》确定的。

该表中列载了各条铁路线路的站名和里程,各条铁路线之间的接算站名,并注明各站的营业办理限制。为了便于查找站名,还附有《站名索引表》和站名首字汉语拼音或《笔画索引表》,另外还附有货物运价里程接算站示意图。

(2)《货物运价里程表》规定的计费径路。

什么是计费径路呢?在《货物运价里程表》中有一部分里程表后附注规定:"本线里程仅限发送或到达本线各站的货物运输使用"。除特定邻接线外,不准通过本线计算运价里程,须另选最短径路计算运价里程。

【例 10-2】 泰康站到公主岭站的最短径路应通过让胡路、大安北、长春计算,不应经让胡路、哈尔滨南计算,泰康经让胡路、哈尔滨南计算里程为:

$$42+184+235+62=523(\text{km})$$

泰康经让胡路、大安北、长春计算里程为:

$$42+145+4+214+62=467(\text{km})$$

但《货物运价里程表》中规定:本线长春→大安间仅限发到本线各站的货物使用,而泰康和公主岭均不属本线车站。

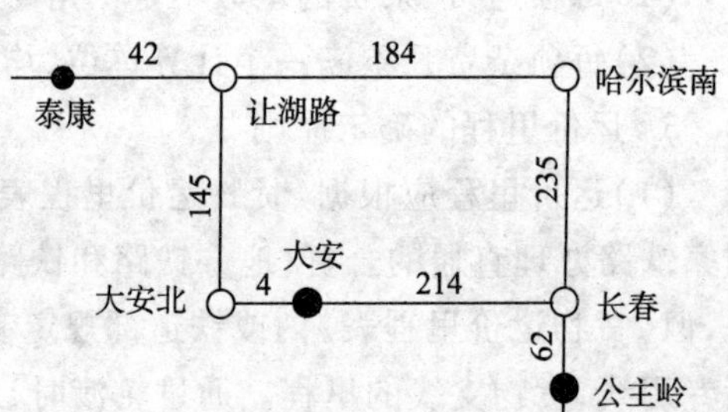

故应按经让胡路、哈尔滨南计算里程为 523 km。

5. 铁道部规定的计费径路

由于铁路线路通过能力受限制,车流径路的变化,对某些线路间货物运输做了规定的径路,确定时,应按规定的径路确定运价里程。

四、货物运价号、运价率的确定

我国现行运价制度采用分号制,是根据货物的性质和运输要求,分成不同的运费计算等级,称为运价号。《铁路货物运价规则》附件一《铁路货物运输品名分类与代码表》(以下简称《分类表》)中的货物共分为 26 类 115 项,同时也规定了各种货物的整车运价号,零担运价号和集装箱运价号。

1. 货物类别和运价号判定原则

能否正确的判定货物的类别和运价号,直接影响到运输费用的计算和运价制度的执行。判定运价号时,必须根据运单上填写的正确货物名称,按下列原则判定:

(1)分类表和检查表中有具体名称时,除明定者外,不分形态、品种、规格、型号、用途、新与旧、完好与废次、天然与人造,均按具体名称判定运价号。不属于该具体名称的不能比照。但由于货物的别名、俗名、地方名称不同,而实际属于该具体名称的,仍应按具体名称适用的运价号判定,如马铃薯(又名土豆)。

(2)分类表和检查表中无该具体名称,有概括名称时,按概括名称判定。概括名称分为有制材或加工工艺概括名称、用途概括名称和自然属性概括名称三种情况,具体判定时应遵守下列规定:

①适用制材或加工工艺概括名称的,除明定者外,不分用途。如货物具有两种以上制材时,按主要制材判定。

例如:铁水桶属金属制品。水泥电杆为水泥、砂石和钢筋制作的,主要为水泥,属水泥(其他)制品。

②适用用途概括名称的,除明定外,均不分制材。如有多种用途时,按托运人在运单上记明用途和铁路的有关规定判定。

例如:钢轨配件含道钉、鱼尾板、橡胶垫。

③适用自然属性概括名称的,除明定者外,均不分用途、制材、形态、品种,按自然属性概括名称确定。

例如:麻属农副产品,不分纺织用、工业用。

(3)分类表和检查表中既无该货物具体品名,又无概括名称或难以判定概括名称时,按外 99 类 90 项确定。

(4)半成品除明定外,均按成品适用的运价号确定。

2. 货物运价率的确定

根据货物运输办理的种类,单位计费重量的运费金额称为运价率。各种货物的运价率可在铁路货物运价率表中查出。《铁路货物运价规则》中有加成率或减成率的规定,当一批或一项货物有加、减成率时应按下列规定办理:

(1)货物运输加、减成率同时适应用于货物的基价 1 和基价 2。

(2)运价率适用两种以上减成率时,按其中比较大的一种减成率计算。

(3)适用两种以上加成率时,应将不同加成率加之和作为适用的加成率。

(4)同时适用加成率和减成率时,应以加成率和减成率相抵后的差额作为适用的加(减)成率。

例如:使用企业自备车运输二级超限货物,按加成 80% 计算。(自备车运输货物规定减 20% ,二级起限货物加 100% ,两者相抵后 100% －20% ＝80% 的差额为该批货物的加成率。)

五、其他有关费用的计算

1. 铁路建设基金

(1)征收范围

凡经过国际铁路正式营业线和执行《铁路货物运价规则》统一运价率的运营临管线运输货物,不分办理种别,均按经过的运价里程核收铁路建设基金。

(2)收费标准

详见铁路建设基金费率表的规定。

(3)计算方法

铁路建设基金按计算运费径路中经过应收基金线路的实际里程计算。经过两条以上应收费线路里程合并计算。其中运费收至实行统一运价接轨站时建设基金里程通过接轨站计算至该临管线的到站。

计算公式:规定费率×计费重量(轴数或箱数)×运价里程＝建设基金

运单内分项填记重量计费时,按运费计费重量合并计算,其金额尾数不足一角时,四舍五入。

(4)收费方法

铁路建设基金由发站核收,但国际联运进口货物,由进口国境站核收。货物承运后发生运输变更时,按《铁路货物运价规则》规定的处理方法处理。

2. 铁路电气化附加费

(1)征收范围

凡经过电气化铁路区段运输的货物,不分办理种别和货物品类,均征收电气化铁路附加费。

(2)收费标准

详见电气化铁路附加费率表。

(3)计算方法

铁路电气化的附加费按计算运费径路中所经电气化铁路区段的实际里程计算。经过两个以上区段里程合并计算。同一电气化里程区段,如在《货物运价里程表》中分别列在不同线路上时,均应核收电气化费。如发生折返,应按其折返里程计与计算运价里程一致。

计算公式:规定费率×计费重量(轴数或箱数)×电气化区段里程＝电气化费

运单内分项填记重量分项计费时,按运费计算重量合并计算。其款额尾数不足一角时,四舍五入。

(4)收费方法

与上述铁路建设基金方法相同。

3. 铁路货物保价运输

(1)托运人要求按保价运输货物时,应在货物运单"托运人记载车项"栏内注明"保价运输"字样,并在"货物价格"栏内以元为单位,填写货物的实际价格。全批货物的实际价格既为货物的保价金额。

(2)货物保价费用按保价金额乘以所适用的货物保价费率计算。

(3)货物保价尾数不足一角,四舍五入。货物保价费每批起码金额零担,集装箱为0.5元,整车为2.00元。

(4)保价运输的货物,应全批保价,不得只保其中一部分,保价率不同的货物作一批托运,分项填记品名及保价额,保价费用分别计算。保价率不同的货物合并填记时,适用其中最高的保价费率。

货物保价费率表具体见《铁路货物保价运输办法》的规定。

4. 印花税

国家规定,凡以运单、填制货票托运的货物,托运人及承运人均须缴纳印花税,托运方和承运方所缴纳印花税由铁路局汇总缴当地税务机关。

印花税计算,以每张货票计算,按所收运费的万分之五核收。不足一角(即运费不足200元)的免税,超过一角按实际计算到分。

国际铁路联运货物的印花税由付款方自行缴纳,军事运输(后付),水路联运,抢险救灾物资运输,路料运输、工程监管线运输等按另行规定办理。

六、整车货物运费计算

1. 整车货物计费重量的确定

整车货物(另有规定的货物除外)均按货车标记载重量(标重尾数不足1 t时四舍五入)计算。货物重量超过标重时,按货物重量计算。

(1)始发、中途均不加冰运输的加冰冷藏车和代替其他货车装运非易腐货物的铁路冷藏车,均按冷藏车标重计费。

(2)使用矿石车、平车、砂石车、经局批准装运"铁路货物运输品名分类与代码表"中01、0310、04、06、081和14类货物重量不超过40 t按40 t计费,超过时按货物重量计费。

(3)使用自备冷板冷藏车装运货物时按50 t;使用自备机械冷藏车装运货物时按60 t;使用标重低于50 t,车辆换长小于1.5的自备罐车装运货物时按50 t计费,使用标重不足30 t的家畜车,计费重量按30 t计算。

(4)米、准轨间换装运输的货物,均按发站的原计费重量计算。

(5)换长超过1.5的货车(D型长大货物车除外)《铁路货物运价规则》未规定计费重量的,按其超过部分以每米(不足1 m的部分不计)折合5 t与60 t相加之和计费。

(6)承运人提供的D型长大货物车的车辆标重大于托运人要求的货车吨位时,经中铁特货公司批准可根据实际使用车辆的标重减少计费重量,但减吨最多不得超过60 t。

2. 运价率的确定

(1)按《铁路货物运价规则》附件二《铁路货物运价率表》中的运价率计算。

【例 10-3】 晨明站发到北京南原木一批，货重 52 000 kg，使用 C_{62}（标重 60 t）站内自装，计算运杂费。

解：运价里程：晨明—北京南 1 791 kg

基金里程：1 791 km，电气化里程：697 km，类项运价号：1010/5 计费重量：60 t。

运费：$(9.20+0.0459\times1791)\times60=5484.40$（元）

基金：$0.033\times1791\times60=3546.20$（元）

电化费：$0.012\times697\times64=501.80$（元）

印花税：$5484.40\times\dfrac{5}{10000}=2.74$（元）

合计：9 535.14 元

(2)按一批办理的整车货物，运价率不同时，按其中高的运价率计费。

3. 超限、超长、限速货物、危险货物运费计算

(1)超限、限速货物运费

由于超限货物或限速货物运输条件特殊，办理手续复杂，影响运输效率，增加运输成本，因而规定了不同的加成运价率。运输超限货物，发站应将超限货物的等级在货物运单内注明，按下列规定计费：一级超限货物按运价率加 50%；二级超限货物按运价率加 100%；超级超限货物按运价率加 150%。

对安装超限货物检查架的车辆，不另收运费。需要限速运行的超限货物，只核收《铁路货物运价规则》15 条规定的加成运费，不另收超限货物加运费 。需要限速运行（不包括仅通过桥梁，隧道，出入站线限速运行）的货物，按运价率加 150% 计费。

(2)运输危险货物，根据危险货物性质、等级按下列规定计费：

一级毒性物质（剧毒品）按运价率加 100%。

爆炸品、易燃气体、非易燃无毒气体、毒性气体，一级易燃气体（代码 02 石油类除外）、一级易燃固体、一级自然物品、一级遇水易燃物品、一级氧化性物质、有机过氧化物、有机过氧化物、二级毒性物质（有毒品）、感染性物质、放射性物质按运价率加 50%。

(3)超长、超限货物使用游车时，游车运费按主车货物的运价率和游车标重计费。利用游车装运货物，所装运货物运价率高于主车货物运价率时，按所装货物的运价率核收游车运费。运输超限货物或需要限速运行的货物使用游车时，游车运费不加成。

两批货物共同使用游车时，游车运费各按主车货物运价率及游车标重的 1/2 计费。

(4)D 型长大货物车运输货物需用隔离时，隔离车不另核收运费。隔离车加装货物时，按所加货物适用的运价率核收运费。

(5)自轮运转的轨道机械，以自备货车或租用铁路货车作游车时，按整车 7 号运价率核收游车运费，以铁路货车作游车时，按整车 6 号运价率和游车标重核收游车运费。

【例 10-4】 沈阳站发到天津站整车运输气锻压机一件重 45 000 kg，使用 N_{16} 装运，属一级超限货物、站内自装计算应收费用。

解：运价里程：沈阳—天津 722 km，基金里程 722 km，电气化里程 143 km，货物类项运价号 1713/6 +50%，计费重量：60 t。

运费：$(13.10+0.0655\times722)\times150\%\times60=5\,435.20$（元）

基金：$0.033\times722\times60=1\,429.60$（元）

电化费：$0.012\times143\times60=10\,300$（元）

印花税：$5\,435.20\times\dfrac{5}{10\,000}=2.72$（元）

合计：6 970.52 元

【例 10-5】　香坊站发到双鸭山站两批整车货物，一批为水泥电杆，货重 55 000 kg，使用 N_{16} 型车装运，用 N_{17} 型一辆做游车，同时在游车加装电动机两台，重 5 000 kg，另一批货物为钢铁构架一件重 40 000 kg，用 N_{16} 装运，与水泥电杆共用一辆游车，计算应收费用。

解：运价里程 621 km，电气化里程 28 km。

货物类项运价号：水泥杆 0839/5，电动机 1811/6，钢铁构架 1610/5。

计费重量：主车各按 60 t，游车各按 30 t。

水泥电杆费用：

运费：主车$(9.20+0.0459\times621)\times60=2\,262.23$（元）

　　游车$(13.10+0.0655\times621)\times30=1\,613.271$（元）

小计：3 875.50 元

基金：$0.033\times621\times(60+30)=1\,844.40$（元）

电化费：$0.012\times28\times(60+30)=30.20$（元）

印花税：$3\,875.50\times\dfrac{5}{10\,000}=1.94$（元）

合计：5 752.04 元

钢铁构架费用：

运费：主车$(9.20+0.0459\times621)\times60=2\,262.23$（元）

　　游车$(9.20+0.0459\times621)\times30=1\,131.12$（元）

小计：3 393.40 元

基金：$0.033\times621\times(60+30)=1\,844.40$（元）

电化费：$0.012\times28\times(60+30)=30.20$（元）

印花税：$3\,393.40\times\dfrac{5}{10\,000}=1.70$（元）

合计：5 269.70 元

4. 站界内搬运，途中装卸及整车分卸货物运费计算

（1）站界内搬运的货物，按实际运输里程（不足 1 km 的尾数进为 1 km）和该货物适用的运价率计算运费，不另收取送车费。

（2）途中装卸货物，不论托运人，收货人要求途中装卸地点的前方或后方货运站办理托运或领取手续，途中装车按后方货运站计算运价里程；途中卸车按前方货运站计算运价里程，不另收取送车费。

（3）整车分卸的货物，按照发站展至最终到站的运价里程计算全车运费和押运人乘车费，途中分卸一次另行核收分卸作业费 80 元（不包括卸车费）。

【例 10-6】 密山西站发到鸡西、七台河两站分卸的硝酸铵炸药 600 件 18 000 kg,每站各卸 300 件,9 000 kg。使用 P_{64}(标重 58 t)货车装运,派有押运人 2 名,计算发站应收费用。

解:运价里程:密山西—七台河 287 km,基金里程 287 km。

类项代码运价号:1570/5 +50% ,计费重量:58 t。

运费:(9. 20 +0. 045 9 ×287) ×145% ×58 =1 946. 50(元)

基金:0. 033 ×287 ×58 =549. 30(元)

印花税:1 946. 50 × $\frac{5}{10\ 000}$ =0. 97(元)

押运人费:3. 00 ×287/100 ×2 =18. 00(元)

分卸作业费:80. 00(元)

合计:2 594. 77 元

七、零担货物的运费

1. 运价率的确定

(1)同一包装内两种以上品名货物按总重托运,按该批或该项货物中高的运价率计算。

(2)按一批托运分项填写重量时,分别确定运价率。

2. 计费重量的确定

零担货物以 10 kg 为单位,不足 10 kg 时进为 10 kg。

零担货物按货物重量或货物体积折含重量择大计费,既每立方米重量不足 500 kg 的轻浮货物,按每一立方米体积折含重量 500 kg 计算,但下列货物除外:

(1)《铁路货物运价规则》有规定计费重量的货物(指裸装货物)按规定计费重量计费。详见《铁路货物运价规则》零担货物规定计费重量表。

(2)"铁路货物运输品名分类与代码表"列"童车"、"室内健身车"、"209 其他鲜活货物"、"9914 搬家货物"、"行李"、"9960 特定集装化运输用具"等裸装运输时按货物重量计费。

3. 计算运费方法

(1)品名不同分项填写重量,运价率相同时,应将货物重量加总后处理重量尾数为计费重量。

(2)品名不同分项填写重量,运价率不同时,应分项处理货物重量的尾数,分别计算每项货物运费。然后加总,为该批货物的运费。

按总重托运分为两种情况,一是在同一包装内有不同品名,二是运单品名栏填写不同品名,只填写总的重量。

按总重托运时,将重量处理尾数后与其中高的运价率相乘计算。

零担货物的起码运费为 2. 00 元/批。

【例 10-7】 锦州站发到山海关站零担一批,油毡纸一捆,体积 0. 3 m^3,重 175 kg,铁水桶 50 个,总体面积 1 m^3,总重 120 kg,麻绳一捆,体积 0. 3 m^3,重 100 kg,计算运杂费。

解:运价里程:锦州—上海关 184 kg,基金里程与运价里程相同,无电化里程。

货物类项运价号①油毡纸 0896/22 ③麻绳 2122/22

②铁水桶 1693/22 ④镐耙 2131/22

①500 × 0.3 = 150(kg) < 175(kg)

②500 × 1 = 500(kg) > 120(kg)

③500 × 0.5 = 250(kg) > 25(kg)

计费重量① + ② + ③ = 175 + 500 + 250 = 925(kg)→930(kg)

④500 × 0.3 = 150(kg) > 100(kg)→150(kg)

运费:(10.155 + 0.000 65 × 184) × 930/10 = 25.50(元)

(0.105 + 0.000 45 × 184) × 150/10 = 2.80(元)

小计:28.30 元

基金:0.000 33 × 184 × (930 + 150)/10 = 6.60(元)

运费不足 200 元,印花税免收。

合计:34.90 元

八、集装箱货物运输费用

1. 运价率

集装箱货物的运费按照使用的箱数和《铁路货物运价率表》中的集装箱运价率规定计算。但下列情况按具体规定计算:

(1)罐式集装箱按《铁路货物运价率表》中规定的运价率加 30% 计算。

(2)其他铁路专用集装箱按《铁路货物运价率表》中规定的运价率加 20% 计算。

(3)标记总重量为 30.480 t 的通用 20 英尺集装箱按"铁路货物运价率表"中规定的运价率加 20% 计算,按规定对集装箱总重限制在 24 t 以下的除外。

(4)装运一级毒性物质(剧毒品)的集装箱按《铁路货物运价率表》中规定的运价率加 100% 计算,装运爆炸品、气体、一级易燃液体、一级易燃固体、一级自燃的物质。一级遇湿易燃物质、一级氧化性货物和有机过氧化物、二级毒性物质、感染性物质、放射性物质的集装箱按《铁路货物运价率表》中规定的运价率加 50% 计算。

装运危险货物的集装箱按上述规定适用两种加成率时,只适用其中较大的一种加成率。

(5)自备集装箱空箱运价率按《铁路货物运价率表》规定重箱运价率 40% 计算。

(6)承运人利用自备集装箱回空捎运货物,按集装箱重箱适用的运价率计费,在货物运率铁路记载事项栏内注明,免收回空运费。

2. 计费重量

按使用的集装箱的箱数作为计费重量。

3. 集装箱使用费及延期适用费

(1)凡使用中铁集装箱装运货物,除核收运费外,根据《铁路货物运价规则》《铁路货运营业运杂费率表》中规定按箱型、箱数和运价里程核收使用费,使用铁路危险品专用集装箱时,集装箱使用费按规定费率加 20% 核收。

(2)使用自备箱在铁路上运输时,核收自备箱管理费。

(3)使用中铁集装箱超过免费留置时间,按《铁路货物运价规则》附表 4《延期使用运输设备、违约及委托服务杂费率表》规定核收集装箱延期使用费。

集装箱一口价运输,为增加价格透明度,规范收费行为,满足货主需要,开拓铁路集装箱运输市场,实行集装箱一口价运输。

集装箱运输一口价是指集装箱自进发站货场至出到站货场铁路运输全过程各项价格的总和,包括门到门运输取空箱、还空箱的站内装卸作业,专用线取送车作业,专用线取送车作业,港站作业的费用和经铁道部确认集资货场,转场货场费用。

1. 集装箱一口价包括的费用

国铁运费电气化附加费、特殊运价、印花税、铁路建设基金、国铁临管线运费、合资铁路或地方铁路运费和集装箱使用费、地方铁路建设附加费、发到站集装箱装卸综合作业费、中铁集装箱使用费、自备集装箱管理费;运单表格费、货签表格费、施封材料费、中铁集装箱清扫费;护路联防费;组织服务费;经部确认的港站费用和转场费用。

集装箱运输一口价中装卸作业费用,均按集装箱装卸综合费率表规定费率的90%计算;自备空箱装卸费按回空装卸费率规定费率的1.8倍计算,在非办理站到发的20、40英尺集装箱装卸作业费,按固定车体的装卸费率计算。

2. 集装箱一口价中不包括的费用

要求保价运输的保价费用;快运费;委托铁路装掏箱的综合作业费;专用线装卸作业的费用;集装箱在到站超过免费暂存期间产生的费用;托运人或收货人责任发生的费用。

发生保价费、快运费时,在货票上另行填记,其他费用使用装卸专用收据或运杂费收据。

3. 集装箱运输一口价中的相应费用在发站免收或减收,在到站退还收货人的情况

(1)在专用线、专用铁道装卸作业的,装卸综合作业费与取送车费的差额。

(2)托运人、收货人自装卸的装卸综合作业费。

(3)在部定转场货场,托运人、收货人直接到铁路货场取送集装箱或装掏箱的转场费用。

(4)管内装卸综合作业费,组织服务费等杂费下浮的。

4. 不适用集装箱一口价运输的范围

(1)集装箱国际铁路联运。

(2)集装箱危险品运输(可按普通货物条件运输的除外)。

(3)冷藏、罐式、板架等专用集装箱运输。

不适用集装箱一口价运输仍按一般计费规定计费。

九、货物运输杂费

杂费是铁路运输费用的一部分,它是为运输货物提供辅助作业和劳务及额外占用铁路设备(车辆、用具)所核收的费用。铁路货物运输营运中的杂费按实际发生的项目和《铁路货物运价规则》表中《铁路货运营运杂费率表》的规定核收。

货物运输杂费根据产生的情况分为以下几种。

1. 铁路货物装卸作业费

(1)凡是在铁路站内进行货物装卸货车、汽车和船舶的作业及货场内搬运作业,无论是以机械还是人力进行,均收取货物装卸和搬运作业费。

(2)计算装卸搬运作业的货物重量,整车货物以吨为单值。吨以下四舍五入,零担货物以

10 kg 为单位,不足 10 kg 进为 10 kg,集装箱货物以箱为单位。

(3)装卸作业费具体计算按铁路货物装卸作业计费办法和铁路货物装卸作业费率及集装箱综合作业费率的规定办理。

2. 铁路货车篷布使用费及延期使用费

(1)货车篷布使用费

使用铁路货车篷布苫盖货车时,应按运输里程(包括通过地方铁路里程)向托运人核收货物篷布使用费。

(2)篷布延期使用费

免费期间规定,到达专用线(专用铁路)的铁路货车篷布,收货人应于货车送到卸车地点或交接地点的次日起 2 天内送回车站。超过规定时间,对其超过的期间,核收篷布延期使用费。

3. 长达货车使用费、回送费

使用铁路 D 型长大货物车装运货物时,除核收运费外,并核收下列费用。

(1)按确定的计费重量,运价里程、核收 D 型长大货物车使用费。

(2)按货车轴数,核收 D 型长达货物车回送费,托运人取消托运时,仍核收此项费用。

4. 货物冷却费

在温季和热季,使用机械冷藏车装运需要途中的制冷运输的未冷却的瓜果、蔬菜,按货物重量核收冷却费。

5. 取送车费(机车作业费)

(1)用铁路机车往专用线,货物支线(包括站外出岔)或专用铁路的站外交接地点调送车辆时,核收取送车费。计算取送车费的里程,应自车站中心线起算,到交接地点或专用线最长线路终端止,里程往返合计(不足 1 km 的尾数进整为 1 km)取车不另收费。

(2)向专用线取送车,由于货物性质特殊或设备条件等原因,托运人、收货人要求加挂隔离车时,隔离车按需要使用车数核收取送车费。

(3)托运人或收货人使用铁路机车进行取送车辆以外的其他作业时,另核收机车作业费。

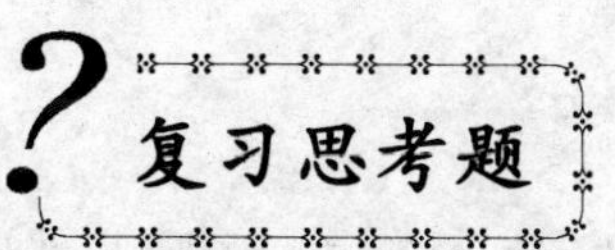

1. 过境铁路的运送费用按何规定计算?
2. 计算过境运送费用的依据是什么?
3. 国际铁路联运进出口货物国内段的运输费用如何核收?
4. 国际联运国内段运送费用如何计算?
5. 过境运送尾数进整如何规定?
6. 过境运送计算的运杂合杂费运价货币为什么?
7. 国内段运费如何计算?

第十一章　铁路货运事故处理

第一节　货运事故种类和等级

一、货运安全运输意义

铁路是国民经济的大动脉，尤其是国际联运在整个国民经济中起着桥梁和纽带作用。为此，要求铁路运输必须保持畅通、迅速及时，经济便利，确保整个社会的生产、流通、消费等环节紧密相连，保持稳定。由此可见，搞好货物运输安全，对国民经济的发展和人民生活改善，对国际的经济交往，增强各国之间的相互了解和沟通，对加强国防建设，对保障国家、社会财产及铁路职工人身安全都有着十分重要的意义。

货运事故处理是铁路货物运输工作的组成部分，政策性强、涉及面广，切实做好这项工作，对于维护托运人、收货人和承运人的权益，加强基础建设，改善管理，提高货运质量，促进保价运输的发展都有重要意义。

二、货运安全管理的方针

1. 货运安全管理的方针是："安全第一、预防为主"。"安全第一"明确了安全与运输、安全与效益、安全与其他各项工作的关系，确立了安全管理在货运工作中的首要地位。"预防为主"规定了安全管理内部各项工作关系，阐明了安全工作的主要方法和手段。

2. "安全第一"和"预防为主"两者之间即相互区别，又相互联系。"安全第一"是"预防为主"的前提；"预防为主"是"安全第一"的重要保证。两者共同构成了货运安全管理工作的有机整体，指明了安全管理的方向。

三、货运事故的定义

货物在铁路运输过程中(含交付完毕后点回保管)发生灭失、短少、变质、污染、损坏以及严重的办理差错，在铁路内部均属于货运事故。

四、货运事故的种类

货运事故分为七类：

(1)火灾。

(2)被盗(有被盗痕迹)。

(3)丢失(全批未到或部分短少，没有被盗痕迹的)。

(4)损坏(破裂、变形、磨伤、摔损、部件破损、湿损、漏失)。

(5)变质(腐烂、植物枯死、活动物非中毒死亡)。

(6)污染(污损、染毒、活动物中毒死亡)。

(7)其他(整车、整零车、集装箱车的票货分离和误运送、误交付、误编、伪编记录以及其他造成影响而不属于以上各类的事故)。

“被盗”和“丢失”的区别在于是否有被盗痕迹。对于包装封条开启,捆匝脱落,内品短少或被调换,能证明被盗的以外,应按丢失事故处理。货物全批灭失、件数短少,包装破损短少的按丢失事故处理。货车破封,不能一概视为被盗,要看货物有无被盗痕迹。

“票货分离”的含义指全批货物(车)与运输票据(包括运单、货票、特殊用具“车辆”回送清单和回送事故货物的货运记录)的分离又查明了货物(车)的下落的。

五、货运事故的等级

货运事故按损失款额或人员伤亡情况分为三个等级。

1. 重大事故(构成下列情况之一,以下同)

(1)由于货物染毒或危险货物发生事故,造成人员死亡 3 人或死亡重伤合计 5 人以上的。

(2)货物损失及其他直接损失(以下同)款额 30 万元以上的。

2. 大事故

(1)由于货物染毒或危险货物发生事故,造成人员死亡不足 3 人或重伤 2 人以上的。

(2)损失款额 10 万元以上未满 30 万元的。

3. 一般事故

(1)未构成重大、大事故的人员重伤事故。

(2)损失款额在 2 000 元以上未满 10 万元的。

上述人员死亡或重伤是指货物染毒或危险货物发生事故造成的,因其他原因所造成的人员死亡或重伤,则不列为货运事故。重伤的标准按劳动保护部门有关规定确定。

“货物损失”指货物的直接损失,“其他直接损失”指因货物原因造成的其他直接损失。货物损失款额不一定等于赔偿款额,不应以铁路赔偿款额来确定事故等级。

第二节　记录的编制及调查

一、记录的作用

为了正确及时处理货运事故,判明事故真相,分析事故原因及划清事故责任,必须根据不同情况,分别编制必要的记录。因此,记录是铁路运输中发现货损、货差及其他情况,需要分析铁路与托运人、收货人之间,或铁路内部各单位,各部门间有关责任的原始证明材料。

《中华人民共和国合同法》规定:在运输过程中货物的毁损、灭失,责任一方承担损害赔偿责任,因此当铁路作为承运的一方,托运人、收货人作为托运的一方,一旦发生经济纠纷,记录就是具有法律效用的证明文件。记录也是分析事故发生的原因、规律和研究采取防止对策的重要依据。从这个意义来讲,记录是真实地记载事故情况的原始资料,是文字式照片,是写实的材料。因此,必须予以高度的重视、严肃、认真地对待记录的编制工作。

二、记录的种类和用途

记录分为商务记录、货运记录和普通记录三种(表 11-1、表 11-2 为货运记录和普遍记录)。在国际联运中,货物运送中或国境站换装、途中倒装,以及到站交付时,如铁路对货物状态、重量或件数,以及是否有运单进行了检查,发生《国际铁路货物联运协定》第 18 条所规定的 4 种情况,则应编制商务记录。关于商务记录格式、编制要求、编制份数如何分配和寄送规定,在前第三章第六节中已详细说明,本章不再重复。

表 11-1 货运记录

××铁路局

货运记录

(   )　　　　　　　　　　　　　　　　　　　　№

补充编制记录时记人　　　　　　　　补充____局____站____年____月____日

所编第____号____记录

一、一般情况

办理种别____货票号码____运输号码____于____年____月____日承运

发　站____发局____托运人____装车单位____

到　站____到局____收货人____卸车单位____

车种车型____车号____标重____吨____年____月____日第____次列车到达

____年____月____日____时____分开始卸车____月____日____时____分卸完

封印:施封单位____施封号码____

二、事故情况:

项　目	货件名称	件数	包装	重　量		托运人记载事项
				托运人	承运人	
票据原记载						
按照实际						
事故详细情况						

三、参加人签章:

车站负责人____编制人____

公安人员____收货人____其他人员____

四、附件:　1. 普通记录____页　2. 封印____个　3. 其他____

五、交付货物时收货人意见____

19　年　月　日编制　　　　××铁路局　　车站(公章)

注:1. 收货人(或托运人)应在车站交给本记录的次日起 180 天内提出赔偿要求。

2. 如须同时送一个以上单位调查时,可作成不带号码的抄件。

规格:270 mm×185 mm

表 11-2　普通记录

××铁路局

普　通　记　录

№

<table>
<tr><td colspan="4">第________次列车在________站与________站间※
发站________发局________托运人________
到站________到局________收货人________
货票号码________车种车型________车号________
货物名称________
于19____年____月____日____时____分第________次列车到达</td></tr>
<tr><td colspan="4">发生的事实情况或车辆技术状态：</td></tr>
<tr><td>厂修</td><td colspan="3"></td></tr>
<tr><td>段修</td><td colspan="3"></td></tr>
<tr><td>辅检</td><td></td><td>轴检</td><td></td></tr>
<tr><td colspan="4">参加人员：姓名　　　　单位戳记
车站
列车段
车辆段
其他
19　　年　　月　　日</td></tr>
</table>

注：1. 带号码的普通记录每组一式两页，第一页为编制单位存查页，第二页为证明页，交给接方（包括收货人）。不带号码的普通记录只限作抄件用。
2. 普通记录号码由铁路局编印掌握。
3. 如换装整理或其他需要调查时，应作抄件送查责任单位。
4. ※表示车长在列车内编制时填写。

规格：185 mm×130 mm

货运记录和普通记录分为带号码与不带号码两种。带号码的货运记录每组一式三页，第一页为编制站存查页，第二页为调查页，第三页为货主页；带号码的普通记录每组一式两页，第一页为编制单位存查页，第二页为交给接方（包括收货人）的证明页。货运记录和普通记录号码均由铁路局编印掌握。不带号码的货运记录和普通记录只限作抄件或货运员发现事故时报告用。

三、货运记录的编制

《铁路货物运输规程》中规定，货物在铁路运输过程中（包括承运前保管和交付完毕后点回保管）发生货损、货差、有货无票、有票无货或其他情况需要证明铁路同托运人或收货人间责任时，都应在当日按批编制货运记录。

遇有下列情况之一，须在发现当日按批（车）编制货运记录：

（1）发生《铁路货运事故处理规则》中第五条和《铁路货物运输管理规则》、《铁路货物运输规程》及其引申规则办法中所规定需要编制的情况时。

(2)集装箱封印失效、丢失或封印站名、号码与票据记载不一致或未按规定使用施封锁,集装箱箱体损坏发生货物损失时。

(3)货车装载清单上有记载,或记载被划掉未加盖带有单位名称的人名章,而实际无票据无货物时。

(4)货物运单、货票上记载的内容发生涂改,未按规定加盖戳记时。

(5)集装货件外部状态损坏,货件散落时。

(6)托运人组织装车、承运人组织卸车或换装,发生货物损失时。

(7)托运人自备篷布发生丢失时。

(8)一批货物中的部分货件补送或事故货物回送时。

(9)发生无票据、无标记事故货物和公安机关查获铁路运输中被盗、被诈骗的货物以及公安机关缴回的赃款移交车站时,沿途拾得的铁路运输货物交给车站处理时。

四、货运记录的编制要求

编制货运记录要如实记载事故货物及有关方面的当时现状,不得在记录中作事故责任的结论。货运记录各栏应逐项填记。事故详细情况栏应记明货车车体、门窗、施封或篷布的情况,货物包装及装载状态,事故货件装载位置,损失程度等。具体编制方法按《铁路货运事故处理规则》附件一办理。

车站必须按统一顺号连续使用货运记录用纸,并按编制日期和号码顺序登入"货运事故(记录、调查、赔偿)登记簿"内。

一件事故涉及两个以上责任单位时,应作记录抄件送有关单位。

为保证按统一顺号连续使用货运记录用纸,应由车间掌握,各班(轮班的大班)连续交接使用并登记。每班不准使用单独排号的货运记录用纸。作业区不在一起的,可以按区分别排号,轮班连续使用。

编制货运记录必须加盖单位公章或货运事故处理专用章,编制人员还须加盖带有所属单位名称的人名章,其他参加检查货物(车)的有关人员也应签字或盖章,同时注明其所属单位名称。记录有涂改时,在涂改处须加盖编制人员的名章。

1. 货运记录编制的基本要求如下:

(1)编制货运记录要严肃认真,如实地记载事故货物有关方面的当时现状,以体现记录的及时性、真实性和准确性。

(2)通过记录的编制,要客观地反映出事故的原因和责任,使事故的处理能够做到:原因明、定责准、结案快。

(3)编制记录不得虚构、假想、臆测。记录用词必须准确、简练、明了,不能用揣测、笼统、含糊的词句。

(4)记录各栏要逐项填记。字迹要清晰,不得潦草,不得任意涂改。如有涂改,必须由涂改人员在涂改处盖章负责。

(5)"票据原记载"栏须按货物运单的记载填写。"按照实际"栏应根据实际货物情况填写。

(6)“事故详细情况”栏应记明货车车体、门窗、施封或篷布的情况,货物包装及装载状态,事故货件装载位置,损失程度等。

2. 货运记录编制的重点要求:

(1)火灾。

货车种类、编挂位置、起火部位和被烧货物装载位置,车辆防火板及技术状态,可能造成起火的各种迹象。货物在货场内存放时发生火灾,应记明周围情况,货位原来堆放何种货物和火源等。以上均要记明火灾发生和扑灭的时间。

【例 11-1】 因车辆防火板小于标准引起火灾事故的案例。

货运记录“事故详细情况”:

“×月×日××次列车×时×分进入我站×道停车,助理值班员××接车时发现机后第×位棚车前进方向前部右侧第一扇车窗冒烟,立即报告车站领导和公安,并组织抢救,于当日×时×分将火扑灭。

扑救前检查车体完整,车门窗关闭,施封有效,封印站名,号码与运单记载相符。

会同公安、列检检查,事故车前进方向前部右侧第一个车轮上方,车辆木地板上有 230 mm ×200 mm 一块烧焦痕迹,痕迹中央烧透 100 mm×80 mm。该处下方防火板尺寸为 640 mm×290 mm×2 mm(防火板规格 850 mm×400 mm×2 mm),该车定检施修单位为××段,定检施修日期为×月×日,详见×号普通记录。

车辆所装棉花实卸××件,与运单记载相符,其中×件不同程度烧损,因施救湿损×件。烧损货件装于车辆前进方向前部右侧底层,接触车地板着火处。”

(2)被盗丢失。

被盗货件装载位置,包装损坏状态,短少货物的具体品名、数量(无法判明短少数量时,应记明现有数量或现状),涉及重量时应检斤,并记明现有重量。

棚车装载的是否装满,开启车门能否明显发现。车窗处被盗丢失,应记明货件装于车窗位置(亦可画图表示)以及该车窗锁闭状态。货车两侧或一侧上部施封时,应记明下部门扣是否损坏、封印的站名和号码。

敞车装载的,要记明表层货物现状和篷布覆盖状态。篷布有破口时,应记明破口位置、长度和破口处货物的现状。

集装箱装载的是否已装满,有无空隙(及其尺寸),现有数量或短少数量,箱号、箱体和箱门状态。

【例 11-2】 棚车破封造成被盗事故的案例。

货运记录“事故详细情况”:

“××站发我一站整零,货检时发现一侧无封。会同公安人员共同监卸,卸见上货纸箱包装,其中一件包装被撕破口 250 mm×200 mm,内品外露,经检内装 3 套运动服(每套内 1 件上衣 1 条裤子),较箱标记载 10 套少 7 套,该箱内容积未满,可容不足套数。该货件于无封一侧车门处,自码 4 个高,事故件在本批下部,破口向车门。”

【例 11-3】 货物丢失的事故案例。

货运记录“事故详细情况”:

“××站发我一站整零,卸前货检门窗关闭,施封良好。卸见上货纸箱包装,箱缝处用胶带封口，并用纺织带十字形捆绑，但其中一件捆扎脱落，封口胶带脱开。开箱检查，内装羊毛衫19件，较箱上标记20件少1件。箱内空隙可容纳短少件。

上货装于运行方向左侧车门处，自码5个高，事故件在底层，卸后车内无残。”

【例 11-4】 敞车装载未苫盖篷布，造成被盗案例。

货运记录“事故详细情况”：

“××站发我站整车电机零件，货检该车共装上货8件。货物木箱包装与票据记载不符，卸见上货其中一件木箱面板被撬开600 mm×250 mm，可见内货。我站会同公安及收货人卸车，检内实有一件，较箱标记载少3件，剩余一件有明显磨损痕迹。

该车未苫盖篷布。未上高，事故件装中部，事故件灭失价格收货人无法确定，待会同厂方代表鉴定。”

【例 11-5】 集装箱装载不当造成被盗事故案例。

货运记录“事故详细情况”：

“××站发我一站集装箱（敞车装运）卸前货检良好。

卸见其中一个10 t箱（箱号××××）无封，箱门开启12 mm。会同公安检查，内装西服（纸箱包装），集装箱容满。最上层一件纸箱外侧被撕破，破口200 mm×220 mm，内货外露。开箱检查，内装西服19套。较箱上标记20套少1套，纸箱内空隙能容纳下短少西服，清点该箱内货物，均为西服，包括事故件共有200件（纸箱），运单记载件数相符。

该集装箱装于车内中部，箱门对着前进方向前端相邻的箱门，间距450 mm。”

(3)损坏。

破损货件的损坏程度，包装状态，衬垫情况，破口大小，新痕旧痕，破损部位，堆码方式，破口处接触何物。

机械设备包装破损，底托带、支架立柱、横梁等有折断或变形，以及围衬材料破损、脱落、丢失，须对该处货物裸露部位表面进行检查，记明现状，不得笼统记载“因技术限制内品是否损坏不详”。

湿损货物在货车或集装箱内的装载位置，湿损数量及程度。

棚车、集装箱装运的，应记明车体或箱体不良部位和尺寸，是否透光，定检修单位和时间。

敞车装运苫盖篷布的，须记明篷布质量和苫盖情况，是否企业自备篷布，货物装载状况。

【例 11-6】 包装不良造成损坏的案例。

货运记录“事故详细情况”：

“××站发我一站笨零，卸前货检良好。卸见上述阀门其中2件均在阀盘中间折断，破口断面为圆形，直径30 mm，新痕。残片掉在车地板上。上述阀门的阀体用草绳捆扎，阀盘无包装。上述货物装于前进方向前部，立码一个高，上无压货，破件码于端板处，阀盘与车端板相靠。”

【例 11-7】 装载不当造成破损事故案例。

货运记录“事故详细情况”：

“××站发我一站笨零，卸前货检良好。卸见上述电缆1件包装木板裂内陷，裂口为150 mm×250 mm，裂口处所对的电缆有150 mm×10 mm×3 mm的磨痕。破口处紧贴本批另一件电缆的缆盘边沿，缆盘边沿有铁皮包角。

上货顺向卧装于车内中部，未见防滚动措施，具体损失待会同收货人鉴定。”

【例 11-8】 篷布质量不好，苫盖不严，造成湿损事故案例。

货运记录“事故详细情况”：

“××站发我整车水泥，苫盖铁路篷布 2 块，卸前检查 2 块篷布顶部压缝搭接长度为 150 mm，前进方向前部一块篷布搭头 500 mm 处有 1 处 140 mm 长的破缝，破缝为旧痕，卸见在压缝和破缝处下方，水泥不同程度湿损 20 件。

事故件已单独码放，具体损失待会同收货人鉴定。”

(4)变质。

运单上货物的容许运输期限，货物包装堆码方式。变质货物位置及损失数量和程度。加冰冷藏车车型、车号，车内外温度，中途站加冰盐情况，冰箱内残存冰量，以及冰箱、排水管等设备的技术状态。机械冷藏车乘务员出具的普通记录证明和车站提交的冷藏车作业单记录。

【例 11-9】 超过容许运到期限造成变质事故案例。

货运记录“事故详细情况”：

“××站发我站整车西瓜，到达检查该棚车两侧车门开启，车门口用荆条篱笆围挡，西瓜无包装，车门口底板上有水流出，即送货场卸车。卸见车内两端和底层的部分西瓜已腐烂淌水，不能食用，经挑拣过磅，实卸完好西瓜 31 100 kg。

上货运单托运人记载事项栏内注明的容许运输期限×日，实际××日到达，超过容许运到期限×日。”

(5)污染。

车内污染物(源)名称、位置、面积、包装情况，污染物(源)与被污染货件距离，被污染货件的数量和程度。

污染源和被污染货件须分别编制货运记录。

【例 11-10】 车辆洗刷不符合规定造成污染事故案例。

货运记录“事故详细情况”：

“×月×日卸×站发我站整车大豆，卸前货检车体良好，门窗关严，施封两枚有效。

开启车门卸车时发现车内有强烈的农药味，气味刺激眼鼻流泪，车底板有明显原码装包痕，且气味特别浓烈，货物卸于库内仍散发上述气味。当即扣车并通知食品卫生监督所前来调查处理。”

【例 11-11】 配装不当造成污染事故案例。

货运记录“事故详细情况”：

“××站发我站整零，卸前货检良好，卸见 15 件平绒布(布包)，装于前进方向左前端，自码 5 个高。其中 1 件包装端部被污染 100 mm×150 mm。开检内品前端均被污损。上货与车内另批汽水饮料相靠(另编××号货记在案)。”

(6)票货分离。

票据来源、票据记载内容或货物(车)来源，以及标志内容。对无标志的，应记明包装特征或具体货物品名、件数和重量。

【例 11-12】 有票无货事故案例。

货运记录“事故详细情况”：

"××站发我站、××站两站中转整零,卸前货检良好,施封有效。卸见上述货票(书3件)有票无货,查第二到站表层未见货。票寄到站处理。"

【例 11-13】 有货无票事故案例。

货运记录"事故详细情况":

"××站发我站整零,卸前货检良好,卸见1件纸箱无票无签到达,该货包装完好,纸箱上标有'北大仓酒12瓶,北大仓酿酒集团有限责任公司'字样。全车卸完核对其余货物票货相符。"

(7)集装货件。

外部状态发生被盗、丢失、损坏应记明集装用具状态,堆码方式。货件散落时,应检查清点并记明现有数量,若无法清点数量的可检斤,并记明全批复查重量。到站无叉车作业时,对集装盘货物可拆盘卸车,但要对每盘件数清点,若交付时发生短少,将货运记录交给收货人,调查页寄出。散盘的集装货件交付正常,记录不交收货人,也不调查。

【例 11-14】 集装货件捆扎不紧造成散落的案例。

货运记录"事故详细情况":

"××站发我站整零,卸前货检,门窗关闭,施封有效。

卸见上述集装盘运输的汽车配件,其中,1盘捆扎带已全部脱落掉在地板上。清点时由纸箱包装的汽车配件12箱。

上述货物在集装托盘上用编织带'井'字形捆扎。装于前进方向右侧棚车的车门口,自码2个高,散捆货件在上层。"

五、货运记录的调查处理

1. 发站编制的货运记录,由发站负责处理,如确实无法联系托运人时,可说明理由将货主页随同运输票据送到站处理。

2. 中途站编制的货运记录按下列规定处理,如图11-1所示。

(1)自站责任的记录调查页留站存查,货主页随同运输票据或货物送到站处理。

(2)他站责任的记录应自编制记录之日起3日内将调查页连同有关材料送责任站调查,货主页随同运输票据或货物送到站处理。一批货物中部分货件发生事故时,须拴挂"事故货物标签"(图11-2)继运到站。损坏的货件继运到站前应整修包装。

(3)发生火灾、整车货物变质、活动物死亡、罐车装运的货物漏失,调查页分别按上述第(1)、(2)项处理。事故能在发现站(铁路局)处理的,必须在发现站(铁路局)处理;事故不能在发现站(铁路局)处理的,货主页随同运输票据送到站处理,但发现站(铁路局)负责明确原因和损失程度。

3. 到站编制的货运记录(包括附有发站和中途站编制的货运记录)按下列规定处理,如图11-3所示。

(1)自站责任的记录,调查页留站存查;他站责任的记录,调查页送责任站调查,货主页交收货人。

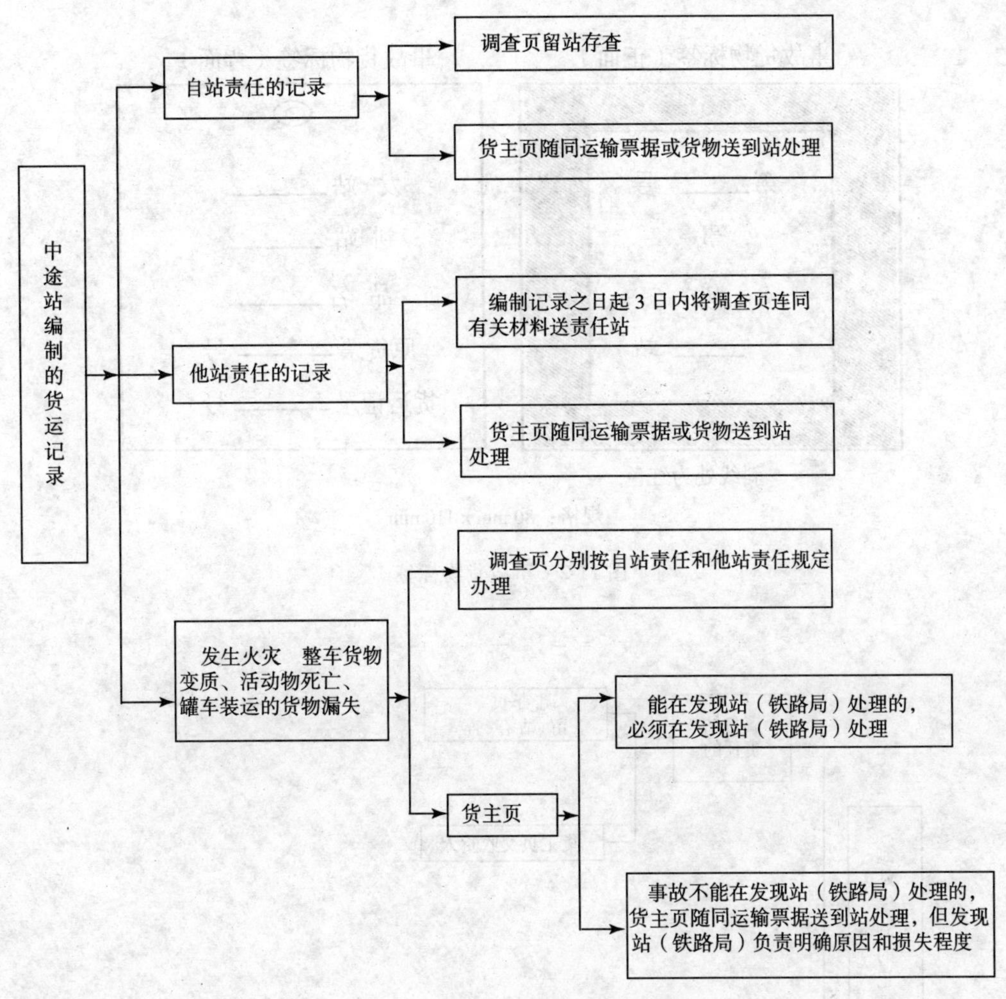

图 11-1　中途站编制货运记录规定

(2)遇附有发站或中途站编制的记录，卸车时应按照记录记载的情况，认真核对现货：情况相符时，不再编制记录，货主页交收货人，另作抄件留存。情况不符时，应重新编制记录，调查页送责任站调查，原记录货主页留存。重新编制记录的货主页交收货人。

(3)到站确认货物损坏不足500元时，调查页暂不送查，待赔偿后连同“货运事故赔款通知书”一并送查责任站。

(4)货物发生损坏或部分灭失需要鉴定时，按《铁路货物运输规程》规定办理。鉴定后，将鉴定材料补送责任站。鉴定期限从编制记录之日起，不应超过30日，特殊情况除外。

(5)货运记录送查后，收货人领取货物时表示无意见，应及时通知有关站结案。

(6)货运记录送查后，件数不足的货物补送齐全，在向收货人补交时收回记录货主页，并及时通知有关站结案。

事故货物标签（正面）

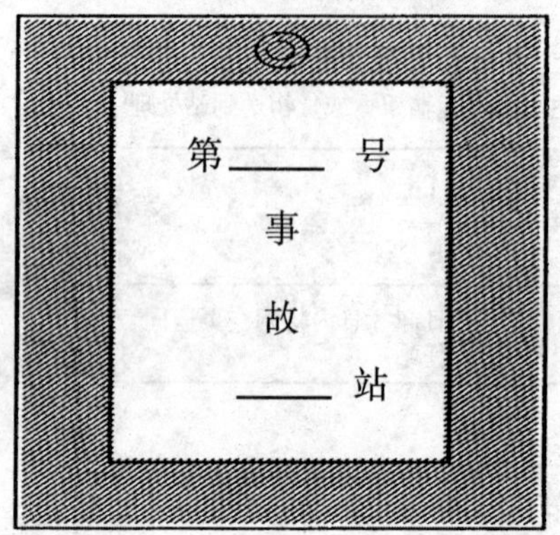

斜线处为红色

事故货物标签（背面）

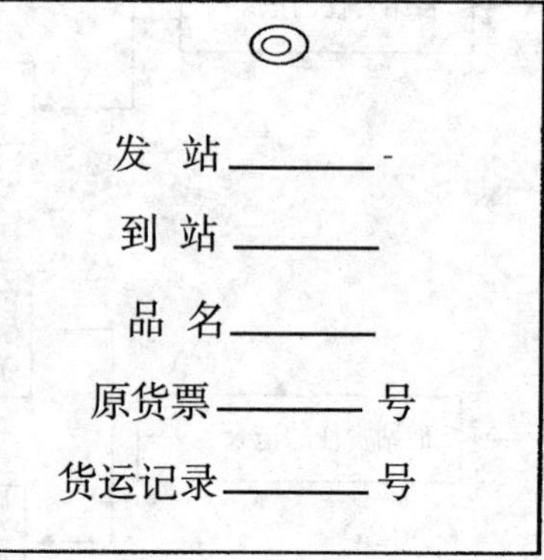

规格：80 mm × 110 mm

图 11-2　事故货物标签

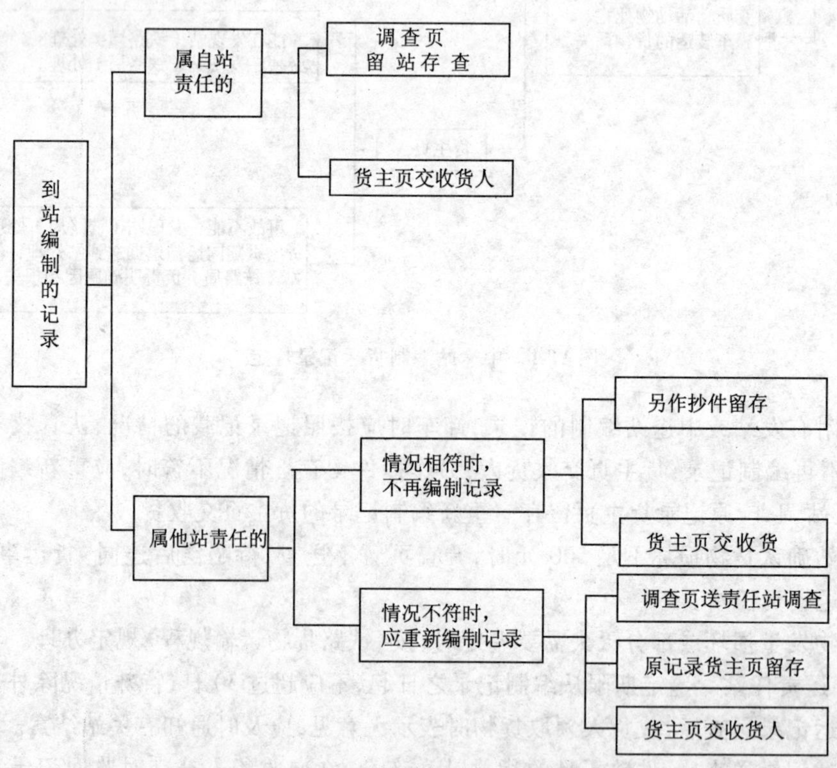

图 11-3　到站编制货运记录规定图

六、记录送查的规定

送查的货运记录，以"货运事故查复书"在编制记录之日起3日内送责任站调查。

货运记录送查时，按下列规定附送有关资料和实物：

(1)使用施封环施封的货车、集装箱发生货物被盗丢失，须附封印。

(2)重新编制的记录，须附他站原记录抄件。

(3)有站车交接记录的，须附站车交接记录抄件。

(4)个人物品发生被盗、丢失事故，货票未附物品清单时，须附经过车站检查的现有货件数量和包装特征的清单。

(5)整零车装载的货物发生事故，需要以运输票据封套、装载清单分析责任时，须附抄件或原件。

(6)其他有关资料(可按规定后附)，如车辆技术状态检查记录、机车火星网检查证明、"事故货物鉴定书"以及事故货件的现场照片等。

一辆货车内多批货物发生事故时，上述资料可附于其中损失最严重的货运记录内，其余记录应在附件栏内注明"封印及××附件已附于第××号货运记录内送查××站"。

七、普通记录

1. 普通记录编制时机

遇有下列情况之一，须在当日按批(车)编制普通记录：

(1)发生《铁路货物运输管理规则》规定需要编制的情况时。

(2)事故涉及车辆技术状态时。

(3)货车发生换装整理时。

(4)托运人组织装车，收货人组织卸车，货车施封良好，篷布苫盖和敞车、平车、砂石车货物装载外观无异状，收货人提出货物有损失，要求车站证明交接现状时。

(5)集装箱运输的货物，箱体完整、施封良好，货物发生损坏时(到站认为承运人有责任的，应编制货运记录)。

(6)依据其他有关规定，需要证明时。

(7)编制普通记录要如实记载有关情况。具体编制方法按《铁路货运事故处理规则》附件一办理。

2. 普通记录的编制要求

(1)货车封印失效、丢失、封印站名或号码无法辨认时，应记明失效、丢失和无法辨认的具体情况。

(2)封印的站名或号码与票据、封套或补封记录记载不符时，应记明封印实际的站名或号码。

(3)货物运单与货票记载不符，而货物运单记载情况与货物相符时，应记明货物与货物运单记载相符但货票××内容与货物运单记载不符。

(4)施封的货车未在票据或封套上记明施封号码时，应记明"现车施封，运输票据(或封套)上未记明施封号码"字样。

(5)车辆技术状态不良时,应记明车种、车型、车号和车辆不良的具体情况,段、厂修单位名称及年月。

(6)发现货车两侧或一侧上部施封时,应记明下部门扣是否损坏。

(7)无运转车长值乘的列车,站车交接中发现的问题按规定拍发电报。其内容除包括普通记录反映的情况外,还应说明:列车的车次及到达时间,货车的车种、车号,发现问题的简要处理情况;棚车车体及集装箱专用车、平车装运的集装箱箱体发生损坏时,应记明损坏位置和箱号。

第三节 事故处理

一、车站事故处理程序和要求

车站发现货运事故,除编制货运记录外,应对事故现场进行检查,找出原因,避免扩大损失。涉及车辆技术状态的事故,应会同车辆部门检查并作检查记录。

车站(或货主)发现火灾、被盗必须保护好现场,及时向铁路公安机关报案并会同处理。火灾损失的计算,按照有关规定执行。

发现重大事故、大事故、火灾事故和罐车装运的压缩气体、液化气体泄漏以及一级毒害品、放射性物品被盗丢失,应在 24 h 内向有关站、铁路局拍发“货运事故速报”,并抄报铁道部、主管铁路局。

货运事故速报内容如下:

(1)事故等级、种类;

(2)发现事故的时间、地点;

(3)货物发站、到站、品名、承运日期;

(4)车种、车型、车号、货票号码、办理种别、保价或保险金额(金额前注明“保价”或“保险”字样);

(5)事故概要;

(6)对有关单位的要求。

拍发事故速报时,在电文首部冠以“货运事故速报”字样,1 至 6 项加括弧作为各项代号。

发现以上事故后,在拍发货运事故速报前应立即用电话逐级报告,情节和后果严重的,铁路局应及时向铁道部报告。

“情节和后果严重的”是指剧毒品、液化气泄漏等有大面积燃烧、爆炸、污染环境的以及铁路局认为其他特殊情况后果严重的应及时用电话向铁道部先行报告。

车站发现事故的当时难以确定是否构成大事故时,可以在速报内注明“估计损失在 10 万元以上”。

对火灾事故和罐车装运的压缩气体、液化气体泄漏以及一级毒害品、放射性物品发生被盗丢失时,事故速报应抄报有关公安部门。

【例 11-15】 加冰冷藏车装运易腐货物发生变质的事故速报

主送：××站　　　××铁路局

抄送：铁道部运输局　　　××铁路局　　　××站

货运事故速报

(1)大事故、变质

(2)2008 年 7 月 16 日 ××站

(3)××站、××站、冻鹅、2008 年 7 月 2 日

(4)B_6 7003597、48840、整车、保价 20 万

(5)××站发××站整车，卸检好，施封 2 枚有效，车体各部技术状态良好，冰箱内无残冰，有残水 5 cm。(沿途各加冰站有作业记载，但票据标注××站无加冰记录，××站有加冰记录，但票据未标注)。打开车门发现车内有异味散出，车内温度 17 ℃，车外温度 25 ℃。卸见车内货物有 649 件包装完好，表检内货均解冻，变质有异味，有血水流出。会同收货人初步估计损失 10 万元以上。

(6)××站请查承运情况及保价情况。

××站

车站接到调查记录(包括自站编制的记录)、货运事故速报和查询文电后，核对记录和附件是否齐全、正确，加盖收文日期戳记，编号登记于"货运事故(记录、调查、赔偿)登记簿"内，并按以下规定办理：

(1)初次接到调查记录，如果核对所附材料不符合《铁路货运事故处理规则》要求而影响事故调查时，应一次提出，自接到记录之日起 3 日内将原卷寄回送查站处理。

(2)调查记录如果有误到情况，自接到之日起 3 日内将原卷转寄应寄送的车站，并抄知误寄站。

(3)属于自站责任的，一般事故自接到记录之日起(自站发生的自发生之日起，以下同)由车站在 10 日内以"货运事故报告表"报主管铁路局；重大、大事故自接到记录之日起由车站在 15 日内以正式文件连同全部调查材料报主管主管铁路局。以上事故同时以"货运事故查复书"答复送查站，通知到站和到局。

对已明确为自站责任，但还需要向有关单位索取补充材料，了解货物损失、下落或到达交付情况时，以"货运事故查复书"或拍发电报查询，不得将记录寄出。

(4)属于他站责任的，以"货运事故查复书"说明理由和根据，自收到货运记录之日起 7 日内将全部调查材料送责任站，并抄知到站和有关单位。重大、大事故要抄报铁路局。

(5)因情况复杂，责任站不能在本条第 3 项规定期限内调查答复(包括要求暂缓赔偿的)，需要延期时，应提前提出理由，通知到站(铁路局)。但此项延期自收到记录之日起，最多不得超过 30 日。

对一般事故责任有争议，经一次往返查复不能取得一致意见时，由提出争议的一方立即将调查材料寄给到站，由到站定责处理。

(6)须经铁路局赔偿的，到站应自收到托运人或收货人的"赔偿要求书"之日起，3 日内将

调查材料连同赔偿材料一并报主管局,并抄知有关单位。铁路局收到上述材料后,须将调查材料送责任局征求定责意见,不能取得一致意见时,由到达局定责。到达局裁定后,责任局仍有争议时,由责任局与到达局协商处理,到达局的裁定为最终裁定。

二、铁路局货运事故处理程序和要求

货运重大事故、大事故由铁路局负责处理。

1. 事故发现局对货运重大事故应立即深入现场组织处理。涉及他局责任时,应自拍发事故速报之日起,15 日内邀请有关局参加处理,召开分析会,作出会议纪要。

2. 有关局接到重大事故速报后,应组织调查,并按发现局通知的开会日期参加事故分析会,并签署会议纪要。

局间对事故责任划分意见一致时,由发现局将会议纪要连同有关材料送到达局。局间对事故责任划分意见分歧时,应在会议纪要内阐明各自意见,由发现局将会议纪要连同现场调查材料等以局文报铁道部裁定,并抄送有关局。

3. 以上全部工作应自事故发现之日起 60 日内处理完毕。

4. 事故涉及托运人、收货人责任和铁路局以外其他铁路部门责任时,由到站(铁路局)处理,有关站(铁路局)积极配合。

第四节　责任划分

发生货运事故,会使运输合同一方或双方蒙受经济损失。必须追究货物运输合同违约方的责任,承担违约造成的经济损失。如属铁路违约,也必须判明铁路内部属于车站还是属于机务、车辆、机保段等单位的责任;属于车站责任时,又应判明属于发站还是中途站、到站的责任,以追究赔偿责任。因此,对于事故责任的划分,必须做出具体的规定。

货运事故责任划分的原则如下:

划分事故责任应遵循以事实为根据,规章为准绳的原则。事故原因清楚,判定责任应以事实为主。

在查明情况和原因的基础上,首先应按国家有关法规和《铁路货物运输规程》及其引申规则、办法的规定划清承运人与托运人、收货人之间的责任。属于铁路责任时,铁路内部各单位之间货运事故责任划分,应以上述原则和以下规定,并根据不同情况,参照有关规章妥善处理。

一、火　灾

1. 因未按规定安装防火板或安装不符合规定,闸瓦火花烧坏车底板而造成的,由最近定检施修该车的车辆段(厂)负责。

因机车火星网不符合规定造成的,由该机车所属段负责。

2. 必须使用棚车而以敞车装运,由发站负责(防火板原因造成火灾的除外);应使用棚车而以敞车装运,查不清起火原因时,由发站和发生站共同负责,事故列发生站。

非易燃货物以易燃材料包装、衬垫,敞车装运未苫盖篷布,或以其他物品苫盖造成的,除另有规定外,由装车站负责。

3. 棚车车体完整、门窗关闭、施封良好，查不清原因时，由前一装卸站负责；货车发生补封查不清原因时，由补封单位负责，如属委托补封的或上一检查站责任补封的，由委托单位或上一检查站负责；装车站未施封，查不清原因时，由装车站和发生站共同负责，事故列发生站。

4. 有公安机关证明系扒车人员引起的火灾，由该扒乘人员最初扒乘该次列车的扒乘站负责。既有扒乘原因又有使用车辆不当情况时，扒乘站负主要责任，使用车辆不当负次要责任。

5. 遇局间分界站接入列车时发现火灾，在进站 30 min 之内用调度电话通知交出局调度所，并取得到达车长或该列车机车乘务组证明，由接入局负责调查处理，但查不清原因的，由交出局负责。

6. 铁路局间公安部门对起火原因意见不一致时，货物损失未满 10 万元事故，由处理局定责；货物损失在 10 万元以上的事故，由发生局报部裁定。

7. 除上述各款外，如属铁路责任，但又查不明铁路内各部门间原因时，由发生局负责。

二、被盗丢失事故

1. 棚车、冷藏车装运的货物被盗丢失事故

(1)门窗关闭施封良好，原装货物由原装车站负责；加装货物由加装站负责，零担货物原车坐转的由中转站负责(但是，“核心”货物由原组织站负责)；增加新到站后，原装与加装货物一律由增加新到站的车站负责。

(2)封印失效、丢失、断开，不破坏封印即能开启车门，下部门扣完整未按规定在车门下部门扣处施封，使用两个以上施封锁串联施封以及车窗开启或车体损坏，均按站车交接规定划责。

(3)货车发生补封，由补封单位负责；连续补封，共同负责；如属委托补封的或以上一检查站责任补封的由委托单位或上一检查站负责。

(4)货车下部施封，封印的站名或号码与运输票据或封套记载不一致时：

①有运转车长值乘的列车，按站车交接规定划责。

②无运转车长值乘的列车，封印的站名与运输票据或封套记载不一致时：有改编作业的，按站车交接规定划责；无改编作业的，到站按规定拍发电报的由上一检查站负责，未拍发电报的由到站负责。

③无运转车长值乘的列车，封印的站名与运输票据或封套记载相符，而号码不一致时，不论列车有无改编作业，到站按规定拍发电报的，由装车站负责；未拍发电报的由到站负责。

(5)下部施封的两、三站整零车，第二或第三到站卸车时门窗关闭、施封良好，发现原装货物被盗丢失，若查明该车到达第一或第二到站，发现封印失效、丢失、断开，不破坏封印即能开启车门，使用两个以上施封锁串联施封以及车窗开启时，按站车交接规定划责。

(6)由于使用不完整的车辆(包括有公安机关证明因车窗、烟囱口不完整造成的)以及不施封，如属铁路责任，由装车站负责。

(7)普通记录填写内容不具体，与现车实际情况不符，接收后由接方负责。

(8)因门扣损坏，货车一侧上部施封，另一侧下部施封时：

①下部封印无异状，按上部施封的规定划责；

②下部封印有异状，由责任单位与上部施封的责任单位各承担 50%。

2. 敞车装运的货物被盗丢失事故

(1)车体完整、装载状态或篷布苫盖良好,如属铁路责任,由装车站负责。分卸整零车,原装货物由原装站负责,加装货物由加装站负责;零担货物原车坐转("核心"货物除外),由坐转站负责;增加新到站,原装与加装货物一律由增加新到站的车站负责。

对按捆承运的钢材、有色金属,卸车时发现捆绑松散,而未对事故货件清点(或未检斤)编记录注明的,由卸车站负责。

装在大包装箱内的工具箱、附件或备件箱被盗、丢失,除原包装进口货物外,如属铁路责任,由发站负责。

(2)重量、体积、长度分别不足 1 t、2 m^3、5 m 的零担货物,发站使用敞车装运,不论是否经过中转,均由发站负责。

(3)篷布顶部被割或破口发生被盗、丢失,破案前由发、到站共同负责,但因铁路货车篷布丢失造成货物损失,按站车交接规定划责。使用篷布以外的苫盖物苫盖货车,由发站负责。

(4)托运人自备篷布途中丢失,由发站、到站共同负责,货物损失由发站负责。

(5)中途站换装时发现篷布顶部被割或破口,货物发生被盗、丢失,由发站负责;换装后篷布顶部被割或破口,货物发生被盗、丢失,由换装站与到站共同负责(货物发生被盗、丢失,如果公安机关破案,则按破案结论定责)。

3. 集装箱装运的货物和集装货件被盗丢失事故

(1)卸车发现集装箱封印失效、丢失,站名无法辨认以及封印站名、号码不符或箱体破损,由装车站负责。施封有效,站名相符、号码不符,无论中转站是否编有记录,均由发站负责。

(2)使用平车和集装箱专用平车装运的集装箱发现箱体损坏,编制普通记录证明现状继运。货物发生被盗丢失,有交方普通记录证明的,由交方负责;没有交方普通记录证明的,由接方负责;连续证明的,共同负责。

(3)两站分卸车内 5 t 以上的集装箱发生装载不紧密或不符合规定造成封印失效、丢失,由装车站与前一装卸站共同负责,事故列装车站。

(4)集装箱顶部被破坏,货物发生被盗、丢失事故(棚车装运的 1 吨箱除外),由发送、到达和沿途各局均摊赔款,事故列发站。

(5)集装货件卸车发现整体灭失以及散落其中小件丢失,由装车站负责;但因包装和捆绑不良造成的,由发站和装车站共同负责,事故列装车站;违反集装化办理条件和限制的,由发站负责。

三、损坏事故

1. 因货物无包装或包装有缺陷发生损坏,如属铁路责任的,由发站负责。

货物发生损坏,经到站鉴定不属于包装质量和货物性质原因时,由装车站负责。

2. 整车易碎货物(包括以缸、坛、陶瓷、玻璃为容器的货物)发生损坏,除能查明责任者外,由发站负责;有明显冲撞痕迹,查不清责任者时,货物损失由沿途各局共同负责,事故列到达局。

集装箱装运的易碎货物,如属铁路责任发生损坏,但是,又查不明铁路内各单位间原因时,由发站、中转站、到站共同负责,事故列到站。

3. 因棚车漏雨造成货物湿损，如属铁路责任，货运检查能够发现的，由装车站负责；不能发现的由该车最近定检施修厂、段负责；厂、段修过期的，由装车站负责。

敞车货物湿损由装车站负责。但因铁路货车篷布丢失造成货物湿损，按站车交接划责。

篷布顶部被割或有破口货物发生湿损，由发、到站共同负责。

4. 集装箱技术状态不良，外观检查不易发现（不包括透光检查）货物发生湿损，如属于铁路责任时，在定检保修期内由定检施修单位负责；超过保修期的由发站负责。因集装箱破损造成货物损坏时，由装车站负责。但是，因集装箱顶部被破坏造成时（棚车装运的1吨箱除外），由发送、到达和沿途各局均摊赔款，事故列发站。

5. 货物装载加固违反规定，或使用不符合要求的捆绑加固材料和装置，造成货物损坏，如属于铁路责任时，由装车站负责。

分卸的整车、整零车（包括1吨集装箱）货物倒塌造成货物损坏，由装车站和前一卸车站共同负责，事故列前一卸车站。但是，前一卸车站不是1吨集装箱办理站的，1吨集装箱倒塌造成货物损坏，由装车站负责。

6. 罐车货物漏失，确因定检质量不良阀类漏泄时，由定检施修段（厂）负责；因罐体焊缝不良（含加温套）漏失时，由施修工厂负责。

因调车冲撞造成罐车货物漏失时，由调车作业站负责；查不清调车冲撞站的，由事故发生站（局）负责。

四、污染事故

1. 使用清扫不干净的货车造成货物污染时，如属铁路责任，由装车站负责。

2. 应洗刷除污的车辆卸后未回送洗刷除污时，由卸车站负责；回送洗刷除污的车辆被排走而漏洗刷除污时，由误排站负责；洗刷除污不彻底时，由洗刷除污站负责。

3. 装过危险货物的沿零车、整零车和分卸整车，前方站卸后需要该车终到站回送洗刷除污，而前方卸车站或列车货运员未在货车装载清单上记明原装危险货物名称，造成漏洗刷除污时，由前方卸车站或列车货运员所属段负责。

4. 未倒净的空容器内品洒漏，造成他批货物污染或其他事故，如属铁路责任，由发站负责。

5. 普零货物被同车他批货物污染，如属铁路责任，由装车站负责；经中转或加装后造成的，由中转站或加装站负责。但“核心”货物相互污染或将非核心货物污染时，由“核心”货物组织站负责。

6. 对污染源和被污染货件处理不当，造成扩大损失时，由处理站负扩大损失责任。

7. 货物染毒涉及车辆原装货物，而未保留原车和货物时，经鉴定能查明原因，由责任站负责；查不清原因，由未保留站负责。

8. 违反配装限制，违反列车编组隔离限制以及违反使用车规定造成的，均由违反站负责。

五、变质事故

1. 货物质量、包装、装载方法不符合要求时，如属铁路责任由发站负责。

2. 货物运到逾期，由积压站（局）负责；连续积压，共同负责，按积压天数比例分摊损失。

3. 机械冷藏车违反易腐货物控温规定，造成货物变质，由该机械冷藏车所属段负责。

六、其　他

1. 伪编、误编、迟编、漏编以及迟送查货运记录，由编制站负责。卸车站卸同一整零车，编制两份以上货差记录，经查明其中一批属于误编或伪编，则其余各批货差记录均由编制站负责。

收到调查记录(包括查询文电)超过规定答复期限30日未答复时，由迟延答复站负责。

送查的被盗事故货运记录内漏填公安人员姓名，以后又纠正时，由漏填站与责任站共同负责，事故列责任站。

2. 有下列情形之一的普通记录即为伪编：

(1)第二页与第一页的内容不符。

(2)加盖的单位公章是假的或已作废的。

伪编的普通记录为无效记录。发现单位可拒绝接收并将其退回。该普通记录证明的货物(车)发生事故时，无论什么原因所造成，均由记录所属单位负责。

普通记录涂改，涂改处加盖的人名章无法辨认，应在站车交接当时提出，由交方编制普通记录后接收。否则，由接收方负责。

3. 因涂改运输票据造成的事故，由涂改站负责；无法辨认涂改站时，由接方负责。因票据封套上封印号码填记简化，影响事故分析时，由简化填记的车站与责任站共同负责，事故列责任站。

途中票据丢失后发生的事故，除查明原因外，事故列丢票站(段)。

卸车发现运单、货票上记载的件数、重量、货物价格发生涂改，未按规定加盖戳记，实卸货物与涂改后的记载相符，而与领货凭证不符时，除查明原因外，如属铁路责任由发站负责，但到站卸车未按章编制记录时，由到站负责。

4. 发站对普通零担货物或个人搬家货物、行李，由于发站未检斤或检斤不准确(按规定可由托运人确定重量的除外)，发生被盗丢失后重量相符或反而多出时，由发站和责任单位共同负责，事故列责任单位。

个人搬家货物和行李发生被盗丢失后，由于没有物品清单或物品清单填写简单笼统，造成到站难以确定损失时，发站和责任单位共同负责，事故列责任单位。

5. 对误到的货物未按规定编制记录和处理，发生损失由卸车站负责。

6. 铁路内部交接不认真，接收后发现的事故，除能查明责任者外，由接方负责。

7. 因事故处理不认真，未采取积极措施，换装、整理不当，以致货物扩大损失时，扩大损失部分由处理不当或换装、整理不当的车站负责。

8. 到站对运到逾期货物不按章编制记录(或拍发电报)查询，货物发生损失，到站与责任站(或货物积压站)共同负责，事故列责任站。

9. 投保运输险的货物发生事故，因代办保险的车站未在运单、货票记事栏内加盖“已投保运输险”戳记，而超过保险索赔期限的，由责任单位和代办保险的车站共同负责，事故列责任单位。

10. 不足额保价的货物发生损失时，依照规定赔偿。如法院判决按照实际损失赔偿时，其差额部分由发站和责任单位共同负责,事故列责任单位。

11. 违反规定将施封锁附随货运记录送查,而发生封印丢失、失效争议的被盗丢失事故,由记录编制站负责。

12. 误运到站,回送过程中发生货损货差,属于回送站责任时,由误运站和回送站共同负责,事故列回送站。

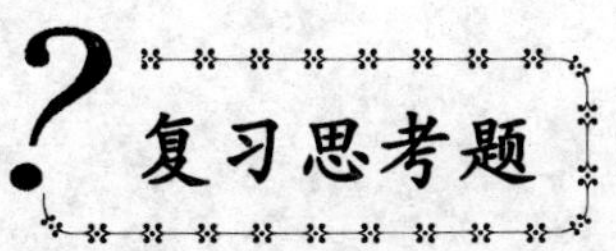

1. 何为货运事故?
2. 货运事故分几类?分别有哪几类?
3. 火灾货运记录应如何编制?
4. 货物安全管理的方针是什么?
5. 何为货运重大事故?
6. 何为货运大事故?
7. 何为货运一般事故?
8. 货运记录编制的时机是如何规定的?
9. 被盗货运记录应如何编制?
10. 损坏货运记录应如何编制?
11. 污染货运记录应如何编制?

职业技能（分级部分）

初 级 工

一、国际联运作业实作技能

(一)交接列车检查作业方法

1. 交接车准备

(1)按规定着装

①国际联运接、发车作业时,必须穿着规定的作业服装,佩戴便于识别的标志。

②作业时必须穿戴整齐,标志明显,严禁非着装进行国际联运接、发车作业。

(2)准备防护用具

①根据预报到达货物的性质,准备确保人身安全的防护用品。

②防护用品必须按规定使用,清楚其防护性能和防护方法。

(3)准备检查用具

①国际联运交接车作业的检查用具:夹板、笔、钢卷尺或皮尺、吊锤及辅助测量用的木板条、照相机。

②根据预报到达货物的检查需要,准备好必需的检查用具,并提前检查其性能,如照相机是否能正常使用。

(4)掌握检查、使用方法

①夹板、笔,用于在货物交接单上或列车检查记录上记载检查事项和问题处理内容。

②钢卷尺或皮尺,用于按规定测量到达车辆、集装箱或货物包装和篷布的破损程度,敞车类货物的平整状态。

③吊锤及辅助测量用的木板条,用于按规定测量、超限类货物的尺寸,以确定其超限等级。

④照相机,用于对异常货物或包装状态以及非正常加固和装置不良情况进行照相保留原始交接资料。

2. 货物商务检查

(1)列车到达后,每侧应有一名检查人员,按具体分工根据货物交接单记载事项进行检查货物(车)的商务状态,检查时应按作业标准,执行呼唤应答对照制,其呼唤应答对照事项:

①铅封的数量钳号、施封号码、站名、铁路或发货人简称;

②货物的名称、件数、货物和包装状态;

③到站、收货人及有关标记;

④发现货物有异状时,应说明破损位置、程度、装载情况;

⑤轮式、履带式货物和集装箱的外部状态。

（2）检查货车、集装箱商务状态：

①施封棚车类货车，应检查货车车体状态，门、窗的关闭情况，以及车窗能否从外部自由开启。

②罐车类货车应检查罐体、各处阀、盖的关闭情况，以及化肥等各类专用货车的施封拉杆，上部输入孔盖和底开门状态。

③敞车类货车应除检查车体外，还应检查中、侧门和底开门的关闭状态，以及苫盖篷布的篷布状态和篷布的苫盖情况。

④集装箱应检查其技术状态，具有危及货物完整或危及行车安全的不良集装箱拒绝接收。

（3）检查施封货车的施封状态：

①施封类货车、集装箱及敞车类苫盖篷布施加铅封的货车，应根据货物交接单记载的施封事项，检查施封数量，确定施封状态和核对施封印上的各类事项。

②如果在检查施封的棚车、机械冷藏车、罐车、集装箱或苫盖篷布施封的敞车类货车时，发现在其上面：没有封印；封印与货物交接单中记载不符；有不符合《国际铁路货物联运协定》及《国际铁路货物联运协定办事细则》要求的发货人或铁路的封印。则交付路对上述情况必须施加自路封印，然后按《办事细则》的规定办理。

③如在检查货车时，查明因没有铅封或施封不良，可能造成货物全部或部分灭失或毁损，则交付路应根据接收路的要求开启车辆，并在接收路参加下检查货物状态和在必要时检查货物件数或重量，在相应情况下根据《国际铁路货物联运协定》及《国际铁路货物联运协定办事细则》的规定编制商务记录。

④在检查施封车辆时，应确认施封状态，是否使用只在毁坏后方能启下的封印，并是否以不毁坏封印就不能触及货物的方法施封。

在检查施封车辆时，发货人施封的车辆，应检查确认封印上是否有下列清楚的印记：车站名称（必要时可用简称）；施封的年月日或封印记号；发货人简称。

此外发货人的封印上可载有发送路简称。

⑤在检查铁路施封的车辆时，应检查封印上除亦应有上述封印外，为了代替发货人简称，封印上是否有发送路简称，以及封车钳子号码（如封印上无封印记号）。

（4）敞、平类货车装载的货物检查：

①敞、平车装载的货物交付路和接收路工作人员应在列车到达后，在交付路车内共同检查，核对货物名称、件数、包装和货物状态及标记。

②敞车类货物的移交，按下列办法检查货物的件数或重量。

按货物件数不检查货物重量移交的有：成件货物，例如农业机器、机床、工业设备、汽车、变压器、电动机、钢梁、大型压延金属等；包装的货物，每个货件上均注有货物重量；包装的成件货物，如一份运单的总件数不超过100件；标有相同标准重量的货物。

按货物重量不检查货物件数移交的有：小型无包装的制品；成件货物，如按运单总件数超过100件，因为发货人违反《国际铁路货物联运协定》的要求在运单“件数”栏内代替“堆装”注明了件数超过100件。

③如果不经换装难以检查货物件数或包装状态，应在换装时进行检查。在这种情况下，在交接单“备考”栏内注明“件数”或“包装状态、在货物换装时检查”，此项记载应由交付路和接

收路的工作人员签字,并加盖国境站日期戳证明。

④对于按《国际铁路货物联运协定》附件 3 的规定有押运人运送的敞车类货物,接收时无须检查货物的件数或重量。

⑤在国境站检查交接用未苫盖篷布或苫盖篷布无封印的敞车类货车运送的货物,如货物的全部或部分灭失,腐坏或毁损,是在根据《国际铁路货物联运协定办事细则》规定移交给接收路之前发生的,应由交付路负责。

⑥检查交接箱装设备类货物,应按货物交接单记载货物标记事项,检查核对其货件上标注的到站、收货人以及有关特殊标记。

⑦轮式、履带式自轮运行的货物应检查驾驶室车门和备件箱上的施封情况,以及各处玻璃上的防护状态和货物的外部状态。

⑧在交接汽车、拖拉机及其他自轮运行的机器时,交付路和接收路的工作人员应共同检查其封印的有无和状态,如在检查中发现无封印或有下列任何一个缺点:封印绳有接头;铁丝上有裂痕;封印上缺少一个或两个铁丝头;铁丝结扣未夹入封印或封印在铁丝上活动;封印印记不清或不全;封印的完整状态有被破坏的痕迹。

则交付路应对上述情况施加自路封印,并根据《国际铁路货物联运协定办事细则》的规定在运单中作以记载,并就此编制《国际铁路货物联运协定办事细则》附件第 34 号格式的普通记录。

(5)根据检查内容报告、记录货物的检查事项。

施封类货车的检查报告、记录事项如下:

①施封类货车的车辆号码、铅封钳号或施封记号、施封号码、站名、铁路或发货人简称、铅封状态是否完好,施封是否有效。

②施封类货车车体、货检状态是否完整,门、窗关闭是否良好符合规定。

③集装箱的标志和号码,箱体是否凸出、凹入或破损,拉条、手柄是否折损和变型、施封数量及状态。

④苫盖篷布施封的货车应报告货车车号、篷布块数及号码,以及篷布是否有破损,腰、边绳是否齐全,施封状态。

⑤罐车应报告车号、罐体状态和各阀、盖的关闭情况,以及施封的数量和印记内容。

⑥化肥类专用货车,应报告车号、车体和施封拉杆、上入口盖、底开门状态及施封数量和印记内容。

敞车类货车的检查报告、记录事项如下:

①敞车类货车的车型、车号、车体状态、货物的名称、件数、包装或货物状态。

②箱装设备类货物应报告货物上标记的到站、收货人及特殊标记上的内容。

③轮式、履带式或自轮运行的货物,应报告货物件数、外部状态、驾驶室施封状态和内贴附清单内容,玻璃处防护状态,以及工具箱、备用零件箱件数和施封状态。

④如木材类按外部检查货物其状态,散、堆货物是否平整,有无明显凹痕和短缺。

⑤按件数交接货物应报告货物件数、加固材料或加固装置其状态,发生异状的具体情况以及是否危及行车安全。

（二）票据办理作业过程

1. 统计报告进口运量

(1)统计进口运量

①到达的列车检查后，将以接收的货物，根据货物交接单，按两邻路、过境路和集装箱货物分别进行统计进口货物运量。

②同一列到达的货物，可分别按货物名称、到达车数、重量（吨数）填写进口货物运量登记簿，一列中同一品名货物可合并计算。

(2)报告进口运量

①根据每个班次的到达列数，与统计交接员核对其每列的接收车辆和拒收车辆，以及每一个班次的总接收列数和车数。

②根据一昼夜后按统计后的进口运量，分别以两邻、过境、集装箱货物汇总后，以一昼夜到达汇总的货物品名、车数、重量（吨）报告站统计室或相关人员。

2. 检查交接单和填记交接单号码簿

(1)检查货物交接单

①根据接收货物的货物交接单号码，以自日历年度起的连续编号，检查核对其货物交接单号码是否正确和份数是否齐全。

②根据接收货物的票据，逐项检查核对货物交接单记载的车号、封印事项、批号、承运日期、发、到站、件数和包装种类、货物名称、重量是否正确。

(2)填记交接单号码簿

①到达列车货物接收后，根据货物交接单上记载的到达国别，分别按两邻路、过境路和集装箱货物填写货物交接单号码登记簿。

②根据货物交接单的记载事项，在货物交接单登记簿内填写交接单号码和该交接单内汇总后的车数，集装箱或零担货物填写车数和批数。

3. 国际联运票据交接作业过程

(1)交付路审核移交票据

①交付路工作人员从到达列车上取回票据，应按规定审核票据是否齐全，票据记载以及经由国境站是否正确，附带文件是否短少，货物交接单记载内容与票据记载是否相符，份数是否齐全，审核无误后签字，连同票据加盖交付路车站日期戳记向接收路办理移交。

②铁路集装箱、篷布及运送用具应审核其寄送单及交接清单，没有或短少时按规定份数补制，随同移交票据打制车辆交接单，签注移交时间加盖戳记后一并进行移交。

(2)接收路检查、接收票据

①对交付路移交的票据，按规定检查票据是否齐全，各栏填写事项是否正确，是否符合接收条件，检查后转翻译译成接收路文字后，在票据第96栏通过的国境站戳记处加盖接收路戳记，连同货物交接单，送交自方海关确认。

②对海关受理确认后票据返回后，应检查核对其票据数量，内附单证无误后，及时录入计算机票据周转系统（或打制票据周转簿），通知货代部门签认取票，办理通关手续。

4. 票据的接收和办理

(1)票据审核接收

①接收路票据受理部门(票据室),应按规定审核货代部门海关放行或确认后返回的票据内容,确认其变更后货物到站是否违反铁路的营业办理限制,危险货物必须审核其运输资质和危险品办理站,专用线的要求事项。

②接收票据时,应认真核对货代部门提供的“货物运输变更要求书”与票据记载内容是否相符,票据是否完整,海关戳记是否齐全,审核无误后进入计算机录入系统入库保存、确认,形成电子清单,为现场作业提供依据。

(2)票据检查、办理

①接收路票据办理部门(入口),根据现场装卸作业后提供的装卸车电子报告单,到票据室将装卸作业完毕的票据挑出,检查票据是否完整齐全,票据上是否加盖海关放行戳记,“货物运输变更要求书”内容是否与票据记载相符。

②对检查无误后的票据,应根据电子报告单换装后信息内容,在票据上填写装卸作业后的有关事项,填写时,应将运单“车辆号码”、“标记载重(吨)”、“轴数”和“自重”各栏中关于原车辆的记载事项划销,但原字迹须能辨认,并应在其下面记载换装后的每辆车的相应事项,如果货物仅按重量,或件数移交,则在“换装后的货物重量、件数”栏内,相应的注明每辆车换装后确定的重量或件数。

③对更改后的票据检查后,根据票据上更改后接收路车辆的换装信息事项,打制运杂费货票(计算单)及与换装后车辆事项一致的票据封套和送票单,由运费总检人员逐项检查核对后装入封套,加盖验讫章后,及时由手续传递员送到运转车号室,以送票单双方签认办理交接手续。

(三)换装作业检查方法

1. 换装前作业

(1)换装前车辆检查

①根据换装计划检查应换装的交付路车辆和接收路车辆的顺序位置,与换装计划的计划顺位是否相符,双方车辆的对位情况是否具备换装作业的条件。

②按规定检查交付路车辆的技术状态和施封情况,车体是否完整,门、窗、阀、盖关闭是否良好,施封是否清楚有效,印记内容与电子清单记载是否相符。

③接收路的车辆应检查,车体(包括透光检查)是否技术状态完整,车门、车窗、盖阀是否良好,有无扣修、色票或通行限制,车内是否干净,符合作业条件。

(2)换装前货物检查

①在换装之前,交付路和接收路的人员应在交付路提交的车辆中,共同检查货物的状态、件数和重量,按重量交接的货物,车辆自重双方人员也应共同检查,集装箱货物还应检查箱体状态和箱号及封印。

②根据电子清单核对货物名称,包装种类,检查货物标志、标签和车辆上的货物表示牌,根据换装计划核对落地货物的车号、货位号及货物状态。

(3)换装前加固材料检查

①根据货物装载及加固的需要,换装作业前应检查其所用的各种加固材料的主要性能指标和其技术条件要求的质量标准。

②根据铁道部行业对各种类加固材料与装置的各项标准和技术要求,检查其所使用加固

材料的规格、尺寸、型号和制作要求，是否符合货物装载加固的安全条件，严禁使用受损、锈蚀和使用过的加固材料。

(4)布置换装计划

①根据货物的换装计划和货物装载及加固的要求，向换装作业工组布置货物的换装作业要求，和装载货物的注意事项。

②根据货物的品名、性质以及装、卸作业中可能发生的危害情况，向换装工组说明和布置作业中的具体要求和安全注意事项。

(5)通知相关人员出场作业

通知交付路、换装工组出场作业：

①在换装线上由双方办理交接的货物，应以电话通知室内抄写换装计划，交给交付路工作人员签认，并等待交付路工作人员到场后共同启封开始作业。

②具备开始作业的条件时，应以换装计划通知换装值班员，安排作业工组出场开始作业。

通知相关人员出场作业：

①根据货物电子清单记载，需要海关监管查验的货物，必须在换装作业前通知电子清单记载的货代公司，请海关工作人员出场查验，未经海关查验的货物，严禁启封作业。

②根据货物的性质和当地国家部门的法令法规，需要检验、检疫的货物，也应及时通知相关人员，请国家检验、检疫工作人员出场检验抽样。

2. 换装中作业

(1)换装中的货物检查

①根据换装计划、会同交付路人员共同检查现车、车号及状态，以货物电子清单施封记载，核对施封货车的印记事项，并与交付路人员共同启封进行作业。

②根据货物电子清单记载事项，检查货物名称、包装种类和有包装的包装状态或无包装的货物状态，查点货物的件数，核对货物的重量，确认货物上的标志，货签和车辆上货物的表示牌。

(2)换装中的货物交接

①对在换装线上由双方办理交接的货物，双方人员应共同检查货物，核对重量，并在交接单据(货车装载清单)记载交接事项(实际件数和货物重量)，双方签字后作为现场实物交接的依据。

②对在换装线上，货物已在到发线上双方交接完毕，单方换装的货物，在换装吊起时发现货物或包装损坏时，应编制单方商务记录四份，其中一份自编制之日起三日内交给交付路人员。

(3)货物的换装作业

①普通货物的换装

a. 换装作业时，应检查货物的车号、品名、到站、对照现车，现货和清单，认真监装卸，指导换装工组巧装满载，防止错、漏装和货物的偏载、超载、倒塌、坠落、集重或亏吨，并对货物件数和状态进行检查。

b. 换装作业时，根据货物本身性质和安全运输的需要，对某些货物在装卸时，必须采取必要的防护措施。如对易磨损货件采取的防磨、对贵重怕湿和易于燃烧的货物采取防湿和防火等措施。

②特种货物的换装

a. 危险货物的换装作业,应遵守危险货物运输要求的条件和《国际铁路货物联运协定》附件第2号的相关规定进行,在换装作业中所使用的装卸机具或工具必须符合货物安全保障的要求,作业方式也必须遵守和达到规定的安全标准,装载货物不得超过车辆(含集装箱、罐或箱)标记载重及罐车允许充装量,严禁增载和超载。

b. 超限、超重、超长货物换装作业时,应严格地按照定型,试运方案或批示的装载方案文电进行作业,并核对其装后的各部尺寸,检查货物装载加固情况。货物装载后按规定标画检查线,书写、刷印或粘贴必要的标识,对超限的大型自轮运转的货物或无包装的机械类货物,应将货物活动部位予以固定,防止途中脱落或侵入限界。

(4)换装作业中发生问题的处理

①货物交接中的问题处理

a. 换装作业中,交接双方在检查件数、货物状态和核对重量时,发生分歧时,交接双方应立即进行复查,如作业条件不能立即复查时,对待复查的车辆,交接双方应共同的施加封印,并在交接单据(货车装载清单)上作有关施封的相应记载,并由双方工作人员相互签字证明。

b. 已经开始换装作业的货物,如遇天气不良、午休和其他类似情况中断作业时,交接双方人员应查点已换装货物的件数或核对其重量,并各对自方车辆施封,关于已换装货物的件数、重量和车辆施封情况记载在交接单据上,双方人员分别对货物接收和交付的部分及施封情况进行签字,车内剩余货物均匀放置,防止倒塌。

②换装中装载加固问题处理

a. 换装作业中发生货物装载不良或超出车辆允许载重以及加固方法不符合规定的技术要求时,对货物装载不良的应要求换装工组重新倒装进行处理,对超出车辆标记载重或允许增载和充装量的货物,必须按规定卸下或换入同一品类、同一收货人的其他车内,或按套装以及落地或按补送货物处理。对加固方法不符合技术要求的重新进行捆绑加固。

b. 换装作业中,发生货物加固材料,装置不符合规定要求的性能指标,或制作要求以及《铁路货物装载加固规则》附件5规定的技术条件,应按规定必须更换,对不符规定尺寸、规格及锈蚀、伤痕、腐烂的加固材料禁止上车使用,规定可以重复或多次使用的加固材料或装置,必须在使用前进行严格检查,其质量应达到规定的技术要求和标准。

3. 换装后作业

(1)换装后货物检查

①换装后的货物应检查货物的堆码是否整齐、稳固,装载状态是否符合规定。车门处装载货物层次应按要求撤高,防止倒塌。检查货车旁承游间,确定装载的货物是否偏载、超重,危险货物严禁倒放、卧装(钢瓶等特殊容器除外)。罐车装载的货物应检查所装运的货物是否装到空气包底部或计量确定规定的高度。

②敞车类货物应检查货物的装载状态和加固情况,货物的装载高度和宽度除超限货物和有特定者外,均不得超过机车车辆限界或特定区段装载限界,货物的装载重量除另有规定外不得超过车辆标记载重或允许增载的重量以及罐车允许的充装量。装载散堆装的货物应检查货物顶面是否平整,根据货物密度确定画线装车的装载高度是否符合规定。

(2)换装后车辆检查

①棚车、冷藏车、罐车、集装箱和各种施封运输的专用车车辆,换装后应检查其车辆的完整状态,以及车门、窗、阀、盖的关闭状态,并检查车内货物有无撒、渗、漏出现象和车辆的施封状态,施封货车应检查其封印是否完整有效,印记是否清晰可辨,车门处是否按规定用直径3.2 mm(10号)铁线将其拧紧加固。

②敞车类装运货物的车辆应检查其车体状态,中、侧门的关闭和其捆绑拧固状态,以及车门插销、底开门搭扣的锁闭状态。需苫盖篷布的应检查其篷布的苫盖、捆绑情况,需要插放货车表示牌的货车应检查是否按规定插放,集装箱装载是否符合装载要求,超限、超长、集重货物应按装载方案检查其装载加固情况,核对装车后尺寸。

(3)换装后空车、作业线路的检查

①换装后空车检查

a. 换装后的空车,应检查卸车单位是否将卸后车辆清扫干净,车内有无剩、残货物,车辆状况是否完整,有无新痕被损坏的痕迹,车门、车窗、罐车的盖、阀,各类专用车输入孔和底开门等是否按规定关闭。专用加固货物的金属拉链是否逐根挂好,车上与货物相关的标记、标签和表示牌是否彻底撤除,车辆上悬挂前装货物的残留加固材料,如铁线、盘条等是否清除,防止意外事故发生。

b. 换装后在检查卸后空车时,发现换装后的空车内有该车先前运送的货物残留物,与此次装运的货物无关,则换装方无义务清扫车辆和集装箱中先前运送过的残留货物,但在此情况下,换装的一方应编制《国际铁路货物联运协定办事细则》附件第34号格式的普通记录,证明残留货物状态,该普通记录应由交接双方人员签字,车辆在未清扫先前所运货物残留物状态下返回所属路。

②换装后作业线路的检查

a. 换装后对换装作业线两侧,或站台下应检查有无作业中掉下的本批货件,对遗落掉下的货件应尽可能装入原批货物车中,如因载重量限制或其他原因无法装入原批货车中,可按落地货物交付或补送处理,对整批落地货物卸车后应检查落地货物卸后的安全距离(距线路不得少于1.5 m,距离台边缘不少于1 m),检查注明的原批货物车号和货位号,同品类落地一起的各批货物应界限清楚,防止混载。

b. 换装后对换装作业线路、站台上、及站台下的杂物应督促换装作业工组清扫干净,残留的加固材料应进行收集和清理,对附有交接清单的篷布应按规定折叠整齐,送到指定地点存放,对发货人自备的货车装备物品和运送用具,应按运送用具交接清单进行清点,并应妥善保管,如运送用具因换装作业造成破损时,应用自方的器材和费用进行修理。

二、国际联运作业质量标准

(一)交接车准备及货物(车)商务检查要求

1. 交接车准备

(1)按规定着装

①穿着符合规定,佩戴标志明显便于识别。

②着装整齐严谨,严禁非着装进行作业。

(2)准备防护用品

①到达货物性质危害清楚,防护用品准备齐全、正确。

②正确着用防护用品,确保人身绝对安全。

(3)准备检查用具

①到达货物品类清楚,检查用具准备齐全。

②检查用具性能正常良好,正确使用并妥善保管。

(4)掌握检查测量方法

①检查方法得当正确,记载事项准确清楚。

②测量方法精确仔细,破损及超限等级确定无误。

2. 货物(车)商务检查

(1)呼唤应答对照制

①分工必须明确,检查项点清楚。

②呼唤应答准确,检查配合密切。

(2)检查货车、集装箱商务状态

①车体应检查严格仔细,门、窗、阀、盖确认关闭无误。

②集装箱状态完整,技术条件符合规定。

(3)检查施封货车的施封状态

①车上封印必须完整无损,印记内容必须清楚可辨。

②施封数量和印记内容必须与交接单一致,施封状态或技术条件必须符合规定。

(4)敞车类装载的货物检查

①检查内容明确清楚,件数、状态确定无误。

②标记、包装符合要求,交接方法确定正确。

(5)根据检查内容报告、记录货物的检查事项

①检查内容正确完整,报告事项吐字清晰。

②检查记录详细清楚,重点问题准确无误。

(二)票据办理作业过程要求

1. 统计、报告进口运量

(1)统计运量

①到达国别确认正确,两邻、过境、集装箱分别清楚。

②到达的车数、名称、重量计算准确,填写时字迹清晰无误。

(2)报告运量

①接收与拒收车辆与统计核对清楚,到达列数及汇总车数核对无误。

②货物的品名、车数、重量汇总计算无误,报告运量时,内容准确及时。

(3)核对和填写交接单号码簿

①核对货物交接单

a. 交接单号码正确,必须是自日历年度起连续编号,达到无空号、无重号。

b. 交接单份数齐全,必须与票据记载内容一致相符,达到各类项准确无误。

②填写交接单号码簿

a. 货物发、到国别判定清楚，填写时两邻、过境、集装箱分别无误。

b. 交接单号码填写正确清晰，每个号码的交接单、车（批）数汇总计算准确。

2. 票据交接作业过程

（1）交付路审核、移交票据

①取票及时，票据各项事项审核无误，签字和加盖的戳记清晰。

②寄送单与交接清单份数齐全，车辆交接单打制及时，签注时间准确。

（2）接收路检查、接收票据

①票据接收完整，检查事项无遗漏，戳记加盖清楚，票据接收符合规定。

②票据译文准确，字迹戳记清楚，票据传递及时，输机或打制准确，周转无误。

3. 票据的接收和办理

（1）票据审核接收

①票据审核仔细，变更到站符合规定，危险货物资质齐全。

②"变更要求书"与票据相符，票据完整、戳记齐全，计算机确认及时。

（2）票据检查办理

①挑出票据准确无误，检查票据完整齐全，海关戳记清楚。

②办理票据原车辆事项划销正确，填写内容清晰完整，换后件数、重量填写无误。

③打制运杂费货票（计算单）正确无误，总检逐项核对严格，送票时交接清楚。

（三）换装前、换装中和换装后作业要求

1. 换装前作业

（1）换装前车辆检查

①检查车辆出场及时，车辆顺序核对准确，车辆对位具备作业条件。

②车辆技术状态良好，门、窗、阀、盖关闭正确，施封完整，印记与清单相符。

③接收车辆状态完整，无扣修、色票、通行限制，车内干净符合作业条件。

（2）换装前货物检查

①货物状态检查确认清楚，件数、重量查点无误准确。

②施封印记核对相符正确，包装、标志确认完整无误。

（3）加固材料的检查

①性能指标达到规定标准，技术条件符合质量要求。

②规格、尺寸遵守各表规定，制作要求达到安全标准。

（4）布置换装计划

①作业内容传达全面完整，装载加固确定准确无误。

②货物性质说明详细清楚，注意事项布置周密全面。

（5）通知相关人员出场作业

①通知交付路，换装工组出场作业

a. 书面计划抄写完整清楚，交付方必须签认出场及时。

b. 作业条件必须具备齐全，通知作业单位及时出场。

②通知相关人员出场作业

a. 清单记载核对准确,通知及时协助查验。

b. 检验货物性质清楚,检验抽样快捷及时。

2. 换装中作业

(1)换装中货物的检查

①车辆状态、车号、检查无误,施封有效,封印清楚完整。

②件数重量确定准确,包装、标记状态良好。

(2)换装中的货物交接

①共同查点核对一致,记载清楚,依据齐全。

②记录编制正确完整,份数齐全分配无误。

(3)货物的换装作业

普通货物的换装:

①三检三对、巧装满载,认真监装、不错不漏。

②货物性质明确清楚,防范措施周到得当。

特种货物的换装:

①运输要求清楚明确,严格遵守作业标准。

②装运方案和文电要求清楚,装载加固符合特殊规定。

(4)换装作业中发生问题的处理

货物交接中的问题处理如下:

①分歧项点明确,复查依据充分,待查车辆及时施封,相关记载准确清楚。

②中断作业措施得当,核对货物准确无误,自方车辆施封及时,车内货物摆放均匀。

换装中装载加固问题处理如下:

①不良问题确定清楚,处理方式符合规定。

②性能指标检查严格,更换处理及时无误。

3. 换装后作业

(1)换装后货物检查

①货物堆码整齐稳固,偏载、偏重确定准确。

②装载、加固状态良好,限界、载重符合规定。

(2)换装后车辆检查

①门、窗、阀、盖关闭良好,施封有效印记完整。

②车辆状态检查仔细,篷布苫盖符合规定。

(3)换装后空车检查

①卸后空车清扫干净,状态完整,内无残货。

②标记、铁线清除彻底,先前所运残货处理符合规定。

(4)换装后作业线路检查

①卸后线路、站台检查彻底,落地货物具备安全距离。

②线路站台彻底清理,运送用具保管妥当。

三、国际联运作业问题处理技能

(一)到达货物为放射性物质或设备类货物破损的应急处理

1. 根据到达预报,对随车列将到达放射性货物(车)时,应按规定要求准备防护用具进行有效的人身防护,并及时通知商品检验,检疫局准备仪器测量采取措施,保证作业时的人身安全。

2. 在检查设备类货物时发生破损严重时,除准确测量双方确认后按章处理,必要时进行照相,保留完整的原始检查资料。

3. 发生货物破损位置或程度,交接双方有争议时,双方应共同重新测量确定,必须达到准确和一致。破损严重无法继续运送时,必须按规定拒收。

(二)到达车辆上发现悬挂与本批货物无关的不明物品的处理

1. 要立即通知交付路人员确定物品属类,商定一致意见按章处理。

2. 通知公安人员妥善监护、按物品属类请求专业人员处理,并及时逐级汇报,必要时请求上级指示拒收该车辆。

(三)到达罐车、集装箱渗漏破损的处理

1. 在检查到达罐车类货车时,发生罐体或阀、盖渗漏痕迹,应及时通知交付路人员确定渗漏部位,确定能否继续运送。

2. 要求双方车辆检车员共同检查渗漏车辆,编制车辆不良检查记录,并速报有关采取应急处理措施。

3. 在检查到达的集装箱时,发生箱盖不良,铁皮张开或有洞眼,结缘分离时,应不予接收,拒收返回交付路处理。

(四)施封车辆上无封印或出现不同车站封印的处理

1. 应要求交付路立即更换并重新施封,同时编制普通记录,更改票据和货物交接单上的施封事项。

2. 发生无封印,或车辆上一侧无封,则要求交付路开启车辆,双方共同检查货物状态,必要时检查货物件数或重量,并在相应情况下编制商务记录申请书。

(五)到达超限货物加固底座破损变形、或无法检查件数及包装状态的处理

1. 要会同交付路人员共同检查确认该超限货物是否因加固底座破损变形而损坏并编制商务记录证明,对无专业技术人员鉴定货物是否损坏不详时,应请示拒收该批货物。

2. 对超限货物两侧作有标记或表示牌时,应详细记载并按货件上标注的特殊标记对待如:“注意,在……铁路是超限货物”,以此通知有关在调车、换装作业时应慎重对待。

3. 发生货物多层装载,无法检查货物件数或包装状态时,应协商交付路在货物交接单“备考”栏内签注“件数或包装状态在货物换装时检查”此项记载应由双方工作人员签字,并加盖日期戳证明。

(六)进出口运量发生漏、误统计的处理

1. 发生发送国和到达国别判定有误,造成到达的两邻、过境或集装箱货物运量统计错误,应及时地按发送和到达国别进行调整或重新按正确统计,同一列到达的货物,如发送或

到达国别相同，又属于同一种名称的进口货物，在填写进口运量簿时，可合并汇总计算进行统计。

2. 根据每个班次的到达列数汇总统计时，发生接收车辆或拒收车辆在与统计交接员核对不一致时，应按列进行重新统计，复查出错误所在，及时调整。

3. 一昼夜的进出口运量汇总报告时，发生漏、误统计时，当时发现的及时重新统计更正，报告后已报铁路局的应在下一个班次进行调整。

（七）检查和填记交接单发生越、空、重号及记载有误时的处理

1. 检查货物的交接单时，发生货物交接单的号码不是自日历年度起的连续编号，出现越号、空号或重号时，应以根据要求交付路按正确的进行更改，更改处必须加盖戳记证明。

2. 检查货物交接单时，发生货物交接单填记错误或与票据记载事项不相符时，应以票据要求交付路修改货物交接单，同时加盖戳记证明。

3. 填记交接单号码簿时，发生发送和到达国别判定有误，造成应按两邻、过境或集装箱货物的交接单号码相互错填记时，应及时地正确进行更正，重新填记。

4. 填记交接单号码簿时，发生每个交接单汇总后的车数错误或集装箱和零担货物不是按批统计填记时，应重新统计按正确填记。

（八）交付路和接收路发现票据问题时的处理

1. 交付路审核移交票据时，发生票据记载的经由国境站错误，属于误到货物时，应按规定填制问题工作卡片，详细地记载票据内容和误到时间，带回国内发电报通知发站和发货人等待指示处理。

2. 审核铁路集装箱或带有篷布和运用用具的票据时，发生无寄送单或交接清单或份数不足时，应立即补制没有或短少的寄送单或交接清单，并在补制的单据上注明“补制票据代替遗失的票据”。

3. 接收路检查到达的票据时，发生到达货物不符合接收条件，如违反货物的运送条件，属于运送限制不准运送的货物，应按规定拒收，或根据国家的法令和相应规章进行处理。

4. 海关受理后返回的票据发生放行或查验的货物，海关未在票据上加盖相应戳记时，应立即将票据送海关交涉进行补盖戳记。取回后及时输机（或打制票据周转簿）。

5. 接收货代部门返回的票据时，发生“货物运输变更要求书”变更的到站，违反铁路的办理限制或上级文电要求时，应要求货代部门重新提供正确到站方能接收。

6. 危险货物票据接收时，发生货代部门不具备其运输资质，其票据不予接收，待运输资质手续完备后方能接收，接收的票据必须完整，海关戳记齐全。

7. 换装完毕挑出的票据检查时，发生货物运输变更要求书填记的收货人与票据记载的收货人不一致时，应要求货代部门更改一致后方能办理。

8. 办理票据时发生运杂费货票（计算单）打制错误时，应及时追回，作废重新打制，已发车时，应通知有关发电报积极处理。

（九）换装作业前车辆、货物、及双方作业发生问题时的处理

1. 发生其车辆顺序与换装计划不相符时，不应作业，应立即要求运转按照换装计划进行重新倒调，或在条件允许的情况下按现存车辆顺位调整换装计划。

2. 按规定检查交付路车辆技术状态时，发生交付路车辆车门无法开启时，应立即通知交

付路列检人员到场处理，严禁用机具强行开启，以防损坏车门及车内货物。

3. 按规定检查接收路车辆时，发生车辆技术状态不良，不具备换装作业条件时，应立即报告货运调度，通知运转更换完好车辆，或取消该车的换装作业计划。

4. 换装作业前按重量交接的货物，发生车辆自重与票据记载自重不一致时，应立即要求交付路人员到场确认，待票据按车辆标载自重更改一致后，方能开始作业。

5. 根据换装计划进行地起落地货物时，发生计划中落地货物上压另一批同一品类货物，无法进行正常作业时，应根据先到先换、就近装车和安全、快捷的作业方案调整该批换装作业计划。

6. 换装前检查待作业的加固材料时，发生其所用加固材料性能指标，不符合技术条件要求的质量标准或其加固材料受损、锈蚀，严禁上车使用，应及时要求装车单位立即更换，并进行重新检查。

7. 根据换装计划向换装工组布置作业计划时，发生将作业的货物需要套装作业时，应向换装工组详细的说明套装要求和注意事项。

8. 根据货物的性质以及在装卸作业时可能发生的危害情况，应向换装工组详细的布置作业中的具体要求和安全注意事项，并准备好消防器材和防护用品。

9. 换装作业前双方交接的货物，发生交付路人员未及时出场时，严禁单方开启车门进行作业，应及时报告室内，与交付路交涉，督促交付路人员尽快到场，双方启封进行作业。

10. 换装作业前需要查验，检验抽样的货物，相关人员未及时出场时，应及时与室内联系，协调相关单位，立即出场查验、检验货物，确保作业及时开始。

(十)换装中发生货物名称、件数不符、货物及装载发生问题时的处理

1. 换装中货物的检查时，发生实际货物名称与电子清单记载货物名称不相符时，应暂停作业立即与室内票据室联系核对货物运单，按运单记载名称更正后方能继续作业。

2. 换装中检查货物的件数时，发生货物件数与电子清单记载件数不符时，应立即通知交付路人员共同查点确认，编制双方商务记录申请书并由交付路人员签字。

3. 换装线上双方办理交接的货物，发生按实物交接的货物，双方确定的货物件数或重量不一致时，应立即组织双方人员进行复查，双方确定一致后，双方签字办理交接。

4. 换装线上单方进行换装作业的货物，发生在货物吊起后发现货物包装或货物破损时，应按规定编制单方商务记录一式四份，其中一份自编制之日起在三日内交给交付路的人员。

5. 换装作业时，装载的货物发生偏载、超载、集重的情况时，应立即指导换装工组对货物进行倒装、整理和将超载的部分货物卸下等防范措施。

6. 换装作业时，对易于燃烧的货物应重点检查车辆防火板技术状态，对腐朽材应按规定进行喷涂等安全防护措施。

7. 危险货物换装作业时，发生超过车辆标记载重量或允许充装量的货物时，应按规定卸下，或充装到同一品名类同一收货人的其他车辆中，确保不超装和超载。

8. 超限货物换装作业时，发生大型自轮运转货物或其他无包装的机械类货物上有活动部位，应按规定将其捆绑固定，防止途中脱落或侵入限界。

9. 换装作业交接中，双方在检查交接中发生对货物、件数、重量和货物状态双方确定不一致时，应进行共同复查，重新确定，如作业条件不允许立即复查时，对待复查的车辆，交接双方

共同施封，具备条件时重新确定。

10. 已经开始换装作业的货物，如遇特殊情况必须中断作业时，交接双方人员应各自确定以接收和交付的货物部分，并对各自的车辆施封，车内货物均匀摆放，防止倒塌。

（十一）换装后发生货物、车辆、施封不良状态和卸后空车、线路发生问题时处理

1. 换装后，发生换装的危险货物容器破损或渗漏，无法继续运送时，应按规定双方编制商务记录申请书，详细的记明货物容器及货物现状，破损的货件在无条件更换容器时利用原车返回交付路。

2. 换装后，对散堆装货物检查时，发生货物虽然平整，但所装货物超过根据货物密度确定标画的检查线时，应立即要求装车单位将超出的货物卸下交付或捣装到同一品类和同一收货人的其他车内。

3. 换装后检查车辆时对需要施封的货车，虽然已施封，但发生未按规定用直径 32 mm（10 号）铁线将车门拧紧时，应立即要求装车单位按规定用符合要求的铁线进行捆绑加固。

4. 敞车类装运货物的车辆，换装后检查时，发生中、侧门的关闭和其捆绑状态或车门插锁，底开门搭扣状态不良时，应立即扣车，指导装车单位按规定和要求进行处理后方能放行。

5. 换装后的空车，检查车辆状态时，发生车辆有新痕被换装机具或货物破坏时，应立即编制普通记录，记明损坏部位和程度并要求换装工长签字确认，车辆破损状态，由双方车辆检车员到场检查，共同编制《国际联运货车使用规则》附件第 2 号规定的“将不良车辆移交给所属路修理的交接记录”作为铁路之间清算的依据。

6. 换装后在检查卸后空车时，发现车辆上悬挂前装货物残留的加固材料，如铁线，盘条等应指导换装单位进行清除，防止返回时发生意外事故。

7. 换装后在检查换装作业线路时，发生线路两侧，或车辆下有换装时掉下的货物时，应立即扣住换装的车辆进行补装，因车辆载重或高度限制无法装入换装的车辆时，应按规定交付或按补送货物处理。

8. 换装后在检查和清理换装作业线路时，发生附有交接清单或寄送运单的篷布和其他运送用具因换装作业造成损坏时，应要求造成损坏的换装单位用自方的器材和费用进行修理，验收合格后应妥善保管进行对外交接。

中级工

一、国际联运作业实作技能

(一)交接列车及交接车准备作业

1. 检查货物交接单作业

(1)双方交接货物,交付路应按《国际铁路货物联运协定办事细则》附件第36号格式,为全部移交货物编制货物交接单一式六份;交付路和接收路各得三份。而且交付路和接收路应将其中的一份货物交接单送交自方海关。

(2)货物交接单应该按两邻路接收的货物和过境路接收的货物,分别编制,并从每年日历年度开始起连续编号。

(3)对移交的全部重集装箱和大吨位空集装箱,交付路应编制单独的货物交接单。同时对空集装箱在交接单"货物名称"栏内必须注明"空"字样。

(4)检查货物交接单时,应确定交接单份数是否齐全,内容记载是否正确,以及编号是否按日历年度起的连续编号。

2. 及时出场、到指定地点交接车

(1)接到运转值班员到达列车预报,立即通知交付路人员做好交接车准备。

(2)会同交付路工作人员共同提前到指定地点接收列车。

(二)货物(车)商务检查作业

1. 按规定时间检查货物(车)的商务状态作业

(1)技术和商务检查的时间,不论交接车辆数目多少,规定每轴1 min,车辆的技术和商务检查应同时进行。

(2)按规定检查到达列车中的货车车体、门、窗状态、篷布苫盖情况,集装箱的箱门、箱体、专用货车的输入孔及底开门和罐体、盖、阀的关闭状态。

(3)如在检查交接时发现,因车内货物容器或包装破损造成货物从施封车辆或集装箱渗漏或散落,交付路应根据接收路的要求开启车辆,并在接收路参加下检查货物状态和在必要时检查货物件数或重量;在相应情况下编制商务记录。

(4)发生车窗未关,或即使有一个车窗的插闩未关的车辆中的货物检查交接时,交付路应根据接收路的要求开启车辆,并在接收路参加下检查货物状态、件数或重量(但规章容许车窗敞开运送的货物除外),在必要时编制商务记录。

(5)交付路和接收路的工作人员在交付路提交的车辆中,共同检查货物的状态、件数和重量。车辆自重也由双方工作人员共同检查。

2. 根据货物交接单检查货车施封状态

(1)用施封棚车、集装箱、机械冷藏车和罐车以及苫盖篷布施封的敞车类货车装运的货物(有押运人的施封车辆除外),凭封印办理交接,并应检查所施封印是否完好,以及封印记号与货物交接单所载事项是否相符。

(2)在交接货物的接收路国境站发现车辆无封印或封印数量少于货物交接单中记载的数量,而该封印在铁路间交接货物前可能被边防或海关部门从车上取下时,如交付路能证明原封印被接收路国家的边防或海关从车上取下时,接收路应在车辆上施加自路封印,证明方法由相邻国境站商定。

(3)在交接检查施封的车辆或集装箱时,如发现车辆或集装箱上尽管有下列所载的其中任何一个缺点,则接收路有权要求交付路更换这些封印或按查点货物件数或重量的方法办理货物交接:

①封印绳有接头;

②封绳有一股斯断,或铁条或铁丝有裂痕;

③封绳逃或铁丝套过长,以致棚车门开动时车门保险装置穿钉可能由耳孔板的耳孔中脱出或可以开启集装箱的锁闩,或苫盖施封的篷布运送货物时,铁丝未缠紧或松弛,以致可能拉出加固篷布的绳头;

④封印挂在单股的封绳上;

⑤封印上虽缺少一根封绳头或铁丝头;

⑥封绳结或铁丝结扣未夹入封印在绳上或铁丝上活动;

⑦封印上印记同货物交接单所载资料不符;

⑧车辆上有同一车站的封印,但印记不同;

⑨封印的完整状态有被破坏的痕迹;

⑩封印上印记不清或不全。

(4)在封印上有划痕,或封印在门吊上碰坏,但印记仍可看清,而且封印上又无强力破坏痕迹的情况下,则接收路必须接收带有这样封印的车辆。在这种情况下,接收路可以要求交付路用《国际铁路货物联运协定办事细则》附件第 34 号的普通记录,证明各该封印的状态。

(5)如在交接施封的车辆或集装箱时,发现在其上面施有不同车站的封印和违反办事细则规定,在运单中没有中途站或国境站记载或没有关于更换封印的《国际铁路货物联运协定办事细则》附件第 34 号的普通记录,则接收路有权要求交付路更换车辆或集装箱上的所有封印(发站和发货人的封印除外)或按查点货物件数或重量的方法办理货物交接。

交付路根据接收路的要求更换封印后,应在货物交接单中将旧封印事项划销,同时相应记入新施封事项。

3. 检查敞、平车装载货物的件数和状态

(1)对用未苫盖篷布或苫盖篷布无封印的敞车类货车运送的货物,应在到达时立即由交付路和接收路的工作人员共同进行检查,并认真检查货物容器状态或无容器运送的货物状态,以及货物装载及加固状态。

(2)在检查交接敞车类货车装运的货物时,发现货物部分灭失或毁损,则交付路按照接收路的要求,在接收路参加下检查货物的状态,件数或重量。必要时,根据《国际铁路货物联运协定办事细则》编制商务记录。

(3)准许按特定条件运送的物品,和需要预先商定后才准运送的货物,应检查到达货物是否符合特定的条件及预先商定的要求。超限货物应检查其超限等级、货物的件数、标记和外部状态,以及核对运单"货物名称"栏内补充记载。

(三)审查票据及票据办理作业

1. 票据审查内容

(1)审查确定到达的货物有无铁道部下发的本月度运输计划和双方站长制定的日班计划,以及与确报内容是否相符。

(2)审查票据是否齐全,各栏填写事项是否正确,是否符合接收条件。

(3)各参加运送的铁路预先需特殊商定的货物是否有商定记载,准许按特定条件运送的货物是否符合特定的条件。

(4)票据数量与到达车辆是否相符正确,票据记载事项与货物交接单记载内容是否一致。各栏戳记是否清晰齐全,交接单上有无工作人员签字和加盖戳记。

(5)危险货物是否遵守了《国际铁路货物联合运输协定》附件第2号规定的运送条件,以及确定收货人有无铁道部颁发的资质证明。

(6)票据内附有货物明细单、品质证明、发票、材质单等添附文件时,应审查运单"发货人添附文件"栏有无记载或记载内容是否相符。

2. 办理票据交接手续

(1)票据审查后,对符合接收条件的票据,应在运单"通过的国境站戳记"栏内,加盖国境站日期戳记,填记货物交接单号码。

(2)在货物交接单上加盖货物接收方法戳记,在车辆交接单上签注接收时间,接收路工作人员在交接单上签字即为货物已办理移交,同时加盖戳记予以证实。

(3)不符合接收条件的票据与货物,应用《国际铁路货物联运协定办事细则》附件第34号规定的普通记录办理货物的拒收手续,并注明拒收原因,在车辆交接单中将关于拒收货物的事项划销,在货物交接单的"备考"栏内加盖拒收戳记:"普通记录第……号"。普通记录应编制三份,交接双方各得一份,另一份附在运单上。

(4)接收的票据连同货物交接单(包括属于海关的货物交接单)应及时送海关确认,保证票据快速周转。

3. 票据受理

(1)海关确认或放行的票据应及时取回,审核返回票据及货物交接单是否齐全无误后及时录入计算机。

(2)按规定输机形成取票系统或打制票据周转簿,及时通知各货代部门签认取票。

(3)受理各货代部门放行返回的票据时,应检查返回票据是否齐全,海关在票据上是否加盖戳记,变更事项填记是否违反《货物里程表》规定的办理限制,和部、局电文颁布的暂时限制或停运的规定。

(4)接收危险货物票据时,必须查看计算机《铁路危险货物运输资质及办理规定》系统,或查阅《铁路危险货物运输办理站(专用线、专用铁路)办理规定》、《铁路危险货物运输资质一览表》等办理规定。确定运输资质、危险品办理站、专用线、集装箱办理站的要求事项。

(5)遇有滞留费的票据，应检查票据到达及返回的日期，确定滞留天数，在票据4、5页背面93栏加盖滞留戳记，注明起、止日期及滞留天数。

(6)检查确认后及时输机，并认真核对计算机上的各项内容与票据、"货物运输变更要求书"是否一致，相符后入库保存确认形成电子清单，提供现场换装。

4. 换装后的票据办理

(1)根据现场换装作业区的通知，打制装、卸车电子报告单，并与现场核对换装车数，套装方式等内容。

(2)根据电子报告单挑出以换装票据，依据电子报告单的内容在票据上，完整、准确地填写装卸车后的有关事项(车型、车号、铅封号、货物换装后的件数、重量等)。

5. 编制商务记录

(1)接到现场商务记录申请书和到发线交接车的普通记录以及按重量交接的过磅单后，应该核对其内容并及时到票据室挑出待做商务记录的票据。

(2)按规定打印或编制商务记录，加盖戳记后连同该附的铅封及相关票据送交付路签认。

6. 打制运杂费计算单(运杂费货票)

(1)根据票据更改后的换装信息，按规定程序打制运杂费计算单(运杂费货票)。

(2)检查打制运杂费计算单的号码、份数、到站、收货人、件数、重量、滞留费等事项，做好总检工作。

(四)车辆接收及过磅作业

1. 车辆手续的办理

(1)一国铁路向接收路移交车辆，应以《国际联运货车使用规则》附件3格式的车辆交接单办理手续，车辆交接单应由交付方编制四份，每方各两份。车辆交接单应自日历年度起连续编号。

(2)在接到交付方提交的车辆交接单时，应检查核对其编号、交接单份数是否齐全，交付方戳记工作人员签字及签注的移交时间是否正确无误，并将提交的车辆交接单与车号员抄写的现车编组顺序表进行对照，核对无误后及时输机确认。

2. 办理车辆交接

(1)车辆交接单交给接收方人员的时间，即为车辆提交的时间。车辆交接单在交给接收方人员以前，应由交付方人员签字，签注移交时间，并加盖日期戳以资证明。

(2)接收方人员应在提交的车辆检查完毕或在规定检查时间终了后，(规定的检查时间以《国际联运货车使用规则》规定"不论交接车辆数目多少，技术和商务检查的时间，规定每轴不超过一分钟。"也就是如到达车辆全部为4轴车，以4乘以全部接收的车辆数)计算并签注接收时间，并在车辆交接单上签字，加盖日期戳以资证明。

(3)未接收的车辆应从车辆交接单内划掉，并在车辆交接单"备注"栏内注明"未接收及拒收记录号码"从接收方人员在车辆交接单上签字并加盖日期戳之时起，即为车辆已移交完毕。

3. 交接双方过磅作业

(1)过磅前交接双方应检查轨道衡状态是否良好、灵活、准确，台板上是否有杂物，电压、计算机工作是否正常。

(2)根据过磅车现车车号、准确无误输入计算机，逐车过磅，打制过磅单，交接双方核对确认后进行签字确认。

4. 过磅手续的办理

(1)根据交接双方确认签字的过磅单,将过磅后的总重量及时准确的输入计算机,为现场换装作业提供重量依据。

(2)根据过磅单将过磅后的重量逐车填记在过磅簿上,由交接双方在相互的过磅簿上相互核对后确认签字。过磅簿中,应准确地填写过磅车辆的车号、货物总量、车辆自重、票据记载重量,货物的实际重量,多出或短少,为便于查阅应注明货物交接单号码。

(五)货物换装作业

1. 换装前作业

(1)交付方车辆(重车)检查

①换装前对施封的棚车、机械冷藏车和罐车,施封类的集装箱以及苫盖篷布施封的敞车类货车应检查所有封印是否完整、有效、清楚,封印上印记与电子清单记载事项是否相符。棚车、冷藏车应检查车门和所有的其余孔口(从里边用铁栅或其他方法关闭的通风口除外)是否施封,罐车应检查所有的注油和排油装置是否施封。所有施封状态是否只有在毁坏后方能启下封印,并且保证不毁坏封印无法触及货物。

②车辆、集装箱应检查状态是否完好,车体、箱体无毁损痕迹,车门、车窗、箱门、盖、阀的关闭状态。在换装之前,对敞车类不苫盖篷布、或苫盖篷布不施封的货车还应检查货物名称、件数、重量、相关标记,以及有包装的包装状态和无包装的货物状态。车辆自重也由双方铁路工作人员共同检查,发现异常情况会同交付路编制商务记录。

(2)接收方车辆的技术状态检查

①装车前,应按规定认真检查货车的车体(包括透光检查)车门、车窗、盖阀是否完整良好,有无扣修通知、色票、货车洗涮回送标签或通行限制,车内是否干净。

②危险货物装车前,应检查车种、车型与规定装运的货物是否相符,查看门、窗状态,进行透光检查,还应确认车辆检修是否过期,并核对检查待装货物品名、包装、件数与运单填写是否一致,以及货物包装是否符合规定,装载货物重量是否超出车辆载重,严禁增载。

(3)加固材料检查

加固材料应检查其性能指标是否符合规定的标准要求,以及是否符合货物装载加固作业的技术条件。

(4)换装计划的编制

①根据现存电子清单数量和品类,站存车种、车数、换装站台和装卸线容车数,装卸作业能力并执行先到先换、换落结合的规定编制换装作业计划。

②编制时要合理的使用货车,本着车种要适合货种、车吨适合货吨的原则,根据待换(装)货物的名称、品类、性质、货物或包装的形态、重量,选择适合运送条件的车型、车种。对须使用棚车装运的货物以及怕湿或易于被盗丢失的货物,选择确保货物安全的棚车。对有毒物质的货物必须使用毒品专用车,严禁代用。必须代用时需经铁路局批准。

(5)换装计划的布置

①向监装交接员准确无误的布置装、卸车作业计划,货物装载、加固、套装的具体要求以及超限、超长、集重货物装载方案的重点规定,危险货物的特定条件及防范措施。

②根据换装计划向装卸作业工组布置作业任务，货物装载、加固的具体要求，危险货物作业前必须向作业装卸工组说明货物的品名、性质，作业安全事项和必须准备的消防器材和安全防护用品。

2. 换装中作业

(1)检查现车

①根据货物换装计划，核对交付路和接收路车辆现车的对位情况，原则上应一对一作业，但由于使用车辆换长不同，对位拉空或发生套装作业，必须具备足够的安全作业距离，严禁交叉和长距离空中走吊作业。

②根据货物的换装计划，认真核对交付路和接收方双方车号与换装计划记载的车号是否相符无误，地起作业应核对落地货物的货位、车号、品名和其货物的状态，以及交接双方车辆的技术状态。

(2)共同启封

①根据货物电子清单的施封记载，交接双方工作人员应认真核对施封车辆的施封数量封印上的印记内容与电子清单施封记载是否相符，以及施封状态是否符合施封的技术要求。

②核对现车施封与电子清单记载无误后双方工作人员应按规定共同启封，开始作业；不相符时应及时联系室内核对其票据或货物交接单上的施封记载，双方确认更正后，方能启封作业。

(3)检查货物

①换装时应执行三检(车号、品名、到站)三对(现车、现货、清单)制度，在换装之前，交付路和接收路的工作人员应在交付路提交的车辆共同检查货物的状态、件数和重量，车辆自重也由双方共同检查。敞车类货车按货物件数交接的总件数必须在100件以内，按货物重量交接的为；散堆装，小型无包装的制品或总件数超过100件的货物。

②检查货物的包装状态，货物的包装必须能充分保证防止货物在运输中灭失、毁损、腐坏和其他原因降低货物质量。危险货物应符合国际货协附件第2号的条件。所以检查确定包装的坚固和完整是保证货物运输安全的关键环节。如在检查中确定包装或容器不符要求或不能保证货物的安全运送，以及不能保证货物由一个车辆向另一个车辆换装的情况下，接收方应拒绝接收此类包装的货物，并编制双方商务记录申请书。

③检查核对货件上的标记，国际联运货物运送时，发货人应在货件上作不易擦掉的清晰标记，或粘挂表示牌或货签，并按运单内容注明：货件的记号(标记)和号码、发送路和发站、到达路和到站，发货人和收货人、零担货件数量。零担货物在每一货件作出标记，整车货物不得少于10个货件(必须靠近车门处，堆装除外)，如运送某些特殊货物，由于这些货物的性质，要求采取特殊预防措施，则在这些货件上根据《国际铁路货物联运协定》附件6作出对货物必须审慎对待的标记或粘挂表示牌，例如"小心"，"向上"等。所以在换装作业时应严格按货物标记或表示牌的要求进行装载，如在检查中发现不正确、不完整或不确切的标记、表示牌或货签，应要求交付路编制记录证明，因此产生的一切后果由发货人自行负责。

(4)认真监装

①换装时要认真监装，进行检查和技术指导，做到不错装、不漏装、巧装满载，防止偏载、偏重、超载，集重、亏吨、倒塌、坠落和超限。对易磨损货件应采取防磨措施，怕湿和易燃货物应采

取防湿或防火措施。

②对以敞、平车装载的需要加固的货物，有定型方案的，严格按方案装车；无定型方案的，应制定装载加固方案，并按审批权限上报待批，装车时必须按批准方案装车。装载散堆装货物，顶面应予平整。对自轮运转的货物，无包装的机械货物，应要求将货物的活动部位予以固定，以防止脱落或侵入限界。

③危险货物的换装作业，要严格遵守《国际铁路货物联运协定》附件2（危险货物运送规则）的相关规定，在换装作业时要求换装工组要轻拿轻放，堆码整齐稳固，防止倒塌，严禁倒放、卧装（钢瓶等特殊容器除外）。装卸作业使用的照明设备及装卸机具要具有防爆性能，并能防止由于装卸作业摩擦、碰撞产生的火花，并必须具备消防器材和安全防护用品。

3. 换装后作业

（1）换装后货物的检查

①检查货物是否均衡、稳定、合理地分布在车地板上，是否不超载、偏载、不集重、偏重。货物的装载高度与宽度，除超限货物外，是否超过机车、车辆限界或特定区段装载限界，货物的装载重量是否超过货车容许的载重量。货物装载与加固是否达到了规定的要求，加固装置中的货物转向架、车钩缓冲停止器和货物支（座）架，是否符合规定的技术条件。

②装载超限、超长、集重货物应按装载加固定型方案或批准的装载加固方案检查货物装载加固情况，对超限货物还应检查对照铁路局批示文电，核对装车后尺寸，以及货物的重心的投影是否位于车地板的纵、横中心线的交叉点上，必须位移的货物，还应检查，横、纵方向位移是否符合规定的技术条件，货物的重心高度是否超过规定的2 000 mm，超过时是否采取了限速方案，货物检查线的标画是否符合规定。

（2）换装后车辆的检查

①装后的重车，应认真检查车门、车窗、盖、阀关闭及拧固情况，集装箱应检查箱门的关闭及箱体状态，需要施封的货车，应检查是否按规定施封，是否使用直径3.2 mm（10号）铁线将车门拧紧。需要插放货车表示牌的货车，是否按规定插放。对装载货物的敞车，要检查车门插销、底开门搭扣和篷布苫盖、捆绑情况。篷布不得遮盖车号和货车表示牌，捆绑绳索不得妨碍车辆手闸和提钩杆的正常使用，两篷布间搭头不得小于500 mm，绳索、加固铁线的余尾长度不许超过300 mm，也不许短于100 mm。

②卸后的空车，应认真检查车辆是否按规定清扫干净，车内有无货底和剩余货件。是否按规定关闭好车门、车窗、阀、盖及敞车的车门插销和底开门搭扣，还应检查车上粘贴与货物相关的标记和残余的铁线等加固材料是否清除。需要洗刷、消毒的货车是否按规定粘贴货车洗刷回送标签，以及检查换装站台下和装卸车线路上有无掉货，测量落地货物的安全距离，按规定清理站台和线路。对附属运送用具应妥善保管。

（3）换装后报车

①换装作业结束后，向货运调度员与室内相关部位报告××区××股道作业结束和装、卸车情况，并在现场计算机上进行空、重车辆转换，录入换装作业中的相关信息，形成装、卸车电子报告单，并与室内核对报告单中的换装车数，以及关于货物装载、套装和落地作业的相关事项。

②罐车货物换装后，除上述报车事项外，还应审核企业运输员对换装车辆进行计量后打制的车辆计量单，无误后加盖戳记。棚车及专用车货物发生件数或重量短少涉及铅封的应按换

装车号挑出铅封，并连同商务记录申请书一并返回室内。在确认换装工组撤除线路上防护脱轨器和相关人员后，通知货运调度员或运转区长取、送车进行下一批作业组织。

(4)表、簿册填制

①根据换装信息，填制货物换装簿或换装作业表，将货物换装后的相关事项：车型、车号、铅封号、棚车和敞车及散堆装货物换装后的货物名称件数、重量、台架集装箱箱号以及货物落地、套装的相关事项填记准确。

②换装后剩余的剩件及落地货物应及时在计算机上做补票和补送货物运行报单并填制落地货物登记簿，罐车换装货物作业结束后，应组织企业运输员，车辆检车员对换后车辆进行三方确认，并在"车辆状态签认表"中进行签认。

(六)车辆、集装箱及运送用具返还作业

1. 车辆返还手续办理作业

(1)返回车辆仍以《国际联运货车使用规则》附件3格式的车辆交接单办理手续，车辆交接单由交付方根据车辆编组顺序表打制四份，每方各执两份，车辆交接单应有自日历年度起的连续编号。由车辆使用路向车辆所属路办理移交。

(2)在向所属路移交不符合《国际联运货车使用规则》的要求并且不能运用的不良、破损或零部件短少车辆(因车辆零部件被窃)时，车辆状态应以接收路按《国际联运货车使用规则》附件2格式编制的双方代表签字的记录证明，作为造成车辆破损的铁路和车辆所属路之间清算的依据。

2. 返回车辆的检查

(1)返回车辆编组后，交付路交接员与列检工作人员应认真地按各自作业程序检查车辆状态，确定车内有无残货、剩件，是否按规定清扫干净，相关标记、悬挂加固材料是否清除，门、窗、底开门是否按要求关闭，车辆有无破损和零部件被窃现象，车辆的技术状态是否符合编挂运行条件。

(2)返回车辆编组后，接收方工作人员应将所接收的车辆同车辆交接单对照并且按要求检查车辆技术状态。商务检查的时间，不论交交接车辆数目为多少，按规定每轴不超过一分钟。未接收的车辆应及时甩车并从车辆交接单内划掉，在"备注"栏内注明"未接收"字样。

3. 签注移交时间

(1)根据《国际联运货车使用规则》的规定，车辆交接单交给接收方人员的时间即为车辆的实际提交时间。

(2)车辆交接单在交给接收方人员之前，应由交付方工作人员按照移交当时各自国家的时间签注移交时间。

4. 加盖戳记、签字

(1)根据《国际联运货车使用规则》的规定交付方工作人员在车辆检查完毕，车辆交接单交给接收方人员以前，应由交付方人员签字，并加盖国境站日期戳以资证明。

(2)接收方人员应在提交的车辆交接单上签字并加盖日期戳之时起，即认为车辆已移交完毕。

5. 统计三天以上待卸车

(1)对停留三天以上的未换装和落地的待卸车，应由车辆统计交接员每天进行详细分析，按照规定填记在“老牌车”登记簿内。

(2)按规定在每个工作日的交班前，将统计出现存三天以上的未换装和未落地的待卸车辆，以车种、车数和货物名称向货运调度员报告。

6. 集装箱返还

(1)集装箱寄送单

①集装箱返还时，应以随附集装箱到达的《国际联运货车使用规则》附件 11 格式的寄送单，返还所属路，并按其办理交接手续。

②如因某种原因随附集装箱到达的寄送单丢失时，则要求交付方编制新的寄送单，并在寄送单上注明“补制”字样，以此办理交接手续。

(2)集装箱交接清单

①一方铁路向另一方铁路移交集装箱时，还应以《国际联运货车使用规则》附件 5 格式交接清单办理移交手续，交接清单由交付路编制四份，每方各执两份。

②从接收方代表在交接清单上签字并加盖国境站日期戳之时起，即认为集装箱已移交完毕。

7. 运送用具返还

(1)运送用具寄送单

①对每一块篷布的移交，均应按《国际联运货车使用规则》附件 11 的格式编制寄送单，对于车辆上或车辆中的所有运送用具，仅应编制一个寄送单，其中应注明运送用具数量，寄送单应随同运送用具运送，直到运送用具返还所属路。

②寄送单的号码应在随同货物的运行报单“货物名称”栏内注明，遗失的寄送单由交付路补制，在补制的寄送单上注明“补制票据代替遗失的寄送单”。

(2)运送用具交接清单

①在国境交接站移交运送用具时，应按《国际联运货车使用规则》附件 5 格式交接清单办理手续，交接清单由交付路编制四份，每方各执两份。

②使用路返还破损的运送用具时，应将它所有的破损状况记入交接清单内，并注明破损程度。寄送单和交接清单均应按规定加盖车站日期戳和工作人员签字后办理移交。

二、国际联运作业质量标准

(一)交接列车中交接车准备的作业要求

1. 交接单必须份数齐全，记载内容符合规定。

2. 预报必须及时准确，双方人员应及时到指定地点。

(二)货物(车)商务检查的作业要求

1. 按规定时间检查货物(车)的商务状态

(1)检查时间清楚、掌握准确，确保不超时。

(2)检查仔细车体、门、窗、阀、盖及货物，确保无遗漏。

2. 根据货物交接单检查货车施封状态

(1)施封车辆确认准确，封印检查内容清楚。

(2)封印必须完整无损坏,封印记号应与交接单所载事项相符。

3. 检查敞、平车装载货物的件数和状态

(1)件数查点准确,状态确认无误。

(2)超限货物检查内容清楚,各类问题处理及时。

(三)审查、办理票据的要求

1. 票据审查内容

(1)计划、确报内容清楚,审核名称、数量无误。

(2)票据接收齐全完整,填写内容清楚明确。

(3)商定内容清楚完整,特定条件符合规定。

(4)票据数量与到达车数相符,内容记载与交接单一致无误。

(5)危险货物运送条件正确,资质审核无误。

(6)填附文件必须与货物相关,"发货人添附文件"栏内容记载正确。

2. 办理票据交接手续

(1)交接戳记加盖清楚,交接单号码填记无误。

(2)接收方法确定正确,交接时间签注准确。

(3)拒收依据准确,手续办理无误。

(4)票据传送及时,达到快速周转。

3. 打制票据周转簿

(1)票据完整齐全,输机准确及时。

(2)打制及时准确,票据签认无误。

4. 打制电子清单

(1)票据返回必须完整,填记内容符合规定。

(2)危险货物办理符合要求,资质手续齐全。

(3)到达返票时间判定清楚,滞留天数填记准确无误。

(4)确认、核对准确,输机正确及时。

5. 换装后的票据办理

(1)报告单打制及时,内容核对准确。

(2)挑出票据准确无误,换装后各项内容填记清楚。

6. 编制商务记录

(1)编制记录内容核对清楚,挑出票据准确无误。

(2)打印或编制记录及时,戳记加盖清楚,附带铅封准确。

7. 打制运杂费计算单(运杂费货票)

(1)换装后更改信息清楚,打制货票准确无误。

(2)检查确认内容准确,总检核对检查仔细。

(四)车辆接收及过磅作业的要求

1. 车辆手续的办理

(1)交接单份数齐全,连续编号正确。

(2)现车车号与交接单相符,输机确认及时无误。

2. 办理车辆交接

(1)签注时间与提交时间相符,签字和加盖的戳记正确无误。

(2)计算接收时间准确,加盖戳记清楚,未接收车辆处理正确。

3. 交接双方过磅作业

(1)轨道衡灵活准确,计算机运作稳定正常。

(2)过磅重量准确无误,过磅单双方确认签字及时。

4. 过磅手续的办理

(1)过磅重量准确清楚,输机和重量及时准确。

(2)过磅簿填记准确,双方核对签认无误。

(五)换装作业的要求

1. 换装前作业

(1)换装前车辆的商务检查

交付方车辆(重车)检查:

①施封有效,数量正确、封印完整、清楚,封印上的印记与电子清单记载事项相符。

②车辆、集装箱、篷布状态良好,车门、窗、盖、阀关闭无异状,货物、包装、标记符合换装作业条件。

接收方车辆技术状态检查:

①车辆干净、车体完整,车门、窗、盖、阀状态良好,无扣修、色票和通行限制。

②危险货物车种与货物必须与规定相符,货物现状与运单内容一致,包装符合规定。

(2)加固材料检查

①加固材料必须与所装货物相适应,性能、指标和标识必须符合规定。

②加固材料的技术状态必须良好,规格和制作要求必须达到规定标准。

(3)附属运送用具检查

①运送用具必须是《国际联运货车使用规则》规定品类,记号、标记、尺寸符合《国际铁路货物联运协定》规定。

②检查内容事项清楚,返回交接手续符合规定,破损、失却处理得当。

(4)换装计划编制

①换装计划编制周密,装、卸线和作业能力清楚,编制原则符合要求。

②使用车辆合理,符合货种规定,适合换装和运送条件。

(5)传达作业计划

①布置清楚明确,要求全面具体,措施防范准确无误。

②货物性质传达清楚,注意事项要求明确,消防和防护用品齐全。

2. 换装中作业

(1)检查现车

①现车对位准确,安全距离足够,严禁违章作业。

②车号正确无误,货物状态完整,车辆技术状态良好。

(2)共同启封

①施封数量与清单记载相符,印记内容正确,施封状态符合要求。

②检查仔细无误,双方共同启封,问题处理及时正确。

(3)检查货物

①货物三检三对到位,件数查点准确,重量确认无误。

②包装状态完整坚固,材质结构与货物适应,确保货物安全运送。

③货件标记齐全,内容清晰完整,特殊要求清楚明确。

(4)认真监装

①监装作业认真严格,检查指导正确无误,防护措施得当正确。

②装车方案清楚明确,装载加固符合规定,问题处理及时到位。

③危险货物作业规定清楚,作业过程符合要求,安全防护用品齐全。

3. 换装后作业

(1)换装后货物检查

①货物装载稳定、合理,装载加固正确无误,加固装置符合技术要求。

②特种货物装载与方案相符,装后尺寸核对无误,技术条件符合规定。

(2)换装后车辆检查

①车体、箱体状态完整,施封正确良好,门、窗、盖、阀关闭符合规定。

②空车清扫干净无剩货,车辆完整、门、窗关闭良好,残余加固材料、标记清除彻底。

(3)换装后报车

①装、卸车报告准确无误,空、重车辆转换及时,换装后信息输入正确。

②计量单审核及时,戳记清晰,铅封返还正确,商务记录编制符合规定。

(4)表、簿册填制

①表、簿册填制工整,内容准确无误,相关事项记载齐全。

②剩余货件打制补票及时,补送报单填制正确,车辆状态表签认无误。

(六)车辆、集装箱及运送用具返还作业的要求

1. 车辆返还作业

(1)车辆手续办理

①打制车辆交接单格式正确,份数齐全,交接单号码准确无误。

②技术状态不良车辆,编制的车辆交接记录格式正确,内容清楚,加盖戳记和签字清晰。

(2)返还车辆的检查

①交付路检查的车辆应达到清扫干净,无残货,门、窗、阀、底开门关闭良好,技术状态符合挂运条件。

②接收路检查的车辆应达到接收的车辆与车辆交接单对照相符无误,技术状态良好,未接收车辆划销,注明符合规定。

(3)签注移交时间

①签注时间依据清楚,车辆提交时间符合规定。

②签注各自国家时间规定清楚,签注时间准确无误。

(4)加盖戳记和签字

①交付方签字时间准确,加盖戳记清晰。

②接收方检查终了时间清楚,签字和加盖戳记时间及要求符合规定。

(5)统计三天以上待卸车

①待卸车分析准确,填记时字迹清楚、内容完整正确。

②待卸车统计准确,报告完整及时,车种、数量、名称无误。

2. 集装箱返还作业

(1)集装箱寄送单

①随附寄送单格式正确,交接手续清楚无误。

②丢失责任清楚,补制寄送单符合规定。

(2)集装箱交接清单

①打制交接清单格式正确,份数齐全,内容完整。

②签字时机正确,戳记清楚,返还及时。

3. 运送用具返还作业

(1)运送用具寄送单

①运送用具寄送单格式正确,数量填记完整准确。

②寄送单号码注明清楚,补制时符合规定。

(2)运送用具交接清单

①交接清单格式正确,编制份数齐全,双方分配无误。

②运送用具破损状况清楚,注明破损程度准确,签字和加盖戳记清晰。

三、国际联运作业问题处理技能

(一)货物交接单分数不足和交付方未出场交接车时的处理

1. 发生交付路提交的货物交接单不足规定份数,交接单所载内容缺项或不符合规定,应及时要求交付路进行补制、填记和更改。填记、更改处应有工作人员签字和加盖日期戳记证明。

2. 列车到达时发生交付路人员未及时出场到指定地点接车,不准单方检查列车,应交涉交付路及时派人出场,到达后双方共同检查到达车列。

(二)到达货物渗漏和散落时的处理

1. 在检查交接时,发生车列中从某一辆货车渗漏或散落货物时,应根据《国际铁路货物联运协定办事细则》规定,要求交付路开启车辆,并在接收路参加下双方共同检查货物状态和在必要时检查货物件数或重量,在相应情况下根据《国际铁路货物联运协定办事细则》规定编制商务记录。

2. 如在检查交接时,发生车列中某罐车渗漏时,应立即根据货物名称确定货物性质,如一般货物应通知交付路人员到场确认,并由双方列检人员检查车辆渗漏部位,做出车辆检查记录,双方列检人员签字,加盖日期戳证明,并按规定协商交付路及有关及时进行处理。如渗漏货物经查定属于剧毒、易燃气体类应立即启动应急方案,及时向铁路主管部门、地方政府、公安消防及环保、卫生防疫部门报告,设立警戒区,疏散无关人员,果断处理。

(三)到达车辆施封失效、损坏或印记不清时的处理

1. 在交接施封货车时,发生一辆车上两侧施有不同车站的封印,而运单中没有中途站

或国境站关于途中更换封印的记载和附有更换封印的《国际铁路货物联运协定办事细则》附件第34号的普通记录，则应要求交付路按规定更换车辆上的所有封印，编制《国际铁路货物联运协定办事细则》第34号的普通记录，或按查点货物件数或核对重量的方法办理货物交接。

2. 在交接施封的货车时，发生封印上有划痕或封印在门吊上被破坏，但封印仍可看清，在封印上又无强力破坏的情况下，应接收带有这样封印的车辆，但必须要求交付路编制《国际铁路货物联运协定办事细则》附件第34号的普通记录，证明该封印的状态。

3. 在交接施封的货车，发生货车上所施封印失效，印记不清时，应要求交付路按规定更换新的封印在运单上做以记载，并编制《国际铁路货物联运协定办事细则》附件第34号的普通记录证明。

(四)到达货物包装状态无法运送或违反运送限制时的处理

1. 在交接敞、平车货车时，发生货物、包装状态不允许继续运送时，应及时编制商务记录，详细地说明货物及包装状态、拒收，并按规定办理手续返回交付路。

2. 在交接敞、平车货车时，发生违反《国际铁路货物联运协定》规定，准许按特定条件运送的货物，不符合特定条件或到达的货物属于参加运送各铁路间需预先商定的货物，而运单上并无商定的内容记载，而交付路又无根据补填时，应不予接收，办理拒收手续返回交付路。

3. 在交接敞、平车货车时，发生了《国际铁路货物联运协定》第4条规定属于不准运送的物品，尽管名称正确，也应将这项货物截留，并按截留国家的国内法令和规章处理。

(五)到达票据及附带文件短少或发生漏误填记时的处理

1. 到达票据中，发现无运单或无其中个别张页时，交付路应按《办事细则》的规定编制商务记录，并要求交付路按现有票据中的事项或货件上的标记或车辆上表示牌的记载编制运单或运单的个别张页，以代替灭失的运单或灭失的张页。在重新补制的运单或运单的个别张页标题上方相应地记载："(24)代替灭失的运单/代替灭失的第________张。"

2. 到达的票据记载内容发生与所附货物交接单记载内容不一致时，应要求交付路根据票据记载更正货物交接单错误的记载内容，在更正处交付路加盖国境站日期戳记证明。

3. 危险货物票据中货物的包装种类发生不符合《国际铁路货物联运协定》附件2规定的要求，应不予接收，按规定办理拒收手续。

4. 到达的票据中"发货人添附文件"栏内记载有添附文件，发生实际票据内无任何添附文件，则应要求交付路编制《国际铁路货物联运协定办事细则》附件第34号的普通记录证明添附文件全部丢失，并在运单"铁路记载"栏内记载关于该路已编制普通记录一事，索取两份普通记录附在运单中。

(六)票据相互不符和拒收货物时的处理

1. 交接票据时，发生票据中补充运行报单与运单内容不符，则应要求交付路按《国际铁路货物联运协定办事细则》规定，根据运单中的事项修改补充运行报单或在补充运行报单中补填遗漏事项，这些修改补充事项由工作人员签字并加盖车站日期戳证明，此外，在运单"铁路记载"栏内，应注明补充运行报单中做过修改或补充的事项，这些事项也由工作人员签字并加盖车站日期戳证明。

2. 在双方交接中，发生拒收货物应编制有关于拒收记录记载的新交接单返回交付路。如发生交付路拒绝接收退回的未接收的货物,则应按《国际铁路货物联运协定办事细则》规定:由于拒收退回货物而引起的一切后果(货物腐坏、车辆停留等等)由交付路承担。

(七)票据受理、办理及商务记录、运杂费制票发生问题时的处理

1. 在取回海关确认返回的票据,发生票据或交接单不足张页或份数以及票据上漏盖应加盖的戳记时,应立即交涉海关索要短缺的票据或交接单,以及补盖应加盖的戳记。

2. 在票据周转时,发生货代部门在难以确定票据所属,不经签认取走票据时,应立即索回。查定票据所属,只有经签认后的票据,货代部门才可以取走放行。

3. 受理货代公司返回的票据时,发生"货物运输变更要求书"所变更的到站,违反《货物运价里程表》所规定的营业办理限制,应拒绝受理,重新变更事项符合铁路营业范围规定时方可办理。

4. 受理危险货物票据时,应查看《铁路危险货物运输资质及办理规定》系统,或直接查看《铁路危险货物运输资质一览表》发生不具备代理资质时应拒绝受理所返回的票据。

5. 根据现场通知在打制装、卸车电子报告单后,经与现场核对打制的换装车数与现场实换装车数不符时,应逐车核对后,要求现场重新打制电子报告单。

6. 依据电子报告单在票据上填写换装后的相关事项时,发生电子报告单记载的件数或重量与票据记载不符时,应立即与现场监装交接员联系,核对电子清单更正后方能在票据上填写。

7. 审核到发线交接车普通记录和现场商务记录申请书时,如发生无交付路人员签字,不能打制商务记录,应交涉交付路补签字后,方能打制或编写商务记录。

8. 打印或编制后的商务记录,在送交付路前,发生应附铅封与票据记载封印号码不一致时,应查看货物交接单记载施封事项,或查找票据记载的封印,相符后方能送交付路签认。

9. 在打制运杂费计算单时,发生错打制某项事项,不能更改,应作废该运杂费计算单,按规定在计算机内标以作废,并将该计算单打×划销,加盖作废戳记上缴。

10. 在总检时发现运杂费计算单错打其中某项,票据已送出时,应立即联系运转车号追回处理,如已随列车开走时,应立即上报安全室,发电报处理。

(八)车辆交接单份数不足、车数不符、车辆拒收和签注时间不正确时的处理

1. 交付方提交的车辆交接单发生不足规定份数或车辆交接单号码发生越号非从日历年度起的年度起的连续编号,应要求交付路补制不足份数的车辆交接单和按连续编号的规定重新进行排号。

2. 交付方在车辆交接单签注的时间,非移交时间时,应要求交付路按照实际移交时间更正不正确的签注时间,并在划销处加盖日期戳证明。

3. 根据现车编组顺序表核对车辆交接单时,发生车辆交接单中有未到达车辆,应要求交付方将该车从车辆交接单上划掉,同时更改车辆交接单总到达车数,并在划销和更改处加盖日期戳证明。

4. 发生因货物或车辆技术状态未接收车辆时,应按规定从车辆交接单内划掉,并在"备注"栏内注明"未接收"字样。

(九)轨道衡状态及过磅时发生不正常情况时的处理

1. 过磅前双方检查发生轨道衡状态不良或计算机故障时,不能进行过磅作业,应及时向

站技术部门报告,请求处理,待恢复正常情况后方能进行过磅作业。

2. 过磅时,计算机显示重量出现明显非正常重量时,应会同交付方共同检查不正常车辆货物状态或重新过磅确认。

3. 根据过磅单输入计算机时,发现重量多出或短少明显差异太大,应查看票据记载重量,并同时通知现场作业人员,换装时加以确认。

4. 过磅簿填记后,双方签字前发生双方过磅簿所填记重量不一致时,双方应以过磅单为准进行确认,错填记一方按过磅单更正后,双方才能进行签字。

(十)换装前、换装中、换装后发生问题的处理

1. 换装前作业

(1)换装前车辆的商务检查

①检查施封车辆时,发生现车印记内容与货物电子清单记载事项不符时,应立即与票据或货物交接单施封记载事项核对,处理更正后方能启封作业。

②换装前检查时发生车体或箱体破损时,应立即核对到发线检查记录和列检到达车辆的检查记录,交接双方确认破损处的货物状态。在需要编制商务记录时,应对车辆破损一事,作以详细说明。

③换装前检查空车时,发生车辆有扣修通知、色票等情况,应及时报告货运调度员,通知运转更换符合技术条件的车辆方能进行作业。

(2)换装计划的编制

①编制换装计划的原则是先到先换,如发生落地先到货物,积压在下部或不利于换装和影响安全时,应及时调整,本着就近装车,确保安全的原则重新编制换装计划。

②毒性物质货物编制换装计划时,必须严格地遵守使用毒品专用车换装,如发生特殊情况或毒品专用车不足时,需经请示铁路局批准但必须使用铁底棚车装运,剧毒品货物不许以其他车种代用。

(3)换装计划的布置

①在向换装工组布置完作业计划和重点要求后,如发生装载、套装以及特种货物装载方案有遗漏时,应立即通知换装值班员及时指示换装工组采取补救措施,保证换装计划的完整实施。

②布置货物的换装作业计划时,发生所换装货物性质不明确、不能盲目开始作业,应立即通过查阅规章确定货物的性质和作业要求,如规章中无明定规定时应逐级请示,等待相应指示后方能作业。

2. 换装中作业

(1)检查现车

①根据换装计划核对换装货车对位时,发生对位不良,两车距离超过规定的安全距离,无法确保安全的进行作业,应立即通知货运调度员让运转重新倒调进行对位处理,严禁长距离违章作业。

②在检查现车时,发生接运车辆技术状态不良,如车门关闭后无法施封,通过透光检查车辆顶棚有破损与货物装运条件不相符时,应停止作业,通过货运调度员让运转重新更换完整车辆。

(2)检查货物

①换装中检查货物时,发生双方交接货物的名称或件数与电子清单记载内容不符时,应立即核对票据,会同交付路人员共同检查确认,并编制双方商务记录申请书,由交付路人员签字证明。

②换装中检查货物包装时,发生危险液体货物包装破损内货渗漏时,应立即要求交付方参加下,将破损件移至安全通风处更换备用包装,不具备更换条件时,应将破损货件采取拒收返回,渗漏在车地板上的液体用干沙等物覆盖后扫除干净。

③在换装中,检查指导货物装载加固时,发生货物明显偏载、偏重或将一侧游间全部压死时,应果断停止其作业,指导作业工组换车倒装,或将货物返回交付方车内重新进行装载,确保货物稳定、均衡、合理地分布在货车上,以保证行车安全。

④在换装中对敞、平车装载的自轮运转和无包装的机械类货物发生货物上活动部位未加固时,应按固定或批示的装载方案,指导换装工组将其货物活动部位捆绑牢固或采取措施予以固定,以防止其途中脱落或转动后侵入限界,危及行车安全。

⑤换装作业中对危险货物发生换装工组违反其货物性质要求的作业规定,对其照明设备或装卸机具不具备防爆性能时,要立即停止其作业,采取相应措施或更换保证安全的照明设备和机具后,方能作业。

3. 换装后作业

(1)货物检查

①换装后会同换装作业工长共同检查货物的装载加固时,发生原木货物加固支柱劈裂时,应立即要求换装工组并指导进行更换完好支柱,严禁以辅助支柱进行处理。货物装载超过规定高度时,应指导换装工组卸下部分货物重新排摆,仍达不到规定要求时,应将超高货物卸下,按规定进行处理。

②换装后检查超限货物,经过测量发生装后货物与装载方案或上级批示电报指示尺寸不相符时,必须要求换装工组按规定重新装载调整,直到达到规定要求。标画的货物检查线颜色不符合要求时,必须按要求重新标画。

(2)车辆检查

①装车后检查施封的棚车发生车窗能在外面自由开启时,应立即拆封要求工组在车内关闭妥当后重新施封,敞车类车门插销未按规定捆绑时,必须指导换装工组按要求进行捆绑。苫盖篷布的货车发生两篷布间搭头小于规定的500 mm时,必须要求重新苫盖,并且不得遮盖车号和货车表示牌。

②卸后的空车在检查时,发生车上粘贴与货物相关标记必须要求换装工组撤除,车上悬挂残余的加固材料,如铁线等必须全部清除,发生未清扫的货车必须彻底清扫,敞车类底开门未关闭的车辆,应立即组织换装工组按规定关闭或进行捆绑。

(3)换装后报车

①换装作业后,发生电子报告单向货运调度员和室内报告装、卸车数量,经核对与实际装、卸车数量不相符时,应立即到换装现场以电子报告单、换装计划逐车进行核对,确定出多报或漏报车辆及时更正处理。

②以换装完毕但由于其中货物装载加固需要整理时,应报告货运调度员需要的作业时间,

待整理完毕、撤除人员和防护信号后，方能正式报告该线车辆作业完毕。

（十一）车辆返还时发生问题时的处理

1. 车辆手续办理

（1）车辆编组顺序表与实际交付现车不符时，应立即要求运转车号员进行核对，确定无误后方能打制车辆交接单。

（2）交接中发生不符合《国际联运货车使用规则》的技术状态不良车辆，接收路检车员应按《国际联运货车使用规则》附件2格式编制双方车辆检查记录，作为双方清算的依据。

2. 返回车辆的检查

（1）车辆编组后交付路工作人员在自检时，发生清扫不良，车上相关标记或悬挂加固材料未撤除时应立即组织相关人员及时进行清扫或撤除，确保车列及时发出。

（2）车辆编组后接收路工作人员在检查时，发生接收车辆辆数同车辆交接单对照后不相符时，应将车辆交接单退给交付路指明多出或短少的车辆和其他车辆检查后的状态，待交付路核对正确后重新打制相符后方能接收。

3. 签注移交时间

（1）签注移交时间后车辆交接单发生打制的车辆交接单与实际提交车辆不相符时，经核对后重新打制，二次打制的车辆交接单不应以原签注时间，移交时间应按重新提交时间重新签注。

（2）接收方签注接收时间应以到达车辆的轴数进行计算，发生因车列中车辆轴数不一致或计算上的错误，在交付路指出后应立即重新计算更正后进行签注，并将原签注时间加盖戳记证明。

（十二）集装箱、运送用具返还发生问题的处理

1. 集装箱返还

（1）随附集装箱到达的寄送单，发生遗失时，则要求交付方补制新的寄送单，并在补制寄送单上注明“补制”字样，当集装箱返还时以补制的寄送单办理交接手续。

（2）在返还集装箱填制交接清单移交后，发生经接收方审核填制错误时，应立即按规定要求进行更改，并在更改处加盖车站戳记证明。

2. 运送用具返还

（1）在返还运送用具时，发生实际运送用具数量与随附寄送单内记载的数量不相符时，应根据货物换装时双方交接运送用具检查记录，要求交付方更正寄送单不相符数量，以此办理运送用具交接手续。

（2）在运送用具交接清单内记载的运送用具破损状况或破损程度与接收方交接检查记录记载不相符，双方发生争议时，应立即共同重新确定其破损状况或程度，达到一致后，双方在运送用具交接清单上签字，加盖戳记办理交接。

高级工

一、国际联运作业实作技能

(一)确报内容核对及日班、月度运输计划的核对

1. 确报是双方国境站根据双方站存和当日到达货物情况,编制的发车编组确报。

2. 日班运输计划是双方国境站站长根据双方国境站列车运行图及当日接收和换装能力制定的当日接运计划。

3. 根据到达确报内容核对日班运输计划。

(1)核对确报内容是否完整,到达货物有无运送限制。

(2)核对确报内容是否与日班计划相符。

4. 月度运输计划是铁道部对外合作司根据华沙铁组,相关铁路,国内企业提供的运输计划和信息综合制定的月度运输计划。

(1)月度运输计划以电报形式下发给有关铁路局外事处、运输处和相关国境站。

(2)月度运输计划内容分为进口和出口两大部分,具体内容为本月经由××国境站进口或出口货物详细货物名称、车数、吨数。

(3)国境站在执行月度运输计划时,判定货物是否符合本月月度运输计划,应以货物承运日期为准。

(4)当进、出口货物到达国境站超过月计划日均提交标准时,双方可按超出日均标准20%以内进行交接(易腐货物除外)。

5. 根据确报内容核对月度运输计划。

(1)根据确报到达的货物品名,核对月度运输计划中是否有该种货物名称。

(2)根据确报到达的货物车数、重量,核对累计是否超出月度运输计划,或超出日均标准数量的允许之内。

(3)根据到达货物运单发站日期戳记,核对到达货物是否属于本月月度运输计划。

(4)根据确报内容,核对发现没有月度运输计划或超出月度运输计划的货物不予接收。

(二)到达货物(车)的检查方法

1. 施封的棚车、机械冷藏车以及施封的集装箱或用苫盖篷布施封的敞车类货车运送的包装货物,包装时已经确定重量,并在每一货件上均标有重量的包装货物,不检查重量。到达时检查施封状态。

2. 敞车类货车装运货物,按下列方法检查货物的件数和重量。

(1)按货物件数不检查重量的货物

①成件货物,例如,农业机器、机床、工业设备、汽车、变压器、电动机、钢梁、大型压延金属。

②包装的货物，每个货件上均注有货物重量。

③标有相同标准重量的货物。

④包装的或成件货物，如一份运单的总件数不超过100件。

(2)按货物重量不检查件数的货物

①小型无包装的制品。

②成件货物，如按运单总件数超过100件。

③散堆装货物。

3. 按货物到达状态确定接收方法

(1)施封的棚车、机械冷藏车、专用车以及施封的集装箱或用苫盖篷布施封的敞车类货车按施封办理交接。

(2)敞车类货物总件数在100件以内，货物件数及状态交接双方可以在到发线上检查，确认时货物按"件"办理交接。

(3)敞车类货物总件数超过100件，或散堆装货物按重量办理交接。

(4)敞车类交接双方特定货物，如中俄间堆装木材根据票据记载"按外部检查"办理交接，不检查件数及重量。

(5)敞车类货物如果不经换装难以检查货物件数或包装状态应按"件数及货物状态在换装时检查"在换装时办理交接。此项交接方法应在交接单上注明，并由双方人员签字，加盖戳记证明。

(6)敞车类货物如在到发线上交接双方以确认件数但由于货物装载紧密或多层装载无法检查货物状态时应按"件数相符货物状态换装时检查"，货物状态在换装时办理交接，此项交接方法应在交接单上注明，并由双方人员签字，加盖戳记证明。

(7)敞车类装载集装箱货物，集装箱件数双方以确认，但由于集装箱对装或箱门紧靠车辆端板集装箱施封无法检查时，应按"件数相符，铅封状态换装时检查"在换装时办理交接，此项交接方法应在交接单上注明，并由双方人员签字，加盖戳记证明。

(三)审查票据及票据办理

1. 审查票据的货物运输条件

(1)到达的货物是否已列入接运铁路货物运输计划内。

(2)货物能否用铁路现有的运输工具办理运送。

(3)发货人是否履行了《国际铁路货物联运协定》规定的运送条件。

(4)货物的到达车站，是否在国内开办货运业务的车站。

2. 审查票据货物的运输限制

(1)到达的货物是否在国际铁路直通货物联运中不准运送的货物。

(2)到达的货物是否属于国际货协规定不准在一辆车内托运和承运的货物。

(3)到达的货物是否不准按一份或数份运单在一辆车内混装运送的货物。

(4)到达货物是否属于政府机关指示，铁路应暂时限制的货物运输。

(5)货物是否属于《国际铁路货物联运协定》规定需预先商定的货物。

(6)审查危险货物票据：

①危险货物的票据必须遵守《国际铁路货物联运协定》附件第2号"危险货物运送规则"

规定的办理条件。

②根据票据的记载内容考虑接收路是否具备该项危险货物的接运能力(如换装设备、适用车辆、运输条件等)。

③危险货物票据记载的包装(容器)的包装强度是否符合《国际铁路货物联运协定》附件第2号规定的技术要求。

④票据中记载的货物名称内是否注明危险货物品名索引表内列载的编号。

⑤票据中记载的收货人(企业)是否具备铁道部颁布的办理资质。

⑥票据中记载的危险货物是否有本月度的铁道部下发的月度运输计划或特定名称限制的规定。

(7)审查超限货物票据:

①到达的货物是否属于我国铁路装载限界规定允许运送的超限货物。

②超限货物票据中是否记载铁路间预先商定的详细内容。

③票据内是否记载超限货物的×部超限等级和在"××铁路为超限货物"字样。

④票据内是否附有发货人提供的每件货物容器或包装种类,重量和尺寸等有关资料,以及货物外形尺寸的三视图(并注明货物重心)和货物装载加固示意图。

⑤审核货物是否有本月的月度运输计划。

⑥确定接受的超限货物应向运转值班员通报货物接运重点注意事项(如接进股道、调车注意事项等)。

(8)审查补送货物票据:

①审查补送货物票据是否与原批货物票据同列到达。

②如原批货物尚未到达时,应要求交付路将补送票据连同货物予以截留,待同原批货物到达后一起移交。

3. 票据的周转和受理

(1)确认返回票据,通知取票签认

①海关需确认票据,要送取及时。返回时要按照货物交接单核对返回数量是否正确,票据是否完整。

②货物的票据是否加盖海关确认戳记(放行或同意换装)。

③根据货物交接单及时输入计算机取票系统或打制票据周转簿及时通知货代部门取票签认。

④过境、转运和使领馆货物的票据接收后,由接收路直接送海关报验。

(2)受理返回票据及时录入计算机

①海关放行确认后的票据返回后,货代部门将票据应及时送回铁路票据受理部门(票据室)。

②铁路票据受理部门接收票据时,应认真查看货代公司返回的票据是否齐全,海关在票据上是否加盖戳记。要将查验的票据与放行的票据区分开,分别录入计算机。

③受理票据时,必须查看《货物运价里程表》的营业办理限制。

④遇有专用线货物时,必须查看《铁路专用线、专用铁路名称表》的专用线办理限制。

⑤接收危险货物票据时,必须查看《铁路危险货物运输资质及办理规定》系统,查看运输

资质,危险品办理站、专用线、集装箱办理站的事项。

⑥接收票据时,必须按规定受理货代部门提出的变更手续,核对“货物运输变更要求书”与“票据记载内容是否相符,然后进入计算机系统,按运单号输入计算机,并核对计算机上的各项内容与票据”,“货物运输变更要求书”是否一致,相符后入库保存,形成电子清单。

(3)按规定编制补充运行报单

①如发送路现行国内规章规定补充运行报单由铁路填写,则这些报单中所填写的全部事项应与运单第1~5张所填的记载事项必须完全相符。

②如补充运行报单由发货人填写,则铁路应在检查发货人是否在运单上添附了必要份数的补充运行报单,以及这些报单中的全部事项是否与运单中记载的事项相符,如补充运行报单份数不足,铁路应要求发货人补足份数。

③各份补充运行报单中,一份留存发站,一份留存发送路的出口国境站,参加运送的每一过境路的出口国境站各留存一份。

④出口国境站负责检查有关每批货物的运单所附补充运行报单必要份数,并按照运单中的相应记载核对补充运行报单中的记载。如有不符之处,出口国境站应根据运单中的事项修改补充运行报单或在补充运行报单中补填遗漏事项,这些修改补充的事项由工作人员签字并加盖车站日期戳证明。此外,在运单“铁路记载”栏内,应注明补充运行报单中做过修改或补充的事项,这些事项由工作人员签字并加盖车站日期戳证明。

⑤无补充运行报单或数量不足时,出口国境站应根据运单中的事项补编短缺份数,并在补充运行报单“货物名称”栏内记载“(12)补充运行报单由__________站补制”。这一记载由工作人员签字并加盖车站日期戳证明。出口国境站应在自站编制的补充运行报单“发站日期戳”栏内,记入运单中的发站日期戳事项。

(四)车辆使用费计算,衡器维护和超重车货物运送

1. 计算车辆使用费。

接收属于他路车辆的铁路,在车辆于其线路上停留期间,应按货车规则所载的费率向所属路支付车辆使用费。

(1)按《国际联运货车使用规则》附件34所载的“货车规则费率表”规定2轴车使用费(每天/小时):

1~15天/360小时——18.72瑞士法郎;

超过15天/360小时——21.84瑞士法郎。

(2)中、朝、蒙和俄、白、格、吉、塔、哈、拉、立、摩、乌兹、乌(克)、爱各路间四轴车使用费(每天):

1~7天为11.50瑞士法郎;

8~15天为17.25瑞士法郎;

超过15天为34.50瑞士法郎。

2. 车辆使用费按天或小时计算。

(1)如铁路之间按天统计车辆停留时间,接收日和交付日合算1日。如车辆在当日内接收并返还时,车辆使用费即按1日计算。此项规定也适用于按当日接收数次的车辆。

(2)如铁路之间按小时统计车辆停留时,车辆使用费的计算按车辆交接后的1个小时起始和终止(例如23点00分至23点59分从24点00分计算,00点00分至00点59分从

01 点 00 分计算)。

3. 如交、接路的统计数据出现差异,以接收路确定并证明的数据为准。

4. 衡器的日常维护。

(1)衡器的日常维护和管理工作,是确保运送货物的重量准确,消除行车事故隐患,避免运输费用漏收的重要保证。

(2)安设衡器的车站应设专(兼)职人员负责日常运用、维护管理,建立相应的岗位责任制。

(3)衡器包括台秤、地中衡、电子秤和轨道衡。各站货运目前常用的为轨道衡。

(4)轨道衡设备一律实施强制性检定(每年至少检定一次),并凭检定合格证书使用。如中、俄口岸站间规定,对双方国境站的轨道衡每年 4 月和 10 月共同检查两次。中、朝口岸站间规定对方使用的轨道衡,每年第三季度由双方各派 3 ~ 5 名计量技术人员共同进行一次技术检查。

(5)轨道衡设备的操作人员必须经过作业培训,考核合格后持证上岗。并保持人员相对稳定。轨道衡操作人员应熟悉掌握设备的性能、构造和操作技能,能够排除系统的常见故障。

(6)轨道衡设备要保持状态良好,台面清洁,计算机性能稳定,数据传输畅通。

(7)过磅前应检查轨道衡状态是否良好、灵活、准确,电压、计算机工作是否正常。过磅时应逐车提钩,待车辆停稳时过磅。

5. 超重货物的运送。

(1)超重货物的定义为:装车后,重车总重活载效应超过桥涵设计标准活载(中—活载)的货物,称为超重货物。

(2)根据货物的超重程度,超重货物分为三个等级:一级超重、二级超重和超级超重。

一级超重:$1.00 < Q \leqslant 1.05$。

二级超重:$1.05 < Q \leqslant 1.09$。

超级超重:$Q > 1.09$。

注:Q 为活载系数。

超重货物分级表见《铁路超限超重货物运输规则》附件 5。

(3)超重货物的装运应以超重货物运输请示电报向铁路局请示装运办法。跨及 4 个以上铁路局的各级超重货物由铁路局审查后向铁道部请示。

(4)铁道部、铁路局接到超重货物运输请示电报后,向各有关单位批示装运办法。

(5)车站接到铁路局批示电报后,应按装载加固方案及时组织装车,装车后测量与批示电报不符时,须重新请示。

(6)超重货物禁止无批示电报装车,实行装车质量签认制度。

(7)装车后,车辆转向架任何一侧旁承游间不得为零(结构规定为常接触或旁承的货车除外),遇球形心盘货车一侧旁承游间为零时,可用千斤顶将压死一侧顶起,落顶后出现游间,表明货物装载符合要求。

(8)装车后,应用颜色醒目的油漆标画易于判定货物是否移动的检查线,并在货物两侧明显处以油漆书写、刷印或粘贴"×级超重"或挂牌标识。

(9)装车后,应填写超限超重货物运输记录,(按《铁路超限超重货物运输规则》格式二),在货物运单、票据封套、编组顺序表上注明"超重货物"或"超限超重货物",以连挂车组装运时,应注明“连挂车组不得分摘”;限速运行时,应注明“限速××公里”并按规定在车辆上插放货车表示牌。

(10)挂运超重车前,应向铁路局调度所发超重车辆挂运请示电报(条件不具备时也可电话请示)。

(五)换装作业和换装后问题车的检查

1. 换装前作业

(1)货物装载限界

①使用敞车类货车装载货物时,除超限货物以及特殊情况下,一般货物不得超出机车车辆限界,所以说机车车辆限界又是货物的装载限界。

②机车车辆限界是一个和线路中心线垂直的极限断面轮廓。机车车辆无论是空车还是重车,停放在水平直线上,无论侧向倾斜和偏移,除电力机车升起的受电弓以外,其他任何部分应容纳在限界轮廓以内,不得超限。

③货物装载限界《国际铁路货物联运协定》附件5,有明确规定。

④货物的装载高度、宽度和计算宽度,除超限货物外,不得超过货物装载限界和特定区段装载限界。

⑤特定区段装载限界是指我国铁路有个别区段的基本建筑限界仍小于《铁路超限超重货物运输规则》所采用的基本建筑限界,对通过或到达这些特定区段的货物,应严格遵守《铁路货物装载加固规则》中公布的“特定区段装载限制”表进行装载,以保证货物和行车的安全。

⑥我国现行的铁路限界是国标 GB 146.1—1983 和 GB 146.2—1983 所公布的。铁路限界分为机车车辆限界和基本建筑限界两类。各种限界都是铁路货物运输中能否保证安全的衡量尺度,必须按照规定严格执行。

⑦基本建筑限界是指:为了保证行车安全,一切建筑物、设备、在任何情况下不得侵入铁路的建筑限界和与机车车辆有直接相互作用的设备在使用中不得超过规定的侵入范围。

⑧机车车辆限界又分为准轨机车车辆限界和米轨机车车辆限界。我国铁路《铁路技术管理规程》、《铁路超限超重货物运输规则》中对准轨机车车辆限界都有规定。

⑨准轨机车车辆限界中,斜坡部位的高、宽尺寸的速算方法如下:

高度在 4 300 ~4 800 mm 时

一侧宽度 =(5 050 - 装载高度) ×2 - (5 050 - 装载高度) ×0.2

【例1】 求高度 4 700 mm 处的一侧限界宽度?

解:(5 050 - 4 700) ×2 - (5 050 - 4 700) ×0.2 = 350 ×2 - 350 ×0.2 = 700 - 70 = 630 (mm)

(2)编制启封记录

①为进行边防、海关查验及卫生、动植物检疫和其他检验而将车辆、集装箱、汽车、拖拉机和其他自轮运行机器启封及更换封印,是否应编制国际货协附件第18号规定的启封记录或在运单作出关于换封的记载,根据各路现行的国内规章而定。

②启封记录应编制两份。一份连同车辆、集装箱及上述自轮运行机器上摘下的封印由编制记录的车站留存,另一份附在运单上随货物送至到站交给收货人。此外,编制记录的车站应在运单“铁路记载”栏内记载启封记录编制一事。该记载由车站工作人员签字并加盖车站日期戳证明。

③在铁路车站边防、海关或检疫部门和其他有关部门代表对车辆、集装箱等进行启封，启封记录应由该铁路车站工作人员签字并加盖车站日期戳证明。

④根据边防、海关或其他有关部门的要求将车辆、集装箱等启封后，应在上述部门代表在场的情况下由铁路工作人员对车辆施加新封。关于启封及重新施封的情况应记入记录的相关栏内。

⑤如有关部门对根据国际货协规定按一份运单直达运送的一列车中的数个车辆进行检查，则准许对该列车的这些车辆编制一份启封记录，在这种情况下，应在启封记录对着每一辆车号码注明从该车上摘下和重新施加的封印。

⑥根据现行国内规章不需编制车辆，集装箱等启封记录的铁路，如为进行检查在其车站上将车辆换封，则该站应在运单"铁路记载"栏内作如下记载："(14)标有________________(车站、发货人、施封日期、封印记号)的封印________个，更换为标有(车站/海关、施封日期、封印记号)的封印________个"。这一记载应由车站工作人员签字并加盖车站日期戳证明。

⑦编制启封记录或在运单中作出关于车辆、集装箱等启封的记载，仅在下述情况下方可办理：车辆、集装箱等启封事宜为了进行边防、海关查验及卫生、动植物检疫和其他检疫，完成这种检查或检验后，重新施封时有进行检查和检验的有关人员在场。

⑧未按上述规定编制启封记录或在运单中作出关于车辆、集装箱等启封记载的责任，由未执行上述规定的车站所在铁路承担。

2. 换装中作业

(1)货物装载加固方案

①铁路货物装载加固定型方案有三种，分别是装载加固定型方案、装载加固暂行方案、装载加固试运方案。

②铁路货物装载加固定型方案属《铁路货物装载加固规则》附件1另册规定，分上、中、下三册。规定了从01类至11类货物的定型装载加固方案。

③铁路货物装载加固试运方案及试运材料属《铁路货物装载加固规则》附件6另册规定分试运方案和试运材料两部分组成，规定了试运方案从01类至17类货物的试运案及试运材料从01类至13类的使用方法。

④铁路货物装载加固暂行方案属铁道部及各铁路局针对某种货物，暂时制定的暂行装载加固方案，以电报形式下发。

(2)指导换装工组按方案装车

①根据货物品类、状态、包装确定货物的装载加固方案，组织换装工组按确定的装载加固方案装车作业。

②如换装的货物属试运方案中的货物，应严格地确定试运方案和试运加固材料，指导换装工组按确定的试运方案进行装车作业。

③各种装载加固方案确定后，要严格地执行，在作业前，要向换装工组说明方案的作业程序和重点注意事项。

④对超限、超重货物无装载方案时，要以超限、超重请示电报向铁路局请示装运方案，待批示后方能装运。

⑤车站接到铁路局批示电报后，应按装载加固方案及时组织装车。装车后测量数据与批示电报不符时，需重新请示。

车辆、集装箱、汽车、拖拉机或其他自轮运行机器、汽车列车、可甩挂汽车车身、半挂车、挂车在边防、海关、卫生、动植物及其他检查和检验时的启封记录见格式1。

格式1

启封记录

20____年____月____日

铁路/车站____

（编制记录的铁路和车站名称）

车辆/集装箱号码____________　　货物批号____________　　货物名称____________

汽车列车、汽车、挂车、可甩挂汽车车身、半挂车登记/标记号码

发送路和发站____________　　到达路和到站____________.

关于从车辆、集装箱、汽车、拖拉机或其他自轮运行机器、汽车列车、可甩挂汽车车身、半挂车、挂车上启下的封印事项		关于检查或检验后施封的封印或锁封装置事项		
封印或锁封装置数量	封印记号或锁封装置的名称和记号	施加封印或锁封装置的车站或海关	封印或锁封装置数量	封印记号或锁封装置的名称和记号

车站代表____________

边防部门代表____________

海关或其他机关代表____________

检查或检验后施加封印或锁封装置的车站日期戳。

①不需要的划掉____________

②注明汽车列车、汽车、挂车、半挂车国家登记号码，可甩挂汽车车身标记号码。

③签字否，按有关国国内法令和规章规定办理。

（3）编制普通记录和商务记录

①普通记录见格式2。

格式2

普通记录

（编制记录的铁路简称）

1. 车站
2. 批号　　第　　号在20____年____月____日发送
3. 发站____________到站____________
4. 车辆第____________号____________车种____________

所属路简称

挂于第____________次列车内到达____________

5. 货物名称
6. 编制记录原因和情况：

____

____

车站戳记____________站长____________参加编制记录人员的职称和签字

20____年____月____日　　签字____________

a. 普通记录是国际联运中，各发送铁路之间或铁路与发、收货人之间的一种证明文件，它区别与商务记录，是不属于有价证券。

b. 在发站、发货人未遵守办事细则规定的包装条件，发站拒绝承运货物，如发货人要求编写记录，则为此目的，发站可使用办事细则附件第 34 号编制普通记录做以证明，记录编制一式两份，第一份交给发货人，第二份由发站留存。

c. 在运送途中，铁路更换封印，或施加新的封印代替短缺的封印，就此应按办事细则附件第 34 号编制普通记录一式两份，其中一份留存编制记录的车站，另一份附在运单上，并留存到站。关于编制记录一事，在运单“铁路记载”栏内记载。

d. 交付路国境站根据运单的记载检查添附文件时，如发现运单添附文件全部或部分丢失，应编制办事细则附件第 34 号的普通记录一式三份，并在运单“铁路记载”栏内记载该事项。两份记录附在运单上，其中一份由到站留存，另一份交给收货人，第三份供编制记录的车站留存。

e. 根据运输合同的变更，货物发往原定以外的其他国家，则办理运输合同的车站应通过自路清算机关以办事细则附件第 34 号的“普通记录”将运输合同变更事项书面通知原到达路的清算机关。在“普通记录”中，应记载下列内容：“批号________，发站和发送路______，发货人______，原到达路和到站______原收货人______，根据发站年______月______第______号电报通知，变更为新到达路和到站______新收货人______。”

f. 在国境站接收货物发生施封车辆封印上由于划痕或封印在门吊上碰坏，但印记仍可看清而且封印上又无强力破坏痕迹的情况下，接收路必须接收带有这样封印的车辆。在这种情况下，交付路应用办事细则附件第 34 号的普通记录，证明该施封状态。

g. 接收路国境站拒收货物时应用《国际铁路货物联运协定办事细则》附件 34 规定的普通记录办理货物拒收手续，并注明拒收原因，记录应编制三份，交付路和拒收货物的接收路各得一份，另一份附在运单上。

h. 交接货物时发现包装不良时，应在国境站按照该项货物的包装条件，对包装加以修整或将货物换入新容器中，更换包装或修理容器的有关费用，记入运单内“杂费”处 57 项下，并应附上办事细则第 34 号的普通记录或证明铁路已支付费用的其他单据。

②商务记录

a. 在货物运送中或交付时，如铁路对货物状态重量或件数，以及是否有运单进行了检查，并查明下述情况，则应编制商务记录：货物全部或部分灭失、重量不足、毁损、腐坏或因其他原因降低质量；运单中记载的货物名称、重量、件数、货件的记号（标记）和号码、收货人或到站名称与实际不符；有货无票或运单缺页或有票无货；运单中记载的发货人运送用具没有或短少。

发现私有空车或出租的空车无运单或者发现有运单无车时，也应编制商务记录。

b. 从货物承运时起到货物交付收货人以前发生上述不良现象时，才编制商务记录。

c. 国境站将货物从一种轨距车辆换装到另一轨距车辆时，发现货物容器或包装不良时也应编制商务记录。

d. 商务记录应由铁路按每批货物单独编制。运送由同一发站同一发货人往同一到站同一收货人的同一种类货物时，如不良现象具有相同性质，准许在到站对数批货物编制一份商务记录。

e. 商务记录用纸用编制记录国家的语文及铁组正式语文(中、俄文)中的一种或两种印制。商务记录用编制记录国家的语文填写,交付路和国境站负责将商务记录中记载的事项译成铁组两种正式语文(中、俄文)中的一种。

f. 商务记录应认真按照“《国际铁路货物联运协定》商务记录填写说明”(关于《国际铁路货物联运协定》附件16的规定)编制。

g. 商务记录的编制份数:

七份:当货物按实物交接既按件数或重量交接时,由国境站编制。

其中两份附在运单上,其中一份留存到站,另一份交收货人,收货人在到站留存的那份商务记录上签字;一份交接收方海关;每方国境站各得两份,每方所得两份中国境站留存一份,另一份由国境站寄送自路铁路局。

四份:如货物凭齐全而且完好的按封印交接,由国境站编制;

其中两份附在运单上,其中一份留存到站,另一份交收货人,收货人在到站留存的那份商务记录上签字;两份留存商务记录编制站,其中一份由该站寄送自路铁路局。

h. 商务记录由《国际铁路货物联运协定》附件第16号格式中所载的车站负责人签字。在到站编制商务记录时,还应由收货人或其他授权领取货物的人员签字。

3. 换装后作业

(1)换后货物装载不良的处理

①装后车货物总重心的投影未位于货车纵、横中心线的交叉点上,并且横纵偏离超过规定标准,应不准出线,重新倒装,按货物状态核对装载方案,指导换装工组装车,必须偏离时,应确保横向偏离量不超过100 mm,纵向偏离时,使每个车辆转向架所承受的货物重量不得超过货车容许载重量的1/2,且两转向架承受重量之差不得大于10 t,验收合格后方准出线。

②装车后货物的加固掩档有效高度不符合要求,应核对装载方案,要求换装共组立即更换符合要求的掩档,技术要求是确保掩挡与车地板的连接强度,必须是以保证掩挡自身不发生移动或倾覆。其中一侧斜面应与货物贴实,底面与车地板接触处应平整。

③装车后原木顶部形成向外溜坡,应卡死在线内,组织换装工组拆开整体捆绑线重新排摆,使两端木材倾向货车中部,消除向外溜坡,检查合格后方准出线。

④装车后原木每垛起脊部分整体捆绑线不符合《铁路货物装载加固规则》要求时,应指导换装工组拆开重新捆绑,技术要求是使用不小于7 mm的钢丝绳或破断拉力不小于21 kN的专用捆绑加固器材,腰线使用专用捆绑加固器材时,整体捆绑可使用直径6.5 mm盘条两股。每道整体捆绑线铺设位置距车辆端、侧墙顶面向下不小于100 mm。板材大于4 m的每垛整体捆绑5道,4 m以下的每垛整体捆绑3道。

(2)换后车辆问题的处理

①装车后,车辆中、侧梁在枕梁间弯曲下垂超过80 mm,应更换完好车辆进行倒装处理。

②装车后敞车车体涨出超过150 mm,或车体倾斜超过75 mm应更换完好车辆进行倒装。

③装车后,车辆转向架一侧旁承游间为零压死(结构规定为常接触式旁承的货车除外)可使用千斤顶将压死一侧顶起,落顶后出现游间,表明车辆处理符合要求。

(3)办理剩余货物的补送

①如换装的整车货物不可能装入一车内,或按《国际铁路货物联运协定》规定超过允许轴载、允许增载和车辆超过最大载重量有关规定卸下的多出货物,则这些剩余或多出的货物,应按补送运行报单发送,并随原批货物同时发送。

②过境路或到达路发现重量多出部分的货物,应由铁路卸下,编写必要份数的补送运行报单,并尽可能随原批货物一起运至到站。

③重量多出部分的货物的运费和装卸费以及同运送有关的杂费,均按单独一批货物核收,并记入原运单中。

④补送运行报单按下列份数编制:

超过车辆最大载重量或超过容许轴重的多出货物运送,如其运费按单独一批核收,则补送运行报单的份数,按参加继续运送的铁路数确定,同时一份留存编制的车站。

换装时一车内未装下的剩余货物的运送,对其不核收运费,补送运行报单编制两份,其中一份留存编制的车站。

在运单"铁路记载"栏内,应记载"(20　　)________(货物品名)________公斤/件将凭______年______月______日第________号补送运行报单补送"。此项记载应办理人员签字,并加盖车站日期戳证明。

对其他补送货物,其运费不核收,补送运行报单编制两份,其中一份留存编制的车站。

补充运送报单留存到站,并随货物交付日报一起送交自路铁路局。

(六)车辆返还交接手续和集装箱及运送用具失却、损坏时的作业方法

1. 车辆返还时货车使用费的清算

(1)货车使用费按照《国际旅客联运和铁路货物联运清算规则协约和清算规则》规定格式的清算表进行清算。

(2)货车使用费清算表由车辆使用方编制,并在清算月份以后的第 2 个月 25 日以前寄送给车辆所属路 1 份,同时,可通过电子邮件发送至商定的地址和商定的机构。

(3)在清算表的末尾应列出剩留在使用路的车辆号码。如将不应支付费用的时间列入清算表,则在其随付函件中应引用对每辆车免收费用的证明文件。

(4)清算单据和同其有关的往来函件用发送国语文编制,并译成铁组一种正式语文(中文、俄文)。

(5)清算单据应编制得清楚准确,可用易认的笔迹手写,也可用打字机或计算机打出,并将办理运送或提供服务按月分开。

2. 办理车辆交接手续

(1)一国铁路向另一国铁路移交车辆,应以《国际联运货车使用规则》附件 3 格式的车辆交接单办理手续,车辆交接单由交付方编制四份,每方各执两份。车辆交接单自日历年度连续编号。

(2)车辆交接单交给接收方人员的时间,即为车辆的提交时间。

(3)接收方人员应将所接收的车辆同车辆交接单对照并且检查车辆。技术和商务检查的时间,不论交接车辆数目多少,规定每轴不超过 1 min。

(4)车辆的技术和商务检查应同时进行。未接收的车辆应从车辆交接单内划掉,并在"备

注”栏内注明“未接收”。

(5)车辆交接单在交给接收方人员以前,应由交付方人员签字,并加盖日期戳记以资证明;而接收方人员应在提交的车辆检查完毕或在规定检查时间终了后,立即在单据上签字并加盖日期戳记以资证明。

从接收方人员在车辆交接单上签字并加盖日期戳之时起,即认为车辆已移交完毕。

3. 集装箱的失却

(1)如果集装箱烧毁、破碎或按《国际联运货车使用规则》所规定期限届满后的6个月内未从到达路或国境路返还所属路时,即作为失却。

(2)使用路在每次发生集装箱失却时,必须通知所属路,并标明集装箱号码。

(3)集装箱所属路从接收到集装箱失却通知日起,在30天内,向失却集装箱的使用路提出赔偿失却集装箱价值的账单。

(4)失却集装箱的赔偿按《国际联运货车使用规则》所列的价格计算。取得所属路同意后,失却的集装箱可用实物赔偿。

(5)集装箱失却时,从发出失却通知之日起,如未发出通知,则按《国际联运货车使用规则》规定期限届满之日起的10个月后,集装箱滞留费停止计算。

(6)如集装箱在失却后的一年内找到并返还所属路,则所属路应退还已收的失却集装箱赔偿款额。但从中扣除年利6%,年利的计算从通知所属路失却集装箱之时起至集装箱返还之时止。

4. 集装箱的损坏

集装箱的损坏是指危及货物完整或危及行车安全的不良集装箱。有以下几种情况:

(1)集装箱侧板和箱门、箱盖、和箱顶板,以及箱底损坏致能触及货物时。

(2)门锁或折页不良,以致不损坏铅封既能探入箱内时。

(3)箱盖不良、铁皮张开、有洞眼接缘分离时。

(4)拉环、吊环或吊杆不良时。

(5)拉条折损时。

上述不良集装箱,不准由一方铁路向另一方铁路移交。并且其不良状态由造成这些破损的铁路用自方器材和费用修理,但不应改变集装箱的构造。

5. 运送用具的失却

(1)运送用具在4个月内未返还所属路时,即作为失却。运送用具破损超过60%时,即作为失却。

(2)关于失却运送用具,使用路应通知所属路并按《国际联运货车使用规则》所列的价格向所属路赔偿。

(3)如果4个月期限届满后,使用路没有声明运送用具丢失,则所属路向使用路提出失却运送用具的账单。单价表内未列载的运送用具的赔偿额,按所属路现行单价确定。失却的运送用具,应从平衡表中减去。

(4)自篷布失却通知书向所属路发出之日起,或从关于未返还的篷布作为失却的四个月期限期满时起,失却篷布的滞留费即停止计算。

(5)失却的运送用具,在失却后的一年内找到并返还所属路,所属路应返还已收的失却运送用具赔偿款额，但扣除年利 6%，年利从向所属路发出失却运送用具通知之日起，算到运送用具返还所属路之日止。

6. 运送用具的损坏

(1)使用路将运送用具损坏时，应用自方的器材和费用修理。

(2)使用路返还破损的运送用具时，应将其所有的破损状况记入交接清单和寄送单内，并注明破损的程度。

(3)运送用具破损程度和价值规定如下：

篷布破损 10% 到 25% 时(篷布价值的 10%)，破损超过 25% 到 60% 时篷布价值的 35%。

其他运送用具，破损在 25% 到 60% 时(运送用具价值的 35%)，破损超过 60% 时，即视为失却。

破损程度小于 10% 的篷布和破损程度小于 25% 的其他运送用具，均由所属路自费修理。

(4)运送用具破损的百分比由双方人员在交接地点确定。不良运送用具数量应记在交接清单内。此外，关于运送用具破损事项应记在寄送单“备考”栏内，并注明破损的百分比和发生破损的所在铁路的名称。这项记载，由双方人员签字并加盖日期戳记证明。

(5)损坏和失却运送用具以及滞留篷布的清算账单，由所属路向滞留，失却或损坏用具的铁路提出。

7. 集装箱交接中发生的问题

(1)集装箱装运危险货物，经查《国际铁路货物联运协定》附件 2 对该项货物未作其规定，并且票据上又无各参加运送铁路商定运送方式的记载，应要求交付路有根据地补填商定内容，否则不予接收。按规定办理拒收手续返回交付路。

(2)到达的大吨位集装箱票据记载的到站不是《国际铁路货物联运协定》列载的车站，应拒收或由交付路请示发货人更正到站方能接运。

(3)如到达的集装箱在交接中发现具有《国际联运货车使用规则》规定中任何一项的破损，应不予接收返回交付路自行修理。

(4)到达的大吨位集装箱上施封失效，违反了《国际铁路货物联运协定》关于施封的规定，应要求交付路重新施封并编制《国际铁路货物联运协定办事细则》附件第 34 号的普通记录加以证明，和在运单“铁路记载”栏内作以关于重新施封的记载。

(5)到达的属于铁路集装箱，交付路未提出《国际联运货车使用规则》附件 11 格式的寄送单时，应要求交付路按《国际联运货车使用规则》规定进行补制，并在寄送运单上注明“补制”字样，方能接收。

(6)到达的空集装箱未清扫或清扫不良，则要求交付路无条件地进行清扫整理，否则按《国际联运货车使用规则》规定不予接收，按规定办理拒收手续。

8. 运送用具交接中发生的问题

(1)在国境站移交运送用具时，交付路未提交《国际联运货车使用规则》附件 5 格式的交接清单，应要求交付路按规定补制四份，交接清单每方各执两份。

(2)在交接中对到达的每块篷布和车辆中的所有其他运送用具，交付路未提交《国际联运货车使用规则》附件 11 格式的寄送单，应要求交付路按《国际联运货车使用规则》规定补制。在补制的寄送单上应注明“补制票据代替遗失的寄送单”。

(3)如交付路提交的寄送单记载错误或寄送单中没有记载运送用具数量,应要求交付路在寄送单“备考”栏内注明实际情况,并以签字加盖车站日期戳证明。

(4)在国境站交接返还的篷布时,发现篷布破损已达到《国际联运货车使用规则》规定的程度,双方人员应确定破损的百分率,并在所有各份交接清单和寄送单内加以注明,并由交付路人员签字,加盖日期戳证明。

(5)使用路返还破损的运送用具时,应要求将其所有破损状态记入交接清单和寄送单内,并注明破损程度。

二、国际联运作业质量标准

(一)确报和日班、月度运输计划的审核要求

1. 确报内容清楚,掌握准确。

2. 与计划相符,核对无误。

(二)到达货物(车)的检查要求

1. 货物检查仔细、认真,检查方法清楚无误。

2. 货物状态清楚,确定接收方法准确。

(三)审查票据及票据办理的要求

1. 审查票据运输条件

(1)与运输计划相符,内容核对准确。

(2)对现有运输工具清楚,确保不误接。

(3)规定内容清楚,办理种别符合规定。

(4)上级文电理解正确无误。

2. 审查票据运输限制

(1)审核严格无误,按章依法处理。

(2)规定内容清楚,承运卡控严格。

(3)货物性质清楚,确保不混装运送。

(4)商定事项清楚,特定运送条件掌握准确。

3. 审查办理危险货物票据

(1)危险货物运送规则掌握准确,接运能力清楚。

(2)包装强度达到要求,货物名称符合规定。

(3)资质确认无误,计划审核清楚。

4. 审查办理超限货物票据

(1)超限货物判定无误,商定内容记载清楚。

(2)超限等级清楚,附带资料齐全。

(3)运送限制正确无误,注意事项通报及时。

5. 审查办理补送货物票据

(1)补送原因清楚,票据内容符合规定。

(2)票据份数齐全,运单中记载清楚。

(四)车辆使用费的计算和衡器维护及处理超重车的要求

1. 车辆使用费的计算

(1)计算依据清楚,计算方法准确。

(2)确定时间正确,计算数据无误。

2. 衡器维护

(1)设专人维护管理,规章制度齐全。

(2)确保衡器状态良好,操作程序无误。

3. 超重车处理

(1)超重定义清楚,等级查定准确。

(2)装运符合规定,保证货物运输安全。

(五)换装作业和问题车处理的要求

1. 绘制货物装载限界图

(1)货物装载限界清楚,绘制准确无误。

(2)特定区段规定掌握准确,保证货物和行车安全。

2. 编制启封记录

(1)编制方法准确,内容编制完整。

(2)字迹、戳记清楚,填写正确。

3. 按作业方案装车

(1)装运方案确定准确,装卸计划编制完整。

(2)执行方案无误,作业程序清楚。

4. 编制普通记录和商务记录

(1)编制内容清楚,填写准确无误。

(2)内容完整,字迹、戳记清晰。

5. 换装后货物装载及车辆问题处理

(1)问题检查确定清楚,处理方案制订无误。

(2)组织及时,处理符合规定,确保行车和货物安全。

6. 办理剩余货物补送

(1)多出货物重量清楚,编制补送票据正确,符合规定。

(2)字迹清楚、内容完整、份数齐全、补送及时。

(六)车辆返还和集装箱、运送用具时却、损坏时的处理要求

1. 打制月间清算表

(1)清算项目清楚,要求格式准确。

(2)编制清楚准确,内容完整符合规定。

2. 办理车辆交接手续

(1)车辆交接单份数齐全,签注时间准确。

(2)交接检查时间清楚,签字戳记符合规定。

3. 集装箱运送用具的失却损坏

(1)失却期限规定清楚,处理方法符合规定。

(2)损坏判定准确无误,交接手续记载清楚正确。

4. 处理集装箱及运送用具交接中的问题

(1)问题确认无误,处理正确及时。

(2)交接事项清楚,处理问题符合规定。

三、国际联运作业问题处理技能

(一)确报内容不完整、到达货物与运输计划不符时的处理

1. 确报内容不完整,缺少到达货物名称时,应立即要求交付路人员予以补填完整,方能接收列车。

2. 确报内容与日班计划及月度计划不符或没有月度计划时,应拒收处理。

(二)散堆装货物表层有明显凹痕和货物包装外部状态有异状时的处理

1. 对到达散堆装货物上部检查发现有较大明显凹痕应及时通知交付路双方共同确认,测量凹痕程度并编制商务记录证明。

2. 在到发线上发现货物外部状态有异状,应立即要求交付路人员确认,编制双方商务记录,在记录中应注明有包装货物的包装破损程度和开启痕迹(如能触及货物时,还应注明货物外部状态)以及无包装货物的外部状态。

(三)审查票据发生违反运输条件及限制时的处理

1. 运往朝鲜铁路的货物,其到站不是该路,通知所有参加路的车站,应要求交付路更正,否则不予接收。

2. 发现到达货物属于国际货协第 4 条规定不准运送的物品,尽管名称正确,也应将这项货物截留,并按国家规定的法令和规章处理。

3. 发现到达的整车货物中夹有数批零担货物,不予接收,要求交付路返回整理。

4. 发现到达的易腐货物中夹有非易腐货物,不予接收,要求交付路返回整理,重新发运。

5. 发现到达货物一件重量超过 60 t,而货物运单中无预先商定如何运送的记载,则不予接收,应拒收返回。

(四)办理危险、超限、补送货物票据发生问题时的处理

1. 审核危险货物票据发现票据记载的收货人(企业)无部颁布的办理资质,不予接收,应按规定办理拒收手续。

2. 超限货物票据内未记载该货物属于×部超限等级,票据内未附有重量和尺寸等有关资料,应不予接收。

3. 补送货物凭补送运行报单先行到达,原批未到,应不予接收,要求交付路待原批到达后一并移交。

(五)票据受理发生票据短少,违反营业限制时的问题处理

1. 海关确认后返回票据,按照货物交接单核对,返回票据数量不足,应以交接单为依据,及时交涉海关索要追回。

2. 接收货代部门返回票据时,票据变更的到站,根据查看《货物运价里程表》违反营业办理限制,不予接收,要求货代部门重新提供符合规定的到站,并在"货物运输变更要求书"更改

到站，加盖更改戳记或重新打制。

（六）车辆使用费的计算和统计发生有误时的处理

1. 计算车辆使用费发生错误时，应及时根据依据进行更正，双方清算资料更改一致。

2. 如交、接双方统计数据出现差异，则接收方所规定并能证明的以接收路的数据为准。

（七）衡器或计算机发生故障排除及超重车的处理

1. 衡器或计算机发生故障时，应及时汇报技术部门进行维修处理。

2. 作业时发现过磅重量严重差异，要及时与室内联系，确定运单上记载重量，否则应重新二次过磅。

3. 超重货物的等级确定不清时，应通过根据现有资料计算或查找《铁路超限超重货物运输规则》附件5所规定的等级。

（八）货物超过装载高度或海关、边防检验时发生问题的处理

1. 在换装作业中，对货物的装载高度超过规定要求时，应按《国际铁路货物联运协定》附件5对装载限界的规定，进行对照执行。

2. 发往朝鲜铁路的货物对其装载高度超出特定要求，应按《铁路货物装载加固规则》附件4对特定区段装载限制的规定，并严格对照执行。

3. 海关要求查验货物请求开门查验时，除按规定编制启封记录外，应重新施加封印时，必须要求查验人员在场签字证明。

4. 边防对按一份运单直达运送的一列车中的数个车辆进行检查，按规定可以对这些车辆编制一份启封记录。但在这种情况下，应在启封记录中对应每一车辆号码注明从该车上摘下和重新施加的封印。

（九）换装货物时核对其装载方案不符时的处理及各类记录编制方法

1. 在换装作业时，遇进口半圆型齿轮车床时，应按其货物规格重量核对部定“装载加固定型方案”的相关规定，不相符时不准作业。应按规定另行请示装载方案。

2. 根据进口货物的品类、规格、重量在部定装载加固方案中，查找不到的货物定型装载方案，不准装运，应按规定另行请示装运方案。

3. 在交接中，铁路更换封印时，除按《国际铁路货物联运协定办事细则》附件第34号编制普通记录外，还应在运单“铁路记载”栏内按规定做以相应的记载。

4. 接收路在检查到达棚车运送的货物件数不足时，在商务记录中应注明车辆是否装满或有无不足件货物装载的空间，该空间在车辆何处，可否在其中容纳短缺的货件。

（十）换装后发生货物装载、车辆问题及补送货物时的处理

1. 换装后出线待发的超限货物，商检发现移位，载偏时，应立即向货运调度汇报，监视返入线内按装载方案指导换装工组处理。

2. 换装后，车辆中、侧梁在枕梁间弯曲下垂超过规定限度，应及时通知列检人员到场检查鉴定，无法处理时，应更换完好车辆进行倒装。

3. 办理超过车辆最大载重或超过容许轴重多出的货物，应按规定计算运送费用，以继续运送的铁路数编制足够数份的补送运行报单，并随原批货物同时发送。

4. 办理一车内未装下的剩余货物，应对其不收运费，编制补送运行报单两份，其中一份车站留存，并在运单“铁路记载”栏内做以相应记载，此项记载应由经办人签字并加盖车站日期

戳。另一份随剩余货物至到站。

(十一)集装箱及运送用具丢失、损坏时的处理

1. 如果在使用路作业发生集装箱烧毁、破碎时,应将该集装箱详细情况用电报通知集装箱的所属路,注明集装箱号码和烧毁、破碎的原因。

2. 集装箱在使用路作业发生损坏时,应按《国际联运货车使用规则》的规定用自方器材和费用修理,但必须保证不改变集装箱的构造。

3. 如果使用路在作业时,造成运送用具失却或损坏超过60%时,应及时用电报或致函通知运送用具所属路运送用具已失却,并按照运送用具单价表《国际联运货车使用规则》附件4所列的价格向所属路赔偿。

4. 运送用具在使用路作业造成破损后在返还破损的运送用具时,应将它所有的破损状况记入交接清单和寄送单内,并同时详细注明破损程度。

5. 到达的集装箱施封失效,应要求交付路按《国际铁路货物联运协定》规定重新施封,并编制普通记录证明和在运单"铁路记载"栏内记载。

6. 到达的集装箱在交接中发现具有《国际联运货车使用规则》13条规定中,任何一项的破损,应拒收返回交付路自行处理。

7. 在国境站交接返还的篷布时,发现篷布破损已达到《国际联运货车使用规则》规定的程度,双方人员应确定破损的百分率,并在所有各份交接清单和寄送单内加以注明,并由交付路人员签字,加盖日期戳证明。

8. 在交接中对到达车辆中的所有运送用具,交付路未提交《国际联运货车使用规则》附件11格式的寄送单时,应要求交付路按《国际联运货车使用规则》规定补制,在补制的寄送单上注明"补制票据代替遗失的寄送单"。

技　师

一、国际联运作业实作技能

（一）票据办理和分析票据、货物、单证发生问题的责任划分

1. 分析票据、发生问题的责任划分

票据：国际联运票据主要有运单，它由运单正本、运行报单、运送副本、货物交付单、货物到达通知单5页组成。

（1）运单是发货人与铁路之间所缔结的运输合同，对发货人和铁路都具有法律效力。

（2）按国际联运的运单承运货物的铁路必须负责完成货物运送全程的运输合同，直到在到站交付货物时为止。如将货物转发送到未参加本协定铁路的国家，则负责完成直到按另一种国际铁路直通货物联运协定的运单办理运送手续时为止。

（3）每以继续运送的铁路，自接收附有运单的货物时起，即认为参加了这项运输合同，并承担由此产生的义务。

（4）发货人应对其在运单中所记载的和所声明的事项的正确性负责。

（5）铁路有权检查发货人在运单中记载的事项和声明是否正确。在铁路检查运单认为无误后在运单上加盖承运日期戳时，即为在运输合同以缔结生效。

（6）由于铁路过失未遵守运输合同规定致使货物运输逾期或其他原因造成货物损失，铁路应对其后果负责。

2. 分析货物发生问题的责任划分

国际联运货物运送必须保证运送全程货物数量齐全和状态完整。

（1）铁路在《国际铁路货物联运协定》所规定的条件范围内，从承运货物时起，至到站交付货物时为止，对货物运到逾期以及因货物全部或部分灭失、重量不足、毁损、腐坏或因其他原因降低质量时所发生的损失负有责任。

（2）如由于铁路过失未能执行根据《国际铁路货物联运协定》提出的运输合同变更申请书，致使货物在运送中发生滞留及逾期等问题，则铁路应对其后果负责。

（3）不论铁路负有任何责任，其赔偿损失的款额，均不应超过货物全部灭失时的款额。

（4）如承运的货物，由于下列原因，发生全部或部分灭失、重量不足、毁损、腐坏或其他原因降低质量，则铁路不负责任。

①由于铁路不能预防和不能消除的情况。

②由于货物容器、包装质量不符合要求或由于货物容器、包装的自然和物理特性，以致引起自燃、损坏、生锈、内部腐坏或类似后果。

③由于铁路在发站承运货物时无法通过外部检查发现的容器或包装的缺陷，以致未能在

运送全程保证货物完整。

④由于发货人或收货人的过失或由于其要求,而不能归咎于铁路。

⑤发货人在托运应按特定条件承运的货物时,使用不正确、不确切或不完整的名称或未遵守国际货协的规定。

⑥货物未使用《国际铁路货物联运协定》规定的运送该货物所需的包装或容器,以致未能在运送全程保证货物完整。

⑦由于发货人用不正确、不确切或不完全的名称托运不准运送的物品。

⑧由于发货人将货物装入不适于运送该货物的车辆或集装箱。

⑨由于发货人或收货人装车或卸车的原因所造成的情况。

⑩由于发送路现行国内规章允许使用敞车类货车运送货物。

⑪由于发货人或收货人委派的押运人执行《国际铁路货物联运协定》附件第3号的规定以及押运人不符合这项规定提出的要求。

⑫由于货物特殊自然性质致使货物减量不超过《国际铁路货物联运协定》规定的标准。

3. 分析单证发生问题的责任划分

国际联运单证是指发货人附在运单上在货物运送全程为履行海关和其他规章所需要的添附文件,必要时,还须附有货物品质证明和货物明细单。这些文件只限与运单中所记载的货物有关。

(1)发货人在运单上所附的一切添附文件,应由发货人记入"发货人添附文件"栏内,并牢固地贴附在运单上,以免在运送途中脱落。

(2)发站应核对发货人在运单"发货人添附文件"栏内关于添附文件所作的记载同实际添附文件是否相符。

(3)发货人未在运单上添附文件,发站应检查发货人在运单"发货人的特别声明"或发货人添附文件栏内是否作了所要求的记载。

(4)铁路没有义务检查发货人在运单上所附的文件是否正确和是否齐全。由于没有添附文件或文件不齐全、不正确而产生的后果,发货人应对铁路负责。

(5)如因发货人未提出必要的添附文件或提出并记载在运单"发货人添附文件"栏内的文件不齐全或不正确,以致货物运送或交付滞留,则对滞留时间应该核收罚款,如货物保管费、车辆滞留费。

(6)如由于铁路过失而使发货人在运单上已作记载的添附文件遗失,则铁路应对其后果负责。

(二)审核及办理危险、超限货物票据

1. 危险货物票据

(1)危险货物属于准许按特定条件运送的物品,必须遵守其特定条件的要求。

(2)危险货物的运送票据按《国际铁路货物联运协定》附件第2号(危险货物运送规则)规定办理。

(3)危险货物未遵守《国际铁路货物联运协定》附件第2号规定的条件,如危险货物的容器或包装状态不允许继续运送,则应按《国际铁路货物联运协定》规定将货物应予截留并按货物截留国家的国内法令和规章处理。

(4)危险货物票据记载的包装材质,种类应与所装危险货物的性质相适应。必须符合《国际铁路货物联运协定》附件第2号(危险货物运送规则)之规定的要求。

(5)危险货物票据记载的货物名称、危险类项、编号等内容与《国际铁路货物联运协定》附件第2号规定必须一致,并检查票据第11栏内有无特殊的记载。

(6)审核票据收货人的办理资质,核对月度运输计划,以及交付路12小时的危险货物到达预报。

2. 超限货物票据

(1)超限货物只在参加运送的各铁路间预先商定后才准许运送,所以票据内必须有参加运送铁路间的商定记载。

(2)货物票据名称栏内必须注明货物的超限等级,如×级超限货物。

(3)货物票据内必须附有关于每件货物包装种类和重量的资料以及货物尺寸、货物装车示意图。

(4)如果运送超限的过境货物,运送票据内未注明货物的尺寸和在某国铁路上是超限货物时,接收路有权要求对货物进行联合检查和测量以便确定超限程度。

(5)对于在过境路需绕路运送的超限货物,票据"发货人特别声明"栏内应填写商定的货物在过境路绕行经路的站名。

(6)运送超限货物时,票据"货物名称"栏内应补充记载:"(2)在＿＿＿＿＿＿(铁路简称)是超限货物"。

(三)处理有货无票、有票无货和办理拒收货物

1. 有货无票

(1)运单或运单的个别张页在运行途中灭失时,发现灭失的车站,应根据《国际铁路货物联运协定》和《国际铁路货物联运协定办事细则》的规定编制商务记录,并按现有票据中的事项或货件上的标记或按车辆或集装箱上表示牌的记载,补制运单或运单的个别张页以代替灭失的运单或灭失的张页。

(2)在重新补制的运单或运单的个别张页标题上方相应的记载:"(24)代替灭失的运单/代替灭失的第＿＿＿张。"

(3)如果没有足够的资料以便编制新的运单,则发现灭失的车站,应用电报向发站索取必要的资料,以便编制运单代替灭失的运单。

(4)运单在运送途中灭失,而不能根据《国际铁路货物联运协定办事细则》的规定编制运单代替灭失的运单时,应向本国有关的国境站询问,查明货物的归属。如果这些国境站不能提供必要的资料,则车站应向《国际铁路货物联运协定办事细则》附件第38号所载的各铁路机关询问。

2. 有票无货

(1)货物全部灭失时,发现灭失的车站应根据国际货协和办事细则的规定编制商务记录。

(2)如果在运送途中发现货物全部灭失时,运单和添附文件应经由运单所记载的国境站寄送到到站。这些文件连同商务记录移交时,交付路应在交接单关于该批货物的"备考"栏内记载关于货物全部灭失的事项。无货运单在到站向收货人的交付,根据到达路现行的国内规章办理。

3. 办理拒收货物

拒收货物是指在国际联运交接中,票、货、车、证所发生的问题交付方无法立即处理,致使货物无法继续运送,所以接收路在发现《国际铁路货物联运协定办事细则》第 50 条 5 项 1 ~ 15 款所列情况下必须拒收货物并按以下规定办理拒收。

(1)接收路国境站在拒收货物时应用《国际铁路货物联运协定办事细则》附件第 34 号规定的普通记录办理拒收手续,并注明拒收原因,在交接单中将关于拒收货物的事项划销,并在"备考"栏内记载:"拒收记录第__________号"。拒收记录编制三份,交付路和拒收货物的接收路各得一份,另一份附在运单上。

(2)接收路应用最近列车中的一趟列车将拒收货物返还交付路。

(3)拒收货物只能凭接收路编制的并有关于拒收记录记载的新交接单返回交付路。如交付路拒收接收路退回的未接收的货物,则由于拒收退回货物而引起的一切后果(货物腐坏、车辆停留等等)由交付路承担。

(4)拒收货物的返还期限和其他条件应由相邻国境站按照《国境铁路协定》的规定进行商定。例如中、蒙国境站间规定返还不能继续运送的货物时,应立即由接收方人员将货物装入交付方车辆内,由交付方施封,返还交付方。中、俄国境站间规定拒收货物应在接收路提出拒收记录 36 h 内使用商务状态良好的车辆返还交付路。品质鉴定后拒收的易腐货物应换装到交付车内,并在接受路提出拒收记录 12 h 内返还。

(四)计算过境铁路运杂费及货物运到期限

1. 计算过境铁路运杂费

(1)通过过境路的运送费用(货物运送、押运人乘车费、杂费和运送中的其他费用),应按照运输合同缔结当日所施行《国际铁路货物联运统一过境运价规程》的费率计算。

(2)计算重量尾数的进整方法:

①计算整车和带轮货物运费时,实际重量均进整至 t(计费重量),此时,500 kg 及以上进整至 1 t,不足 500 kg 者舍弃。

②计算零担货物运费时,实际重量进整至 100 kg(计费重量),不足 100 kg 者,均按 100 kg 计算。

③计算杂费时,货物实际重量均进整至 100 kg,不足 100 kg 者,均按 100 kg 计算。

(3)运送费用的计算方法:

运费费用应按《国际铁路货物联运统一过境运价规程》参加铁路每过境路分别计算。同时应注意:

①根据《通用货物品名表》确定货物属于的运价等级。

②货物重量。

③办理种别。

④通过该路的运送里程。

⑤运送速度。

⑥《国际铁路货物联运统一过境运价规程》规定的其他条件。

⑦集装箱种类。

(4)计算运送费用时应适用的依据:

①《国际铁路货物联运通用货物品名表》(ГНГ)按照该表确定该项货物应适用的运价等级。

②《中华人民共和国铁路过境里程表》,该表内容为(《国际铁路货物联运统一过境运价规程》)每个参加路运价里程。

③《运费计算表》。

④运单中记载的事项。

(5)在确定货物运费额时,应按照该批货物里程在计算表中所属计费区段的费率计算运费。

(6)慢运、快运和搬家货物的运费计算方法:

①慢运货物应按《国际铁路货物联运统一过境运价规程》第 6 条第 9 ~ 16 项规定的办法计算。

②快运货物应按《国际铁路货物联运统一过境运价规程》第 6 条第 9 ~ 16 项规定的计算出的运费,加 100%,并且对以客运速度运送货物(随旅客列车挂运的整车货物)时,加 200%。

③凡是运出与运入《国际铁路货物联运统一过境运价规程》参加铁路国家的搬家货物,其运费按计算出的运费总额减 50% 核收。

(7)运送费用尾数的进整:按计算运送费用时所得出的最终款额尾数应进整至分。进整规则为 0.5 分及 0.5 分以上进为 1 分,不足 0.5 分者舍去。

(8)整车、零担货物的运费计算方法:

①整车(慢运)货物运费按照《国际铁路货物联运统一过境运价规程》第九条表 2 中所列的 1 t 的运价费率乘以该货物计费重量的吨数计算,但货物计费重量不得低于车辆装载最低计费重量标准。四轴车装载最低计费重量标准为:1 等货物——20 t,2 等货物——30 t。

②按慢运办理的零担货物运费,按照《国际铁路货物联运统一过境运价规程》第 9 条表 1 中所列的每 100 kg 的运价费率乘以该批货物计费重量百公斤数所得的运费款额加 50% 计算。

(9)计算过境运费和杂费采用的运价货币为瑞士法郎。

2. 计算国际联运货物运到期限

(1)快运货物

①发送期间——1 昼夜。

②零担货物的运送期间,在每一参加运送的铁路管内,每 200 运价公里——1 昼夜。

③整车货物或大吨位集装箱货物的运送期间,在每一参加运送的铁路管内,每 320 运价公里——1 昼夜。

④随旅客列车挂运的整车货物或大吨位集装箱的运送期间,在每一参加运送的铁路管内,每 420 运价公里——1 昼夜。

(2)慢运货物

①发送期间——1 昼夜。

②零担货物的运送期间,在每一参加运送的铁路管内,每 150 运价公里——1 昼夜。

③整车货物、轮式集装箱货物或大吨位集装箱货物的运送期间,在每一参加运送的铁路管内,每 200 运价公里——1 昼夜。

(3)货物运到期限,从接受运单承运货物的次日零时起开始计算。如承运的货物在发送前需预先保管,则运到期限应从货物指定装车的次日零时起开始计算。货物装车日期,应记入运单中。

(4)运到期间,应按发站至到站间货物的实际运送里程计算。

(5)运到期限在下列情况下延长两昼夜:

①将货物换装到其他轨距的车辆时。

②车辆更换另一轨距的轮对时。

③用轮渡运送车辆时。

(6)运送超限货物时,按上述的运到期限延长均增加100%。

(7)货物在国境站换装时,如部分货物须按补送运行报单运送,则运到期限应按随原运单到达的部分货物计算。

(8)对下列时间应延长运到期限:

①为履行海关和其他规章所需的滞留时间。

②非铁路过失造成的暂时影响发运或继续运送的运输中断时间。

③因变更运输合同而发生的滞留时间。

④因检查而发生的滞留时间(既检查运单、货物中确实发现不符事宜)。

⑤因畜生饮水、溜放或兽医检查所造成的站内滞留时间。

⑥由于发货人的过失而造成多出重量的卸车、货物或其他容器或包装的修整以及倒装或整理货物的装载所需的滞留时间。

⑦由于发货人或收货人的过失发生的其他滞留时间。

铁路应将关于铁路有权据以延长运到期限的货物滞留时间记在运单"运到期限延长"栏内。

(五)特种货物换装作业技能

1. 换装前识图按方案装车

(1)识图

①托运人托运超限货物时,应提出货物外形的三视图。所谓三视图就是按照货物的外形从不同角度绘制成的货物三个面的图形。即:端视图、侧视图、顶视图(俯视图),以便全面、正确、清楚地反映物件的形状、大小和主要的外部结构,为选用车辆,研究和制定装载加固方案提供依据。

②端视图:从物体的端面看过去所画的图形,它能正确反映物体端面各个不同部位的宽度、高度及中心高。

③侧视图(又称主视图):从物件的侧面看过去所画的图形,它能正确反映物体侧面的形状及其最大长度、支重面长度和高度及重心高度。

④顶视图又称(俯视图):从物体的顶部向下看所画的图形,它能正确反映物体顶面的形状、长度和宽度及重心位置。

⑤在三视图上应分别从端面、侧面和顶面以"+"号注明货物重心位置。

(2)按方案装车

①铁路货物装载加固方案分为装载加固定型方案、暂行方案和试运方案三种。

②装载加固方案包括货物规格、准用货车、装载加固材料(装置)、装载方法、加固方法、其

他要求等内容。

③凡使用铁路货车装运货物,有装载加固定型方案的一律严格按方案装车。有试运方案和暂行方案的要严格执行试运范围和暂行规定。无方案的按规定逐级批报,待指示后方能装车。

④与定型方案和暂行方案中货物规格相近,装载加固方法相同并且使用相同车辆装载的货物,又有托运人申请比照该定型方案或暂行方案,须经铁路局审查批准后方可实施。

⑤利用车辆的特殊有利条件,并根据货物重量、重心位置及外形结构,选择合理的装载方法,选配适合的车辆。

(3)特定区段装载限制

①我国某些铁路区段上,由于其基本建筑限界尚不符合规定,小于《铁路超限超重货物运输规则》所采用的基本建筑限界,所以作为特定区段,并按照特定的实际情况规定货物的装载限制,这就是特定区段装载限制。

②凡到达或通过这些特定区段的货物,在货物装载时都应严格遵守《铁路货物装载加固规则》附件4规定的"特定区段装载限制"进行装载,以保证货物和行车的安全。

③我国铁路特定区段有5个区段《铁路货物装载加固规则》规定如下:

京包线:南口—西拨子间,装载货物高度和宽度按《铁路货物装载加固规则》附件4表规定。

运往朝鲜铁路的货物,按货物装载限界装载,但最高不得超过4 750 mm。

广九线经深圳北运往九龙的货物,装载货物中心高度由钢轨面起360 ~ 3 600 mm处左右宽度不得超过1 550 mm,其他部位按货物装载限界。

京广线坪木线区段,车辆自重加实际载重最大吨数不得超过90 t。

丰沙线沙城至三家店上行线装载货物中心高度由钢轨面起不得超过4 600 mm。

④装车后的车辆如到达或通过上述5个特定区段应认真测量装载货物的高度和宽度以及确定实际装载重量加车辆自重的总吨数,凡不符合上述特定区段装载限界的,不能放行,按规定整理至达到要求。

2. 换装中特种货物作业

(1)危险货物装车

①危险货物在国际联运中属于准许按特定条件运送的货物,所以装车和运输必须按《国际铁路货物联运协定》附件2(危险货物运送规则)和我国《铁路危险货物运输管理规则》的规定办理。

②危险货物仅限使用棚车装运(《铁路危险货物品名表》第11栏内有特殊规定除外)。

③爆炸品类和钢桶包装的一级易燃液体应选用车况良好的P_{64}、P_{64A}型等竹底棚车或木底棚车装运,并须对门口处金属磨耗板、端、侧墙的金属部分采用非破坏性措施进行衬垫隔离处理。

④毒性物质仅限使用毒品专用车,如毒品专用车不足时,经铁路局批准可使用铁底棚车装运(剧毒品除外)。

⑤危险货物装卸作业使用的照明设备及装卸机具必须具有防爆性能,并能防止由于装卸作业摩擦、碰撞产生火花。

⑥装卸作业前,应对车辆和仓库进行必要的通风和检查,向装卸工组说明货物品名、性质、作业安全事项,并准备好消防器材和安全防护用品。

⑦检查车辆;检查车种、车型与规定装运货物相符,查看门、窗状态,进行透光检查,确认车辆检修是否过期。

⑧检查货物;检查货物品名、包装、件数与运单填写是否一致,以及包装是否符合规定。装载货物重量是否超出车辆允许载重,严禁增载。

⑨向作业人员传达安全注意事项及装载方案,作业时要轻拿轻放,堆码整齐稳固,防止倒塌,严禁倒放、卧装(钢瓶等特殊容器除外)。

(2)超限货物装车

①超限货物的装车必须按"铁路货物装载加固定型方案"和批示的装运办法、电文规定装车。

②装车站接到指示装运办法的电文后,应按照规定的装载加固方案和电报批示内容进行装载和加固。

③利用车辆的特殊有利条件,并根据货物重量、重心位置及外形结构,选择合理的装载办法,选配适合的车辆。

④装车时尽量考虑缩小货物的超限程度,装载平稳,严防偏载、偏重和集重。

⑤复测超限货物装后尺寸,应小于或等于装载方案和批示的尺寸,否则应另发请示电报,重新请示装运办法。

⑥应以白色或红色油漆在车底板上按货物外形轮廓的主要处所,标画易于判别货物是否移动的检查线。

⑦填写"超限货物运输记录",并在货物两侧明显处标明"×级超限"字样(书写困难时亦可挂牌表示)。

⑧应在货物运单、票据封套、编组顺序表及货车表示牌上注明"超限货物"字样,以连挂车组装运时应注明"连挂车组不得分摘"字样,限速运行时,应注明"限速××公里"字样。

(3)处理换装时发生的问题

①对超限的大型设备,复测装后尺寸,如大于定型方案或批示的尺寸,应发请示电报,重新请示装运办法。

②遇球形心盘货车一侧旁承游间为零时,可组织列检人员用千斤顶将压死一侧顶起,落顶后出现游间,表明货物装载符合要求。

③超限货物装载时应保证装载平稳,发生偏载和偏重时应组织重新装载,确保货物和行车安全。

④在换装时发现危险货物的包装种类不符合国际货协附件第 2 号的规定,或与运单记载包装种类不符应拒收返回。

⑤在换装时发现危险货物包装破损无法继续运送时,车内有备用包装时应要求交付路更换,否则将包装破损货件返回交付路,上述两种情况必须编制商务记录。

⑥在换装时换装工组违反操作规程或不按装载加固方案装车,应停止其作业,纠正后方能开始作业。

3. 换装后特种货物验收检查

(1)验收换装后的货车

①危险货物换装后,应检查货物堆码及装载状态,查验门、窗是否关闭良好,施封加锁及装车台账登记工作。

②罐装货物(包括危险货物集装箱、罐式集装箱)也应该检查箱门、盖、阀关闭及施封是否良好,罐体(箱体)外观有无异状。

③换装后的其他货车应检查验收车门、车窗的关闭及拧固和装载加固情况,需要施封的货车,按规定施封,并用直径 3.2 mm(10 号)铁线将车门拧紧。需要插放货车表示牌的按规定插放。

④对装载货物的敞车,要检查验收车门插销,底开门搭扣和货物的装载加固以及篷布苫盖、捆绑情况。

⑤对装载轮式、履带式货物的平车要检查验收货物本身的制动情况,以及货物的装载和捆绑及加固情况。

⑥使用铁地板长大货物车装载的货物,应检查验收采用焊接加固的焊接情况,是否损坏车辆或在车辆上挖孔。

(2)对超限货物的检查验收

①装载超限货物应按装载加固定型方案或批准的装载加固方案文电检查确认装载加固情况。

②超限货物还应对照部、局批示的电文,核对装车后的尺寸。测量与批示电报不符时,须重新请示。

③测量时按实际的装载加固状态测量(含加固材料)确定货物的长度、宽度和高度,及货物重心位置。

④需配置检查架的超限货物要检查确认检查架的尺寸是否符合要求和稳定。

⑤使用落下孔、钳夹式车辆装载的货物,装后货物底部与轨面的距离不得少于 150 mm。

⑥检查确认超限货物装载加固状态是否牢固,加固材料是否损坏,捆绑和拉牵是否符合规定,是否标画了检查线。

(3)对超长货物的检查验收

①超长货物应按装车方案检查确认装载和加固情况。

②均重货物使用 60 t、61 t 平车两端均衡突出时,应确认其装载量不得超过《铁路货物装载加固规则》表 3-1 的规定。

③超长货物共用游车时,应检查确认两货物突出端间距不小于 500 mm,游车上装载的货物与货物突出端间距不小于 350 mm,而且货物突出部分的两侧不得装载货物。

④跨装超长货物时,应检查确认只准两车负重,而且负重车车地板高度应相等,如高度不等时,需要垫平。

⑤跨装货物使用货物转向架应检查确认转向架的支重面长度是否遵守《铁路货物装载加固规则》的规定。转向架下架体的重心投影是否位于货车纵横中心线的交叉点上,如需纵向偏离时,是否遵守了《铁路货物装载加固规则》的相关规定。

⑥使用货物转向架时还应检查确认转向架上架体与跨装货物,下架体与车辆是否分别固

定在一起，而且对货物及转向架的加固不得影响车辆通过曲线，并确认将提钩杆是否用镀锌铁线捆紧。

(六)技术管理实作技能

1. 生产过程管理(编制国境站国际联运作业过程)

(1)国际联运进口货物交接作业

①到达的列车按规定时间进行检查交接作业。

②到达的货物按规定进行检查接收或拒收作业。

③到达的票据、交接单、译制、审核、海关确认、代理公司取票周转作业。

④海关放行后票据受理及换装后票据办理作业。

⑤重、空车辆及集装箱、运送用具接收及返回交接作业。

(2)国际联运出口货物交接作业

①接通知到车号取票、审核、打制票据周转簿、通知代理公司取票作业。

②代理公司签认取票、报检、票据加盖放行或查验章返回后在计算机上标注作业。

③问题票据或在规定时间内未返票据登记工作卡片作业。

④接到编车通知、打制列车组成、挑出票据、编制货物交接单作业。

⑤将编组列车内容，用计算机向接收路预报、通知车长取票开车作业。

(3)国际联运换装作业

①根据换装线路(站台)装卸能力和清单情况编制换装计划作业。

②按换装计划核对车辆顺序及检查重、空车技术状态作业。

③以换装计划要求，通知交付路、海关监管人员、装卸工组(同时布置装卸注意事项)开始作业。

④换装前、中、后的检查货物件数、重量、状态的确认，装载加固的检查指导及问题处理作业。

⑤卸后空车状态的检查，线路、站台的清理，报车和通知取车作业。

(4)计算货物密度比重、确定货物装载高度

①货车装载重量应使用计量衡器确定；暂不具备条件的，可按货物装载高度、货物密度比重确定。

②按货物装载高度确定的散堆装货物，应根据货物的密度含水量等变化情况随时测定其密度，每季至少测定一次。

③装车时，应按所装车辆的容积和货物密度，量尺画线，确定货物装载高度。货物密度的确定办法，由铁路局统一制定。

④散堆装货物装载高度计算方法：

$$H_{装} = \frac{P_{容}}{L \times B \times D_{货}} \quad (\text{mm})$$

式中 $H_{装}$——货物装载高度，mm；

$P_{容}$——货车容许载重量，t；

L、B——货车车内长、宽尺寸，mm；

$D_{货}$——装车期间的平均密度，t/m^3。

⑤货物密度的计算方法：

$$D_{货} = \frac{P_{货}}{V_{货}} \qquad (t/m^3)$$

式中 $P_{货}$——货物重量，t；

$V_{货}$——货物体积，m^3。

2. 生产工艺改进（拟定作业标准）

（1）交接员（值班员）

①接收确报审核确报内容，确定交接车

a. 审核确报内容是否有月度运输计划，是否有日班计划。

b. 审核需按特定条件运送的货物有无预先商定，需提前预报的货物有无预报。

c. 应接货物确定后，及时通知运转值班员和货运调度员。

②接收列车前作业及货物交接作业

a. 接到运转值班员列车到达预报后及时通知交付路人员到指定地点交接车。

b. 带领或分配接收路交接员会同交付路人员共同提前到场接收列车。

c. 根据货物的现状和有关规定确定接收货物的交接方法。

d. 对在到发线拒收的货物分别按批编制拒收记录，并将其从货物交接单和车辆交接单上划掉，注明拒收记录号码。

③票据的审查接收及传递

a. 审查票据是否齐全，各栏填写事项是否正确，是否符合接收条件。危险、超限货物等需要特殊商定的货物是否有商定记载。审查货物交接单上的记载与票据记载事项是否一致。

b. 票据审核后，应在有关栏内加盖日期戳，填记货物交接单号码，同时在货物交接单上加盖接收方法戳记，并由双方交接员签字。

c. 运单上有货物补送记载时，应将补送事项转记在补送货物登记簿内，待补送货物到达时再进行注销。

d. 将接收的票据及有关事项输入计算机或打制票据周转簿，通知货代部门确认取票。过境、转运和使领馆货物的票据接收后，直接送海关报验。

④重车接收手续的办理

a. 按规定根据每轴一分钟的检查时间在交付路车辆交接单上签注时间。

b. 按规定在车辆交接单上加盖车站日期戳和交接员戳记。

（2）到发线交接车交接员

①交接列车前的作业及货物商务检查

a. 接到交付路提交的货物交接单时，应检查核对份数，做好交接车准备，会同交付路人员提前出场。

b. 列车到达后，每侧一名交接员按具体分工，根据货物交接单进行商务检查。检查时应执行呼唤应答对照制。

c. 对施封的货车要认真检查施封状态。对敞平车装载的货物，要认真检查货物的件数和状态。

d. 在到发线上发现货物及包装状态有异状时，应编制双方商务记录。将货物和车辆接收情况及时通知货运调度员，以便进行列车解体。

②进口运量统计及过磅作业

a. 根据每列到达的货物品名、车数、重量填制进口运量簿，根据货物交接单号排列顺序填制货物交接单登记簿。

b. 根据磅码单将重量逐车填记在过磅簿上，双方签字后，输入计算机为现场作业提供重量依据。

(3)统计交接员

①重车接收手续办理作业

a. 将交付路提供的车辆交接单与现车编组顺序表进行对照输入计算机，并核对计算机数据进行确认。

b. 根据到达货物品名、车种、车数填写国境站外国车到达平衡表，每昼夜按规定时间上报。

②返还卸后空车、集装箱和运送用具作业

a. 根据返还空车的编组顺序表，打制车辆交接单，签注移交事项，加盖日期戳、交接员名戳，向交付路提交并将车种、车数填写在平衡表内。

b. 返还集装箱、运送用具应按《国际联运货车使用规则》规定办理移交。同时将原寄送单随同集装箱、运送用具一并返还所属路。

c. 根据外国车停留情况的分析，对停留两天以上的"老牌车"记入"老牌车"登记簿，交班前报告给站货运调度员。

(4)交接员(入口)

①票据审核作业(票据室)

a. 货代部门将海关放行或查验的票据送回票据室，受理人员要审核票据是否齐全，票据上的变更事项是否符合规定。

b. 检查货代部门扣票的货物有无扣票通知单，是否发生滞留费用在计算机上确认，将审核完的票据放入票箱内保管。

②票据办理作业(入口)

a. 根据现场作业打制电子装卸车报告单(或抄写)，并与现场装卸车数进行核对。

b. 根据电子装卸车报告单挑出票据，在票据上根据电子报告单相关数据填写换装后的有关事项，并打制运杂费货票。

c. 按规定打制(或填写)货物票据封套，加盖有关戳记，总检无误后将办理完票据及时送车号室开车。

(5)交接员(出口)

①出口货物票据的审核

a. 检查审核封套与票据所记载的事项是否相符，检查票据各栏填写的内容是否正确，附带文件份数与运单记载是否相符。

b. 打制或填写票据周转簿，通知货代部门签字取票，待票据返回时，按规定输机标注。问题票据登记工作卡片。

②出口货物票据的办理

a. 根据列车编组顺序表挑出票据，按两邻、过境和集装箱分别编制货物交接单。

b. 将办完票据内容用计算机向接收路发出预报，通知运转值班员和车长开车。

(6)现场交接员(值班员)

①换装作业前的准备作业

a. 根据换装站台、作业线路状态和电子清单记载的货物到站、名称、包装、重量及货物现状做出换装计划，并应执行“先到先换、换落结合”的原则。

b. 根据换装计划向站货运调度员(或调车区长)请求配车，向现场作业人员布置换装计划。

②换装作业

a. 根据电子清单记载通知交付路作业时间和换装计划，通知海关监管，通知货代部门组织相关人员抽样验货，通知换装工组作业。

b. 换装中、后检查指导、验收货物的装载及加固，处理换装中、后发生的各类问题。

(7)现场交接员(货运员)

①换装前检查作业

a. 根据换装计划及时出场检查车辆顺序和对位情况。

b. 检查交付路车辆、施封及货物状态和接收路车辆是否完整，车内是否清洁，装载怕湿货物时，应检查车辆是否漏雨(透光检查)，使用木质地板车辆装载易燃货物时，检查是否有防火板及状态。

②换装作业中检查作业

a. 对双方交接的货物应同交付路人员共同启封，应向换装工组布置换装计划，提出具体要求和注意事项。

b. 换装作业中，应认真监装卸，执行三检(车号、品名、到站)三对(现车、现货、清单)制度，认真查点件数，检查货物和包装状态，核对货件上的标记，指导工组按规定合理装载和捆绑加固，发现货损、货差应及时正确地编制商务记录申请书。

③换装作业后检查作业

a. 货物换装后，应检查车体、车窗、罐车阀、盖的关闭和施封及货物的装载加固情况，对落地的货物应进行登记，送指定地点，对整车货物未装下的剩余部分，应填制补送运行报单，组织落地、加装、补送或交付。将作业结束时间通知货运调度员。

b. 卸后的空车应检查是否干净，有无剩货；加固材料、车上标签是否清除，车门、窗、底开门是否按规定关好，向室内报车，打制电子装卸车报告单，填写相关表簿册。

3. 分析日常作业发生的问题，提出改进意见

(1)日常作业

①对票据办理作业中的审查，受理及传递，报验返回时的周期太长，分析其原因并提出改进意见。

②对货物换装后发生装载和加固以及车辆出现的问题分析产生的原因，提出防范措施。

(2)对外交接

①对外交接是一项政策性很强的涉外活动，在双方关系、业务处理、涉外保密、对外交涉中出现的问题要认真全面地分析其原因，根据涉外工作的特殊性及涉外条例采取慎重妥善的处

理方法。

②根据我国铁路的目前概况对口岸站的货物交接、票据周转及装载环节中发生的问题,应找出问题发生的原因,提出符合口岸站现行条件可行的改进意见。

(3)联检工作

①联检工作是一项涉及面广,中间环节多,政策性要求高,需要协调的工作,对边防检查、海关、国检检验、检疫出现的问题,要分析责任所在,采取连带配合的态度进行处理。

②对于口岸货代部门在车辆、货物、票据周转,报检,申请变更时发生的问题,要严格遵守铁路的规章制度,有依据地进行处理。

(七)培训指导的实作技能

1. 技术培训(对初、中、高级交接员进行安全技术培训)

(1)从事危险货物现场货运人员技术培训

直接从事危险货物的作业人员必须经过不少于60学时的技术业务培训,考试合格者,由铁路局核发《培训合格证》,未取得该证者不得上岗。《培训合格证》有效期为两年,每两年进行考核换证。

技术业务培训主要内容如下:

①危险货物运输的有关法规、政策、标准。

②铁道部、铁路局等主管部门有关文电规定。

③危险货物运输基础理论。

④国内外危险货物运输现代化管理及发展趋势。

⑤事故应急预案、救援方法。

⑥路内外重大危险化学品事故案例分析,处理方式以及重大危险源的辨识和控制方法。

(2)危险货物装卸作业的安全技术培训

①危险货物装车作业前对车辆及货物的检查内容:车种、车型与装运货物是否相符,车辆技术状态是否符合规定,货物名称、包装件数、重量与票据填写的要求,以及货物包装的强度、规格、包装结构与所装货物的适应条件。

②危险货物装卸作业使用的照明设备及装卸机具应具备的安全作业条件,装卸作业前对车辆和仓库的通风要求,以及向装卸工组说明的货物性质,强调的安全注意事项。

③作业时的搬运、拿、放要求,货物堆码注意事项,防止倒塌、严禁倒放的特殊要求,和应准备的消防器材和安全防护用品,装车后检查货物和车辆的内容。

(3)从事特种货物现场货装人员技术培训

直接从事超限、超长等特种货物的作业人员必须经过长大货物的技术业务培训,考试合格者及经职鉴中级交接员及以上的人员方可作业。

技术培训的主要内容如下:

①长大货物装载、运输、安全保证的特点和特殊要求。

②超限、超长货物运输的有关规章、文电和标准。

③超限、超长货物运输现代化管理及发展趋势。

④超限、超长货物装卸作业的安全技术培训。

⑤装运办法的请示与批复。

⑥装运办法(装载加固方案)的识图与执行。

⑦利用车辆的特殊条件根据货物状态、装载方案要求,选配适合车辆的方法。

⑧复测超限、超长货物装后尺寸,检查装载与加固,标画检查线的要求。

⑨填写“超限超长货物运输记录”,标明超限等级,在运单、票据封套、编组顺序表及车牌上注明特殊要求的规定。

2. 编写培训讲义和教案、撰写技术业务总结

(1)培训讲义和教案

①根据《国际铁路货物联运协定》、《国际铁路货物联运协定办事细则》、《国际联运货车使用规则》、《国际铁路货物联运统一过境运价规程》、《国际旅客联运和铁路货物联运清算规则协约和清算规则》等国际联运基础规章编制培训讲义和教案。

a. 国际铁路联运货物的办理范围、办理种别,运输限制,货物包装和标记,票据填写规定等。

b. 一国铁路向另一国铁路移交货物的一般规定,以及货物的换装、补送、误送和有票无货、有货无票的处理办法。

c. 一国铁路向另一国铁路移交车辆的一般规定,运用条件、车辆交接、自备货车、运送用具、集装箱的相关规定。

d.《国际铁路货物联运统一过境运价规程》的适用条件,办理过境货物运送手续的规定,关于运价规定和运送费用及杂费计算与核收,过境里程表及过境统一货价参加路慢运货物运费计算表的使用规定。

e.《国际旅客联运和铁路货物联运清算规则协约和清算规则》的适用范围,清算根据、清算项目、清算机关、清算办法以及清算单据的编制和保存期限等规定。

②根据各“国境铁路联合委员会”制定的《国境铁路协定》和双边《议定书》编制培训讲义和教案。

a.《国境铁路协定》和双边《议定书》的适用范围。办理国际联运货物交接的双方国境站之间,车辆和货物交接条件和办法。

b. 双方交接列车和机车折返运行办法的规定,以及根据不同国境站接运条件、能力双方制定运送限制等规定。

c. 针对双边《议定书》双方各铁路局每年修改、补充一次的变化,及时调整培训内容,将修改、补充事项编进培训讲义和教案。

(2)撰写技术业务总结

①技术、业务方面要求

a. 根据国际铁路联运的特点、作业流程的要求,以一段时间的货物交接、运送情况进行分析和总结。其中货物、车辆、票据的交接周转,现场换装,联检配合中存在的问题为撰写重点。

b. 管理体制,作业环节方面的问题,影响铁路跨越式发展因素,铁路每次提速后货装变化存在的问题,以及涉外交接中需要修改、补充内容,特种货物运输方面等问题。

②撰写方面要求

a. 选题要准,符合生产实际,标题要简明扼要,逻辑性强,并应紧扣内容,另外要注意的是总结的层次结构,总结的框架要力争层次清楚,编排合理,意图表示清晰,内容数据准确。

b. 总结中专业术语要规范，国标明确规定“同一术语应表达同一概念，同一概念应采用同一术语来表达”。总结要朴实、具体，内容要准确、简洁、生动，用尽可能少的文字表达出比较丰富和清晰的内容，切忌文字，冗长晦涩，重复繁琐。

c. 总结事故案例时，力求表达规范，严谨和通俗易懂，即：事故概述、现场勘察、原因分析，点击违规、相关规章链接和吸取教训、采取的防范措施。力求案例剖析准确，原因分析追根溯源，点击违规切中要害，相关规章链接无误，吸取教训深刻，采取措施得当。

3. 专业指导（对初、中、高级交接员进行安全技术指导）

（1）安全方面教育指导

①我国是以铁路运输为主的国家，铁路安全运输是国民经济发展的迫切需要，对国防建设，国际的经济交往，铁路自身的效益，对国家、社会财产安全和广大铁路职工的生命安全，都有十分重要的意义。所以安全教育应从职工的安全意识入手。

②“安全为了生产，生产必须安全”这是我们铁路运输生产的根本指导思想，在整个铁路运输过程中，生产是目的，而安全则是前提，是保证运输的手段，没有安全作为前提，也就没有运输生产效率。这是每个职工应懂得的道理。

③铁路货运安全管理的方针“安全第一，预防为主”。“安全第一”明确了安全与运输，安全与效益，安全与其他各项工作的关系，确立了安全管理在货运工作中的首要地位。“预防为主”规定了安全管理内部各项工作关系，阐明了安全工作的主要方法和手段。这是教育指导的重点内容。

④违章是安全的大敌，是事故产生的根源，所以铁道部提出了“规范管理强基达标”的总体要求，也只有通过科学务实的教育指导方法，铁路运输安全才能有所保障，才能实现标本兼治，长治久安。

⑤保证安全的决定因素是人，是靠人的责任心及规章制度和技术业务水平，所以要经过培训，正确指导提高职工的安全意识和综合素质，并通过严格的管理，强化规章制度，赏罚分明，把安全工作做到实处。

（2）技术业务指导

①超限、超重等长大货物作业应根据货运运输要求，载运工具，运输线路的限制，装卸设备的条件，作业环节的规定等方面进行技术业务指导，重点以货物“三视图”的识读，装载及加固捆绑方案与现货的核对。装车前、后的测量，货物检查线的标画，以及“超限货物运输记录”的填写，货物、运单、封套、车牌的标注事项为主要指导内容。

②危险货物作业应根据货物本身性质，运输条件的要求，车辆的检查，使用装卸设备采取的防护措施，消防和安全防护用品的准备等方面进行业务指导，重点以装卸车前、中、后的检查确认内容，作业中的安全注意事项，关于搬运作业和码放要求，以及发生紧急情况的应急预案和包装破损内货撒漏处理为主要指导内容。

③根据国际联运基础规章的修改、补充、部局级文电指示，双方议定书的变化，站场的整改、调整进行技术业务指导，重点以新更改规章条文的理解应用，部局文电的落实执行，作业环节的调整实施，新作业标准的制定培训为主要指导内容。

4. 在作业中应用、推广新技术进行改革创新

（1）我国铁路行业跨越式发展日新月异，“科技兴路”是发展铁路的重要方针，搞好国际联

运的运送也必须依靠科技进步。信息化技术的开发,以及在铁路运输中的应用,使我国铁路步入世界先进技术铁路国家的行列。

(2)新技术的融入,将促进铁路运输的集成化、规模化经营水平,随着六次大提速,铁路发展速度加快,所以说,依靠科学进步,采用先进技术设备,引用科学的组织和管理方法,促进铁路运输物流服务一体化运作,已成为国际联运发展的迫切需要。

(3)目前全国铁路开展的"四新"知识培训,就是"科技兴路"促进铁路进步发展融入的一个重要内容,所谓的"四新"知识是指新技术、新设备、新工艺、新材料。

①新技术是指铁路技术政策的动态和改进,以及新的技术在我们国际联运中的应用,其中包括新型货车的构造技术,货装项目的内容,装载和加固的要求,铁路及国际联运的发展动态。

②新设备是指采用先进技术设备,通过科技手段,加快作业速度,加大安全系数,其中货运安全检测系统,铁路信息管理系统(TMIS)的基本信息内容,货运制票信息系统(HMIS)解决了软硬件的升级换代,保证了铁路货运安全和基本信息的准确、高速、共享,充分适应了市场经济的变革,积极迎接信息时代对我们的挑战。

③新工艺是指铁路高速发展中,适应新的作业需要,含有科技含量的新的作业流程,其中包括新型货车的种类、结构、特点、性能参数及货装作业过程的编制要求,以及货运制票系统使用了当前流行的技术和先进的作业程序,采用了先进、成熟的理念,合理的系统结构,科学的数据组成,为提高国际联运运作水平,提供了可靠的技术手段。

④新材料是指为适应铁路运输发展和货装技术推广运用的需要,进一步提高货装质量,保证运输生产安全,铁道部制定的新材料的内容,其中包括高分子材料在车辆上的应用,尼龙、不锈钢、铁泥材料在货物装载加固材料上的应用。

二、国际联运作业质量标准

(一)票据办理和票、货、单证责任划分的要求

1. 票　据

(1)份数齐全,填写正确。

(2)戳记清晰,责任明确。

2. 货　物

(1)品名清楚,符合运送条件。

(2)包装、状态完整,确保运输安全。

3. 单　证

(1)单证必须与货物有关,相关栏填记清楚。

(2)审核严格仔细,确保不遗失。

(二)危险、超限货物票据的审核要求

1. 危险货物票据

(1)品名类项清楚,符合特定条件。

(2)包装符合规定,确保运输安全。

2. 超限货物票据

(1)商定运送记载完整,超限等级注明清楚。

(2)内附资料齐全,符合接收条件。

(三)票、货分离和拒收货物的处理要求

1. 处理有货无票、有票无货

(1)票据遗失责任清楚,补制资料完整正确。

(2)无货记录编制及时正确,票、证处理方法符合规定。

2. 办理拒收货物

(1)拒收原因清楚,记录编制正确。

(2)货物返回及时,办理手续齐全。

(四)计算运杂费、运到期限的要求

1. 计算过境运杂费

(1)过境里程计算清楚,运价等级查定准确。

(2)计费重量确定无误,确保杂费不漏收。

2. 计算货物运到期限

(1)办理种别清楚,运价公里判定准确。

(2)起止时间无误,计算方法符合规定。

(五)特种货物换装的质量要求

1. 换装前作业

(1)识图按方案装车

①形状尺寸数据完整,重心高及重心位置判定准确。

②方案内容明确清楚,严格执行按方案装车。

(2)特定区段装载限制

①特定区段清楚,装载限制明确。

②测量数据准确,核对重量无误。

2. 换装中作业

(1)危险货物

①特定条件清楚,货物性质明确。

②作业注意事项传达完整,安全防护措施妥当。

(2)超限货物

①装载方案或批示内容清楚,货物各部数据测量准确。

②选配车辆适合,装载加固方法符合规定。

(3)处理换装时发生问题

①发生的装载问题清楚,复测数据准确。

②处理及时符合规定,吸取教训制定措施。

3. 换装后作业

(1)验收换装后货车

①检查严格全面不漏项,门窗盖阀关闭符合规定。

②装载加固达到标准,确保货物及行车安全。

(2)超限、超长货物的检查

①货物装载与方案相符,测量尺寸准确无误。

②货物装载牢固稳定,捆绑加固符合规定。

(六)生产过程管理和生产工艺改进的技能要求

1. 生产过程管理(编制国境站国际联运作业过程)

(1)进口货物交接作业

①车辆检查仔细,货物接收、拒收符合规定。

②票据接收完整,戳记加盖清楚,票据办理无误。

(2)出口货物交接作业

①核对仔细、传递及时、交接清楚、标注准确。

②问题登记清楚、票据齐全、打制正确、预报及时。

(3)换装作业

①计划周密、使用车辆合理,通知及时、检查合格。

②出场及时对位准确、件数状态检查无误、装载加固符合规定。

(4)计算货物密度比重,确定货物装载高度

①货物性质清楚,计算方法正确。

②量尺画线准确,装载高度确定无误。

2. 生产工艺改进(拟定作业标准)

(1)交接员(值班员)

①确报内容清楚计划掌握准确,出场通知及时货物确定无误。

②票据接收完整,戳记加盖清楚。登记准确、传递及时,货物接收符合规定。

(2)到发线交接员

①交接车提前准备出场及时,分工明确、货检认真仔细。

②数据统计准确,簿册填制无误,记录编制正确,通知解体及时。

(3)统计交接员

①车辆核对相符准确,确认及时无误,表簿册填写清楚,上报及时。

②车辆交接单打制正确,戳记加盖清楚,车辆返回及时,簿册登记准确。

(4)交接员(入口)

①票据完整齐全,变更事项符合规定,计算机确认清楚及时。

②报告单核对清楚,挑出票据准确无误,票据更改事项完整,运杂费货票打制正确,送票及时交接无误。

(5)交接员(出口)

①票据核对检查仔细,取票交接确认清楚,问题卡片登记及时,计算机标注准确无误。

②挑出票据完整齐全,交接单打制填写正确,预报通知准确及时。

(6)现场交接员(值班员)

①编制计划周密,使用车辆合理,请求配车正确。

②通知换装及时,布置计划全面,检查处理严格果断。

(7)现场交接员(货运员)

①出场及时对位准确，车辆检查仔细，符合装车条件。

②件数重量确定准确，装载加固符合规定。

3. 分析日常作业发生的问题，提出改进意见

(1)日常作业

①票据办理问题分析清楚，改进意见合理正确。

②货物装载问题分析准确，防范措施制定得当。

(2)对外交接

①涉外问题分析全面清楚，处理慎重妥善无不良反应。

②口岸站作业环节清楚，改进意见正确可行。

(3)联检工作

①联检部门法律法规清楚，配合协调处理积极主动。

②货、票、车、证周转环节清楚，处理问题规章依据充分。

(七)技术培训和专业指导的技能要求

1. 技术培训

(1)对初、中、高级交接员进行安全技术培训

①培训学时准确，考试必须合格，持证上岗。

②培训内容完整，规章文电齐全，具备实作操作技能。

(2)编写培训讲义和教案，撰写技术业务总结

①讲义、教案、规章依据清楚，修改、补充事项更改及时。

②撰写论点清楚，层次分明，意图清晰。

2. 专业指导

(1)对初、中、高级交接员进行安全技术指导

①安全指导重点明确，标本兼治，长治久安。

②技术指导理论结合实际，强基础，达标准。

(2)在作业中应用推广新技术，进行改革创新

①技术能融入生产实际，改革创新能应用于安全生产。

②新技术、新设备掌握清楚，新工艺、新材料熟练应用。

三、国际联运作业问题处理技能

(一)到达票据不齐全或填记不完整时的处理

1. 对交付路提交的票据，检查发现票据填记不完整，应及时要求交付路有根据的补充填记。在票据“铁路记载”栏内注明填记事项，并由工作人员签字，加盖日期戳记，以确定其责任。

2. 对交付路提交的票据，经检查发现票据份数不齐全或记载不符合规定的而交付路又拒绝补制和更改，应不予接收，按规定办理拒收手续。

(二)到达一件超重货物或件数超过规定时的处理

1. 到达时票据上记载一件重量超过 60 t 的货物而在票据上无参加路预先商定如何运送

的记载,应要求交付路有根据的补填完整后方能接收。无法填补时应按规定拒收。

2. 敞车到达的货物,票据记载的货物件数超过 100 件时,应要求交付路改成堆装,按重量进行接收。

(三)票据中记载的添附文件到达时与实际不符时的处理

1. 交付路交付的票据中经检查内附有货物明细单,品质证明书等附带文件,但运单“发货人添附文件”栏内无任何记载,则要求交付路按内附添附文件补填,并在“铁路记载”栏内说明签字后加盖戳记。

2. 到达的票据内无任何发货人所添附文件,但票据“发货人添附文件”栏内有“品质证明书”2 份,“货物明细单”2 份,则要求交付路编制《国际铁路货物联运办事细则》附件 34 的普通记录一式三份,其中两份附在运单中,并在运单“铁路记载”栏内记载关于该路已编制普通记录一事,签字后加盖戳记以资证明。

(四)危险货物票据中无记载货物类项和包装种类不符时的处理

1. 票据记载危险货物的名称栏内无记载该项危险货物的类项,应要求交付路按《国际铁路货物联运协定》附件 2 的特定条件补填完整,方能接收。

2. 票据记载危险货物的包装与《国际铁路货物联运协定》附件 2 特定的包装种类不相符时,不予接收,按规定办理拒收手续。

(五)超限货物票据中无记载超限等级和预先商定内容时的处理

1. 票据记载超限货物名称栏内未记载该项超限货物的超限等级,应要求交付路按内附资料有根据的补填完整,并在票据“铁路记载”栏内注明补填内容,签字后加盖戳记。

2. 超限货物票据中无参加运送铁路预先商定如何运送的记载,则应要求交付路有根据的补填完整后,并在票据“铁路记载”栏内注明补填内容,签字加盖戳记后方能接收。

(六)有货无票或有票无货和拒收货物的处理要求

1. 到达票据个别张页或全部灭失时,发现灭失的车站应编制商务记录,并要求交付路按现有票据中的事项或按货件上的标记或按车辆或集装箱上表示牌的记载补制灭失的票据,在重新补制的运单标题上方记载“(24)”、“代替灭失的运单/代替灭失的第××张”。

2. 货物全部灭失时发现灭失的车站应编制商务记录,如在运送途中发现灭失,运单和添附文件应经由运单所记载的国境站寄送到站,要求交付路在货物交接单关于该批货物的“备考”栏内记载关于货物全部灭失的事项。并在运单“商务记录”栏内注明货物灭失的原因。

3. 办理拒收货物:

(1)到达的货物发现属于《国际铁路货物联运协定》规定不准运送的物品,尽管名称正确,也应按照《国际铁路货物联运协定》的规定将这项货物截留,并按国家的有关法令和规章处理。

(2)到达的货物发现属《国际铁路货物联运协定办事细则》第 5 条所载情况下的货物,应用《国际铁路货物联运协定办事细则》附件第 34 号规定的普通记录办理货物拒收手续,并注明拒收原因,在交接单中将关于拒收货物的事项划销,在“备考”栏内记载:“拒收记录第________号”并用最近列车中的一趟列车将其拒收货物返还交付路。

(七)计算过境货物运杂费和计算运到期限发生问题时的处理

1. 货物名称如在《货物名称表》中只能确定该货物所属类,而不能确定该货物所属项时,运费应按照对于这类货物所规定的最高等级计算。

2. 如果在《货物名称表》中，货物所属类、项都不能确定时，运费就按 1 等费率乘以实际重量（整车货物不得少于 20 t）计算。

3. 货物在国境站换装时，如一部分货物用补送运行报单补送，则运到期限按随原运单到达的部分货物计算。

4. 到达票据在“发货人的特别声明”栏内注明了到达期限，应重点检查交付路在票据“通过的国境站戳记”栏内加盖日期戳是否清晰易辨，以此划分货物逾期到达的责任。

（八）识图及按方案装车以及特定区段货物装载发生问题时的处理

1. 货物三视图反应的数据不完整时，应及时测量货物，将准确完整数据提供路局，待批示后方能装车。

2. 装载方案规定数据与装车后测量的数据不符时，小于或等于装载方案数据的，可以放行。大于装载方案的，必须重新请示，按批示后的电文重新装车。

3. 到达或通过特定区段的货物装载高度或宽度超过装载限制的，应按规定高度或宽度进行整理后方能放行。

4. 到达或通过特定区段的货物，车辆自重加实际载重超过规定区段重量的必须减吨达到规定吨数。

（九）危险货物作业发货人和作业单位未遵守特定要求时的处理

1. 到达的危险货物发货人未遵守危险货物的特定条件，不符合《国际铁路货物联运协定》附件 2 规定要求的货物，不予接收，应办理拒收手续返回交付路。

2. 危险货物装车，装卸机具未具有防爆性能的，应立即停止其作业，整理后具有防爆性能时方准开始作业。

（十）超限货物装车时发生选配车辆不当和货物偏载时的处理方法

1. 超限货物装车时，根据货物的重量、重心位置及外形结构发现选配的车辆不适合装车时，不能作业，应重新选配合适的车辆。

2. 超限货物装车时发现货物偏载时，应吊起重新摆放均衡，使货物的重心位于货车纵横中心线的交叉点上，必须位移时应遵守《铁路货物装载加固规则》的相关规定。

（十一）换装后发生货物包装、装载、加固不良及车辆问题时的处理

1. 换装危险货物爆炸品包装发生破损，内货撒漏时，除正常编制商务记录处理破损货件外，还应对撒漏的爆炸品及时用水润湿，撒以松软物后轻轻收集，并通知公安和消防人员处理。禁止将收集物品装入原包装内。

2. 在换装时发生放射性物质包装破裂，内容物撒漏时，应立即组织作业人员撤离，及时向有关部门报告，由安全防护人员测量并划出安全区域，悬挂明显标志，善后处理应启动应急救援方案。

3. 使用铁地板长大货车装载的货物采用焊接加固，焊接不良或不起作用时，应重新组织人员进行焊接加固。焊接时应采取安全接地措施。

4. 罐装货物换装后，阀门渗漏，应组织列检人员及时处理，无法处理时应及时进行倒装。

5. 检查超限货物的加固捆绑铁线被损坏时，应组织换装工组重新更换，按装载方案重新捆绑。

6. 超长货物共用游车时，两货物突出端间距不足 500 mm 时，应组织工组立即进行调整间距达到标准。

（十二）生产过程管理中发生票据周转、换装作业及确定装载高度问题时的处理

1. 国境站国际联运作业出口、进口的票据周转，应以海关确认、放行或查验货物为重点，一旦发生海关未确认放行或同意换装票据，下个环节的作业不准进行，应协调海关妥善处理后方能进行下个环节作业。

2. 货物的换装作业，应以保证货物和行车安全为重点，一旦发生装载或加固不良以及车辆问题，必须按规定处理后方能放行。

3. 计算货物的密度比重，是确定货物装载高度的关键，每个季节的货物密度由于含水量等都有不同程度的变化，一旦发生确定高度的重量发生变化时，应随时重新测定以确保装载高度符合安全条件。

4. 通过计算的货物装载高度，应量尺画线，标画清楚，一旦发生确定高度的重量仍超重时，应重新测定货物的平均密度。

（十三）生产工艺改进中拟定作业标准，分析日常作业存在问题时的处理

1. 拟定作业标准

（1）交接员（值班员）

①交接员（值班员）是一班之长，负责业务上的管理指挥，要求必须精通国际联运业务，一旦发生业务问题，能及时地按章处理。

②负责到达货物、票据的审核把关，按章确定接收或拒收货物和车辆，一旦发生双方交接上的业务问题，负责对外交涉，有理有据地进行处理。

（2）到发线交接员

①作业重点是到达列车及货物的检查交接，一旦发生车辆、施封、货物发生异状，应根据规定编制记录和进行处理。

②负责进口货物运量的统计，交接单号码、过磅等簿册的填记，一旦发生交付路重量的误记、交接单号码不连续和双方过磅簿的不相符，应有依据地进行处理。

（3）统计交接员

①作业重点是重、空车辆及运送用具的交接手续办理，平衡表的填记和上报，一旦发生交接手续的不齐全，填注交付时间不准确，应交涉交付路按章进行处理。

②返还集装箱、运送用具发生原寄送单或交接清单缺页或全部遗失，应规定进行补制。

（4）交接员（出、入口）

①出口作业拟定作业重点是票据的审核、周转、货物交接单的打制、预报和组织开车，一旦发生票据或货物问题不具备挂运条件，应及时填记工作卡片，协调相关部门处理。

②入口作业拟定作业重点是货代部门返回票据的审核受理，换装后票据的办理，运杂费的核收及组织送票开车。一旦发生海关未放行货物的换装，运杂费的错收，应协调海关和按规定处理。

（5）现场交接员（值班员、货运员）

①交接员（值班员）拟定作业重点是换装计划的编制和传达，相关人员出场作业的通知，货物检验和处理换装中的问题。一旦发生危险货物的破损、罐装货物的渗漏，货物装载和加固

的不良，应组织相关人员处理或及时上报采取应急方案。

②现场交接员（货运员）拟定作业重点是根据换装计划检查车辆顺序和对位情况，车辆和货物状态，查点件数核对重量，检查货物的装载及加固，一旦发生货损、货差或装载加固不良应按规定编制商务记录和按章处理。

2. 分析日常作业发生的问题，提出改进意见

（1）日常作业中对票据办理和换装作业发生的问题，应分析其原因，以预防为主，提出防范措施。

（2）对外交接出现的问题，应认真全面分析其原因，根据涉外条例，在对外交涉中采取慎重、妥善的态度。

（3）联检工作中发生的问题，要分清责任，依据法令法规和铁路的规章制度，采取协调配合的态度进行处理。

（十四）技术培训、专业指导作业技能中发生问题时的处理

1. 对初、中、高级交接员进行安全技术培训

（1）直接从事危险货物的作业人员《培训合格证》不能超过两年，有逾期的应提前联系有关组织考核换证。

（2）超限、超长货物货装作业人员在装车后复测尺寸与装载方案不符时，应重新请示装运办法。

2. 编写培训讲义和教案

（1）编写培训讲义和教案时，内容规章和议定书部分如发生修改和补充，应及时调整和补充内容，以保证讲义和教案不过时。

（2）撰写总结涉及事故案例时，如原因不清，应亲自现场勘察，追根溯源，以保证总结的准确无误。

3. 对初、中、高级交接员进行安全技术指导

（1）安全方面的教育指导应重点放在杜绝违章作业上，如在生产实践中，发现违章作业应坚决处理，决不姑息。

（2）技术业务指导应重点放在发生紧急情况的应急预案的启动和危险货物破损内货撒漏处理方面。

4. 在作业中应用推广新技术，进行改革创新

（1）新技术的融入，必会导致作业程序的变化，在推广新技术中要预想到发生问题的应急处理，以保证新技术的实施平稳过渡。

（2）“四新”知识的培训应用，使许多新设备、新材料的使用方面必会产生操作、使用不当等问题要预先进行培训新工艺的操作，新材料的使用流程，以确保操作使用时的万无一失。

职业技能

（通用部分）

一、国际联运作业安全注意事项

1. 人身安全的一般要求

(1)铁路货运职工在岗位上执行职务时,必须穿着规定的服装,佩戴易于识别的证章。

(2)铁路货运有关人员接班前须充分休息,以保证工作中精力集中,要据工作需要正确着用防护用品,并且不准饮酒上岗和擅离工作岗位,如有违犯,立即停止其工作。

(3)铁路货运职工必须在自己的职务范围内,以对国家和人民财产及对自己人身安全极端负责的态度,保证安全生产。

(4)对保证安全生产和人身安全及防止事故有成绩者,应予表扬和奖励;对违反规章制度操作标准,应视违反程度和造成货运事故、人身伤害的性质情节及后果,给予教育、纪律处分或追究法律责任。

2.《铁路车站行车作业人身安全标准》(TB 1699—1985)

(1)班前禁止饮酒,班中按规定着装,佩带防护用品。

(2)顺线路行走时,应走两线路中间,并注意邻线的机车车辆和货物装载状态。严禁在道心、枕木头上行走,不准脚踏钢轨面、道岔连接杆、尖轨等。

(3)横越线路时,应一站、二看、三通过,注意左右机车车辆的动态及脚下有无障碍物。

(4)横越停有机车车辆的线路时,应确认机车车辆暂不移动,然后在该机车车辆较远处通过。严禁在运行的机车车辆前面抢越。

(5)必须横越列车、车列时,应先确认列车,车列暂不移动,然后由通过台或两车车钩上越过,勿碰开勾销,要注意邻线有无机车车辆运行,严禁钻车。

(6)不准在钢轨上、车底下、枕木头、道心里坐卧或站立。

(7)严禁扒乘机车车辆,以车代步。

3. 装卸作业中人身安全的防护

(1)应熟知作业区域、线路及作业设备和作业方法,并随时注意其变化和使用情况,如遇线路、设备发生异状或变化,危及货物和人身安全时,应及时通知有关人员并采取预警、撤离、防范等安全措施。

(2)在检查货物或监装过程中,严禁在车帮上行走或骑坐以及禁止在车帮上跨越车辆。

(3)严禁在装载易于窜动货物的车辆间和货物空隙间站立或坐卧,作业中严禁吸烟。

(4)要认真检查线路两侧和站台上货物堆放情况,保证起码的安全距离,线路两侧堆放货物距钢轨面边缘起不得小于1.5 m,站台上堆放货物距站台边缘不得小于1 m。

4. 货物作业线和货物专用线装卸作业的安全防护

(1)货物换装作业的防护应使用带有脱轨器的防护信号装置,以保证作业人员及货物、机具的安全。

(2)在货物换装作业时,应安装在作业车辆两端线路20 m的来车方向左侧钢轨上(昼间为红色方牌,夜间为红色灯光)。

(3)尽头线路只在道岔方向一端防护。作业车停留位置距警冲标不超过20 m时,防护信号应设在警冲标相齐处。

(4)防护装置的设置与撤除应由专人负责,其他人无权参与撤除,在没有作业时,脱轨器应放置在固定地点,妥善保管。

(5)换装作业完了后,及时撤除脱轨器,并及时通知现场交接员,防护脱轨器撤除后,即可视为作业完毕,换装作业人员已撤离到安全地点,具备调车作业条件。

(6)遇有脱轨器(包括防护装置)故障时,要及时进行修理,同时按规定设置防护信号(昼间为红色信号旗、夜间为红色信号灯)。

(7)未按规定设置防护装置或防护信号时,不准许进行作业。

5. 作业安全中人身安全的“八防”措施

(1)防止车辆伤害

①进线作业及横越线路必须确认邻线运行的车辆状态,换装作业必须按规定设置防护,注意瞭望,安全避车。

②严禁扒乘机车车辆,钻车和在运行的机车、车列前面抢越,严禁在钢轨上、车底下、枕木头、道心内坐卧,站立和行走。

(2)防止高处坠落

①检查货物装载作业上车检查时,必须戴好安全帽,在车上行走时,抓紧踩牢,防止坠落。

②禁止在6级及以上大风时进行登高检查作业,患有禁忌症人员不许登高作业。

(3)防止触电伤害

①严禁上电吊和进入操作室内监装作业,必要时登上电吊应按规定着用好防护用品。

②必须严格按规定在高压线下进行装卸作业,电力设备必须执行监护制度,按规定挂“禁止合闸,有人作业”牌。

(4)防止起重伤害

①严禁在吊物的起重机下站立和行走。

②在吊车下指导装载,应瞭望吊车动态,按规定进行操作。

(5)防止物体打击

①进入作业区域必须按规定使用安全帽等劳动保护用品,高处和双层作业,禁止作业人员向下抛掷加固材料和工具。

②邻线有机车、车列通过时,必须面向列车避车,防止落物击伤,换装重、大、长货物必须有专人指挥,动作协调,防止倒塌伤害。

(6)防止机具伤害

①各种装卸机具必须按安全操作规程作业,防止装卸作业中碰伤人员,监装人员应随时注意作业机具的动态,及时躲避,做好自保防护。

②装卸作业机具应确保性能良好,严禁机具带病或超负荷运转,安全防护装置(如制动装置等)必须状态良好。

(7)防止危货爆炸伤害

①作业前应向装卸工组说明爆炸品的性质,作业时应注意的安全事项,并准备好消防器材

和安全防护用品。作业时禁止使用铁质工具,机具和照明应采取防爆和防止产生火花措施,作业中要轻拿轻放,不得摔碰、撞击、拖拉、翻滚。

②对包装发生破损内货撒漏的爆炸品应及时用水湿润,撒以松软物后轻轻收集,并通知公安和消防人员按规定处理,禁止将收集物品外带或装入原包装内。

(8)防止中毒、窒息

①有毒物质的运输、装卸、储存,必须严格按照《铁路危险货物运输管理规则》规定的操作规程进行作业,作业场所要定期监测,作业人员要定期进行体检。

②在有毒物质的作业场所作业前必须采取通风、吸尘、净化、隔离等措施,并正确使用劳动防护用品,严防皮肤破损处接触有毒物质,作业完毕后及时清洁身体后方可进食、吸烟。

6. 铁路企业伤亡事故的伤害程度、等级和报告程序

(1)按伤害程度分为轻伤、重伤和死亡

①轻伤:指造成人体肢体、某些器官功能的轻度伤害,致使劳动能力轻度或暂时性丧失的伤害。

②重伤:指造成人员肢体残缺或某些器官受到严重损伤,致使人体长期存在功能性障碍或劳动能力有重大损失的伤害。

(2)伤亡事故等级

伤亡事故等级分为轻伤事故、重伤事故、死亡事故、重大死亡事故、特大事故等五类。

(3)事故报告程序

①轻伤事故:事故发生后24小时内报至单位及同级工会;3天内报至铁路局生产业务(安全)等部门。

②重伤事故:事故发生后24小时内逐级报至铁路局(包括改制的集团公司)等相关部门。

③死亡、重大死亡、特大事故:事故发生后24小时内逐级报至铁路局劳动安全监察部门,全国铁路总工会。

二、典型案例分析

(一)涉及行车安全的货运典型案例

1. 联合收割机台捆绑加固线滑脱

2009年7月24日,A站承运到B站3065型联合收割机一台,车号:N_{17} 502002。当日编入17008次列车于17时10分在A站发车。18时01分在C站通过时,助理值班员发现机后第44位联合收割机横向摆动幅度较大,报告列车调度员在D站停车处理,构成行车一般事故。

(1)现场勘查情况

①货物装载位置:联合收割机顺装在车辆前部,收割台装在车辆后部。收割台与车地板接触面已有明显划痕,判明较原装位置横向左侧位移约150 mm。

②加固情况:加固材料使用ϕ14的钢丝绳,栓结点选择在收割机横梁中部凹起处,与平车两侧丁字铁呈大八字形捆绑。由于列车运行震动,钢丝绳已从凹起处滑落并向后移位约200 mm。横梁油漆有明显摩擦痕迹,钢丝绳松弛,拴结点失效,失去了对收割台的加固作用。

(2)原因分析

①在方案管理上存在严重漏洞。部、局方案对该收割台栓结点没有明确规定,车站在运输该产品过程中已多次发现问题,但没有认真分析原因,也没有对部、局方案中不明确问题进行补充和细化,使栓结点位置不明确,是导致发生问题的根本原因。

②收割台拴结点选择不当。拴结点不应选择在凹起处,而应选择在凹起出两侧或不能水平滑动的位置。对上述问题监装货运员在指导装车时没有发现和处理。

③货检员把关不严。在货检作业方面,车站已经将联合收割机的装载作为货运检查的重点,对货物装载加固情况要进行全面检查,但由于货检员检查不仔细,也没有发现拴结点选择不当的问题,错过了防止事故发生的有利时机。

④安全卡控失效。在安全卡控方面,车站已经制定了联合收割机装载卡控措施,车站干部和班组长没有在安全卡控点进行检查。

(3)点击违规问题

①违反《铁路货物装载加固规则》第七条的规定。《铁路货物装载加固规则》未规定的装载加固方法,车站应会同托运人组织试运并按批准后的试运方案装车,由于栓结点位置不明确,现场货运员指导装车没有依据,是构成这起事故的主要原因。

②违反《铁路货物运输管理规则》第三十二条的规定。货检员未按货运交接检查的内容,对货物装载加固进行全面检查,并由于检查不仔细,也未发现栓结点选择不当的问题。

(4)相关规章链接

①《铁路货物装载加固规则》第七条规定:本规则未规定的货物装载加固方法,装载加固材料及装置,应由托运人会同承运人,在安全运输的前提下组织试运,试运的有关要求按本规则第四章办理。

②《铁路货物运输管理规则》第三十二条规定:货运交接检查的内容:列车中货物装载、加固状态;车辆篷布苫盖状态;施封及门、窗、盖、阀关闭情况;货车、票据完整情况,发现异状时,应及时处理。

③《铁路货物装载加固规则》第二十二条加固的一般要求:拉牵可采用八字形、倒八字形、交叉、又字形或反又字形等方式,使用多股镀锌铁线、盘条加固时,需用绞棍绞紧,绞紧程度不能损伤铁线、盘条。必要时,加固线与货物、车辆棱角接触处,应采取防磨措施。

(5)名词解释

①小八字形捆绑:货件上的栓结点高度较低的八字形捆绑。

②大八字形捆绑:货件上的栓结点高度较高的八字形捆绑。

③交叉捆绑:对应捆绑铁线、盘条、钢丝绳或绳索出现相互交叉的捆绑。

④下压试捆绑:加固铁线、盘条、钢丝绳或绳索从车辆一侧或一端的栓结点起,压过货件顶部后栓结在车辆另一侧或另一端栓结点上的捆绑。前者称为横向下压捆绑,后者称为纵向下压捆绑。

2. 25 m重轨在运输途中位移

2009年2月8日,A站承运到B站25 m重轨1组(两车跨装),车号:N_{17} 501121、5012252。当日编入21224次列车,于21时30分在A站发车。次日4时20分,运行到C站时,发现机后第12位货物横向和纵向位移,危及行车安全,甩车处理构成严重装载不良行车一般事故。

(1)现场勘查情况

①装载情况

a. 使用哈局 Z60 - 2 - 0310 号专用转向架 1 组,货物转向架和活动式滑台安装位置正确;车钩缓冲停止器安装正确。

b. 共装三层,每层钢轨间铺设的隔木已歪斜,正反扣轨已产生不均等间隙。

c. 车辆停留在平直线路上。车辆前端钢轨向左横向位移 200 mm,后端钢轨横向右位移 50 mm,纵向看所装钢轨呈弧状。且货物整体向右位移 230 mm,转向架滑台无润滑油脂。

②加固情况

a. 用 180 mm × 60 mm × 8 mm 的扒锯钉 16 枚,将 4 个转向架滑台分别在车地板上钉固。

b. 用 ϕ6.5 盘条 6 股,在每个转向架上架体将钢轨整体下压式捆绑 2 道;在钢轨中部用 ϕ6.5 盘条 4 股整体捆绑 1 道,在两端滑台外侧 500 mm 处各整体捆绑 1 道。

c. 用 ϕ6.5 盘条 2 股,穿过每层外侧 3 根钢轨两端螺栓孔拧紧;在第二、三层两端各用盘条 2 股,穿过 U 形夹具和捆绑在两端外侧 3 根钢轨的盘条反八字形拉牵在上架体上。

d. 前端加固线松动,后端加固线绷紧,上架体加固环坠在车地板上。

(2)原因分析

①监装货运员装车前未认真检查加固装置。货物转向架滑台未按规定满涂润滑油脂,车辆经过曲线运行货物在滑台上水平滑动,进入直线未恢复原位,是事故发生的重要原因。

②盘条加固质量未达到标准。监装货运员对装载指导不利,把关不严,盘条捆绑松紧程度不适当,导致捆绑强度没有达到方案规定标准。

③未按规定插放货车表示牌。由于跨装车组未插放“禁止溜放,限速连挂”表示牌,可能出现调车作业溜放和冲撞。

(3)点击违规问题

①违反《铁路货物装载加固定型方案》070404 号第六项第七款规定。货物转向架滑台未满涂润滑油脂,导致货物在滑台上滑动受限。

②违反《铁路货物装载加固定型方案》070404 号第六项第三款的规定。使用盘条代替固定捆绑索具,虽符合部〔2008〕85 号电报规定,但捆绑质量没有达到方案规定标准。

③违反《铁路货物运输管理规则》第十四条第四款的规定。该连挂车组禁止溜放,但未插放货车表示牌(见《铁路货物运输管理规则》格式三)。

(4)相关规章链接

①《铁路货物装载加固定型方案》070404 号第六项第七款规定:上、下架体间及滑台上均满涂润滑油脂。

②《铁路货物运输管理规则》十四条第四款之规定:需要插放货车表示牌的货车,应按规定插放。

③部[2005]85 号电报第二项第二款规定:加固索具可用 ϕ6.0 ~ 6.5 盘条代替。具体替代方法:使用 ϕ6.0 ~ 6.5 盘条 2 道(每道 3 周 6 股)将重轨整体下压后捆绑在每个转下架的架体上。

④《铁路货物装载加固定型方案》070404 号第六项第四、六款规定。

第四款：每层外侧三根钢轨的两端，用 2 股盘条穿过其端部螺栓孔后拧紧，装 3 层时在 2～3 层两端用盘条 2 股穿过安插的 U 形夹具加固环和两侧已穿孔拧固的盘条后，拧固在两端滑台内侧 500 mm 处的整体捆绑盘条上。

第六款：在钢轨中部（车辆连接处）用盘条 2 股将钢轨做整体捆绑。在两端滑台内侧 500 mm 处用盘条 3 股将钢轨整体捆绑，用盘条两股由上架体加固环穿过整体捆绑盘条，压住第四款中兜头盘条，折回到上架体捆绑环并绞紧。

⑤《铁路货物装载加固规则》二十八条第七款规定：跨装车组禁止溜放。

⑥《铁路货物装载加固规则》四十七条规定：25 m 钢轨采用货物转向架两车跨装方式。两平车高度差超过 20 mm 时，必须垫平，不需安装车钩缓冲停止器。

（5）名词解释

①车辆转向架：指机车车辆的走行部装置。通常两个或三个轮对用一钢性结构安装在一起，避免单个轮对歪斜，使之安全顺利通过曲线。

②专用转向架：指专为某种超长货物制备的货物转向架。

③跨装：是一件货物或货件成组跨及两辆或三辆平车，并由两辆平车负重的装载。

④车钩缓冲停止器：用来限制跨装车组之间车钩缓冲弹簧伸缩作用的一种装置，安装在车辆端梁的冲击座和车钩的活塞之间。

3. 超限货物无方案装车

2008 年 8 月 30 日，A 站按普通货物承运到 B 站干燥器一台，车号：N_{17} 5012352，装车地点某企业专用线。当日编入 470710 次列车，于 9 时 37 分在 A 站发车。次日 16 时 20 分到达 C 站，货检员检查发现货车前端加固盘条折断，货物横向位移 300 mm，纵向位移 114 mm，严重危及行车安全，甩车处理，构成严重装载不良一般行车事故。

（1）现场勘查情况

①货物外形尺寸：该货长 12 000 mm，宽 2 850 mm、高 3 550 mm。装车后货物中心高为 4 676 mm，中心高左、右宽均为 1 000 mm。第一侧高在 4 200 mm 处，左、右宽均为 1 425 mm。货物重量 32 t，根据现场勘察各部尺寸，确定为上部二级超限货物。

②货物装载加固情况。干燥器直接装在车地板上，使用 $\phi 6.5$ 的盘条 4 股，在干燥器两侧各拉牵成两个大八字形，共捆绑 8 道，栓结在车侧丁字铁上，运行前端右侧向后斜拉盘条折断 2 股。根据车地板划痕，判定货物纵向位移 114 mm，横向位移 300 mm。

（2）原因分析

①整车计划员受理把关不严。在受理大型机械时末向托运人索取有关技术资料及计划装载方案，擅自办理请车，是导致无方案装车的直接原因。

②监装货运员盲目组织装车。在使用平车装运大型机械时，没有向托运人索取装载加固方案，也没有及时向车间报告，在缺少相关技术资料的情况下盲目组织装车。

③货物加固方法存在问题。由于该货物属于无方案装车，在加固方法上存在随意性，导致出现多股加固盘条牵拉受力不均等问题。

④货检员没有及时发现货物超限。该货物按普通货物办理，但货物装载高度和宽度已经超过机车车辆限界，货检员在检查时没有及时发现，失去了货检把关作用。

(3)点击违规问题

①违反《铁路超限超重货物运输规则》第十条的规定。整车计划员在受理超限货物时,未向托运人索取该项货物说明书,货物外形图等相关技术资料。

②违反《铁路货物运输管理规则》第十四条第三款规定。监装货运员在使用敞车、平车装运超限货物时,无方案组织装车。

③违反《铁路货物装载加固规则》第二十二条加固的一般要求的规定。使用盘条加固时,需用绞棍绞紧,并不能损伤盘条,致使多股盘条牵拉时受力不均或有损伤,导致货物捆绑加固线折断,货物发生横向、纵向位移。

④违反《铁路货物运输管理规则》第三十二条的规定。货检员在检查时,没有发现货物装载加固存在的问题和及时处理。

(4)相关规章链接

①《铁路超限超重货物运输规则》第十条规定:托运人托运超限、超重货物时,除按一般货运手续办理外,并应提出下列资料:

超限超重货物托运说明书(见格式一),货物外形的三视图。图中应标明货物的有关尺寸,支重面长度,并以“+”号标明重心位置。

申请使用的车种、车型及车数,计划装载加固方案。

②《铁路货物运输管理规则》第十四条规定:对以敞、平车装载的需要加固的,有定型方案的,严格按方案装车;无定型方案的,车站应制定装载加固方案,并按审批权限批报,按批准方案装车。

③《铁路货物装载加固规则》第二十二条第二款规定:使用多股镀锌铁线、盘条加固时,需用绞棍绞紧,绞紧程度不能损伤铁线、盘条。

④《铁路货物运输管理规则》第三十二条规定:货运交接检查的内容包括列车中货物装载、加固状态;……发现异状,应及时处理。

⑤《铁路超限超重货物运输规则》第十八条规定:装车后,应用颜色醒目油漆标画易于判定货物是否移动的检查线,并在货物两侧明显处以油漆书写、刷印或粘贴“×”级超限,或挂牌标识。

(5)名词解释

①货物装载加固方案:根据货物的重量、体积、形状和使用车型而制定的装载方案、加固方法、加固材料规格及使用数量的规定。包括铁道部的定型方案和试运方案,铁路局的暂行方案及站段的细化方案。

②超限货物装载检查线:是指超限和超长或超重货物装车后,为判定货物是否移动而用油漆在车地板上标画的货物装载位置的标记。

③货物外形尺寸图:是指标明货物各部位长度、宽度、高度及支重面长度、重心位置的三视图。

4. 车内残留货物造成超重

2008年11月17日,A站承运到B站大豆1车,车号:C_{62A} 4403111,装车地点某专用线,19时装车完毕,当日编入21002次列车,21时10分在A站发车,23时50分运行到C站,检衡发现超重6 t,危及行车安全,甩车处理。

(1)现场勘查情况

①清点货物。会同托运人及C站有关人员对货物卸车清点,实装667件,每件平均重量89.8 kg,计算全车货重59.9 t,少于货车标记载重0.1 t。

②检查车体。检查车体内部,发现车地板上有一层110 mm厚的矽砂,计算体积约4 m^3,该货密度为1.5 t/m^3。计算残留货物矽砂重量约6 t,与C站检衡发现超载重量基本吻合。

(2)原因分析

①卸车单位卸车时车内货物没有卸净。经查该车是11月16日到达A站,当日夜间卸车后调入某专用线装车。卸车前货车底部货物已冻结在车地板上,卸车时车内冻结的货物没有卸净,残留在车内。

②托运人对车内残留货物没有按规定处理。该车是托运人自装,装车前发现车内有残留的矽砂,但没有通知车站处理。在残留货物上部按货车允许重量装载货物,导致货车超载。

③监卸、监装货运员严重失职。监卸货运员没有对卸后车辆进行检查,在车内货物没有卸净的情况下,即报告卸车完毕,给装车超载埋下隐患;监装货运员在装车前没有检查车辆清洁状态,对车内残留货物没有及时组织清除,仍按货车允许载重量组织装车,导致装车后货车超载。

(3)点击违规问题

①违反《铁路货物运输规程》第三十条的规定。卸车单位卸车后没有将货物卸净,车内存有残留货物。

②违反《铁路货物运输管理规则》第十五条第三款的规定。监卸货运员对货物是否卸净没有进行检查,未达到卸车标准既报告卸车完毕。

③违反《铁路货物运输规程》第二十五条第二款的规定。托运人在装车前,发现车内有残留货物,但没有通知车站处理,也没有清除既进行装车。

④违反《铁路货物运输管理规则》第十四条第一款的规定。监装货运员在装车前没有认真检查车辆,对车内残留货物没有及时处理。

(4)相关规章链接

①《铁路货物运输规程》第三十条规定:负接卸车的单位在卸车时,应将货物彻底卸净,卸空后的货车应清扫干净,车门、车窗、端侧板、冷藏车冰箱盖、罐车盖、阀等要关闭妥当。

②《铁路货物运输管理规则》第十五条第三款规定:卸车后,应将车辆清扫干净,关好车门、车窗、盖、阀检查卸后货物安全距离,清理线路,将篷布按规定折叠整齐,送到指定地点存放。

③《铁路货物运输规程》第二十五条规定:托运人组织装车的货车,在装车前,发现车内留有残货,应通知车站清扫或处理,如车站委托托运人代为清扫时,应向托运人支付规定的货车清扫费。

④《铁路货物运输管理规则》第十四条第一款规定:装车前,认真检查货车的车体(包括透光检查)、车门、车窗、盖、阀是否完整良好,有无扣修通知、色票、货车洗刷回送标签或通行限制,车内是否干净,是否被毒物污染。

5. 列车区间车门开放

2008年5月12日3时20分,A站至B站C19008次列车由A站开车,列车编组54辆,运行至 C 站时,该站助理值班员交接车时发现机后 22 位 C_{62B} 4658725 运行方向右侧中门开放,立即呼叫司机停车处理,3 时 37 分停车,3 时 53 分开车,停车 16 min,构成列车区间停车行车一般事故。

(1)现场勘察情况

①经 C 站助理值班员现场勘察该车中门上、下插销均良好,连接杆及各部零件无异状。

②上、下插销均无镀锌铁线捆绑,也无残留镀锌铁线捆绑痕迹。

(2)原因分析

①卸车单位卸后未将车门关闭妥当。经查该车于 5 月 11 日 8 时 30 分调入某专用线卸车,共计 8 辆,卸车后卸车单位未将车门关闭妥当,并按规定用镀锌铁线进行捆绑。

②监卸货运员严重失职。监卸货运员没有对卸后车辆进行检查,作业严重脱标,对卸车关键作业环节没把关确认的前提下,既报告卸车完毕,是造成这起事故的主要原因。

③货检员把关不严处理不及时。2 时 50 分货检员检查该列车时,发现机后 21 位到 28 位 8 辆空敞车车门均未捆绑,只组织现场专设处理装载问题车人员,用 8 号镀锌铁线从尾部向前依次捆绑车门,未考虑作业时间不足及时与货调和值班员取得联系增派人员,当捆绑到第 5 辆时,3 时 20 分 C19008 次列车按计划时间发车,造成剩余 3 辆未能处理。

(3)点击违规问题

①违反《铁路货物运输规程》第三十条的规定。卸车单位卸车后没有按规定将卸空的货车车门关闭妥当。

②违反《铁路货物运输管理规则》第十五条的规定。监卸货运员对卸车后车门的关闭状态没有检查就报卸并通知取车。

③违反《铁路货物运输管理规则》第三十二条的规定。发现车门未捆绑时,未按规定通知货调和值班员增派人员,而是自行处理,在规定的技检时间内未处理完,是造成这起事故的重要原因。

(4)相关规章链接

①《铁路货物运输规程》第三十条规定:负责卸车的单位在卸车时,应将货物彻底卸净,卸空的货车应清扫干净,车门、车窗、端侧板、冷藏车冰箱盖、罐车盖、阀要关闭妥当。

②《铁路货物运输管理规则》第十五条规定:卸车后,应将车辆清扫干净、关好车门、车窗、阀、盖,检查卸后货物安全距离,清理线路,将篷布按规定折叠整齐,送到指定地点存放。

③《铁路货物运输管理规则》第三十二条规定:货运交接检查的内容包括列车中货物装载加固状态;车辆篷布苫盖状态;施封及门、窗、盖、阀关闭情况;货车票据完整情况。发现异状时,应及时处理。

(二)货物运输安全的典型案例

1. 车辆未洗刷消毒造成货物污染

2009 年 12 月 21 日,A 站承运到 B 站大豆 1 车,车号:P_{60} 6001347,装车地点某专用线。16 时 10 分开始装车,19 时装车完毕,次日 7 时取回站内待开。货检员检查发现该车内散发出刺鼻味,送回装车地点卸车检查,经质检部门检测车内部分大豆被污染,直接经济损失 3 万元,构成货物污染事故。

(1)调查空车来源

①查列车到达编组顺序表及货运调度员图表,该车于 21 日 6 时到达 A 站,品名农药(甲基对硫磷,别名甲基 1605,危货编号:61125),收货人农垦物资总公司。

②卸车地点为兵团供应站专用线,该车于 12 时卸车完毕后,直接调入港务局专用线进行装车。

(2)原因分析

①监卸货运员违规作业。在卸车完毕后向货运调度员报告了卸车完毕和现车顺序,未报告该车需要回送洗刷消毒,也没有在车辆两侧和车内明显处粘贴货车洗刷回送标签,给装车货物染毒埋下隐患。

②货运调度员对装车组织严重失责。对装过毒害品(有毒物质)的车辆,卸后没有组织回送洗刷消毒,而且直接调往装车地点组织装车,这是导致货物污染的直接原因。

③监装货运员作业严重脱标。在装车前没有到现场检查车辆,对该车装运农药后没有洗刷消毒未能及时发现,企业运输员和装车人员在装车时虽然闻到车内有异味,但没有通知货运员,错过了防止事故的时机。

(3)点击违规问题

①违反《铁路危险货物运输管理规则》第五十 条和《铁路货物运输规程》第三十条及《铁路货物运输管理规则》第十七条的规定。监卸货运员对装过有毒物质的车辆卸后没有按规定要求洗刷除污,也没有在货车两侧、车内明显处粘贴洗涮标签。货运调度员对装过有毒物质的车辆没有填记特殊货车及运送用具回送清单,回送洗刷消毒。

②违反《铁路货物运输管理规则》第十四条的规定。监装货运员没有检查车辆,在车内有异味的情况下,仍使用被污染的车辆装运粮食。

(4)相关规章链接

①《铁路危险货物运输管理规则》第五十一条二项三款规定:对受到污染的车辆,及时回送洗刷所洗刷除垢。

②《铁路货物运输规程》第三十条规定:负责卸车的单位在卸车时,应将货物彻底卸净,卸空后货车应清扫干净,车门、车窗、端侧板、冷藏车冰箱盖、罐车盖、阀等要关闭妥当。对装过活动物、鲜鱼介类,污秽品等货物的车辆,以及受易腐货物污染的冷藏车和《铁路危险货物运输管理规则》中规定必须洗刷消毒的货车,由铁路负责洗刷并按规定或依照卫生(兽医)人员的要求进行消毒,费用由收货人负担。

③《铁路货物运输管理规则》第十七条规定:按规定卸下后须洗刷除污的货车,应在卸车站洗刷除污。如卸车站洗刷除污有困难须凭铁路局调度命令向指定站回送。卸车后应清扫干净并在两侧车的外部及车内明显处粘贴"货车洗刷回送标签"未经洗刷除污的货车严禁排空或调配装车。

④《铁路货物运输管理规则》第十四条第一款规定:铁路组织装车时,车站应做到以下方面:装车前,认真检查货车的车体(包括透光检查)车门、车窗、盖阀是否完整良好,有无扣修通知、色票、货车洗刷回送标签或通行限制,车内是否干净,是否被毒物污染;装载粮食、医药品、食盐、鲜活货物、饮食品、烟草制品以及有押运人押运的货物等时,还应检查车内有无恶臭异味;要认真核对待装货物品名、件数、检查标志、标签和货有无恶臭异味。要认真核对待装货物

品名、件数、检查标志、标签和货物状态。

2. 企业自备罐车安全阀失灵造成液氯泄漏

2008 年 6 月 3 日,A 站承运到 B 站液氯一车,车号:GY 0141902。6 月 4 日,该车编入 1352 次列车,于 3 时 17 分在 A 站发车,在 C 站通过时,液氯从罐车上部安全阀泄露,在 D 站停车施救。事故造成多人中毒,线路两侧农田受到污染,直接经济损失达 30 万元,构成货运重大事故。

(1)原因分析

①经事故现场调查,认定发生液氯泄露的直接原因是罐体安全阀失灵,起跳后不能恢复原位。罐车小修质量未达到工艺要求,对安全阀机械性能故障和密封垫老化问题没有及时发现和处理。

②押运员对初期泄露未能及时发现和处理,在 C 站通过时液氯已经开始泄露,押运员没有及时利用通讯工具预警和报告,错过了停车施救的最佳时机。

③停车施救时,押运员所携带工具、备品不全,未能对安全阀进行及时的紧急处理,致使造成液氯大量泄露,扩大事故损失。

(2)责任划分

①充装前,托运人对罐车安全阀机械性能故障,且密封垫老化问题未能及时发现,导致安全阀在列车运行振动中起跳,不能自动恢复原位,造成液氯泄漏。事故属于托运人责任。

②押运员在发生泄漏时没及时向铁路报告,而且携带工具、备品不全,在发生事故后不能及时处理,导致事故扩大。

(3)点击违规问题

①违反《铁路危险货物运输管理规则》第一百零一条规定。充装前,托运人没有对罐车进行认真的检查,对罐车安全阀失灵问题没有及时发现。

②违反《铁路危险货物运输管理规则》第六十条规定。押运员在液氯开始泄漏时没有及时采取应急措施并向铁路部门报告。

③违反《铁路危险货物运输管理规则》第五十九条规定。押运员携带工具、备品不全,对押运的货物没有尽到安全管理责任。事故发生后不能有效进行应急处理,导致扩大了事故损失。

(4)相关规章链接

①《铁路危险货物运输管理规则》第一百零一条规定:装车前,托运人应确认罐车是否良好,罐体外表应保持清洁,标记、文字应能清晰易辨。罐体有漏裂,阀、盖、垫及仪表等附件、配件不齐全或作用不良的罐车禁止使用。

②气体类危险货物充装前必须有专人检查罐车,按规定对罐体外表面、罐体密封性能、罐体余压等进行检查,不具备充装条件的罐车严禁充装。罐车充装完毕后,充装单位应会同押运员复检充装量,检查各密封件和封车压力状况,认真详细填记《充装记录》,符合规定时,方可申请办理托运手续。

危险货物罐车装、卸车作业后,须及时关严罐车阀件,盖好人孔盖,拧紧螺栓,严禁混入杂质。

③《铁路危险货物运输管理规则》第五十九条规定:押运员应了解所押运货物的特性,押

运时应携带所需安全防护、通讯、消防、检测、维护等工具以及生活必需品，应按规定穿着印有红色“押运”字样的黄色马甲，不符合规定的不得押运。

④《铁路危险货物运输管理规则》一百零三条规定：危险货物罐车运输途中发生泄漏、火灾及其他行车事故时，车站应立即启动应急预案，迅速向铁路主管部门、地方政府、公安消防及环保、卫生防疫部门报告，并速请熟悉货物性质及罐体构造的部门协助处置。要设立警戒区，组织人员向逆风方向疏散，防止危险货物流入水域。易燃、有毒液体发生泄漏时，应及时阻断火源。对标有“禁水”标记的罐车，严禁用水施救。对有毒气体施救时应站在上风方向，防止中毒事故发生。

(5)名词解释

①液化气体罐车：罐车的一种，专供运送液化气体使用，车上有装卸阀和安全阀，耐高压。

②安全阀：一般用 $\phi90/75$ mm 的全启式(或大呼吸式)弹簧安全阀。安全阀有内置式和外置式两种，液氯和液化石油气罐车为内置式。

③液氯：是一种黄色气体，有刺激性气味，易液化，气体比重 2.4，液化比重 1.47，溶于水和碱溶液。剧毒，$LC_{50}=370\ mg/m^3$。与易燃气体混合易燃烧爆炸。遇潮湿有腐蚀性。

3. 中途站处理不当致使扩大货物损失

2008 年 11 月 17 日，A 站承运到安阳站大米一车，车号 C_{64} 4885987，件数 3 050 件，保价 18 万元。该车于 11 月 21 日途经 B 站，货检员发现该车篷布上部被割，甩车清点货物较运单记载少 426 件，并换篷布一张，编制货运记录，原车继运到站。11 月 28 日到达安阳站，站车交接发现篷布顶部被割，会同公安卸车清点货物 2 422 件，较运单记载少 628 件，较 B 站货运记录记载少 202 件。另发现货物包装被污染，内装大米变黑，被污货物价值 7.1 万元，丢失货物价值 4.9 万元，货物损失 12 万元，构成货运大事故。

(1)责任划分

①承运人与托运人、收货人责任判定。按照《铁路法》第十七条规定，铁路运输企业应当对承运的货物发生短少、污染承担赔偿责任；按照《铁路法》第十八条规定，该案不属于铁路运输企业的免责范畴，故损失应由承运人负责。

②铁路内部责任划分。

B 站发现篷布上部破口，未按《铁路货物运输管理规则》第四十四条之规定拍发站车交接电报。苫盖篷布继运，卸车清点短少的 426 件货物损失应由 B 站负责。

到站卸车时发现 2 422 件货物被污染。依据《铁路货运事故处理规则》附件二第六项第八款之规定，因事故处理不认真，换装整理不当，以致货物扩大损失时，扩大损失部分由换装整理不当的车站负责。即由 B 站承担货物污染的损失。

到站卸车清点丢失货物较 B 站货运记录增加 202 件，依据《铁路货运事故处理规则》附件二之规定，换装后，篷布顶部被割或破口，货物发生被盗、丢失，由换装站与到站共同负责，B 站与到站各承担 101 件货物损失。

综上：污染货物的损失由 B 站承担。被盗货物损失由 B 站承担 527 件，到站承担 101 件。

(2)原因分析

①B 站采取措施不当，在对货物进行倒装清点过程中，对倒装货物未采取防污染措施，造成货物污染。

②B 站未按规定进行站车交接,发现篷布被割问题未按规定拍发电报。

③铁路运输部分区段治安秩序不好,使货物连续发生被盗。

(3)点击违规问题

①B 站违反《铁路货物运输管理规则》第四十四条之规定。对无运转车长值乘的列车,交接检查发现问题,未在 120 min 内以电报通知上一货检站,同时抄知发到站。同时编制货运记录送查。

②B 站违反《铁路货运事故处理规则》第二条之规定。发生货运事故后,在采取抢救和保护措施上有误,没有使事故损失得到减少。

③B 站违反《铁路货运事故处理规则》附件二第六项第八款之规定。对事故处理失误,采取措施不当,造成货物被污染。

(4)相关规章链接

①《铁路货物运输管理规则》第四十四条规定:交接检查时发现的问题应按有关规定进行处理,并应于列车到达后 120 min 内以电报通知上一货检站,同时抄知发到站。电报的内容应包括列车的车次、到达时分、车种、车号、发站、到站、品名、发现问题及简要处理情况。

②《铁路货运事故处理规则》第二条规定:发生货运事故后,应积极抢救,采取保护措施,尽量减少损失。对货运事故发生的原因和责任的认定,必须坚持调查研究,查清事实,根据国家法律和行政法规的有关规定进行处理。

③《铁路货运事故处理规则》附件二中规定:中途站换装时发现篷布顶部被割或破口,货物发生被盗、丢失,由发站负责;换装后篷布顶部被割或破口,货物发生被盗、丢失,由换装站与到站共同负责(货物发生被盗、丢失,如果公安机关破案,则按破案结论定责)。

④《铁路货运事故处理规则》附件二第六项第八款规定:因事故处理不认真,未采取积极措施,换装、整理不当,以致货物扩大损失时,扩大损失部分由处理不当或换装、整理不当的车站负责。

(5)吸取教训

通过案例分析,本案原属铁路运输非过失责任事故,但由于 B 站违规处理,造成货物污染,扩大事故损失,导致事故升级,变为过失责任货运事故。应吸取以下三点教训:

①认真做好站车交接工作。货检检查发现问题必须按站车交接规定,在 120 min 内以电报通知上一货检站,同时抄知发到站。以此划分区段责任,避免出现站车交接问题。

②对卸车清点作业要严格把关。因货车篷布被割,发生货物被盗,B 站甩车清点货物件数,原车补苫篷布继运到站,由于进行了换装作业,B 站作为责任装车站,而增加了事故责任。

③对卸车清点货物要妥善保管。事故处理站必须采取卸车清点作业时,对易污染货物必须采取防止污染措施,清点后严格执行装车作业程序和标准进行装车,避免由于事故处理不当扩大货物损失。

(6)名词解释

①换装(倒装):指由于货车技术条件不良,或货物本身及装载发生问题,威胁行车安全及货物完整时,将货物从原装车换装于另一个车上。

②区段负责制:是指在列车的交接检查中,按列车运行区段划分货运检查责任的制度。

③货运记录:在铁路运输过程中,发生货损、货差、有货无票、有票无货或其他情况需要证

明铁路同托运人或收货人之间或铁路内部之间责任的当场记录下来的材料，写在规定格式的用纸上，称为货运记录。

4. 特种货物途中返回重新编挂

2009 年 11 月 20 日 A 站受理了一批代号“301”货物，属于特殊物资，11 月 21 日，铁路局下达承认车，11 月 22 日 16 时开始装车，17 时装车完毕取回站内。货运调度员提示车站调度员注明△W和△A标记的车辆须编入直通列车，应向铁路局请示调度命令，车站调度员没有引起重视，将装有特种货物的车辆编入 27004 次区段列车。于 21 时 20 分在 A 站发车。由于没有挂运的调度命令在 B 站甩车，回送 A 站重新编组挂运。构成一起军运差错事故。

(1)原因分析

①A 站对特种货物没有制定运输组织办法。在货运规章没有具体规定的情况下，A 站也没有制定相关的运输组织办法，导致作业层无章可循。

②A 站货运调度员盲目组织装车。承认车下达后，货运调度员在没有接到路局特调命令的情况下即组织装车作业。

③A 站车站调度员对挂运特种货物车辆未向铁路局特调请示调度命令。将本应编入直通列车的车辆编入区段列车。

(2)点击违规问题

①违反该路局曾下发〔2005〕211 号文件《关于印发〈科学尖端产品重要保密物资铁路运输警卫工作的实施办法〉的通知》中的相关规定。A 站货运调度员在组织装车作业时，没有请求铁路局特运调度命令。

②违反《铁路运输调度规则》第六条第七款的规定。A 站车站调度员在编组注明△W和△A标记的车辆时，没有向路局特调请求调度命令，将特种货物车辆误编入区段列车。

③违反《铁路运输调度规则》第九条第一款的规定。A 站车站调度员没有及时向路局列车调度员报告列车编组内容。

(3)相关规章链接

①该路局曾下发哈铁运联[2005]211 号关于印发《科学尖端产品重要保密物资铁路运输警卫工作的实施办法》的通知中的相关规定：按军运办理的零星整车科学尖端保密产品，重要保密物资，有关单位凭证明文件到车站办理货运计划，车站立即向局运输处货运计划科汇报。

车站接到承运车命令和特运调度命令后方可组织装车。

车站调度员或有关人员接到局特运调度命令后，立即向车站特运小组或特运专兼职人员报告。

始发站、铁路局应当逐级上报军运号码、车次、车种、车数、列车编组、换长、实际吨数、发车时间、分界站交接时间、超限等运输要求

②《铁路军事运输管理办法》第十条第三款规定：运输国防尖端保密物资、特种设备、特殊材料及精密仪器时要注明△W标记。

③《铁路运输调度规则》第六条第七款规定：维护调度纪律，认真执行调度命令，上级指示和规章制度，努力提高运输效率。

④《铁路运输调度规则》第九条第一款第二项规定:列车始发站应及时报告列车编组进度,编组内容,列车编组变化情况及出发列车速报。

⑤部〔1972〕交公安字第1950号文件规定:对需要公安民警押运的重点物资,在运单左上角用红色书写或打印Ⓐ。

(4)名词解释

①特殊物质:特殊物资系指按军运办理的"科学尖端保密产品,重要保密物资,货运部门应按代号受理和承运。

②Ⓦ标记:运输国防尖端保密物资,特种装备、特殊材料及精密仪器时,要注明Ⓦ标记。

③Ⓐ标记:对需要公安民警押运的重要物资,用红色Ⓐ表示。

④军运差错:铁路军事运输中,重点和一般运输迂回、越站、错到及漏加装分卸、漏通报等失误均为军运差错。

5. 集装箱体破损造成货物被盗

2009年1月25日,A站承运到B站2个20英尺集装箱,使用车型为敞车,箱号:505935(2)、516061(9),票号:043103、品名卷烟,保价1 334 427.00元。B站卸车时检查集装箱施封完好,发现505935(2)号箱后顶部有700 mm×650 mm,破口(旧痕);516061(9)号箱体右侧下部破口8 mm×110 mm(旧痕)。会同公安开箱检查箱内容积不满,对照清单清点货物,丢失桂花牌香烟6件、蝴蝶泉牌香烟48件,国宾牌(蓝国宾)香烟189条。货物损失64 799.00元,构成货运一般事故。

(1)责任划分

承运人与托运人、收货人责任判定如下:

①依据《铁路法》第十七条规定:铁路运输企业应当对承运的货物自接受承运时其到交付止发生的灭失、短少承担赔偿责任,故该案应由承运人赔偿责任。

②依据《铁路集装箱运输规则》第十五条的规定:A站没有提供状态良好的集装箱,但托运人装车时未能发现集装箱破损,故未要求更换良好集装箱也负有一定的次要责任。

铁路内部责任划分如下:

①依据《铁路货运事故处理规则》附件二第二项第三款第四点规定:箱体顶部破口造成货物的被盗、丢失,应由发送、到达和沿途各局均摊赔款事故列发站。从A站到B站沿途经由成都局、广州铁路集团公司、郑州局、北京局、沈阳局,故丢失的6件桂花牌香烟48件蝴蝶泉牌香烟应由以上五个局和发送局昆明局以及到达局哈尔滨局共同承担,均摊赔款。

②依据《铁路货运事故处理规则》附件二第二项第三款第一点规定:箱体右侧下部破口造成货物丢失,由装车站负责。故丢失的189条蓝国宾牌香烟A站承担损失负责赔款。

(2)原因分析

①A站检查箱体不认真。A站对办理Ⓑ货物重视不够,在承运时未向托运人提供箱体状态良好的集装箱,给犯罪分子盗窃铁路运输物资造成可乘之机。

②铁路治安环境不好。该批货物途经七个铁路局(集团公司)运输,运距长,治安环境不好,是造成货物被盗的主要原因。加之集装箱顶部不作为站车交接检查内容,沿途货检站对集装箱顶部破口没有及时发现。

(3)点击违规问题

①违反《铁路集装箱运输规则》第十五条的规定。A 站没有给托运人提供状态良好的集装箱。托运人也未发现箱体状态不良,而且也未要求承运人更换。

②违反《铁路货物运输管理规则》第十四条的规定。A 站在组织装车时,没有发现集装箱箱体不良问题。

(4)相关规章链接

①《铁路货运事故处理规则》附件二第二项第三款第一点规定:卸车发现集装箱封印失效、丢失、站名无法辨认以及封印站名、号码不符或箱体破损,由装车站负责。

②《铁路货运事故处理规则》附件二第二项第三款(4)规定:集装箱顶部被破坏,货物发生被盗、丢失事故(棚车装运的一吨箱除外),由发送、到达和沿途各局均摊赔款,事故列发站。

③《铁路货物运输管理规则》第十四条规定:铁路组织装车时,……对集装箱还应检查箱内装载情况,检查箱体,箱号和封印。……

④《铁路集装箱运输规则》第十五条规定:托运人应使用箱体状态良好的集装箱。使用铁路集装箱时,承运人应提供箱体状态良好的集装箱。托运人在使用前必须检查箱体状态,发现箱体状态不良时,应要求更换,承运人应及时给予更换。

⑤《铁路集装箱运输规则》第二十一条规定:集装箱发生破损(插破口、撞破口、箱体和箱门变形、箱门丢失)事故时,应编制集装箱破损记录,责任按下列原则划分:装车站的装车工组在装车时检查箱体外状,发现破损通知装车货运员,责任列装车站货运。

⑥《铁路货物保价管理办法》第十条规定:各编组站、区段站对装有B货物的货车应及时挂运,在站中转停留时间一般不超过 24 h(零担、集装箱货物中转时间一般不超过 36 h),对保留列车中装有B货物的货车,车站负责派人重点看护。

(5)吸取教训

①要严格执行作业标准。对集装箱运输的货物,在承运和装车前必须认真检查箱体状态,对箱体不良的集装箱严禁使用并及时更换,防止发生货物被盗,丢失和湿损等问题。

②要严把到达和卸车关口。对到达的集装箱货检员必须进行认真检查,严格进行站车交接,发现问题按规定时间和程序拍发电报,避免产生连带责任。卸车前货运员要进行严格检查,发现问题要及时编制记录。

③要严密作业环节控制。要严密集装箱受理,装箱和装车控制环节,交接班时要进行对号交接,装车后和始发前,货运货检人员要严格把关,确保集装箱和装车源头处于可控状态。

(6)名词解释

①集装箱:一种可以反复使用的货物运输工具。它可把单件和分散的货物装起来运送,其结构适合起重机械装卸。在一种或几种运输方式联运换装时,货物无须在途中倒装,因而可以加速车、船的周转、节约包装,减少货损、货差。

②集装箱集散站:是设立在车站以外,具备库场和装卸、搬运设备的货运代理企业。车站与集散站之间的关系是承运人与托运人的关系。

③集装箱留置费:对托运人或收货人使用铁路集装箱超过规定的免费留置时间,自超过之日其核收的费用。